教育部人文社会科学研究项目基金资助
项目批准号：08JA740006

基于语料库的
外国人汉语句式习得研究

张宝林　等著

中国书籍出版社
China Book Press

前　言

一

以20世纪80年代中期鲁健骥先生的汉语中介语研究为标志[①]，国外第二语言习得理论开始进入我国，"它在国内的发展速度是空前的，吸引了一大批研究者，也涌现出不少优秀成果，在某种程度上甚至成了一个热门领域"。（施家炜，2006）30年来，对外汉语教学领域的习得研究涉及汉语字、词、句、篇等各个层面。其中句式习得研究一向受到学界重视，研究主要集中于某些句式的偏误分析和习得顺序方面，取得了多方面的研究成果，极大地提高了对外汉语教学研究的水平。另一方面，研究中也还存在一些问题，例如研究范围狭窄，主要集中于"把"字句、"被"字句、趋向补语句等；考察的样本及语料规模小，难以保证研究结论的客观性、普遍性和稳定性；研究不够具体，不够深入；研究方法多是内省思辨，缺乏实证研究；研究结果对改进教学缺乏实际的参考价值；等等。

针对研究中存在的种种问题，我们在建成"HSK动态作文语料库"之后，即开始申报课题"基于语料库的外国人汉语句式习得研究"，并得到教育部人文社会科学研究项目基金资助（项目批准号：08JA740006）。我们试图在一个较大规模的汉语中介语语料库的支持下，对外国汉语学习者的句式习得情况进行深入研究，全面考察外国学习者的汉语句式习得情况，根据语言事实，归纳偏误类型，分析产生偏误的原因，提出改进教学的对策，以期提高汉语句式教学的效率与水平，进而提高学习者的汉语表达能力，同时探索一种新的习得研究范式。书中留学生的例句均来源于语料库，为呈现语料的真实面貌，对例句的错别字、病句、标点、繁简体均不进行处理。

[①] 吕必松（1990）指出：鲁健骥的《中介语理论与外国人学习汉语的语音偏误分析》和《外国人学习汉语的词语偏误分析》，首次引进了中介语理论，标志着我国中介语理论研究的开端，在对外汉语教学中开辟了一个新的研究领域。

二

提高句式教学的效率与水平，探索新的习得研究范式，这是我们的愿景，无疑具有十分重要的实践意义和理论价值。然而其难度也是巨大的。在研究前期的探索过程中，我们并未能跳出以往研究的窠臼，前人研究中存在的一些不足在我们的研究中同样存在。随着研究的持续深入，认识的不断提高，我们的研究工作逐渐形成了自己的特点。

第一，课题依据目前规模最大、标注内容最多、背景信息最全的汉语中介语语料库——"HSK 动态作文语料库"进行研究，该语料库 1.0 版包括外国考生参加高等汉语水平考试的作文答卷 10 740 篇，语料共约 400 万字；其 1.1 版含作文答卷 11 569 篇，语料 424 万字。本研究所考察的学习者样本数量之多、语料规模之大，在对外汉语教学的习得研究中是前所未有的。且语料来自标准化水平考试，能够最大限度地真实反映考生的汉语水平。如此广泛而坚实的研究基础使我们的研究得到一些新的发现，得出的研究结论具有较大的普遍意义。例如，学界普遍认为"把"字句是外国人学习汉语的最大难点，"把"字句教学的最大问题是学习者采取了回避策略。然而研究发现：学习者在 87.48% 的概率上是能够正确使用"把"字句的；学习者的"把"字句使用率高于《人民日报》的使用率；回避现象固然存在，但还有大量与之相反的泛化现象，二者的比例几乎完全相等。这些发现与学界以往的认识大相径庭，且数据翔实，具有很强的说服力。

第二，在偏误分析的基础上，进一步考察学习者正确的语言表现，并与母语者的同类语言表现进行对比研究，从而把偏误分析提升为表现分析。偏误分析无疑是很有意义的，这也是其在对外汉语研究领域 30 年来长盛不衰的原因所在。但是，只看偏误而置学习者正确的语言表现于不顾，难免只见树木不见森林，无法对学习者的习得情况做出全面而准确的评价。而表现分析则弥补了此种缺陷，可以使我们对学习者的习得情况的认识更清楚，更全面，更准确，因而也就更可靠。

第三，对偏误原因的研究较为具体、深入，特别是部分章节通过测验对偏误成因的推测进行了实证研究，在一定程度上使主观性的研究结论得到了客观的证明。例如《"是……的"句（一）的偏误研究》一文，通过对北京语言大学三大对外汉语学院 5 种教材的详细考察，印证了偏误原因在于教学环节的偏差的推论。而"是……的"句（二）、"使"字句、"给"字句、"被"字句的习得考察则以测试的方式，并通过推论统计证实了研究者对偏误原因的一些推测。"比"字句的习得考察虽然实证研究的结果并不支持研究者的推测，不是证实，而是证伪，但至少排除了一种并不恰当的主观认识，还是很有意义的。

第四，对教学对策进行验证。以往的研究在归纳偏误现象、分析偏误产生的原因之后，常会用比较少的篇幅，非常简略地，甚至是"象征式"地提出一些教学建议、对策或设想。这些建议、对策与设想是在对相关的偏误现象与成因进行研究的基础上提出的，因而有其意义与价值。但并未经过教学实践的检验，也没有实证研究的支持，因而缺乏客观性，其价值也就很难被证实。实事求是地说，本书在这方面并无根本性突破，但《趋向补语"起来"的习得考察》还是通过试验班与对照班的对比教学，对所提出的教学对策的有效性进行了实验，证实了教学对策的可行性与优越性，是一次十分有益的探索与尝试。

第五，在偏误原因的研究中试图有所创新。以往的研究在探讨偏误原因时，非常注重学习者母语的个性特征，常常归因于学习者母语的负迁移。这种解释当然是有其理论依据和参考价值的，但其考虑的角度显得比较单一，很难再得出进一步的结论。本书除从这一角度进行研究之外，还试图从语言共性的角度来观察学习者产生偏误的原因，探讨不同母语背景的学习者存在的相同的汉语句式偏误现象。例如《"把"字句偏误分析》，通过研究得出了"产生所谓'回避'的根本原因是汉语和其他语言在句子类型上的不匹配，不对应；而直接原因则是二语者对'把'字句的使用规则（主要是语义语用特征）没有充分掌握，即目的语知识不足"的结论。

第六，通过研究，我们形成了一种"大样本、重实证"的研究理念，即从大规模的语料样本中归纳语言事实，通过主观思辨分析偏误产生的原因，采用实证方法加以证明，特别注重定量分析，追求结论的客观性。这种研究理念与实践最终形成了一种较为新颖的习得研究范式，即：基于大规模真实语料的、定量分析与定性分析相结合的实证性研究。"HSK 动态作文语料库"中的 424 万字真实语料给我们奠定了定量分析的坚实基础，翔实的数据、测试与实验方法的运用为我们内省的偏误原因推测加以验证。研究范式的探索是本书最为重要的研究目标之一，对汉语习得研究具有十分重要的意义。

三

本课题组成员大多是研究生导师，我们认为研究生的主要培养方式是参加实际的科学研究，在科研实践中学习新知，经受训练，提高研究能力与水平。因此我们把课题研究与研究生培养相结合，带领研究生参加课题研究工作。从 2008 年 11 月课题立项到 2013 年 8 月，共有 30 名研究生参加本课题的研究工作，完成硕士学位论文 30 篇。

在此段时间内，课题组师生参加国际国内学术会议 18 人次，在国内学术期刊和多种论文集中发表学术论文 16 篇。

在此基础上，以课题组的教师成员为主对上述研究成果进行整理，包括改编与改写，有些章节经历了多次反复修改，最后由张宝林统稿，形成本书。

成书阶段的分工如下：

第一章、第二章、第九章、第十六章、第十七章、第二十二章，由张宝林写成或整理。

第三章、第十一章，由林君峰、王小玲整理。

第四章由王静写成。

第五章、第十三章、第十五章、第十九章，由刘雪春指导王婷婷、吴慧芹、马驰佳、田萍、商玥整理。

第十二章、第十八章，由栾育青整理。

第十四章，由田旭红、金海月写成并整理。

第七章、第十章，由贾钰写成或整理。

第六章、第八章，由金海月整理。

第二十章、第二十一章，由施家炜整理。

各个章节由哪篇或哪几篇论文加工整理而成，在各章标题上加了题注，这里不一一说明。

关于本书各章的排列顺序，第一章为全书的研究思路与理念，第二十二章为各章的研究结论对汉语句式教学的启示，均为宏观性论述。其他各章主要按标题首字的音序排列，只有两处例外：一是为阅读方便，把三章关于补语习得的研究放在了一起；二是把研究否定句和正反问句的两章放在了其他句式之后，因为这两章是对句类习得情况的研究，虽然十分重要，但严格说来，并不属于句式的范畴。

四

我们期待本书的研究理念、研究范式与研究结论能为汉语习得研究带来积极的影响，能为汉语中介语研究、汉语作为第二语言的教学理论研究、课堂教学研究、教材编写与研究、汉语水平考试研究等提供重要参考，发挥其应有的作用。同时，我们也期待学界的专家学者不吝赐教，批评指正，以使我们的研究不断前进。

张宝林

2014 年 12 月 5 日

目 录

前言 ······· 1

第一章 外国人汉语句式习得研究的方法论思考 ······· 1
  一 引言 ······· 1
  二 句式习得研究的症结 ······· 2
  三 研究策略 ······· 4

第二章 "把"字句偏误分析 ······· 11
  一 引言 ······· 11
  二 "把"字句的偏误类型 ······· 13
  三 关于回避与泛化问题的讨论 ······· 18
  四 对汉语教学与测试的启示 ······· 27

第三章 "被"字句习得研究 ······· 29
  一 引言 ······· 29
  二 "被"字句偏误类型 ······· 29
  三 "被"字句正确句与母语者使用情况对比 ······· 38
  四 偏误成因探析及教学建议 ······· 41
  五 余论 ······· 48

第四章 "被"字宾语隐现规律习得研究 ······· 49
  一 引言 ······· 49
  二 来自汉语本体研究的成果 ······· 50
  三 "被"字宾语在语篇中的衔接力 ······· 51
  四 小说中自由 B 的衔接力 ······· 53
  五 HSK 中自由 B 的衔接力 ······· 55
  六 自由 B 在小说与 HSK 中的语篇衔接力对比 ······· 56

第五章 "比"字句习得研究 ······· 60
  一 引言 ······· 60
  二 外国学习者"比"字句表现分析 ······· 61
  三 "比"字句偏误原因分析 ······· 70

四　关于"比"字句的教学建议 …………………………………… 75
　　五　结语 …………………………………………………………… 76
第六章　程度补语句习得研究 …………………………………………… 80
　　一　引言 …………………………………………………………… 80
　　二　程度补语句习得情况分析 …………………………………… 80
　　三　偏误成因探讨 ………………………………………………… 92
　　四　对程度补语句教学的启示 …………………………………… 93
　　五　结语 …………………………………………………………… 95
第七章　情态补语习得研究 ……………………………………………… 97
　　一　引言 …………………………………………………………… 97
　　二　情态补语句习得情况考察 ………………………………… 100
　　三　对教材的相关考察 ………………………………………… 112
　　四　教学建议 …………………………………………………… 116
第八章　趋向补语"起来"习得研究 …………………………………… 118
　　一　引言 ………………………………………………………… 118
　　二　趋向补语"起来"习得情况分析 ………………………… 119
　　三　偏误成因探讨 ……………………………………………… 127
　　四　对"起来"教学的启示 …………………………………… 130
　　五　教学实验 …………………………………………………… 132
　　六　结语 ………………………………………………………… 140
第九章　"得"标记重动句习得研究 …………………………………… 143
　　一　引言 ………………………………………………………… 143
　　二　"得"标记重动句习得现状考察 ………………………… 144
　　三　偏误原因探析 ……………………………………………… 156
　　四　教学建议 …………………………………………………… 160
　　五　结语 ………………………………………………………… 162
第十章　动词重叠偏误研究 …………………………………………… 163
　　一　引言 ………………………………………………………… 163
　　二　偏误类型 …………………………………………………… 166
　　三　偏误原因分析 ……………………………………………… 171
　　四　研究与教学建议 …………………………………………… 175
　　五　结语 ………………………………………………………… 177
第十一章　"对于"句习得研究 ………………………………………… 178
　　一　引言 ………………………………………………………… 178

二　偏误类型及统计分析 …… 179
　　三　偏误原因及解决策略 …… 189
　　四　结语 …… 195

第十二章　"给"字句偏误研究 …… 196
　　一　引言 …… 196
　　二　S3 句式的主要偏误类型及统计分析 …… 197
　　三　偏误原因实证研究 …… 214
　　四　S3 句式的教学建议 …… 220

第十三章　"连"字句习得探析 …… 223
　　一　引言 …… 223
　　二　"连"字句本体研究 …… 223
　　三　母语为日语者"连"字句习得特点与偏误分析 …… 230
　　四　"连"字句的教学策略 …… 236
　　五　结语 …… 243

第十四章　"使"字句习得研究 …… 245
　　一　引言 …… 245
　　二　"使"字句偏误类型及分析 …… 246
　　三　偏误原因及实证研究 …… 252
　　四　教学及教材编写策略 …… 262

第十五章　"是"字句习得情况考察 …… 264
　　一　引言 …… 264
　　二　"是"字句偏误类型及统计分析 …… 265
　　三　"是"字句偏误原因探析 …… 276
　　四　正确使用"是"字句情况及对比 …… 279
　　五　解决策略 …… 284
　　六　结语 …… 287

第十六章　"是……的"句（一）偏误研究 …… 288
　　一　引言 …… 288
　　二　"是……的"句（一）的偏误类型 …… 289
　　三　偏误产生的原因 …… 296
　　四　教材对"是……的"句（一）的处理 …… 298
　　五　教学对策 …… 304
　　六　结语 …… 306

第十七章　"是……的"句（二）习得情况考察 …… 307
　　一　引言 …… 307

二　"是……的"句（二）的偏误类型 308
　　三　偏误原因探析 314
　　四　测试：留学生与母语者的对比分析 316
　　五　相关建议 325

第十八章　双宾结构偏误研究 329
　　一　引言 329
　　二　双宾结构偏误类型及统计分析 329
　　三　双宾结构泛化偏误原因分析 337
　　四　教学建议 343

第十九章　"有"字句偏误研究 346
　　一　引言 346
　　二　"有"字句偏误类型分析 347
　　三　偏误原因分析 357
　　四　教学策略与建议 362
　　五　结语 364

第二十章　"不"和"没（有）"否定结构习得研究 366
　　一　引言 366
　　二　汉语否定结构的习得情况 371
　　三　汉语否定结构习得的影响因素 380
　　四　结语 383

第二十一章　正反问句习得研究 386
　　一　引言 386
　　二　汉语正反问句的习得情况 389
　　三　汉语正反问句习得的影响因素 400
　　四　教学对策与建议 403
　　五　结语 405

第二十二章　从汉语句式习得研究看句式教学面临的任务 406
　　一　句式习得研究的现状 406
　　二　句式习得研究的新成果 409
　　三　句式教学面临的任务 411

参考文献 414

后　记 431

第一章 外国人汉语句式习得研究的方法论思考[①]

一 引言

在对外汉语教学中,把字句一直被认为是外国人学习汉语语法的一个难点,学界普遍认为,外国人对把字句采取了回避策略。这种看法由来已久,已经成为学界的一项共识。

然而,笔者请留学生造把字句时,学生张口就能答出"把窗户打开""把瓶子给你"之类的句子;和一些同事探讨,也有人表示把字句并不难教,所谓"把字句难"是一种误导;而学界在"共识"之外,也存在不同看法:把字句的难度在很大程度上被夸大了(刘颂浩,2003)。

我们不禁要问:

(1)把字句究竟是不是难点?如果是,难到什么程度?

(2)学生是否回避了把字句?如果是,究竟回避了什么?

(3)除了回避,把字句教学还存在什么问题?

张宝林(2010)根据"HSK 动态作文语料库1.0版"中10740篇作文、共约400万字语料所做的研究表明:

(1)把字句的偏误率为12.52%,正确率则达到87.48%,并不像人们想象的那么难。

(2)把字句的问题并不限于回避,而是存在3种类型的偏误:回避(该用而未用)、泛化(不该用而误用)、内部偏误(该用也用了但存在错误)。其中"泛化"与"回避"的偏误率相差不足一个百分点,均在35%上下,而以往对这种偏误认识不足,重视不够。

(3)外国考生把字句的使用率为0.092%,仅次于"是……的"句、"是"字句和"有"字句,而高于其他句式。据统计,《人民日报》"把"字句的使用

[①] 本章原载《华文教学与研究》2011年第2期,作者:张宝林。

率在 0.0754%～0.0767%之间。从使用率的角度来看，不论是外国人和外国人比，还是外国人和中国人比，外国汉语学习者使用把字句的情况都并不少。"回避说"显然根据不足。

根据上面的讨论，可以得到两条启示：

（1）在现代汉语中，把字句是最具特色的句式之一。与其他句式相比，在本体研究、对外汉语教学与第二语言习得等方面的研究中，把字句都得到了更多的关注与研究。但迄今为止，我们对外国人习得把字句的情况并不是很清楚，还存在许多问题。其他许多句式也存在类似情况。例如是字句的偏误率远远高于把字句（刘艳娇，2011）；"是……的"句的偏误句数约为把字句的 4 倍，陆俭明先生（2000）曾高度关注这一句式的教学，认为该句式教学上的问题反映了本体研究的不足。但是，对汉语中这两种常用句式的习得情况的研究还很少，很不全面。因此，我们迫切需要对外国人汉语句式的习得情况进行全面的调查与深入的研究。

（2）12 世纪法国杰出的思想家和哲学家阿伯拉尔指出，在学问上最好的解决问题的方法就是持续的和经常的怀疑："由于怀疑，我们验证，由于验证，我们就获得真理。"（张芝联主编，1989：76）当今社会普遍认同这样的观点：科学的发展与进步离不开怀疑，从某种意义上说，提出问题比解决问题更重要。从学术发展的过程来看，前人的观点无疑是非常重要的，前人的经验也是必须继承的。但如果看不到今天理论观念、研究方法、研究材料、教学对象等方面的变化，仍不加思索地将"把字句难"的看法奉为圭臬，其实是囿于成说，墨守陈规。因此需要开动脑筋，独立思考，在新形势下得出新的结论。

基于上述认识，本文拟对外国人汉语句式习得研究的方法论问题进行一些探讨，以期对汉语句式的习得与教学研究提供一些有价值的参考。

二　句式习得研究的症结

20 世纪 80 年代初期，国外第二语言习得理论开始进入我国，对外汉语教学界对外国人汉语习得情况的研究随之展开并不断深入。20 多年来，对外汉语教学领域的习得研究涉及汉语字、词、句、篇等各个方面。其中句式习得研究一向受到学界重视，研究主要集中于某些句式的偏误分析和习得顺序方面，例如把字句、被字句、某些补语句等，已经发表多种论著，取得了多方面的研究成果，对教学起到了积极的推动作用。（施家炜，2006）

另一方面，句式习得研究中也还存在一些问题。例如研究不够全面，不够平衡。除对把字句、被字句、趋向补语句等句式研究较多之外，对是字句、有字句、存现句、连字句、重动句等句式则很少研究。研究不够具体，不够深入。例如很多研究认为学生对把字句采取了回避策略，但究竟是哪个阶段的学习者采取了这种策略，回避了哪些类型的把字句，怎么回避的，则缺乏探讨。对偏误原因的探讨一般都归结为母语的负迁移和目的语规则泛化，研究角度比较狭窄，而且分析笼统，缺乏针对性和个性化。教学对策只是用很少的篇幅非常笼统地提出一些意见、建议或设想，均为"感想式"或"应景式"的泛泛之论，缺乏实际的参考价值。

研究存在的主要问题有两个：

2.1 考察的范围小，结论的普遍性不强，对习得情况认识不清

以往的研究主要是基于个人的教学经验和个人收集的语料。然而，个人的经验有多大的普遍意义值得怀疑。一位一线教师终其一生，所能接触到的观察样本可能很有限，也许不会超过几百人；即使有意识地积累研究素材，大概也不过十几万字。而实际上，收集语料是一件存在多方面困难的艰巨工作，对于研究者个人来说，收集十几万字语料也是很难的。而且，在传统手工方式下，如何有效而充分地使用这些语料也是一个很大的问题。这就使得研究者难以观察到较多样本和较大规模的语料。那么在此基础上得出的研究结论的客观性、普遍性与稳定性也就很成问题了。

一个重要的客观原因是，过去没有大规模的汉语中介语语料库，不具备进行大规模样本考察的条件，导致研究者无法进行具有普遍意义的量化分析。

因此，考察的样本少，观察的语料不多，就成为以往研究中的一个普遍现象，有的研究甚至只是基于零星的样本。例如：在讨论把字句的回避现象时，有的研究只是根据个别学生的表现得出结论（参李宁、王小珊，2001）。绝大部分研究只有十几个考察对象，均属小规模样本的考察（参刘颂浩，2003；程乐乐，2006；黄月圆、杨素英，2004等）。

调查范围小、样本少，必然导致两个后果：一是观察到的现象不全面，所得结论的普遍性、稳定性不强；二是难以准确地判断与把握外国人学习汉语的实际情况。例如有学者认为形容词谓语句是教学难点（吕必松，1992：110；刘珣，2000：366），也有学者认为不是（赵金铭，2006）。研究者都是对外汉语教学领域的权威学者，所谈的教学对象都是英语背景的汉语学习者，依据的都是教学经验，结论却完全相反。情况究竟如何？似乎很难判断。前述把字句的研究情况也是非常典型的例证。

2.2 囿于主观判断，缺乏实证研究

国内的汉语习得研究在研究理念与研究方法上，普遍缺乏客观性、普遍性与稳定性观念，大多数研究者未能掌握统计分析和实证研究的方法。以往的研究大多停留在偏误分析阶段，而对偏误原因、教学对策的研究常常是基于研究者个人的内省思辨与主观判断，而不是在统计分析、实验基础上得出结论。江新（1999）对国内汉语学习和教学研究的论文进行的统计表明：理论介绍和经验总结文章所占比例高达 80.8%，实验研究仅占 3.6%；87.6% 的研究没有数据，1.3% 的研究虽有数据但无统计分析，有描述统计的研究占 7.8%，有推论统计分析的研究占 3.3%。王建勤（2006）指出："汉语习得研究在研究方法上已经有所改观，学者们越来越认识到研究方法的改进对提高汉语习得研究质量的重要性。但目前的研究方法仍然问题较多：一是有的研究有数据、无统计，有的简单罗列百分比，缺少推理统计；二是被试选择无控制，要么被试太少，要么被试母语背景混杂；三是材料来源不清，统计方法选择不当。这在很大程度上影响了研究结论的可靠性和科学性，影响了研究质量的提高。"这些分析揭示了研究方法上的症结所在。

我们认为，基于主观思辨的研究固然有其意义与价值，但比较空泛，不是那么具体，也不是很深入，特别是缺乏客观性，因而其说服力不强。

三 研究策略

3.1 利用语料库，摸清外国人汉语句式习得的基本情况

习得研究对样本与语料的充分性和代表性非常重视，因为"语料是描写中介语的基础，如果语料不完整、不系统或不准确，那么在此基础上描写的中介语就不可靠"（孙德坤，1993）。在此基础上得到的研究结论也就无法反映学生真实的习得情况，进而会导致教学的针对性不强，难以切实提高教学水平与教学效率。

以外国人所写的汉语文本为语料来源建立起来的大规模汉语中介语语料库，为进行汉语句式习得研究提供了条件。例如目前收集样本最多、语料规模最大、标注内容最全、语料作者背景信息最完备的汉语中介语语料库——"HSK 动态作文语料库"（1.1 版），包括 11 569 篇外国人参加高等汉语水平考试主观性考

试的作文答卷，共计 424 万字。这些语料是学习汉语的外国人在标准化考试中不借助任何参考资料和工具书的情况下，运用汉语进行规定题目写作的即时表现，最真实地反映了他们运用汉语进行书面表达的实际水平。"HSK"动态作文语料库为针对外国人的汉语习得研究奠定了非常坚实的基础。可以说，该语料库所能考察的学习者样本数量之多、语料规模之大，在对外汉语教学的习得研究中是前所未有的。如此广泛的研究基础必将带来一些新的发现，使我们看到一些前人未曾看到的东西。我们可以考察外国人习得把字句、被字句、是字句、"是……的"句、形容词谓语句等各种句式的基本情况，了解这些句式的使用率、正确率和偏误率，研究各种句式具体的偏误类型。毫无疑问，这样得出的研究结论将具有更大的普遍意义。

以双宾语句为例。基于语料库的研究表明：双宾结构偏误中泛化偏误（指不该用双宾结构而用了的中介语现象）所占比例为 67.99%，而其他类型的偏误很少；双宾动词中使用频率和偏误率最高的三个词是："告诉"（42.98%／12.12%）、"教"（38%／13.24%）、"给"（29.96%／25.45%），可见这三个双宾动词是留学生双宾结构习得的重点和难点；留学生对于"给"的使用，用作介词的情况要远远多于用作动词，"给 + NP1 + V + NP2""V + NP2 + 给 + NP1"结构的使用要多于双宾结构的使用。（周岚钊，2009）对日本学生来说，连字句的偏误率高达 49%，其中大部分偏误发生在语义层面，比例为 52%。（张茜，2010）如果不利用汉语中介语语料库，我们是不可能得到这样的具体认识的。

虽然在国外"第二语言习得研究已从描述型转移到了解释型"（袁博平，1995），但就汉语的二语习得研究而言，描写的任务尚未完成，我们迫切需要对外国人汉语句式的习得情况进行全面的调查与深入的研究。

3.2 定量分析与定性分析相结合，尤其注重定量分析

传统的语法研究主要是一种定性分析，目前绝大多数的习得研究在探讨某种偏误现象的原因时也仍然主要采用定性分析的研究方法。这种研究无疑是有价值的，但我们很难断定其结论的正确性，特别是无法断定其普遍性有多大。因为它源于研究者的逻辑思辨与主观判断，难以得到客观而直接的证明。而"机控语库是开展大范围语言研究的极好语料源，因为它所提供的语料较之先前的材料更具有真实性，其层级结构更加明晰，因而更有助于对语言的不同层面进行描写研究，更有助于对不同语体的比较研究和开展量化与概率统计研究"。（丁信善，1998）在大规模真实语料基础上所进行的定量统计分析具有最大限度的客观性与普遍性，可以弥补定性分析的不足。

我们理解，定量分析的第一要义是"一切基于数字说话，不能拍脑袋"。（辛苑薇、侯继勇，2009）也就是说研究中得出的任何结论都要"言必有据""无一字无来历"，这样才能保证结论的客观性。本文引言中关于"把"字句的相关数据就是证明。

定量分析的第二要义是数据的广泛性与代表性。即数据必须来自较多观察样本和较大规模语料，而不能仅仅来自少数的、甚至个别的样本或少量的观察材料。根据较少样本、较小规模语料得出的结论，如果扩大考察范围，增加样本数量与语料规模，数据可能就会发生变化，进而导致研究结论的改变。

例如同样是对把字句的量化研究，因考察的样本及语料规模不同，数据相差极大。罗青松（1999）根据日、韩留学生的考试作文所做的考察发现，把字句的使用率为0.022%。刘宏帆（2007）根据中山大学中介语语料库进行的研究结论是：把字句的偏误率为24%；其中"泛化"偏误句占所有偏误句的54.29%。黄月圆、杨素英（2004）采用专题测试的方法考察发现，在不同类型的测试题中把字句泛化的错误率分别为77%、31%、52%。而笔者根据"HSK动态作文语料库"（1.0版）得到的结论是：把字句的使用率为0.092%，偏误率为12.52%，"泛化"句占偏误句总数的34.92%。

考察的句式相同，甚至使用的研究方法也相同，而结论竟有如此大的差异，其原因在于考察的样本与语料规模不同：黄月圆、杨素英的研究只有14个样本；罗青松的数据虽然来自45个样本，但只有2万多字语料；中山大学的中介语语料库不超过75万字（张舸，2008）；而"HSK动态作文语料库"（1.0版）则有10 740个样本，约400万字语料。由于"比较大的样本可以减低样本统计量的变异"（戴维·S. 穆尔，2003：162），依据较多样本和较大规模语料得到的数据无疑具有更大的普遍性，结论也就更可靠。

3.3 把偏误分析提升为表现分析，重视表现分析

在国内对外汉语习得研究中，从20世纪80年代开始，直至90年代，偏误分析都是研究最多的内容之一，并取得了很多研究成果，对教学起到了很好的促进作用。今天，偏误分析也还是一个受到较多关注的研究领域，仍然是一种常用方法。然而偏误分析是带有片面性的，因为它"只研究中介语的偏误部分，而且是横切面式的静态分析，并未研究中介语的正确部分"。（刘珣，2000：202）"也就是说，只看到了学生不能做的方面，而没有看到学生能够做的方面。"（袁博平，1995）这就难免只见树木、不见森林，看不到学习者全部的语言表现，特别是看不到正确的语言表现，进而夸大偏误的严重程度，

使研究者形成不全面的认识。例如有人把把字句视为"难点中的难点"（吕必松，1992：111），外国人"要么不用把字句，要么一用就错"（吕文华，1994：174）。但如前所述，从"HSK动态作文语料库"（1.0版）得到的数据并不支持这种观点。

"中介语研究对象应是学习者语言的整体，只有这样，才能认识语言学习过程的全貌。"（鲁健骥，1999：6）因此，在考察偏误的同时，应特别注重考察学习者正确的汉语表达，并将这两方面的表现结合起来进行研究，即把研究从偏误分析提升为表现分析，或称为语言运用分析（Performance Analysis）。"……语言运用分析方法分析的仍然是学习者的言语结果（product）。与错误分析不同，它不是只注意学习者的错误，而是注意学习者的所有言语（错误的、正确的），试图勾画出学习者语言发展的轨迹。"（孙德坤，1993）这种"轨迹"正是我们所关心的，只有进行表现分析才有可能使我们得到更全面、更准确的结论。

3.4 语言的个性分析与共性分析相结合，特别突出共性分析

分国别研究是汉语偏误分析的一个常见做法，也是汉语偏误分析的一个显著特征，对学生的偏误现象往往从其母语与汉语的对比分析中寻找原因，而找到的原因也几乎是千篇一律的——母语的负迁移。例如有人认为，英语背景的学习者说出"放书在桌子上"这种句子是受到 put the book on the desk 之类结构的影响，把字句的回避是学习者母语的负迁移造成的。这种研究是有其理论依据和参考价值的；孤立地看，甚至是非常完美的。

然而，当我们注意到不同母语背景的学习者存在完全相同的偏误时，这种研究就显得不那么完美，甚至有些苍白了。因为对把字句的"回避"是一种普遍现象，并不因学习者母语的不同而表现出不同的形态。例如从十几个国家的具有中等以上汉语水平的外国学生的近五百个误例中筛选出来的把字句偏误类型，"每一种偏误类型或多或少对不同国家的学生具有共同性"。（李大忠 1996：133）；"据观察，许多国家的学生关于施事和受事、主动和被动的观念是比较强的，不仅印欧语系国家的学生如此，就是东方的韩国学生、日本学生也是如此。在他们看来，如果一个句子表示被动的语态，那就应当有表示这个语态的某种标志或手段。基于这样的认识，汉语的意念被动句在他们那里就都成了有标志的被动句，即被字句。"所举的具体例子"分别来自操英语、法语、德语、意大利语、日语、瑞典语、韩国语的外国留学生"。（李大忠，1996：154）

从语言类型学、从语言共性的观点来看，产生把字句"回避"问题的根本原因在于汉语和其他语言在句子类型上的不对应；直接原因在于二语者对把字句

的使用规则,特别是语义语用特征没有充分掌握(张旺熹,1999),目的语知识的不足导致了二语者的偏误。(张宝林,2010)

因此,对各种汉语句式偏误现象既要从语言的个性,亦即从外国学生母语的角度进行分析,从对比分析中寻找原因;更要从语言的共性,亦即从不同母语背景的考生所犯的相同错误中寻找规律,深入挖掘存在偏误的原因。希望这种努力能突破以往的研究模式,取得全新的研究成果。

3.5 把句式研究与语段研究相结合

单个句子传达的信息往往不能表现说话人的全部意图,甚至不能表达主要的交际意图,要理解说话人的交际意图必须在更大的语言环境,即语段中。对各种句式的具体使用情况也会受到语段内部结构的制约,一个单独看似正确的把字句,在具体的语言环境中却有可能是一个偏误句,这就有可能导致做出错误的判断。语境给了我们全面观察句子的条件,可以做出较为准确的判断。这也是结合语义语用进行教学的内在根据之一。例如:

(1) 我的思想说得明明白白。

仅从形式上看,这是一个正确的受事主语句。而结合语境从整个语段来看,则显然是一个回避把字句的偏误句。

原文:这个问题难以说清楚,我也常与父母接触这样的事,我的,首先,找出那个地方父母不理解我,然后,我的思想说得明明白白。

(2) 我进了公司的那个时候,许多烟民把烟抽在自己的椅子上。

单看此句,属于该用把字句而用得不对,直接表现为动词的问题,把"抽"改为"放"即可,但已改变了原意。从表达原意的角度看,应用连动句,即"坐在自己的椅子上抽烟",是一个把字句泛化的偏误句。

原文:比方说,我进了公司的那个时候许多烟民把烟抽在自己的椅子上,可过二三年公司造了一个抽烟房,让烟到这个空间去抽烟了。

A. P. Corder(1971、1972,转引自鲁健骥 1999:5-6)指出,判断一句话是对还是错,一是看这句话是否合乎语法,二是看它在语境中是不是有意义。"应该以形式和上下文及情景为基础解释学习者的话语。"因为"仅仅是表层形式正确并不能保证不存在偏误"。(鲁健骥,1999:6)"掌握还是没掌握要放在更大的背景上去检验。更大的背景,一般可以指超句结构、语境和语用。"(鲁健骥,1999:5)因此,结合语境,从语段的角度进行句式研究是非常重要的。其重大意义是可以避免仅从单句出发进行研究所造成的局限性。

3.6 把语料中的语言表现与其他相关因素相结合，详细分析造成偏误的原因，揭示出偏误产生的具体过程

自鲁健骥先生 1984 年引进中介语理论以来，几乎所有的偏误分析都沿用了他所介绍的遗漏、增添、替代、错序等四大偏误类型的分类方法。关于偏误产生的原因，大致也没超出他（1999：13－14）的概括：母语干扰、过度泛化、文化影响、学习策略、教学失误，这似乎已经成了固定"套路"。不论研究字词习得，还是句式习得，或者语篇习得；也不论是把字句，还是被字句、比字句，乃至其他什么句式，分析到最后都会归结到这几个方面来，甚至不看研究过程，都能估计到这样的结果。这就使研究缺乏针对性和个性化，甚至走进了"死胡同"：研究变成了一种对号入座的过程。带来的问题是：既然偏误类型与产生偏误的原因如此整齐划一，千篇一律，还有什么必要进行这种研究与探讨呢？

周小兵等（2007：363）尝试应用认知科学的理论方法，从语言普遍性、语言标记性和语言点的自然度等方面，进行语法偏误的认知解释，可谓另辟蹊径，扩展了偏误分析的视角。这种努力能够突破已有的研究角度，推动学术发展，是非常可贵的。

以往对偏误原因的研究常常是比较笼统的，非常缺乏深入具体的研究。例如讨论学生母语的负迁移时所进行的汉外对比就常常过分简单。我们认为，即使从母语影响或规则泛化等角度进行研究，也应非常具体、非常实在地描绘出负迁移或规则泛化的"路线图"，详细说明其具体过程。这样进行研究才会有一定的实用价值。

我们认为，在研究中除直接考察学习者产出的语料之外，还应结合学习者的其他相关信息进行分析，这可能是考察学习者语言表现成因的另一捷径。例如"HSK 动态作文语料库"中提供的考生信息包括考生国别、性别、作文长度、字词频度、字词的汉语水平等级、作文分数、口试分数、听力、阅读、综合各部分分数和客观卷总分、汉语水平等级等 10 余项相关信息。结合这些信息进行研究，可以使结论更加具体，更加客观，更有说服力。

例如，结合考生获得 HSK 证书级别的情况来分析各类偏误，会明显看到偏误分布的合理性：水平越高偏误越少，水平越低偏误越多。

表8 HSK各级别考生"对于"句偏误总体情况

证书级别	A级	B级	C级	未获证
偏误数	11	60	158	305
所占比例	2.06%	11.24%	29.59%	57.12%

(引自梁婷，2010)

3.7 综合运用多种语言理论和研究方法进行相关研究，特别注重实证研究

汉语句式习得研究应运用中介语理论、三个平面的语法理论、认知语言学中的构式语法理论等展开研究。除传统的内省思辨和对比分析、偏误分析的方法之外，还应采用定量分析、实证研究、语料库检索等研究方法进行研究。根据以往的研究状况及存在的不足，我们认为，今后的汉语习得研究将会形成这样一种研究范式，即：基于大规模真实语料的、定量分析与定性分析相结合的实证性研究。施家炜（2006）认为："我们现在面临的是研究方法的转变，实证性的调查研究在二语习得研究中的地位必然越来越重要，定量分析与定性分析相结合应该成为二语习得研究的主流。"我们完全赞同这种看法与评价。

实证研究的最大优点是可以使研究具有客观性，能够得出比较公允的结论，因而具有较强的说服力，可以最大限度地避免内省思辨、主观判断所造成的"公说公有理，婆说婆有理"那样一种结果。

在句式习得研究中，首先是在对产生偏误原因的研究中应进行实证性的研究，以便使个人的主观认识得到客观的证实。

其次是对教学对策的思考。以往的研究大致遵循"分析归纳偏误现象——揭示产生偏误的原因——提出教学对策"这样一种研究模式，在结尾部分常会用很少的篇幅，非常简略地提出一些教学对策或设想。这些对策与设想是在对相关的偏误现象与成因的研究基础上提出的，因而有其意义与价值。但因其并未经过教学实践的检验，也没有实证研究的支持，故而缺乏客观性，其价值也就很难被证实。我们认为，教学对策首先要经过教学实践的检验，或者说教学实践是提出对策的前提。相信这样提出的对策具有更强的说服力，也具有更大的参考价值。

第二章 "把"字句偏误分析[①]

一 引言

1.1 对"'把'字句难"的反思

对外汉语教学界普遍认为,"把"字句是外国人学习汉语的一个很大的难点,是"难点中的难点"(吕必松,1992:111),是外国人"最感头疼的一个问题"(李大忠,1996:132)。

对"把"字句难的原因及表现,学界有过多方面的探讨。例如吕必松先生(1992:113)曾指出:"'把'字句难是因为它在语义结构上要求的条件比较多:有施动者,有施动者的动作,有施动者动作的对象即受动者,而且这个受动者是有定的,还有受动者的变化情况。要表示这么复杂的语义结构,形式结构自然也复杂,而且要用一个介词'把'。其他语言里没有这样的句型。受动者变化的情况常常要用补语或/和'了'来表示,补语和'了'也是学生的难点。'把'字难,就难在这些方面,可以说难点都集中在一起了。"也许正是因为如此,"把"字句才被学界认为是教学中的一个"老大难"问题。

学界的一个重要观点是,外国人对"把"字句采取了回避策略(参见罗青松,1999;刘颂浩,2003),"要么不用'把字句',要么一用就错"(吕文华,1994:174)。这种看法由来已久,早在20世纪50年代,人们就已经注意到"学生躲着把字句说话"的现象[②]。多年来"把"字句一直是"中外汉语学界的热门话题"(吕文华,1994:174)。今天,更是发展到谈"把"字句而"言必称回避"的程度。

一项基于语料库的研究指出:在外国学生使用的146个"把"字句中,正确

[①] 本章原题《回避与泛化——基于"HSK动态作文语料库"的把字句习得考察》。原载《世界汉语教学》2010年第2期。作者:张宝林。
[②] 这一情况及这种非常生动的表达方式是赵淑华老师告诉笔者的。

句有 111 个，偏误句为 35 个，偏误率为 24%；偏误句中由于对"把"字句过度概括，采用规则类推策略造成的偏误句共有 19 例，占所有"把"字句偏误的 54.29%。（刘宏帆，2007）另有研究表明：受试者在不同类型的测试题中泛化的错误率分别为 77%、31%、52%。（黄月圆、杨素英，2004）

这就出现了一个颇有意思的问题：回避是对"把"字句使用不足，该用而未用；泛化是对"把"字句使用过度，不该用却用了。二者是性质完全相反的偏误类型。按一般逻辑推论，如果其中一种偏误非常严重，达到 50% 以上，另一种偏误相对来说就应该不是那么严重，不可能也达到 50% 以上。可现在的情况是，"回避说"如此深入人心，几成共识，"泛化"的比例竟然也是如此之高，这未免太不合理了。

另一方面，学界对"把"字句的教学与习得也存在着一些不同的声音："把"字句的难度在很大程度上被夸大了（刘颂浩，2003）。

笔者在教学中发现，学生在回答问题时能不假思索地说出"把窗户打开""把瓶子给你"之类的句子。笔者和一些同事谈到这一问题时，也有人认为"回避说"是一种误导。

"把"字句是现代汉语中最有特色的句式之一，不论是在本体研究方面，还是在对外汉语教学与第二语言习得研究方面，"把"字句都受到了极大的关注。然而直到今天，我们对"把"字句的习得情况似乎并不十分清楚，还存在很多疑问与困惑。例如：

（1）"把"字句究竟是不是难点？如果是，难到什么程度？
（2）"把"字句的习得究竟存在什么问题？
（3）学生是否回避了"把"字句？如果是，究竟回避了什么？
（4）在"把"字句的习得中，回避究竟是不是一种学习策略？
（5）在存在回避现象的同时，为什么有大量的泛化偏误句？
（6）泛化句在"把"字句的偏误中究竟占有多大比例？
（7）回避与泛化究竟哪种偏误是主要的？二者又是什么关系呢？
（8）产生回避与泛化的原因究竟是什么？"母语迁移说"是回避产生的真正原因吗？

因此，对"把"字句的教学与习得情况，还有必要做进一步的考察与研究。

1.2 研究的依据

从前人与时贤对"把"字句的研究中我们发现，研究者考察的样本数量较少，可供观察的语料数量也不多，有些研究甚至只是基于零星的样本，绝大部分研究只有十几个考察对象，有的只有 2 万多字语料（参见罗青松，1999；李宁、王小珊，2001；刘颂浩，2003；程乐乐，2006），均属小规模样本的考察。

语料是描写中介语的基础，如果语料不完整、不系统或不准确，那么在此基础上描写的中介语就不可靠。（孙德坤，1993）在这样的基础上，我们很难对外国人学习汉语的实际情况做出准确的判断。这也许就是造成我们对外国人的汉语学习状况不十分清楚，甚至很不清楚的根本原因。

针对上述问题，本文试图在较大规模的语料基础上对外国人习得"把"字句的情况进行考察，力求得出一个具有较大普遍性的结论。

具体说来，本文是依据"HSK 动态作文语料库"（1.0 版）进行研究的。该语料库收集了自 1992 年以来历年汉语水平考试高等考试中的部分作文答卷，共计 10 740 篇、约 400 万字[①]；从字、词、句、篇、标点符号等角度对全部语料中存在的偏误进行了穷尽性标注。从目前来看，不论是语料规模，还是标注的广度与深度，该语料库都处于汉语中介语语料库建设的领先地位。

二　"把"字句的偏误类型

2.1　"把"字句相关数据

在"HSK 动态作文语料库"（1.0 版）中按"把"字检索，共有带"把"字的句子 3 587 句，在语料库中分 180 页显示。考虑到"把"的不同词性问题，又对 3 587 个带"把"的句子进行了随机抽样检查，具体方法是每隔 5 页查看 1 页，共查看 36 页，即检查了 20% 的句子，结果是：作为动词语素的 2 个（"把持"、"把握"），作为名词语素的 3 个（"把握"），作为量词的 9 个，共计 14 个非把字句。扩大 5 倍为 70 个，3 587 - 70 = 3 517 句；加上按"错句"检索到的 461 个偏误句中的 165 个回避掉"把"的偏误句，共有把字句 3 682 句。

在这 3 682 个"把"字句中，正确句 3 221 句，占"把"字句总数的 87.48%；偏误句 461 句，占"把"字句总数的 12.52%。

在全部 461 个偏误句中，该用"把"字句而没用，即一般所谓回避"把"字句的共有 165 句，占偏误句总数的 35.79%。不该用"把"字句却使用了"把"字句，即"把"字句的"泛化"句有 161 句，占偏误句总数的 34.92%。

---

① 该语料库 1.1 版已扩充至 11569 篇考生作文，约 424 万字。

该用"把"字句,也使用了"把"字句,但句中存在其他错误的共有135句,占偏误句总数的29.28%,这类问题属"把"字句的内部偏误。

这样看来,外国人习得"把"字句主要存在三种类型的偏误:回避、泛化、其他偏误。本文着重探讨回避与泛化问题,"把"字句的其他偏误问题拟另文专述。

2.2 回避的类型

我们将"把"字句的"回避"界定为:各种在该用"把"字句、母语者一般会使用"把"字句的情况下而二语者未用"把"字句的中介语现象。

在"HSK动态作文语料库"(1.0版)的165个回避"把"字句的偏误句中,"把"的残缺及相关偏误有115句,占69.7%,是主要的偏误类型;"把"的误用及相关偏误有50句,占30.3%,是相对次要的偏误类型。具体情况见表1。

表1 "把"字句的回避类型及其分布表

回避类型	回避类型再分类	数量	比例(%)
"把"残缺及相关偏误	单纯缺"把"	53	46.09
	缺"把"及其宾语	11	9.56
	缺"把",同时有其他词语或语序错误	51	44.35
	合计	115	69.7
"把"误用及相关偏误	该用"把"而误用其他词	23	46
	该用把字句而误用其他句式	21	42
	句子结构要求用把字句而未用	6	12
	合计	50	30.3

2.2.1 "把"残缺及相关偏误

2.2.1.1 单纯缺"把"。指句中该用"把"而未用,即"把"字缺失的句子。共有53句,占残缺偏误的46.09%。例如:

(1)我们可以( )新鲜的肉、蔬菜等送给他们。

(2)他得( )自己的事情做好。

(3)其二,一般来说,抽烟的人抽烟之后( )剩下的扔在地上。

2.2.1.2 缺"把"及其宾语。这种偏误句不仅"把"字缺失,"把"的宾语也同时缺失。共有11句,占残缺偏误的9.56%。例如:

(4)父亲对我管教得特别严格,我一做什么事就管,有时狠狠地骂我,打我，仿佛（　）（　）当做敌人。

（5）即使有人发现吸烟者（　）（　）扔在地上，也没主动去批评他。

（6）三个和尚存心（　）（　）推给别人。结果这座庙里既没有水喝，也破了三个人之间的和平的机会。

上述（4）－（6）句分别缺少"把"及其宾语"我""烟头""活儿"等。

2.2.1.3 缺"把"，同时有其他词语或语序错误。这种偏误句在"把"字缺失的同时，还存在其他词语的使用或语序方面的偏误。共有51句，占残缺偏误的44.35%。例如：

（7）警察官也不能全部的边走边抽烟的人抓住。

（8）每个人都有懒心，互相推给别人，自己不愿意做的事情。

（9）所以父母不应该看成孩子们小皇帝。

上述（7）－（9）句正确的说法是：

（7'）警察官也不能把边走边抽烟的人全部抓住。

（8'）每个人都有懒心，都想把自己不愿意做的事情推给别人。

（9'）所以父母不应该把孩子们看成小皇帝。

这3个句子除都缺少"把"之外，（7）句的"全部"位置错误，同时"的"多余；（8）句"互相"多余，缺少"都"和"想"；（9）句"孩子们"位置错误。

2.2.2 "把"误用及相关偏误

2.2.2.1 该用"把"而误用其他词。指该用"把"而误用其他介词或动词的句子。共有23句，占误用类偏误的46%。例如：

（10）给箱子烧了。

（11）时常在家里弄得乱七八糟。

（12）后来新娘帮我带到位子吃饭。

（13）所以他暗暗地拿别的和尚的佛经扔掉了。

上面（10）、（11）句误用其他介词"给"或"在"，（12）、（13）句误用动词"帮"和"拿"。

2.2.2.2 句式误用。指该用"把"字句而误用其他句式的句子。共有21句，占误用类偏误的42%。例如：

（14）其酷暑和潮湿使留学生赶到外地去。

（15）我父亲的烟雾连从来不吸过烟的我的肺也弄黑了。

（16）妈妈给别人自己的孩子的话，可能那个孩子很伤心、痛苦。

上面（14）句误用兼语句；（15）句误用"连"字句；（16）句误用双宾

语句。

2.2.2.3 句子结构要求用把字句而未用。共有6句,占误用类偏误的12%。例如:

(17) 你们用水桶抬水到庙里的大水桶,……

(18) 所以政府让烟公司写在烟里边烟的害处,……

(19) 我真的不知道在这一生中我能不能再一次跟我父亲见一面,让他抱我在他的怀里。

这种施事主语为主要话题、动词述语后同时带有宾语和处所补语的句子,在汉语中应该使用把字句。

2.3 泛化的类型

我们将"把"字句的"泛化"界定为:各种在不该用"把"字句、母语者一般不会使用"把"字句的情况下而二语者使用了"把"字句的中介语现象。

在"HSK动态作文语料库"(1.0版)的161个"把"字句泛化的偏误句中,"把"的多余及相关偏误有28句,占17.39%,是比较次要的偏误类型;"把"的误用及相关偏误133句,占82.61%,是主要的偏误类型。具体情况见表2。

表2 "把"字句的泛化类型及其分布表

泛化类型	泛化类型二级分类	泛化类型三级分类	数量	比例(%)
"把"多余及相关偏误	单纯的"把"多余		24	85.71
	"把"多余,并有其他多余词语或语序错误		4	14.29
	合计		28	17.39
"把"误用及相关偏误	词语误用	该用其他介词而误用"把"	30	90.91
		该用动词而误用"把"	3	9.09
		小计	33	24.81
	句式误用	该用一般动谓句而误用把字句	54	54
		该用受事主语句而误用把字句	10	10
		该用文言句式而误用把字句	3	3
		该用兼语句而误用把字句	30	30
		该用其他句式而误用把字句	3	3
		小计	100	75.19
	合计		133	82.61

2.3.1 "把"多余及相关偏误

2.3.1.1 单纯的"把"多余。指不该用"把"、去掉"把"就是正确句的情况。这种句子共有24句,占多余类偏误的85.71%。例如:

(20) 今年把大学毕业了。

(21) 这都是把现代社会带来的结果。

(22) 绿色食品是把用未经污染的农产品加工的食品。

2.3.1.2 "把"多余,并有其他多余词语或语序错误。指不该用"把"而用、还有其他不该用而用的词语或词语位置错误的情况。这种句子共有4句,占多余类偏误的14.29%。例如:

(23) 在学校,同学们为了得到好成绩,为了获得更高的学历,并把自己离不开阅读。

(24) 不要把亲人快逝去的思考也有。

上面的句子除"把"多余之外,(23) 句的"并"、"自己"也属多余;(24) 句动词述语"有"位置错误,副词"也"多余。

2.3.2 "把"误用及相关偏误

2.3.2.1 词语误用。指该用其他介词或动词而误用"把"的句子。这种句子共有33句,占误用类偏误的24.81%;其中30句为介词误用,3句为动词误用。例如:

(25) 应该把自己作主了。

(26) 我把您们教我的方试来教他们。

(27) 最近出现了婚姻介绍所也是在扮演其角色,把性格相近,学历相同的男女拉红线。

(28) 把歌星做每一件事情都是对的。

上面(25) - (27) 句分别应用介词"由""用""给",(28) 句应用动词"认为"。

2.3.2.2 句式误用。指该用其他句式而误用"把"字句的句子。这种句子共有100句,占误用类偏误的75.19%。其中该用一般动谓句而误用"把"字句的有54句,该用兼语句而误用把字句的有30句,该用受事主语句而误用"把"字句的有10句,其他情况6句。例如:

(29) 应该把一套内衣买给父母。

(30) 那么我们怎样解决这个问题?我觉得人们应该把绿色食品发展。

(31) 很难再把自己努力起来。

(32) 所以父母亲想把我去学那些印尼有名的舞式。
(33) 把这么繁重的事婆媳一起做的话，很轻松。
(34) 我进了公司的那个时候许多烟民把烟抽在自己的椅子上。
(35) 吃饭时他们自然把许多事情问到我头上。
(36) 发达国家可以把健康食品——绿色食品为主。

上面(29)、(30)句应用一般动词谓语句；(31)、(32)句应用兼语句；(33)句应用受事主语句；(34)应用连动句；(35)句应用双宾语句；(36)句应用文言句式"以……为……"。即：

(29') 应该给父母买一套内衣。
(30') 那么我们怎样解决这个问题？我觉得人们应该发展绿色食品。
(31') 很难再使自己努力起来。
(32') 所以父母亲想让我去学那些印尼有名的舞式。
(33') 这么繁重的事婆媳一起做的话，很轻松。
(34') 我进了公司的那个时候许多烟民坐在自己的椅子上抽烟。
(35') 吃饭时他们自然问了我许多事情。
(36') 发达国家可以以健康食品——绿色食品为主。

三　关于回避与泛化问题的讨论

3.1　关于回避

3.1.1　学习者回避"把"字句了吗？

关于这个问题，请看两方面的数据：

首先，从"HSK 动态作文语料库"（1.0 版）的情况看，在 400 万字的语料中共出现"把"字句 3 682 句，其使用率为 0.092%[①]，仅次于"是……的"句、"是"字句和"有"字句，而高于其他句式；其偏误率为 12.52%，仅次于"是……的"句、"是"字句，与"有"字句接近，而高于其他句式。一直以来，学界在谈论"把"字句的教学与习得时必提回避问题，但却几乎从来不说其他句

[①] 据熊文新（1996）的研究计算，外国留学生"把"字句的使用率为 0.0917%，可以作为本文所得数据的一个佐证。

式的教学与习得存在回避问题。从本文统计的情况看，如果只说"把"字句存在回避问题，而不认为比其使用率和偏误率都低得多的其他句式（例如"被"字句、"比"字句、"连"字句、兼语句、连动句、存现句等）存在回避现象，显然是不公允的。

其次，从汉语母语者使用"把"字句的情况看，在大约3700万字的《人民日报》语料中，"把"字句的使用率在0.0754%到0.0767%之间，比外国人的使用率还低0.0166至0.0153个百分点[①]。而选用《人民日报》的根本原因是其作为中国最有影响的报纸，反映了当代中国社会生活的方方面面，内容与语体多种多样，所刊登的文章相当规范。（俞士汶等，2003）

另一项对335万字语料（包括小说、戏剧等文学作品、政经论文、新闻报道、人物专访、电视谈话、采访实录等）的调查统计显示，汉语母语者"把"字句的使用率约为0.0894%，比外国汉语学习者的使用频率低0.0026个百分点。（李宁、王小珊，2001）

由上述两方面的情况看，与中国人相比，外国学习者使用"把"字句的频率并不低，甚至还高一点。"回避说"显然根据不足。

3.1.2　回避：策略还是偏误？

根据《现代汉语词典》（第5版，北京商务印书馆2005）的解释，"回避"意为"让开；躲开"。所举的例子是："～要害问题"。显而易见，回避是一种有意识的行为。

第二语言学习领域提到的"回避"均指一种学习策略。而"学习策略是学习者利用可用信息提高第二语言熟练程度的可选性方法，是学习者用来获取、贮存、提取或使用信息的活动。"（吴平，1999）从这个意义上说，对任何学习策略的使用都是学习者的有意行为。[②]

有学者指出：第二语言学习中的回避现象实质上是对外语学习中的不确定性的回避，是学习者不愿承担学习过程中的风险而采取的一种消极手段。（阮周林，2000）某些学习者把回避作为一种交际策略（communicative strategy），以达到交际目的，而交际的顺利进行，使学习者缺乏进一步提高语言能力的动力。（陈庭

[①] 俞士汶、段慧明、朱学锋、田中康仁等对《人民日报》1998年上半年共计1300万字标注语料进行统计，"把"作为一个词共出现了10 221次，其中介词9 801次。笔者根据宋柔教授主持研制的"面向语言教学和研究的汉语文本检索软件CCRL"中《人民日报》2000年全年约2400万字语料的统计，共有19189个带"把"的句子。其中介词用法的有18413句。
[②] 根据钱玉莲（2004）的研究，关于学习策略是外显的还是内隐的、是有意识的还是无意识的等说法不一，学界并没有一个统一的认识。

云，2003）学生在学习掌握汉语中独特的句式时会有一定的难度，于是在一些可以自由选择的情况下，往往回避使用这类句式。例如，被动句、"把"字句等句型，在教学中是作为重要的语言点来讲授、训练的，但是在学生的语言运用中明显表现出回避的心理。（罗青松，1999）

从以上论述来看，回避现象也好，回避策略也好，皆属学习者的有意而为。

然而，学生在回避"把"字句时真的意识到此处该用"把"字句了吗？所谓"回避"真是学习者有意识的行为吗？

在刘颂浩（2003）所举的例子中，学生确实意识到了要用"把"字句，但那是因为调查者直接提出了"把"字句的问题，对被调查者而言是一种"强制回答"。如果没有这种直接提问，学生能意识到在何种情况下应该使用"把"字句吗？我们对此表示怀疑。

余文青（2000）在调查中使用的判断及归类标准为：受试在第一次就写出"把"字句的，即认为会使用"把"字句。如在第一次没出现"把"字句，第二次出现的，即认为回避使用"把"字句。如第一次、第二次都没出现"把"字句，则认为不会使用"把"字句。我们在相当程度上认同这一标准，因为其既有较充分的理据性，又有较强的可操作性。但是，如果脱离了余文所设计的调查内容，如果学生第一次使用了"把"字句而第二次没用，我们又应做何判断呢？

相对而言，我们认为区分"回避"和"回避倾向"的观点（刘颂浩，2003）是更接近实际情况的。这种观点认为："回避"是一种有意识的行为，学习者想到要用"把"字句而最终放弃了；而"回避倾向"可以是有意的，也可以是无意的。这种观点至少承认了学生的"回避"不一定是有意识的。

从我们掌握的情况看，学生在课堂上能够较好地学习"把"字句，甚至能把"把"字句和"被"字句正确地进行转换。学生之所以回避"把"字句，是因为不知道什么时候应该使用"把"字句，不知道用与不用"把"字句在表达上有什么区别。因此，"解决把字句教学的根本途径是要揭示'把'字句的语义特征，使学生掌握表达什么意义时须用'把'字句，同时还要指出使用'把'字句的语境背景，使学生掌握在什么情况下用'把'字句。"（吕文华，1994：174）"我们不仅要让学生清楚'把字结构'的种种结构形式，还要告诉学生它的语义本质及其语用上的基本规律，……"（张旺熹，1999：15）。

综上所述，就学生使用"把"字句的情况而言，所谓"回避"并非一种有意而为的"学习策略"，而是一种偏误。这种偏误和二语学习者甚至母语者写错别字一样，是无意识的。我们认为，对大多数学习者来说，如果他们能够意识到什么时间、什么场合应该使用"把"字句，也就不会回避了。例如：

（37）不应该（　）自己要干的委托别人。

(38) 当然（　　）绿色食品放第一位。

(39) 不需要再（　　）眼泪往肚子里吞，……

这些句子的问题都是单纯缺"把"，只要加上"把"就是正确的句子。二语者倘能意识到括号处应该使用介词"把"，是不可能造成回避偏误的。

笔者在教学中曾采用访谈的方法就学生作文中的同类现象询问过多名学生：为什么在这些地方不用"把"？学生的回答非常一致：<u>没有想到</u>。学生的回答充分证明：他们对"把"的所谓"回避"完全是无意识的。

因此，从某种意义上来说，学习者该用"把"字句而未用的情况，与其说是有意识的"回避"，还不如说是无意识的"缺失"（omission，参见 Rod Ellis，1997）。这样认识问题更符合对外汉语教学的实际。

应当指出的是，以往曾有研究触及所谓"回避"的原因问题，认为"或许是因为他们对'把'字结构的使用不熟悉，在某些场合根本不知道去用"（熊文新，1996）。但研究者未能就此想法深入探讨，而是立即转回"回避策略"的固有观点上去了。这是非常可惜的。

3.1.3　回避产生的原因

有研究认为，学生回避"把"字句是由于其母语和目的语的差异造成的。（罗青松，1999）有的教师举出的比较典型的例子是"放书在桌子上"，认为英语背景的学习者说出这样的句子是因为受到 put the book on the desk 这种结构的影响。简言之，是学习者母语的负迁移造成了"把"字句的回避现象。

然而我们注意到，同样的回避现象在各种母语背景的二语者中都会发生，回避并没有因为学习者母语的不同而表现出不同的形态。"每一种偏误类型或多或少对不同国家的学生具有共同性。"（李大忠，1996：133）因此，用特别强调母语特点的"负迁移说"来解释回避现象，似乎显得说服力不够强。

我们认为，应从语言共性的角度，从语言类型学的角度来认识这一问题。"当代语言类型学远远不满足于对语言的分类，而将语言共性作为自己的追求目标。面对表现各异的众多人类语言，需要特别重视的就是如何判断某种现象属于个性（差异）还是共性。"（刘丹青，2003）汉语中有一些自己所有、其他语言所无的语法现象，例如"汉语的SSV（指主谓谓语句——引者注）是汉语独有的一种语法现象。"（曾聪孙，2001）"把"字句同样是汉语中特有的语言现象，在我们目前所知的其他语言中似乎都没有这样的句子。而"一种语言中的独特句式恰恰反映着该语言所具有的独特的认知类型，这正是语言认知类型学的关注所在，……更是汉语'把'字句所<u>显</u>示出的语言类型学的价值所在。"（张黎，2007）对汉语来说，"把"字句是其个性表现之一；而对其他语言来说，没有

"把"字句则是它们的共性。如果这样来认识问题的话，我们就可以很自然地得出结论：产生所谓"回避"的根本原因是汉语和其他语言在句子类型上的不匹配，不对应；而直接原因则是二语者对把字句的使用规则（主要是语义语用特征）没有充分掌握，即目的语知识不足。

3.2 关于泛化

3.2.1 泛化的比例有多大？

在以往的研究中，"把"字句的泛化问题很少有人提及，基本没有引起人们的关注。

李大忠（1996：133）指出，由于"处置"的提法过分概括、抽象，外国学生难以理解，因而"就容易类推，许多相近而不相同的意义都用'把'字句来表示，这样就造成了许多形式的偏误。"李先生这里所谓因类推而造成的偏误，即指泛化。

黄月圆、杨素英（2004）的研究表明，"受试者做正误判断题时，有泛化倾向，强烈倾向接受'把'字句，不该接受的也接受。"在某些测试题中泛化的偏误率高达31%、52%，甚至77%。

刘宏帆（2007）基于中山大学的中介语语料库的研究显示，在外国学生的35个"把"字句偏误句中，由于对"把"字句过度概括，采用规则类推策略造成的偏误句共有19例，占所有偏误的54.29%。

这样看来，"把"字句的泛化偏误俨然已经超过其他各类偏误，应该位列第一了。

然而，笔者依据"HSK动态作文语料库"（1.0版）统计的数据则是：在461个"把"字句偏误句中，"泛化"句有161句，占偏误句总数的34.92%，比刘宏帆的数据低了19.37个百分点。

同样是对"把"字句的考察，同样是基于语料库的研究，数据相差竟然如此之大，原因何在呢？通过考察发现，两个语料库的语料规模存在显著差异：中山大学的中介语语料库不超过75万字[①]，而"HSK动态作文语料库"（1.0版）则有近400万字。

考察的语料规模与范围不同，必然导致所得结论不同，结论的普遍性不同；

[①] 根据张舸（2008）的文章，中山大学留学生中介语语料库规模近75万字。刘宏帆之文发表于2007年，使用的也是中山大学的语料库，但未交代语料规模。依张文推算，当不会多于75万字。

根据较少样本、较小语料规模得出的结论，如果增加样本与语料，扩大考察范围，结论可能就会相应地发生变化。因为"比较大的样本可以减低样本统计量的变异"（戴维·S. 穆尔，2003：162），所以依据较大规模语料得到的数据更具有稳定性，因而也就更可靠。

结论是：泛化偏误率在35%左右可能比较接近实际。

3.2.2 泛化产生的原因

3.2.2.1 学习策略

目的语规则泛化是第二语言习得中的学习策略。外国人学汉语时，常常将汉语某些规则进行不适当的类推。如"不大、不太"都能跟褒义形容词结合，就以为它们能跟所有形容词结合，说出"＊不大脏这样的组合"。（周小兵，2004）学习者在学习"把"字句时由于同样的原因，也会出现同样的问题。

需要特别强调的是，泛化确实是学习者的"有意而为"，是他们接触或了解到汉语中的这一特殊句式之后，在主动学习、积极尝试使用过程中出现的偏误。

3.2.2.2 教学上的过度诱导

在"把"字句的教学中，教师们常常强调两件事：①汉语中"把"字句的使用频率很高（房玉清，1992：322）；②外国汉语学习者很少使用"把"字句，对"把"字句采取了回避策略。

这两种认识既不符合外国人使用"把"字句的实际，也不符合中国人使用"把"字句的实际。因为如上文2.1.1所述，外国人对把字句的使用频率并不比中国人低。这两种认识在客观上是对外国汉语学习者在"把"字句学习上的过度诱导，其结果必然造成学习者对使用"把"字句的过度关注，甚至着迷于"把"字句的使用，进而导致"把"字句的泛化。对性格开朗、学习态度积极、勇于尝试使用新的语言现象的学习者来说，其影响尤其如此。

3.2.2.3 本体研究的不足

"外国学生总是强烈地希望教师明确告诉他们：在什么情况下一定要用'把'字句，在什么情况下一定不能用。可是，教师在'把'字句问题上最为难的恰恰就是很难明确地回答这两个问题。"（李大忠，1996：132）这是教师的局限，更是语法本体研究的不足。陆俭明先生（1998）就曾指出："……现有的语法书、汉语教科书或工具书远远不能满足对外汉语语法教学的需要。这也不能怪编书的人，因为我们的研究还不够。"

3.2.2.4 教材的误导

多种教材指出，在某些情况下必须使用"把"字句。这些情况包括：
（1）表达通过动作使某确定事物（"把"的宾语）发生位置移动、关系转

移、形态变化的意义时必须用"把"字句。例如：我把那件衣服放到柜子里了。（杨寄洲主编，1999：62）

（2）句子的主要动词后有结果补语"在""到""给"以及表示处所、对象的宾语，必须用"把"字句。例如：老王昨天把自行车忘在校门口了。（陈灼主编，2000：145）

（3）以下三种情况：

动词带上了有"得"的补语，例如：

她把房间打扫得非常干净。＊她打扫房间得非常干净。

动词带上了介词词组充当的补语，例如：

我把钱存在银行。＊我存在银行钱。

动词（词组）是含"成""为"等表示结果意义成分的形式，例如：

我把这本书翻译成英文。＊我翻译这本书成英文。（孙德金，2002：202）

上述几种所谓"必用'把'字句"的情况，其实并非"必用"，而只是"可用"。例如：

我把那件衣服放到柜子里了——〉衣服放到柜子里了/那件衣服被我放到柜子里了/那件衣服是我放到柜子里的

老王昨天把自行车忘在校门口了——〉自行车忘在校门口了/自行车昨天被老王忘在校门口了/自行车昨天是老王忘在校门口的

她把房间打扫得非常干净——〉房间打扫得非常干净/房间被她打扫得非常干净/她打扫房间打扫得非常干净

我把钱存在银行——〉钱存在银行/钱被我存在银行/钱是我存在银行的

我把这本书翻译成英文——〉这本书翻译成英文/这本书被我翻译成英文/这本书是我翻译成英文的

我们把箭头左边的原句改为箭头右边的几种不同句子，也都符合上面所列的规则，可见所谓"必用'把'字句"的说法是不能成立的。但教材这样说了，外国学习者尚无分辨正误、去伪存真的能力，只能按教材上说的去造句。可见，上述教材所教的语法规则不能不说是对学习者的一种误导。其结果，一方面造成了"把"字句的泛化，另一方面也影响了对"被"字句、无标记被动句、"是……的"句、重动句等句式的学习，妨碍了学生汉语水平的提高。

其实，早有学者指出：从表达功能方面来看，当叙述或询问动作者进行什么动作时，一般用"主—动"或"主—动—宾"句式。当着眼于某一事物，叙述或说明通过动作该事物发生了什么变化或有什么结果时，可以用三种方式表达：①话题—说明；②"把"字句；③"被"字句。（刘月华、潘文娱、故韡，2001：745-746）而使用"把"字句必须注意以下两项前提：

其一，当要针对一种事物，命令、叙述、说明对它进行什么动作，并期望它产生或叙述、说明已产生什么变化或有什么结果，同时又指明动作者、责任者时，就应该用"把"字句。因为"把"字句的主语表示引起变化、造成结果的人或事物，即动作变化的的引起者、责任者，所以"把"前面的主语是不可缺少的。（刘月华、潘文娱、故韡，2001：746 - 747）

其二，"动词后同时出现宾语和补语时，汉语必须使用'把'字句"是有前提的，即：主要话题不是（"把"的）宾语。例如只能说"我把书放在桌子上了"，不能说"我放书在桌子上了"。但如果主要话题是（"把"的）宾语，就要说成"书我放在桌子上了"。（刘颂浩，2003）

这样看待"把"字句的使用问题，才能真正说清楚"把"字句的使用条件。把这些使用"把"字句的前提融入教学实际，才能使学习者真正避免泛化现象的产生。

3.3　回避与泛化的关系

黄月圆、杨素英（2004）认为：回避和泛化是语言习得中一对相反的学习策略和手段，但是，它们并不矛盾，它们从两个方面反映出"把"字句习得的困难和复杂性，以及学生对"把"字句的困惑。我们认同这一观点。

回避与泛化都是外国汉语学习者在学习"把"字句的过程中出现的偏误现象。但二者具有多方面的不同，例如回避源于学习者对"把"字句的无意识、不敏感，泛化则主要源于教学上对学生的过度诱导；回避反映了学习者的汉语程度较低，他们还意识不到在某些情况下应该使用"把"字句，而泛化则表现出学习者的程度较高，他们知道汉语中有"把"字句并能够积极地尝试使用；回避对学习者学习、掌握"把"字句没有任何积极作用，而泛化虽然也属偏误，但对"把"字句的学习还是有一定积极意义的。"过度概括的使用与学生的汉语水平成正比，而语际转移（负干扰）策略则成反比。随着汉语水平的提高，语际转移减少了，过度概括增加了。"（吴平，1999）这一认识在一定程度上说明了回避与泛化对汉语学习的不同意义。

另一方面，回避与泛化之间也有十分密切的联系，甚至存在一种对应关系。例如二者都涉及介词"把"的使用问题：回避是该用"把"而未用，泛化是不该用"把"而用；二者又都存在词语误用问题：回避是该用"把"而误用其他介词或动词，泛化是该用其他介词或动词而误用"把"；二者也都有句式误用问题：回避是该用"把"字句而误用兼语句、连动句、双宾语句等句式，泛化则是该用兼语句、连动句、双宾语句等句式而误用"把"字句；在偏误产生的原因方面，二者均与目的语知识的掌握有关：前者是目的语知识不足，后者是目的语知识使用过度。我们认为，把字句的回避与泛化之间的这种对应关系不是偶然的，而是有其内在原因的。把这种内在原因探究清楚，对把字句的教学与习得无疑具有十分重大的积极意义。

张黎（2007）指出："把"字句与"给"字句、"被"字句、兼语句、使役句、连动句等句式共同构成了汉语表达具有"系联—驱动"关系的复合命题所需要的句式系统。依据认知语言学理论，这些句式间的关系如表3所示：

表3 具有"系联—驱动"关系的句式关系表

	直接驱动	主观驱动	正向驱动	实驱动	驱动结果
连动句	+	-	+	+	-
兼语句	-	-	+	+	+/-
使役句	-	-	+	-	+/-
被字句	-	-	-	-	+
把字句	-	+	+	-	+
给字句	-	+/-	+/-	-	+

由表3可见，上述句式在动力类型、动力模式、动力结果等方面，既有相同之处，也有不同之处：连动句是直接驱动，即动源体和动作实现体同一；"把"字句和使役句是间接驱动，即动源体和动作实现体不同一。"把"字句是主观的，即表示说话人"主观上认定甲对乙进行了处置"（沈家煊，2002）；使役句和连动句是客观的，即陈述一个事实。"把"字句强制要求一种结果性的驱动，而使役句的驱动结果可有可无，连动句则是非结果驱动。这些句式间的关系是错综复杂的，二语者很容易张冠李戴，造成误用。例如上文例举的例（14）和例（34），二语者之所以会产生这样的偏误，就是因为他们不清楚"把"字句和使役句、连动句之间的种种区别："把"字句是主观驱动，兼语句和使役句是客观驱动；把字句是虚驱动，连动句是实驱动。

在因句式误用而导致的100个泛化偏误句中，该用一般动词谓语句而误用"把"字句的有54句。例如：

（40）我看到您公司招聘启事以后把这封信写。

（41）把20年以来一直主的地方离开，您们感学舍不得。

根据沈家煊（2002）的观点，"不管客观上甲是否处置乙，只要说话人是这么认定的，就用'把'字句，说话人不这么认定，就用动宾句（即一般动词谓语句——引者注）"。即"把"字句的语法意义是表达"主观处置"。我们认为，二语者正是由于不了解"把"字句的这种语法意义，在（40）、（41）句这种表示客观叙述而非主观认定的场合使用"把"字句,才导致了泛化偏误的产生。

综上所述,搞清楚"把"字句与其他相关句式的区别与联系,以及搞清楚介词"把"与其他介词及某些动词的区别与联系,对"把"字句教学具有十分重要的理论价值和实践意义。

四 对汉语教学与测试的启示

4.1 对汉语教学的启示

第一,对"把"字句教学的重视是应该的,但应适度。对外汉语教学界一向重视"把"字句的教学,将其视为最大的教学难点之一。但根据本文的考察,外国人使用"把"字句的正确率约为 87.48%;偏误率约为 12.52%。可见"把"字句教学成绩是主要的,外国汉语学习者在大多数情况下是可以正确使用"把"字句的。以往确实把这一问题夸大了。因此在教学中,对"把"字句既要充分重视,又要全面认识。过分强调其难度,并不符合教学实际,而且会造成误导,不利于该句式的教学。

第二,应适当淡化"把"字句的教学。对外汉语教学一向重视"把"字句的回避问题,一再强调"把"字句的重要性,鼓励学生使用"把"字句。但从本文来看,"把"字句的偏误除回避之外,还有泛化和其他偏误问题。其中特别值得注意的是,泛化与回避的偏误率基本相同,而以往对这种偏误认识不足,重视不够。毫无疑问,泛化产生的原因是多方面的,教学中的过分强调也许就是原因之一。因此,为了减少泛化偏误,应适当降低对"把"字句的强调程度,即避免向学生过度渲染"把"字句使用的广度与难度,而适当采取"淡化"的教学对策。

第三,大力加强"把"字句的语义语用教学。在"把"字句的回避偏误中,"把"的残缺及相关偏误占 69.7%,是矛盾的主要方面。究其原因,并非学习者采取了有意识的学习策略,而是不知道在什么场合之下应该使用"把"字句,用与不用在表达上究竟有什么区别。因此,应大力加强"把"字句的语义语用教学,即"把"字句用法的教学。要使学习者切实明了使用"把"字句和不用"把"字句在语义上有什么区别,什么情况该用"把"字句或非用不可,什么情况下不能使用"把"字句。(张宝林,2008)

第四,大力加强介词教学。在"把"字句的回避和泛化偏误中,存在大量的词语误用问题,即该用"把"时误用了其他介词或动词,该用其他介词或动词时又误用了"把"。其中误用介词占到词语误用导致的泛化偏误的90.91%,所以应大力加强介词教学,使学生真正了解介词"把"和其他介词的不同功能、用法。

第五,大力加强句式教学。在"把"字句的诸多偏误中,还存在大量的句式误用问题,即该用"把"字句时误用了其他句式,该用其他句式时又误用了"把"字句。这些与"把"字句误用的句式包括一般动词谓语句、受事主语句、兼语句、连动句、双宾语句等,其中一般动词谓语句和兼语句误用为"把"字句的比例分别占到54%和30%。因此应大力加强句式教学,特别是不同句式的对比分析,使学生搞清楚"把"字句与这些句式,以及被字句、意义上的被动句、"是……的"句、重动句、情态补语句等句式的联系与区别。

第六,回避与泛化虽然都是学习中的偏误,但对学习的意义与影响并不相同。回避不论是有意的还是无意的,对掌握一种句式、一种语言现象都是不利的。而泛化虽然产生的是错误的句子,但却在一定程度上表现出学习者勇于尝试的积极的学习态度,对语言学习有一定的积极影响。教师应针对学习者的不同表现分别采取诱导、鼓励等不同的教学态度和相应的教学方法。

4.2 对汉语测试的启示

第一,汉语水平考试对"把"字句的测试在认识上应更加全面,更加深入,应在全面、准确地把握"把"字句习得实际情况的基础上命题施测,从而增强对"把"字句测试的目的性与科学性,避免盲目性与随意性。

第二,汉语水平考试对"把"字句的考察方式应更加灵活,可从回避、泛化与其他偏误三个角度命题。

第三章 "被"字句习得研究[①]

一 引言

"被"字句是汉语中一类比较特殊的句式，也是二语学习者学习时的重点句式之一。关于"被"字句的界定，大多数学者都认为"被"字句是需要有被动标记的；但标记形式是否必须为"被"字，以"被"字结构充当句子成分是否属于"被"字句，观点不甚统一。

本章研究带"被"字标记表被动意义的"被"字句，不包括"被"字结构作句子成分的情况。

当前学界对"被"字句的二语习得研究已取得较为丰富的成果，不少研究也借助了汉语中介语语料库，但仍以偏误分析为主，缺乏表现分析，用实证的方法证明偏误成因尚属少见。

本文以"HSK 动态作文语料库"（1.1 版）和北京大学"现代汉语语料库（CCL）"为语料来源，把定量分析与定性分析相结合，偏误分析与正确句的分析相结合，在语料分析与统计的基础上归纳偏误类型，在分析偏误的同时也考察二语者的正确句，并对比其在使用上与母语者的异同；尝试从本体研究、学习者和教学三个方面进行偏误原因的探析，并提出具体的教学建议。

二 "被"字句偏误类型

2.1 偏误类型与数据统计

按前文所述的界定方法，在"HSK 动态作文语料库"（1.1 版）中共检索到

[①] 本章依据北京语言大学 2008 级汉语言文字学专业研究生陈思敏的硕士学位论文《基于"HSK 动态作文语料库"的外国人汉语"被"字句习得研究》加工整理，编者：林君峰、王小玲。

"被"字句 1 952 句,其中有 767 句存在偏误,约占 39.29%。主要偏误类型及相关数据见表 1。

表 1 "被"字句的偏误类型

一级偏误类型	二级偏误类型	三级偏误类型	四级偏误类型	在偏误总数中的比例(%)
回避 161, 21%	"被"缺失及相关偏误 130, 80.75%	单纯缺"被" 71, 54.62%		9.26
		缺"被"同时有其他词语偏误 59, 45.38%		7.69
	"被"误用及相关偏误 31, 19.25%	该用"被"而误用其他词 22, 70.97%		3.21
		该用"被"字句而未用 9, 29.03%		1.31
泛化 246, 32.07%	"被"多余 113, 45.93%	单纯"被"多余 77, 68.14%		10.04
		同时有其他词语或语序的偏误 36, 31.86%		4.69
	"被"误用 133, 54.07%	该用其他词而用"被" 80, 60.15%	该用其他介词而用"被" 41, 51.25%	5.35
			该用动词而用"被" 39, 48.75%	5.08
		句式误用 53, 39.85%	该用一般动词谓语句而误用"被"字句 34, 64.15%	4.04
			该用受事主语句而误用"被"字句 2, 3.77%	0.26
			该用兼语句而误用"被"字句 17, 32.08%	2.21

续表

一级偏误类型	二级偏误类型	三级偏误类型	四级偏误类型	在偏误总数中的比例（%）
内部偏误 355，46.28%	述语偏误 202，56.90%	缺述语 30，14.85%		3.91
		充当述语的词语不当 75，37.13%		9.78
		述语或谓语中心语是单个动词 96，47.52%	缺补语 6，6.25%	0.78
			缺状语 34，35.42%	4.43
			缺助词 56，55.33%	7.30
		述语多余 1，0.50%		0.14
	补语偏误 33，9.30%	谓语中心语不是单个动词，但缺补语 19，57.58%		2.48
		补语用词不当 14，42.42%		1.83
	缺主语 4，1.13%			0.52
	谓语动词的宾语重复 5，1.41%			0.65
	语序偏误 41，11.55%	状语位置错误 22，53.66%	否定词位置错误 1，4.55%	0.13
			其他状语位置错误 21，95.45%	2.74
		"被"的宾语位置错误 15，36.59%		1.96
		其他语序偏误 4，9.76%		0.52
	"被"字句与其他句式或结构杂糅 66，18.59%			8.60
	谓语动词的宾语中定语多余 3，0.85%			0.39
	"被"的宾语多余 1，0.28%			0.13

2.2 "被"字句偏误分析

2.2.1 回避（161句）

"被"字句的回避指各种该用"被"字句而未用的中介语现象。分为"被"的缺失及相关偏误和"被"的误用及相关偏误两大类。

2.2.1.1 "被"缺失及相关偏误（130句）

A. 单纯缺"被"（71句）

（1）以后，这件事（　）发现，法院认为大夫行为是杀人罪。
（2）目前年轻一代（　）称为"新新人类"。

这类句子只要在括号中加上"被"，表明"这件事""年轻一代"是谓语动词的受事即可。

B. 缺"被"，同时有其他词语偏误（59句）

（3）如果你放松生活的话，你马上（　）（　）淘汰。
（4）法律有可能（　）骗用、恶用。

与上面相同，这两句加上"被"就是正确句，不同之处在于（3）句还少了状语"会"，（4）句同时还有生造词"骗用"、"恶用"。

2.2.1.2 "被"字句的误用及相关偏误（31句）

A. 该用"被"而用其他词（22句）

（5）在中国，妇女叫解放，妇女有高度的自主权。
（6）一个重要的问题是水越来越受到环境污染的影响，特别是河里的水由工厂污染了。

（5）句中的"叫"表示被动时后面一定要带施事者，且多用于口语。（6）句中的"由"也可以引进施动者，但一般是陈述客观事实，该句表示被动，因而该用"被"。

B. 该用"被"字句而未用（9句）

（7）这样一（以）来，我吸引了中国的悠久历史。
（8）有的小孩子吸引了广告上的烟。

这类句子颠倒了施受关系，"我""有的小孩子"是谓语动词的受事，出现在句首，应用"被"字句。

2.2.2 泛化（246句）

"被"字句的泛化指各种不该用"被"而用了的情况，分为"被"多余和

"被"误用两大类。

2.2.2.1 "被"多余（96 句）

A. 单纯"被"多余（70 句）

(9) 我试过很多次，但一旦被习惯了就难以戒烟。

(10) 一旦开始吸烟，人们就觉得被中毒似的。

(9) 句中"习惯"是不及物动词，不能进入"被"字句；(10) 句中"中毒"本身已有遭受的意思，指人们遭受了毒气，不应再用"被"字。

B. "被"多余，且有其他词语的偏误（26 句）

(11) 最近的音乐环境被它遭到了几种问题。

(12) 有史以来，人类具有自己的社会文明，因此跟着时代、国家等所有个人所属环境下每个人都被形成了各样的思维方式。

这类句子中的"被"多余，用主动句即可。同时 (11) 句的"遭到"与"问题"搭配不当，应改为"遇到"；同样，(12) 句的"各样"应改为"不同"，"跟着"应改为"在"。

2.2.2.2 "被"误用（133 句）

A. 该用其他词语而误用"被"（80 句）

该用其他介词而误用"被"（41 句）

(13) 我们被这种现象业已习惯了。

(14) 我们应把自己的身体健康管理好，不能被某件事情把自己的身体弄坏。

(13) 句中"这种现象"是"习惯"的对象，应当用介词"对"引出；(14) 句中"某件事情"是"把身体弄坏"的原因，故应该用表示原因的介词"因"。

该用动词而误用"被"（39 句）

(15) 如果家里有抽烟的人，全家族也同样被不好的影响。

(16) 当你做错或不符合领导的要求的时候，当然是被挫折了。

"被"字句不能缺少谓语动词。(15) 句中的"影响"应搭配动词"受到"。(16) 句中的"挫折"应搭配动词"遭受"。

B. 句式误用（53 句）

该用一般动词谓语句而误用"被"字句（34 句）

(17) 生气是生气，打是打，但是孩子应该理解自己多么被爱父母。

(18) 每个人的经历、宗教和教育都我们的看法被影响。

(17) 句根据上下文语义，应该是父母爱孩子；(18) 句的"我们的看法"是"影响"的受事。这类句子改用一般动词谓语句即可。

该用受事主语句而误用"被"字句（2 句）

(19) 所以该农作物被大家非常欢迎。

说明：受事主语句和"被"字句的差异在于："被"字句的被动意味强，被动关系明显，整个句子凸显了事件的诱因及责任者；而受事主语句虽存在被动关系，但被动意味弱，整个句子并不凸显责任者，而是剔除了主观色彩，更加单纯地陈述一个事实。（陈晓燕，2009）（19）句的主语"该农作物"虽然是动作的受事，但句子并没有很强的被动意味，只是陈述一个客观事实，因此应当用受事主语句。

该用兼语句而误用"被"字句（17句）

(20) 我也喜欢唱歌，我父母常常被我唱，特别是在家里。

(21) 如果有人被你的声音消失，那你会高兴吗？

"被"字句的主语和谓语间存在着施事与动作的关系，（20）句的"我父母"和"唱"、（21）句的"人"和"消失"之间不存在这种关系，而"我"和"唱"、"声音"和"消失"之间则有施事与动作的关系，构成了一个述宾和主谓嵌套的结构，故应用兼语句。

2.2.3 内部偏误（355句）

"被"字句的内部偏误指各种该用"被"字句，实际上也用了，但句中存在各种错误的偏误现象。我们把"被"字句的内部偏误归为8小类。

2.2.3.1 述语偏误（202句）

A. 缺述语（30句）

(22) 第一次上课的时候，她被老师（　）难堪了。

(23) 他从此一读再读，并被书中蕴含的精神（　）。

"被"字句中"被"的宾语可以省略，而谓语中心语不能省略，而且必须由及物的动作动词充当。（22）句缺少谓语动词，可补上"弄得"；（23）句可补上"打动"及助词"了"。

B. 充当述语的词不当（75句）

(24) 古典音乐容易永垂不朽而流行（音乐）易被岁月所流逝。

(25) 本人的看法：流行歌曲红得很快，也很快被众人消失。

"被"字句的谓语中心语一般由及物的动作动词充当，"流逝""消失"是不及物动词，可分别改为"湮没"、"遗忘"。

C. 述语或谓语中心语是单个动词（96句）

缺补语（6句）：

(26) 不过，有另外一个同学被挑选，能去公费留学。

(27) 在某个国家常常有森林被烧。

这类句子需要在动词后加上补语使语义完整。(26) 句可加"出来",(27) 句可改为"烧毁"。因为"烧"无结果义,而"烧毁"有结果义。

缺状语(34 句):

(28) 如果卖的话,老板及售货员(　)被罚款。

(29) 这样下去,这世界的物品(　)被污染。

这类句子要加上表示可能和将来的状语,从而获得时体意义后,才能使单个动词做谓语的"被"字句合法。(28) 句可加"将会",(29) 句可加"会"。

缺助词(53 句):

(30) 他几次想反悔,但还是被好奇心战胜(　)。

(31) 还有人成就不高,被公司炒(　)。

"被"字句的谓语中心语或述语一般不能由单个动词充当,动词后要有表示完结、结果的成分,如动态助词、补语、宾语等,除非谓语动词是表示心理、感官的动词或动词前有某种状语。单音节动词一般也不能单独进入被字句,除非"被"字后面没有宾语,且前面有状语或有后续分句。(刘月华,2001)这两句都应在谓语动词后加上助词"了"。

述语多余(1 句):

(32) 我小的时候被有人打骂着回来。

该句中"我"是受事,"人"是施事,这个施事由"被"字引出,述语"有"多余,同时应在动词"打"后加上助词"了";此外,该句将两个句子混杂在一起,应拆成两个单句来说,可改为"我小的时候被人打了,哭着回来。"

2.2.3.2　补语偏误(33 句)

A. 谓语中心语不是单个动词,但缺补语(19 句)

(33) 因为经济发展以及生活水平提高,不用化肥和农药的对身体健康无害的"绿色食品"也会被生产(　)的。

(34) 我们不知不觉被吸引(　)他无边的魅力中了。

(33) 句缺少结果补语"出来",(34) 句缺少趋向补语"到",加上后有了结果义,语义才完整。

B. 补语用词不当(14 句)

(35) 这种农作物一定会被培育出一种无污染的、有利于我们健康的绿色食品。

(36) 纸被写成什么,它就是什么,一首诗(寺)就是一首诗(寺),哪怕它想冒充一篇散文,但是最后它还是一首诗(寺)。

这类句子虽有补语,但充当补语的词语不当。(35) 句的"出"应为"成",(36) 句的"成"应为"上"。

2.2.3.3 缺主语（4句）

(37) （　）这样被推广，我认为是吃绿色食品比不挨饿重要。

(38) 以前呢，父母叫儿女办事情都办不好的话，（　）就会被父母臭骂得厉害。

这两句应加上主语才能使语义表达完整。（37）句应加"绿色食品"；（38）句应加"儿女"，另外"臭骂"已经有程度高之意，无需再用补语"厉害"。

2.2.3.4 "被"字句谓语动词的宾语重复（5句）

(39) 我是被一首叫《童年》的歌启发了我。

(40) 我很希望能够被贵公司聘请我。

(39)、(40)句的"我"都是谓语动词的受事，已在主语的位置上出现，不能在宾语的位置上重复。

2.2.3.5 语序偏误（31句）

A. 状语位置错误（16句）

否定词位置错误（1句）

(41) 但是哪有水，被第一个和尚不是喝光了吗？

否定副词"不"（连同"是"）、"没有"等应放在"被"之前。

B. 其他状语位置错误（15句）

(42) 这时才我的观念被妈妈改变了。

(43) 泳衣已是普遍被接受的游泳用品。

时间状语、描写受事者情态的状语、否定副词、起关联作用的副词位于介词"被"前，其他状语一般位于介词"被"的宾语之后。（刘月华，2001）（42）句的"才"是关联副词，应放"被"之前；（43）句的"普遍"是指向谓语动词"接受"、"批评"的状语，应放在"被"之后。

C. "被"的宾语位置错误（13句）

(44) 然而，最近我被咬了一条大狗。

(45) 如果他不早点出现的话，我会当时的情景被吓死。

"被"的宾语是动作的施事。"一条大狗"、"当时的情景"是动作的发出者，故应放在"被"字之后，谓语动词之前。

D. 其他语序偏误（2句）

(46) 我听说在大陆市场里销售的食品包括蔬菜被污染。

该句定语和中心语位置颠倒，应把"被污染"放在"蔬菜"前，并加上助词"的"。

2.2.3.6 "被"字句与其他句式或结构杂糅（66句）

(47) 生命是被上帝给我们的。

(48) 近年来，所谓"绿色食品"被消费者很受欢迎。

这类句子都是将"被"字句与其他句式或结构杂糅在一起。（47）句是"被"字句与强调施事的"是……的"句杂糅；（48）句是"被"字句与"受……欢迎"结构杂糅。

2.2.3.7　谓语动词的宾语中定语多余（3句）

(49) 干嘛我要为别人办事，我可不想被占我的便宜呀！

此句谓语动词的宾语和主语有从属关系，"占"的宾语"便宜"属于主语"我"，其定语"我的"多余。

2.2.3.8　"被"的宾语多余（1句）

(50) 该书里有一段话使本人当时真真正正地被此所打动。

本句的施事者"一段话"已经在句首体现，"此"指的也是"一段话"，因此多余，应去掉；此外，"所"也应去掉。

2.2.4　其他偏误（5句）

2.2.4.1　语义不明，不知所云（4句）

(51) 我认为只被他们丢吸烟的地方是。

2.2.4.2　未完句（1句）

(52) 所以好的父母可以给孩子做好的榜样，孩子也会被深父母的缺点

2.3　小结

外国人"被"字句的各偏误类型按所占比例从高到低的顺序是：内部偏误＞泛化＞回避＞其他偏误。

在内部偏误中，述语偏误比例最大（占本类偏误的56.90%），可见谓语动词还是外国人习得"被"字句中的最大难点。其次是"被"字句与其他句式或结构杂糅的偏误（占18.59%），可见外国人在"被"字句的使用上还和其他句式或结构存在一定的混淆。

在"被"字句的泛化偏误中，"被"多余和"被"误用这两大类偏误各占到了45.93%和54.07%。在"被"的误用这类偏误中，该用其他介词而用"被"的偏误占到了词语误用偏误的51.25%。在句式误用的偏误中，我们可以看出外国人对"被"字句和一般动词谓语句、受事主语句及兼语句之间联系与区别的掌握还不够到位。

在"被"字句的回避这类偏误中，"被"缺失及相关偏误的比例占到了绝大多数（80.75%），可见外国人对"被"字句的结构及该不该用"被"这个问题

上还掌握不够。

三 "被"字句正确句与母语者使用情况对比

前文对"被"字句偏误情况进行了统计分析，要全面了解外国人"被"字句的使用情况，还需要分析正确句呈现出的特点。在上文"被"字句的偏误类型统计中，内部偏误所占比例最高，其中述语偏误的比重最大。因此我们选择由述语结构类型来考察外国人和母语者使用情况的异同。

3.1 类型分析

我们在"HSK 动态作文语料库"（1.1 版）中共检索到"被"字句 1952 句，其中正确句 1185 句。从北京大学"现代汉语语料库"（CCL）的《作家文摘》语料（约 2820 万字）中抽取了 1000 条含"被"字的语料，排除重复及无关语料，共得到"被"字句 750 句。以下是两类语料的述语结构类型分析，合计 11 类。

3.1.1 动补结构（外国人语料 312 句，母语者语料 279 句，以下简标为"外"、"中"）

（53）然后就听哗啦一声，玻璃被我打碎了。（外）

（54）蓝萍饰演不怕狼的刘三的怕狼的妻子，因儿子被狼咬死，最后也投入了打狼的行列。（中）

3.1.2 单个动词（外 285 句，中 98 句）

（55）"绿色食品"也是很重要的东西，它在生长的过程中，没被化肥和农药污染，所以对人没有坏处。（外）

（56）张艺谋并没有被肖华放逐，也未被这个家放逐。（中）

3.1.3 动宾结构（外 242 句，中 196 句）

（57）但是我发现，有些石刻上被刻下了游客们的名字。（外）

（58）这一规定，后来又被传为"约法三章"。（中）

3.1.4 单个动词+着/了/过等助词（外190句，中51句）

（59）回国后，我也为新加坡旅游局设计过广告，结果被他们采用了。（外）
（60）我与青年出版社之间曾有过不少美好的、令人感到温暖的东西，却都被少数人的某些行径破坏了。（中）

3.1.5 状中结构（外52句，中34句）

（61）我被人家这样说，非常难过。（外）
（62）等我回到北影，连分给我的那间房子也被别人强行占据。（中）

3.1.6 "被……所……"结构（外52句，中22句）

（63）我的看法可能不会被大众所认同。（外）
（64）我的确被他深切的、悲伤的、发自内心的感情所震撼了。（中）

3.1.7 单个动词+后续成分（外17句，中25句）

（65）最终他被利用而改选了她的妹妹。（外）
（66）此信因被杂志社拒绝而未能发表，但已在一定范围内流传。（中）

3.1.8 联合结构（外14句，中14句）

（67）流行歌曲被一般人认同和赞赏，成了他们之所好。（外）
（68）期间，他曾被拘留审查。（中）

3.1.9 状语+V+补语（外12句，中26句）

（69）生命值得保护，不能被我们轻易地扔掉。（外）
（70）毯子被一下扯去，摔到地上。（中）

3.1.10 四字短语（外9句，中7句）

（71）由于严重的食物欠缺，山上的野草已被一扫而空。（外）
（72）虽据理力争，可她还是被拒之门外。（中）

3.1.11 状语+V+宾语（外0句，中8句）

（73）1979年到1980年，《第二次握手》被广泛改编成各种连环画、舞台剧、电视剧、广播剧和评弹等。（中）

3.2 使用情况对比

外国人和母语者"被"字句语料中的各类述语结构类型的分布比例见表2。

表2 外国学习者与母语使用者"被"字句述语结构类型统计对比

序号	述语结构类型	外国学习者 数量	外国学习者 比例（%）	母语使用者 数量	母语使用者 比例（%）
a	动补结构	312	26.33	279	37.2
b	单个动词	285	24.05	98	13.07
c	动宾结构	242	20.42	196	26.13
d	单个动词+着/了/过等助词	190	16.03	51	6.8
e	状中结构	52	4.39	34	4.53
f	"被……所……"结构	52	4.39	22	2.93
g	单个动词+后续成分	17	1.43	25	3.33
h	联合结构	14	1.18	14	1.87
i	状语+V+补语	12	1.01	26	3.47
j	四字短语	9	0.76	7	0.93
k	状语+V+宾语	0	0	8	1.07

由上表可以看出：

（1）将共有的各述语结构类型按使用比例排序，外国人语料为a>b>c>d>e=f>g>h>i>j，母语者语料为a>c>b>d>e>i>g>f>h>k>j。

（2）动补结构、单个动词、动宾结构和单个动词+着/了/过等助词（a、b、c、d四类）都是外国人和母语者使用率较高的"被"字句述语结构类型，这四项在全部分类中占了绝大部分（外国人86.83%，母语者83.2%）。因此这前四种述语结构类型应该成为"被"字句教学的重点。

（3）外国人使用单个动词的比例（24.05%）大大高于母语者（13.07%）；在遇到单个动词必须加上"附加成分"才能构成正确的"被"字句时，外国人比母语者更倾向于使用像"着"、"了"、"过"这样简单的助词（外国人的使用率为15.95%，母语者仅为6.8%）。由此可见，外国人在"被"字句述语结构的选择中，有将其简单化的倾向，即用光杆动词或在动词后加个"了"完结句子。

（4）结合偏误比例来看，外国人使用单个动词时，使用较多，偏误也较多。正确句285句，偏误句96句，合计在同类句子中正确率仅为74.8%，偏误数量在总偏误数量中占到12.51%。可见这类述语结构对外国人来说是难点，他们对单个动词应在哪些语境中使用还不太清楚。因此，这个问题应成为"被"字句教学的重中之重。

3.3 小结

本章对外国人和母语者的"被"字句正确句的述语结构做了对比分析，找出了二者使用率都较高的结构：动补结构、单个动词、动宾结构和单个动词+着/了/过等助词。这几类结构应成为"被"字句教学的重点。我们还发现，外国人使用单个动词的"被"字句，偏误也多，这类"被"字句是教学的难点，教师应在教学中加以强调。

四 偏误成因探析及教学建议

4.1 外国人"被"字句偏误成因归纳

4.1.1 本体研究方面

"被"字句是汉语中的一类比较特殊而且复杂的句式，和其他外语的被动句式相比，有自己的特点。本节根据外国人的偏误语料，从谓语动词、句式和语义语用这三方面来阐释"被"字句本身的特点对外国人可能产生的干扰。

4.1.1.1 谓语动词的判断

从偏误分析中我们可以看到，外国人"被"字句中的述语偏误有202句，占到总偏误数的26.34%，居各偏误类型首位。在述语偏误的下位类偏误中，述语或谓语中心语是单个动词（47.52%）和充当述语的词语不当（37.13%）这两类偏误占到了绝大多数。"被"字句的谓语动词一直是学术界关注的焦点，一般情况下"被"字句的谓语动词应该是处置式动词，并应该要有"附加成分"，不能是光杆动词，这一说法已经得到语法学家们的普遍认可；但也有例外，一些特殊的动词，如综述中提到的述补式、联合式、状中式、动宾式等光杆动词是可以进入"被"字句的，而在句子中加入适当的状语也能使带光杆动词的"被"字句成活（刘月华，2001；游舒，2005）。这样一来，必须先判断一个动词是否能够进入"被"字句，再依据该动词的内部结构和语境判断它进入"被"字句后是否必须加上"附加成分"。这样复杂的判断显然对外国人是有困难的。

4.1.1.2 句式的判断

语法学家很早就提出,"被"字句属于被动句(黎锦熙,1924),也就是说,汉语中的被动句并非只有"被"字句一种,介词"叫"、"给"、"让"等也可以表示被动的意义,这些介词在被动句中的用法和"被"又有所区别,因而造成了外国人写出"在中国,妇女叫解放"这样的句子。此外,汉语中除了"被"字句之外,还有其他表示被动或遭受意义和强调施事的句式和结构,王还(1983)指出,汉语中能翻译成英语被动式的句式有7种:无主语句、无标志被动句、"受"、"挨"、"遭"等动词构成的句子、"加以"和"得到"句、"由"字句、"是……的"句和"被"字句。有的句子需要有被动标志,有的句子不需要,如"玻璃杯我打碎了"可以说成"玻璃杯被我打碎了",而"作业你写完了吗?"却不能说成"作业被你写完了吗?"这些同样是表示被动的句式和结构和"被"字句有联系也有区别,汉语母语者可以通过语感来判断,而外国人多是没有语感的,往往不知道该不该用"被"字句,因此容易产生泛化和杂糅的偏误。

4.1.1.3 语用的判断

大多数学者都认为,"被"字句主要用于消极的语用环境,虽然随着语言的发展,表示中性和积极意义的情况在不断增多,但仍然不是"被"字句的主要用法;而在语篇上,"被"字句也起到了连接语篇或话题转换的功能。汉语"被"字句的语用范围要比很多外语中的被动语态小得多,外国人在使用"被"字句时经常不考虑语境,不该用而用,产生泛化的偏误。

4.1.2 学习者方面

4.1.2.1 母语的影响

按照 C. Practor 的"难度等级模式"(分为五级,级数越高难度越大),汉语的"被"字句对应第三级,即"第一语言中的某个语言项目在目的语中虽有相应的项目,但在项目的形式、分布和使用方面又有差异,学习者必须把它作为新的项目重新习得。"

汉语"被"字句只是被动句中的一种,和外语的被动句既有相似之处,也有差别,外国人因目的语知识有限,在使用汉语"被"字句时就难免受到母语的干扰。在对学习者的分组测试中,我们发现这一点在述语偏误和句式杂糅的偏误中有明显的体现。

我们先按学生母语中是否有相当于汉语中"了"的助词或类似"了"的词缀进行分组,A组包括4名泰国人,2名印尼人,5名韩国人,4名日本人和3名俄语母语者,共18人;B组有3名德国人,9名英语母语者和4名西班牙语母语者,共16人。从测试结果来看,A组对"S+被+'被'的宾语+V+了"结构掌握较好，正确率远高于 B 组，差异较显著。

表3　"S+被+'被'的宾语+V+了"结构测试结果统计

题目（判断正误）	A 组正确率（%）	B 组正确率（%）
有几名同事因为吸烟被开除。	77.78	56.25
我深深地被感动，开始努力学习。	72.22	43.75
我被老师批评。	94.44	62.5

同样，再将学生分为两组，A 组学生母语中有类似汉语里"是……的"句、无标记被动句和受事主语句的句式，包括 4 名泰国人、5 名韩国人和 4 名日本人，共 13 人；B 组学生的母语中则没有这些句式，包括 2 名印尼人、3 名俄语母语者、9 名英语母语者、3 名德国人和 4 名西语母语者，共 21 人。使用"是……的"句与"被"句字杂糅的句子进行测试，A 组的正确率也远高于 B 组。

表4　"是……的"句相关测试结果统计

题目（判断正误）	A 组正确率（%）	B 组正确率（%）
那栋楼是 1952 年被盖的。	76.92	47.62
这样的结果是被你造成的。	76.92	33.33

4.1.2.2　学习策略的影响

关于回避偏误，"当学习者对某个语法规则不熟悉或没有把握时，会采取一种消极的回避态度。"（田善继，1995）汉语"被"字句是难度较大的一类句式，学习者因畏难心理，可能选择回避，能不用就不用。

关于泛化偏误，Selinker（1972）指出，泛化是指学习者将某一语言规则的用法扩展以致超越所能接受的范围。参加 HSK 高等考试的考生大多数是成年人，"类推是成年人在学习目的语时经常采用的学习策略。"（赵金铭，2004）但是由于他们目的语知识有限，类推时就可能产生过度泛化的偏误。有些外国人学习了几种"被"字句的结构，但还未完全了解其使用条件，类推时就容易产生"被"字句的泛化。比如"S+被+'被'的宾语+V+了"的结构，外国人学到这样的句子："这件事被别人发现了"，可能会类推出一个结构相同的句子："该农作物被人们欢迎了。"

回避与泛化是相矛盾的学习策略，而从本文的语料偏误统计来看，二语者在学习中却既出现了回避偏误（21%），也存在泛化偏误（32.07%）。这可能也与学习者是否了解自身对规则的掌握情况有关：当学习者清楚自己掌握不到位（如曾被纠正），且担心出错时，可能倾向采用回避策略；而当学习者不清楚自己其实还未学到规则的更多细节，以为规则就是如此时，就可能出现类推不当过度泛化的情况。

4.1.3 教学方面

首先,在教学中,很多教学参考书都会强调"被"字句的谓语动词不能是单个动词,一般都要加上一个表示结果或完结意义的附加成分。但从我们收集的外国人和母语者的"被"字句语料来看,使用单个动词做谓语的"被"字句在外国人正确语料中占到了24.05%,在母语者的语料中占到13.07%;可见无论是外国人还是母语者,在"被"字句的述语中单个动词的使用率还是比较高的。但是不管是在教材中的语法讲解部分,还是在教师的授课中,都很少涉及"被"字句中单个动词的使用条件。学习者就难免产生疑问,到底什么时候可以用单个动词,什么时候不能用?

其次,教师在课堂上往往侧重于讲解句法结构,很少涉及"被"字句与其他相关句式在语义和语用上的区别与联系。外国人可能可以很好地掌握"被"字句的结构,但却无法理解英语中的一个被动句怎么会在汉语中变成无标志被动句、受事主语句、"是……的"句等多种句式和结构,这些句式和结构既然都表示被动,那他们的差别又在哪里呢?

再次,句型的操练也会对外国人的句式习得效果产生很大影响。句式转换是课堂操练的一个重要部分,即把其他句式改写成"被"字句,在很多教材的课后练习和教学参考书中经常出现这样的练习题,如:

弟弟弄坏了电脑。→电脑被弟弟弄坏了。

小偷把我的钱包偷走了。→我的钱包被小偷偷走了。

(选自《汉语可以这样教——语言要素篇》)

这样的练习固然可以巩固学习者对"被"字句结构的掌握,但这样单个句子反复机械的操练严重脱离了语境,如果教师没有进一步分析"被"字句与这些可以相互转换的句式之间存在哪些语义、语用上的差异,就很容易给学习者造成这样一种错觉:用不用"被"字句所表达的意思都一样,能进入"把"字句的动词都能进入"被"字句。这就可能导致学习者产生回避或泛化的偏误,在该用"被"字句的情况下回避了"被"字句,在不该用的情况下误用"被"字句,或者在"被"字句中使用不恰当的动词来充当谓语中心语。

4.2 教学建议

目前学界针对"被"字句教学也提出了很多建议,吕文华(1985)认为"在对外汉语教学中,除了介绍'被'字句和无标志被动句以外,还应介绍其他几种被动句。"高顺全（2001）提出"被"字句教学应分为三个阶段：第一阶段从不如意的色彩入手；第二阶段介绍中性色彩的"被"字句，突出语篇功能；第三阶段介绍"被"字句的特殊用法：褒义色彩及其他特殊功能。李珊（1994）认为教师和教材在教学初期就应明确指出"被"字句动词后面可以没有其他成分，但需要严格的成活条件。

教师本身应该对"被"字句的相关本体知识及已有的对外汉语教学研究有较全面的了解，并针对学习者本身的特点把握教学重点和难点。

结合本文对外国人及母语者语料的分析，我们认为需要注重以下几个方面。

4.2.1 注重"被"字句与其他句式的区别和联系

教师应该在教学中加强对易混淆句式和结构的辨析，让学生深刻理解这些句式和结构与"被"字句的异同。

应当先讲清"被"字句与"是……的"句、受事主语句、"由"字句、无标记被动句和"把"字句等的区别。在讲到其中的任何一类句式时，应该及时复习学过的其他相关句式，明确他们之间的区别与联系。比如，教师可以让学生区别以下几个句子：

（1）弟弟打破了杯子。
（2）弟弟把杯子打破了。
（3）杯子打破了。
（4）杯子被弟弟打破了。
（5）杯子叫弟弟打破了。
（6）杯子是弟弟打破的。

这六个句子表达的都是"弟弟打破了杯子"这件事情，首先应让学生明确同一个意思可以有多种表达法，但更要注重它们之间的区别。教师应当特别提醒学生，"被"的宾语"弟弟"可以省略，而"叫"的宾语"弟弟"不能省略；"杯子打破了"还可以说成"杯子被打破了"；"杯子是弟弟打破的"的"是……的"句已经强调了动作的施事，不必再用"被"等等。经过反复的强调和操练，可以减少外国人"妇女叫解放"、"这样的结果都是被你们造成的"这样的偏误。

此外，针对外国人语料中大量出现的"被……受欢迎"和"被……挨打"这类偏误，教师应特别强调"受……欢迎"和"挨……的打"与"被"字结构的区别，前者已经有被动、遭受的含义，无需再用"被"，避免学生出现大量的杂糅偏误。

4.2.2 加强单个动词的"被"字句教学

教学中"被"字句的述语不能是单个动词常被强调,但很多可以使用单个动词的情况却说明得不够。前人的研究成果表明,光杆动词"被"字句能否成活,一要看动词本身,二要看句子的结构。在动词方面,综述中已经提到了述补式、联合式、状中式、动宾式等动词可以单独进入"被"字句;在句子结构方面,含有特定的状语也有助于光杆动词"被"字句的成活。我们在母语者语料和外国人正确句中发现了以下几种情况可以使光杆动词"被"字句成活:

(1) 含有否定性状语。
  例句:①张艺谋并没有被肖华放逐,也未被这个家放逐。
    ②这部片子相当好,没被提名我很失望。
(2) 含有表示可能性的状语。
  例句:①再这样下去,骗局早晚会被识破。
    ②"安乐死"在一方面是可取的,但也有可能被利用。
(3) 含有特定的描写性状语。
  例句:①这股暗流不像注射传染和母婴传染那样容易被发现或预防。
    ②你们的姑娘常被利用啊?
    ③他的骗局在短时间内很难被揭穿。
    ④因王朝程已被派出所收审,他们只碰到了他的堂哥王朝河。
(4) 句式的限制:"被……所……"结构和"是……的"句中经常使用单个动词。
  例句:①整整一天驹子的心都被恐惧所占据。
    ②鹰们被这突如其来的吼声所震慑。
    ③恐惧是无法被忘记的。
(5) 语篇上,对举或排比分句"被……,被……";或有后续成分
  例句:①我真的要被抓起来,被判刑,被枪毙?
    ②这时候,成千上万的人反对他的主张,他被骂,被看不起。
    ③此事因被杂志社拒绝而未能发表。
    ④孙师毅已在半年前被刺身死。

教师应在一开始就让学生知道"被"字句是可以用单个动词的,但是要受到严格的限制。在强调"附加成分"的同时,也循序渐进地讲解一些可以使用单个动词的情况,避免学生在阅读和使用"被"字句时,由于课堂学习和实际交际上的矛盾而产生困惑。

关于能进入"被"字句的动词,主要是处置动词(赵元任,1979)。唐健雄

(1994)指出，能进入"被"字句的动词少于"把"字句。教师应在教学中针对外国人常见的述语用词偏误，明确不是所有动词都能进入"被"字句的，让学生明白什么动词能进入"被"字句，什么动词不能。

4.2.3 注意"被"字句与上下文的联系

"被"字句的回避偏误和泛化偏误占到21.00%和32.07%，这一方面是由于有的学习者采取了回避的学习策略，另一方面说明学习者不知道在什么语境下应该使用"被"字句，用与不用"被"字句在表达上有什么区别。关于"被"的隐现问题，张宝林（2006）总结出了四条规律：1）看是否会产生歧义；2）看是否表示消极意义；3）看是否影响句法结构；4）看是否影响句间连接。其中第2）和第4）条都是从语用上来说的。教师的教学不能仅仅停留在句子结构的讲解和替换操练上，而要把"被"字句放到语境或篇章中去，让学生体会到表达相同的一个意思，用"被"字句和其他句式有什么差别。我们再来看上文的几个句子：

（1）弟弟打破了杯子。
（2）弟弟把杯子打破了。
（3）杯子打破了。
（4）杯子被弟弟打破了。
（5）杯子叫弟弟打破了。
（6）杯子是弟弟打破的。

教师在比较这几个句子时，应该让学生知道，（1）句是我们常见的主－谓－宾句，是客观叙述动作发出者做什么动作并涉及了什么事物，全句可以没有已知信息（即上文已经提到的信息），对上下文语境也没有特殊要求，独立性强；（2）句是"把"字句，"把"的宾语"杯子"应该是已知的，在上文应该已经出现过，并且该句式突出动作发出者和责任者"弟弟"；（3）句是话题—说明句，处于句首的"杯子"是话题，必须是已知信息，上文也应提到过，且这个话题起到了连接上下文的作用，而说明的部分则是新信息；（4）句是"被"字句，句首的"杯子"是受事，也是话题，必须是已知的，前文也应该出现过，这个话题起到了连接上下文的作用，并且这个句式表达了不愉快和受损失的语义；（5）句与（4）句的区别在于"叫"多用于口语和不正式的场合；（6）句的"是……的"句，主语"杯子"也应当是已知信息，也起到连接作用，该句式的功能是强调施事，强调打破杯子的是"弟弟"，而不是别人。学生只有明确了这些句式在语义语用上的区别，才能在特定的语境中选用正确的句式，避免回避和泛化的偏误。

4.3 小结

外国人"被"字句偏误产生的原因不是单一的，而是本体、学习者及教学方面等多种因素共同作用的结果。我们应该将"被"字句本体研究的成果运用到对外汉语教学上来，通过对比挖掘汉语的个性，重视相关语法点之间的联系和区别，了解学生的学习难点，正确把握教学重点，并在教学教法上有更多的研究和创新。

五　余论

如本章引言所述，本章的"被"字句并不包括"被"字结构作句子成分的情况，但所检索到的二语者语料也有一定数量，故最后就"被"字结构作句子成分与"被"字句的偏误情况作一简要对比。

在"HSK 动态作文语料库"（1.1 版）中共有"被"字结构做句子成分的句子 363 句，其中偏误句 112 句，占 30.85%。

在偏误部分中，"被"的回避偏误有 13 句（占 11.61%），"被"的泛化偏误有 31 句（占 27.68%），内部偏误有 68 句（占 60.71%）。三类偏误按比例排序依次为内部偏误＞泛化偏误＞回避偏误，与"被"字句的情况相同。

在内部偏误中，"被"字结构做句子成分的述语类偏误（26 句，占 38.23%）和杂糅偏误（29 句，占 42.65%）合计占了大部分比例，也与"被"字句的情况相同（述语偏误 56.90%，杂糅偏误 18.59%）。但不同的是单个动词的偏误极少，只有 2 句，原因是在大多数情况下，做句子成分的"被"字短语是可以使用单个动词的，这大大降低了单个动词在这部分语料中的偏误率。

第四章 "被"字宾语隐现规律习得研究[①]

一 引言

  留学生句式习得过程中出现的偏误的研究，在理论和实践上仍被限定在句子范围内。就"被"字句习得偏误的讨论（劲松，2004）而言，基本上也是以句法判断为主，有的研究虽然涉及到了语篇、语用因素，比如在上下文中句子表示"不满"的语气是否合适，但系统地立足于语篇组织、语篇衔接的分析，仍不多见。

  以留学生语篇为分析对象的偏误研究，多侧重语篇衔接偏误的分析。虽然也有不少成果，但或者在一篇文章中涉及到衔接的各个方面，试图"全方位"地考察留学生写作中的衔接问题（陈晨，2005a、b；黄玉花，2005；李炜东、胡秀梅，2006），或者讨论某一衔接手段的偏误（肖奚强，2001），将句式习得和语篇衔接结合起来进行偏误分析的研究尚不多见。

  本文尝试将句式偏误的分析与语篇偏误的分析结合起来，以母语者语料做参照，从语篇衔接的角度对留学生"被"字句"被"字宾语在语篇中的使用情况作一个初步的考察。也就是说，本文要分析的并不是留学生"被"字句"被"字宾语本身的偏误，而是留学生笔下"被"字宾语在语篇中运用是否恰当，在留学生的作文中所起到的作文衔接功能如何，与母语者是否有差别，在哪些方面有差别等。

  本文所说的"被"字句是狭义的"被"字句，以"被"为标志，结构为 NP1 被（NP2）VP。其中 NP2 为"被"字宾语，本文用 B 来表示。

  本文的留学生语料来自北京语言大学 HSK 动态作文语料库《记我的父亲》

[①] 本章原载《首届汉语中介语语料库建设与应用国际学术讨论会论文选集》（世界图书出版公司，2011）。作者：王静。

和《记对我影响最大的一个人》两个作文题目下的部分作文共 152 句[①]；母语语料来自北京大学 CCL 语料库 "小说" 栏目共 149 句[②]。

二 来自汉语本体研究的成果

在本体研究领域内，"被"字宾语的使用条件并不是"被"字句的研究重点。较早进行了系统研究的是吕文华（1988）、莫红霞（2002），袁真真（2006）、范晓（2007）等也分别对此进行了比较详细的分析。（以下关于自由 B 使用条件的归纳综合了吕、莫、袁三家的看法，不再一一注明来源、出处。）

"被"字句的 B 部分，除去少数有比较清晰的控制条件之外，大部分都可以出现也可以不出现，本文只讨论这类自由 B。

各家比较一致的看法是，如果 B 与 V 语义上经常搭配，甚至成为较为固定的组合，自由 B 不出现，反之则要出现。语义是否经常搭配的原因不仅有认知因素的内在要求，也有文学表达的特殊要求。

从 B 的信息性质来看，代表新信息的 B 会出现，代表旧信息的 B 则不必；此外，如果 B 是表达中心，是句义中心，或者是作者希望突出的部分，或者起到左右"被"字句语义色彩的作用（无论积极还是消极色彩），都会出现。

各家研究还考虑到了 B 与上下文的关系。出现的 B 可以总括上文，领起下文，导致话题变化，而未出现的 B 则或者由于前文出现过承前省略，或者由于语境中存在而省略[③]。

可以看出，前人对 B 隐现条件的分析，已经进入到了篇章组织、作者的表达意图的层面。但是讨论的视角有交叉，语篇衔接的思想并不明确。信息性质是各家分析 B 隐现的重要因素，但是，信息性质的区分与总括上文领起下文的语篇功能彼此是什么关系？而且，信息是否再现是语篇衔接的一种重要手段，但仅以新、旧来划分略显粗糙。假如一个 B 是旧信息，那么它是以怎样的方式与上文衔接的？换一个角度，B 出现与否，是否会对下文产生一些影响呢？

确定信息性质，确定与上、下文的衔接方式，都属于"定性"的考察。语

[①] 本文所用的都是留学生作文中出现的正确"被"字结构，或者即便有错也与 B 无关。

[②] 我们也从中国小学生"记人"类作文中选择了一定的样本，统计对比发现在一些重要的数据上留学生的作文与小说更为接近，同时，中国小学生的"记人"类作文通常以"事情、外貌"为重点，而留学生作文则以对人物的性格分析、经历介绍为重点，文体上区别比较大。因此我们还是选择了小说作为母语语料。

[③] 此外，袁真真提出 B 出现与否都可能有修辞安排有关；莫红霞还特别提到了双话题的问题。

篇的衔接还需要"定量"考察。信息两次出现之间的间隔，和其间其他干扰性信息的类别和数量都会影响到信息再现时所采用的形式（陈平，1987；屈承熹2006）。比如一个旧信息，如果在语篇中长期不出现或者有很多其他信息干扰，也会很快被遗忘，再次使用的时候就需要重新提及，如果没有以某种特定的形式提及，语篇的衔接就会受到影响。鉴于此，本文将结合 B 与上下文的语义联系方式以及两次出现之间的语篇距离两个维度，对 B 的语篇衔接力进行分析。

三 "被"字宾语在语篇中的衔接力

语篇中的项目，彼此通过各种复杂的语义联系构成衔接（韩礼德，2007）。衔接力是指"语篇内部成分之间的相关程度，和语篇与语境的相关程度"（张德禄、刘汝山，2003）。就本文而言，我们将要分析"被"字宾语 B 与语篇中的另一个项目，为表述方便本文称之为 X，之间的语义关系类型以及二者联系的紧密程度。

3.1 B 与 X 的语义关系

张德禄、刘汝山（2003）分析衔接力时，强调衔接力的强弱与项目在语篇中的地位有关。本文对 B 衔接力的分析着眼于 X 与 B 的语义关系，包括同指、联想和无关三种关系。

所谓同指关系，指 B 与 X 语义所指相同。此时 B 可以是零形式，也可以是有形形式，但 X 不能是零形式。

所谓联想关系，B 与 X 的所指并不相同，但一个[①]在人们心目中激活了语义认知框架，另一个的语义所指在被这个激活的语义框架之内（徐赳赳2005a）。如：

（1）后来我在大学念书的时候，他主动组织老师工会，开始进入罢工了。其实在韩国没有一个真正的老师$_j$工会。那时我们几个同学经常去看他。<u>可是这么好的老师，最近被学校$_i$开除了。</u>

下划线"被"字句的 B 是"学校$_i$"，与上文的"老师$_j$"有联想关系。提到老师往往会联想到学校，反之亦然。

---

① 如果 X 在 B 的上文，那么通常是 X 激活认知框架；如果 X 在 B 的下文，由 B 激活认知框架，X 为该框架中的一个部分就更多一些了。

语义无关，B 与上下文的任何一部分都不存在上述的同指、联想语义关系。比如：

(2) 一九九四年年尾，我回到父亲的中国故乡一游，了解亲人的乡下生活环境，看一看父亲生活过的破旧小屋，回忆一些父亲曾讲过的故事。父亲小时没念过书，生活穷苦，十岁时要做苦工，廿岁跟随大家来到马来西亚。初到马来西亚，辛勤地开垦种植、养猪。当时因为穷被亲戚看不起。

下划线"被"字句 B 为"亲戚"，上、下文中没有与之有或同指，或联想的项目。

B 与上、下文建立的语义关系类型可以是交错的，如与上文 X 同指而与下文无关，或与上文无关，而与下文 X 有其他的语义联系。

至于 B 的形式，它可以是光杆名词性成分，也可以是由定中关系组成的名词性成分。定中关系的 B，定语和中心语都可以与上下文构成语义关系，都可以分别具有各自的 X。比如：

(3) 上了大学后，我幸亏有了机会上一门宗教学的课，才发现了空海的思想多么伟大。他认为世界上所有的存在有生命。因此他$_i$主张$_j$，对所有的存在，无论是生物还是非生物，我们应该怀着慈悲之念。我被他$_i$的思想$_j$感动了之后，重新开始研究他的成就。除了思想教理方面之外，他对土木工程方面也做出了很大的贡献。

下划线"被"字结构的 B 为定中结构，定语"他$_i$"和上文的"他$_i$"同指，中心语"思想$_j$"和上文的"主张$_j$"则有联想关系。分别统计定语部分和中心语部分，一个"被"字句就对应不止一组统计结果。所以我们的语料其实并不是 180 个句子，而是 180 组项目。这种情形在留学生语料中有 24 句涉及 52 组，中国小说语料中有 30 句涉及 61 组。

3.2 B 与 X 的语篇距离

决定衔接力大小的因素是复杂多样的，除去彼此的语义联系外，两个项目之间的线性距离也影响到衔接力。在本文中，我们将 B 与 X 间的距离称为语篇距离，语篇距离根据 B 与 X 之间所间隔的小句数来确定①。

B 在语篇中既可以通过回指关系与上文的某一个 X 产生语义联系，从而形成与上文的衔接，也可以通过下指关系（cataphora）与下文的某一个 X 产生语义联

---

① 张德禄（2001、2003）在讨论衔接距离时，既包括两个衔接项目形成的衔接纽带的长短，也包括多个衔接纽带形成的衔接链的长短。

系形成与下文的衔接。B 与上文的衔接是通过回指关系，与下文的衔接则是通过下指关系。语篇距离也相应地分为回指距离和下指距离。例：

(4) 半夜时分，夏二登梯爬上墙头，用系牢的绳索溜到解家院里。他先静耳听了听动静，然后用尖刀拨门。不料门没栓，他$_j$深感不妙，心想可能解三$_i$有防，便急忙藏了尖刀，匆匆顺原路而回，躺在床上，心中还在"扑腾"。他$_j$很是懊悔自己见财眼开干了愚事，怕是自己的所为已［被］解三$_i$尽收眼底，只是碍着面子，人家不愿当面戳穿而已！夏二为此翻来覆去折腾了一夜，直到黎明前才迷糊过去，不料刚想沉睡，突然听得解三$_k$来了，解三$_l$一进大门就高喊"二哥"，一直喊到内屋。夏二很惊，急翻身起了床，面带愧色地问："兄弟，什么事儿？

"解三$_i$"回指上文的"解三$_i$"，其间间隔了6个小句，"解三$_i$"的回指距离就是6；"解三$_i$"与下文的"解三$_k$"则是下指关系，其间间隔6个小句，下指距离也就是6。

上下文中与 B 有语义联系的 X 可能有好几个，但在确定语篇距离时只考虑离 B 最近的一个，比如上例"解三$_i$"的下文有"解三$_k$"和"解三$_l$"，但计算下指距离时只找与"解三$_i$"最近的"解三$_k$"。

讨论语篇距离时，X 应是非零形式。上例"他$_j$"虽然与上文的几个小句中的零形式话题也形成同指关系，"Ø 心想可能解三有防，Ø 便急忙藏了尖刀，Ø 匆匆顺原路而回，Ø 躺在床上，Ø 心中还在'扑腾'"，但在确定回指距离时则以代词"他$_j$"与"他$_i$"的距离为准。

确定回指距离和下指距离时，需要给上下文定一个范围。我们首先以自然段为准，如果自然段很长，则取"被"字左右各300字为确定回指、下指的范围。

项目之间的衔接力度，反映的是项目与语篇的关系。无论是回指距离还是下指距离，B 与 X 间隔的小句数越少，距离越短，B 与 X 间的衔接力就越强，B 与语篇的关系也就越密切；反之，B 与 X 间隔的小句数越多，距离越长，B 与 X 间的衔接力就越弱，B 与语篇的关系也就越疏远。简单说，语篇距离与衔接力呈反比关系。(张德禄，2003)

四 小说中自由 B 的衔接力

前面已经说过，"被"字结构的"被"字宾语 B，有时在句法上是自由的，这一类 B 的隐现规律不是强制性的句法因素在起作用，而应该从语篇中探求。

4.1 小说中自由 B 的形式及与 X 的关系

表 1　小说中自由 B 的形式及与 X 的语义关系

	有形 B		零形 B		
	回指关系	下指关系	回指关系	下指关系	总　计
同指关系	23（20.9%）	30（27.3%）	15（21.4%）	11（15.7%）	79（21.9%）
联想关系	15（13.6%）	8（7.3%）	2（2.9%）	0（0.0%）	25（6.9%）
无关关系	72（65.5%）	72（65.5%）	53（75.8%）	59（84.3%）	256（71.1%）
合　计	110	110	70	70	360

根据上表得出的总印象是：有形 B 总体分布多于零形 B；其中有形 B 与语篇衔接时的语义关系种类比较丰富，各类语义关系分布相对来说均衡一些；而零形 B 与语篇衔接时与上文的语义联系渠道更多，与下文的语义联系渠道略少。

零形式 B 在语篇中使用的主要原因之一是省略，省略有承前省和蒙后省，其中承前省略更易发生，这里的统计从语义联系渠道的多寡上给予了一定的佐证。

自由 B 与上下文衔接的语义种类上，语义无关的占多数，超过总数的 70%；联想关系最少，不足 7%；同指关系居中，略超过 20%。这一分布趋势在有形 B 和零形 B 中是相同的。语料中未发现零形 B 与下文形成联想关系的用例。

4.2 小说中自由 B 的语篇距离

小说中自由 B 与语篇的语义联系和距离关系统计见下表。

表 2　小说中自由 B 的形式、语义关系与语篇距离

	有形 B		零形 B	
	回指距离	下指距离	回指距离	下指距离
同指关系	2.6957	1.7667	1.4000	2.2727
联想关系	2.4667	2.7500	1.0000	——
无关关系	0.0000	0.0000	0.0000	0.0000
均　值*	2.5821	2.2584	1.2000	2.2727

*指不区分语义关系时得到的平均值。

从平均值看，小说有形 B 回指距离大于下指距离；零形 B 回指距离小于下指距离。同时，有形 B 回指距离大于零形 B 的回指距离，有形 B 的下指距离略小于零形 B 的下指距离。

在不同的语义关系下,小说中两种形式 B 的衔接力差异表现得更为复杂。有形 B 在同指关系下的回指距离大于下指距离,在联想关系下则相反,回指距离小于下指距离。零形 B 在同指关系下的回指距离则小于下指距离。

五 HSK 中自由 B 的衔接力

5.1 HSK 中自由 B 的形式及与 X 的关系

下表是 HSK 语料中自由 B 的形式及意义关系分布。

表3 HSK 中自由 B 的形式及与 X 的语义关系

	有形 B		零形 B		
	回指关系	下指关系	回指关系	下指关系	总 计
同指关系	54 (45%)	46 (38.8%)	20 (33.3%)	12 (20%)	132 (36.7%)
联想关系	17 (14.2%)	14 (11.7%)	5 (8.3%)	1 (1.7%)	37 (10.3%)
无关关系	49 (40.8%)	60 (50%)	35 (58.3%)	47 (78.3%)	191 (53.1%)
合 计	120	120	60	60	360

上表所反映的总体趋势与小说相同,有形 B 多于零形 B,有形 B 在 HSK 作文中的分布比例高于小说。

B 与语篇的语义关系上,无关关系仍然是最多的,其次是同指关系,联想关系最少。观察有形 B 和零形 B 各自与语篇建立的语义关系,这种趋势都得以保持,且与小说语料是一致的。

5.2 HSK 语料中自由 B 的形式与语篇距离

HSK 语料中两种 B 的语义关系、语篇距离统计见下表。

表4 HSK 中自由 B 的形式、语义关系与语篇距离

	有形 B		零形 B	
	回指距离	下指距离	回指距离	下指距离
同指关系	2.1852	2.1522	2.1000	2.2500
联想关系	2.1167	2.5000	2.0000	1.0000
无关关系	0.0000	0.0000	0.0000	0.0000
均 值	2.1510	2.3261	2.0500	1.6250

从平均值看，HSK 语料中，有形 B 回指距离小于下指距离；零形 B 回指距离大于下指距离。同时，有形 B 的回指距离和下指距离都大于零形 B。这与小说所表现出来的情形有出入。

再看处在各类语义关系中的 B 的衔接力。有形 B 在同指关系下回指距离略大于下指距离，在联想关系下则相反，回指距离小于下指距离。零形 B 在同指关系下回指距离小于下指距离，联想关系下又相反，回指距离大于下指距离。这与小说所反映的情形也有差异。

六 自由 B 在小说与 HSK 中的语篇衔接力对比

6.1 自由 B 承载的语义关系对比

小说中两类 B 在各类语义关系的分布可以用图 1 显示。其中单元格延伸方向表示上、下文的区别，单元格的长短代表分布比例差距。受排版格式限制，单元格的长短无法准确显示差距，只能显示出大体趋势。

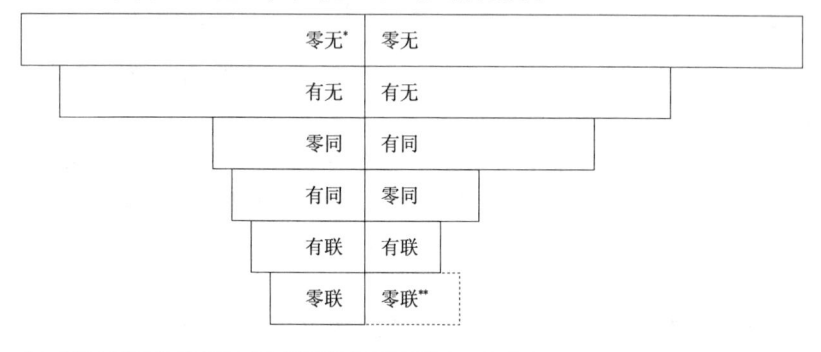

零无*	零无
有无	有无
零同	有同
有同	零同
有联	有联
零联	零联**

* "零无" 表示零形 B 无关关系，下同。
** 零形 B 联想关系的下指分布为零，用虚线表示。

图 1　小说中各类语义关系下自由 B 的分布

上图显示，在与上文的语义联系上，小说中的 B 无论是形式还是语义关系分布都比较有规律，零形 B 多于有形 B，无关关系多于同指关系，多于联想关系。在与下文的语义上，规律性略有减弱，主要表现在有形同指关系和零形同指关系的排序上。

但是总体看小说各语义关系下自由 B 的分布，可以发现，回指中分布比例高低排序和下指分布比例高低排序基本上是相同的：回指中分布比例高的形式和关系在下指中同样有高分布，回指中低分布的形式和语义关系在下指中同样也是低比例。

HSK 中的自由 B 在不同语义关系下的语篇距离总体趋势与小说比较一致。

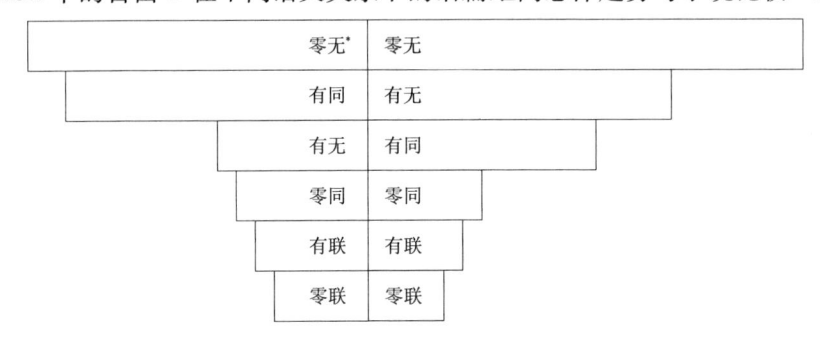

零无*	零无
有同	有无
有无	有同
零同	零同
有联	有联
零联	零联

图 2　HSK 中各类语义关系下自由 B 的分布

在回指方面，HSK 各种语义关系下的自由 B 的形式选择规律性不如小说强，但是零无最高，零联最低，有联次低的顺序得到保持，只是有同、有无和零同三类的位次有所变化。而在下指方面，HSK 自由 B 语义及其形式选择都与小说有相同的趋势，只不过小说未出现零形式联想关系的自由 B，而 HSK 中这一类 B 同样有一定比例的分布。

可以说，从自由 B 的形式所承载的语义关系上看，HSK 与小说还是比较一致的。

6.2　自由 B 的语篇距离对比

衔接力不仅需要考虑语义关系，还要看有语义关系的项目间的语篇距离。下面是小说和 HSK 中自由 B 的语篇距离对比示意图，图中的数据来自语篇距离的均值：

图中原点 B 代表"被"字宾语，向左的距离代表回指距离，向右的距离代表下指距离，实线为小说中自由 B 的语篇距离，虚线为 HSK 中自由 B 的语篇距离。

图 3 显示，小说中，有形 B 的回指距离大于下指距离，与上文的衔接力小于与下文的衔接力，或者说，有形 B 可以与更远的上文衔接，与下文的衔接距离则相对短些；而零形 B 则相反，其回指距离小于下指距离，与上文的衔接力大于与下文的衔接力，即零形 B 需要与更近的上文衔接，而与下文 X 的距离则可以超

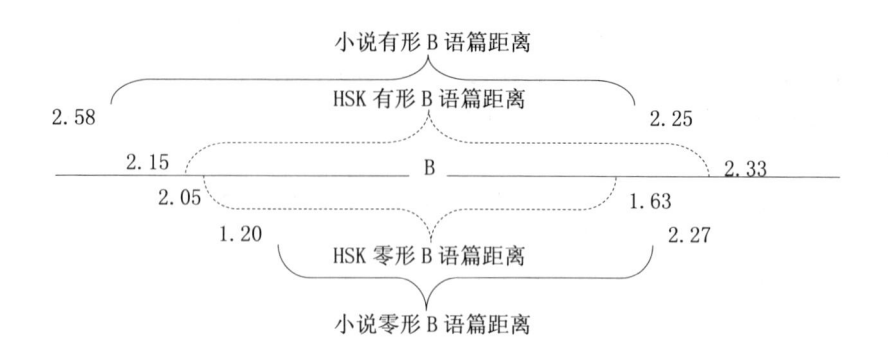

```
              小说有形B语篇距离
           ┌─────────────────────┐
           │   HSK 有形B语篇距离   │
    2.58   │  ┌───────────────┐  │   2.25
   ────────┤  │     2.15      │  ├────────  2.33
           │  │   2.05        │  │
      B ───┼──┼───────────────┼──┼───── 
           │  │   1.20        │  │   1.63
           │  └───────────────┘  │   2.27
           │   HSK 零形B语篇距离   │
           └─────────────────────┘
              小说零形B语篇距离
```

图3　小说与HSK中B语义覆盖范围对比

过与上文X的距离。这个"更近"的上文，不只是对下文来说的，同时也是与有形B对比而言。即零形B与上文的关系，无论是跟其与下文的关系相比，还是跟有形B与上文的关系相比，都更加紧密。

这种情况不难理解，零形B因为"没有"形式，要在语篇中得到解释，不能不依赖先行词，如果二者间隔太远，其他信息的干扰会影响到零形B的解释。而有形B自身的形式已经为其语义解释提供了线索，对上文的依赖自然可以相应减弱，与上文的距离也就可以增大。

可是留学生作文显示的情形与小说的表现相左。在HSK中，有形B的回指距离小于下指距离，即有形B与上文的衔接力大于与下文的衔接力，这与小说相反；HSK中，零形B的回指距离大于下指距离，也就是说，零形B与上文的关系反而比弱于其与下文的关系。这个"弱"也是两层意思，一是就HSK的零形B自身而言，与上文的关系似乎更疏远；二是与小说中的零形B相比，二者回指距离之比为2.05：1.20，HSK中的零形B似乎能与距离"超长"的先行词发生语义联系。

6.3　讨论

上面的对比分析显示，留学生作文中"被"字句自由B的形式及其语义关系的匹配与小说比较一致，这表明留学生已经在一定程度上习得了"被"字宾语。但"被"字宾语语篇距离的对比分析又透露出留学生在该项目习得上还存在一些问题，而这些问题其实反映出留学生语篇表达的一些常见问题。

一般认为，留学生写作的通病一个是重复啰唆，一个是前言不搭后语，衔接连贯不好。我们对留学生作文中"被"字句自由B的分析也说明这个问题。比照小说的自由B，留学生有形B与上文的联系太密切，在较短的语篇距离中就出现了重复，显得啰唆；而零形B与上文的关系又太疏远，两次出现之间的间隔太长，衔接得不够密切，也就容易造成语义上的不连贯。

再看与下文的关系，虽然韩礼德曾经认为衔接主要是与上文的关系，主要以回指的方式表现（韩礼德，2007）。但从写作过程来看，语句安排并不单纯是从前往后单向度进行的，一个前后相接的句子的线性安排与整体构思是一个互动的过程，因此我们认为一个项目在受到上文影响的同时，也会对下文产生一定的引导或控制作用。上面的分析显示，留学生作文"被"字句的自由 B 与小说的表现相反，与下文的联系更为密切，而与上文的联系却比较薄弱。这在一定程度上也反映出留学生语篇连贯性差的问题。

留学生写作中还存在一个信息量不够的问题，语篇过于紧密地围绕主题，内容拓展不开。"被"字宾语 B 在语篇中的语义关系在一定程度上也反映了这种现象。各种语义关系的选择上，同指关系是项目间衔接力最强的关系，无关关系的衔接力最弱。但是无关关系的有形 B 可以为语篇引入大量的新信息，而同指关系则只能重复使用已有信息。HSK 语料中以表示无关关系的有形 B 回指时，在分布上仅排在第三位，而且与排在第二位的同指关系的有形 B 相差很大，这也在一定程度上说明留学生写作中信息量过小，内容贫乏。

以上我们针对 HSK 作文中"被"字句的"被"字宾语的语篇使用规律做了一个初步的分析。从句法上看，留学生对"被"字宾语的习得是比较好的，偏误率很低。但这并不等于留学生真正掌握了"被"字宾语的使用条件。通过与母语者的使用情况相对比我们发现，留学生语篇中的"被"字宾语，其语篇衔接力及语篇衔接特点与母语者都尚有一定的差距。可以这样说，留学生习得了"被"字宾语的句法特点，但离真正掌握"被"字宾语的语篇使用规律，还有不小的距离。

第五章 "比"字句习得研究[①]

一 引言

1.1 考察对象和范围

"比"字句是对外汉语教学,特别是初级阶段教学中的一个重要语法项目,对二语习得者学习汉语、运用汉语进行日常交际都有非常重要的意义。然而"比"字句的变式多达十余种,使其成为汉语作为二语习得者学习过程中的一个难点。考察发现,留学生在初级阶段就已几乎学完的"比"字句,在随后的中级乃至高级阶段仍会出现这样那样的偏误,甚至有些偏误还比较严重。因此,对"比"字句展开研究,很有必要。

本文旨在考察二语习得者使用"比"字句时出现的偏误,找出偏误原因,并与母语者的使用情况作对比,以期发现一些问题,据此制定相应的教学策略,为汉语国际教学提供一定的参考。

本文的研究范围主要是"比"字句,即由介词"比"构成的介宾短语作状语的句子;"比"字句的否定式也在讨论范围内,包括"不比"句和"没有"句。

刘焱(2004)指出,"比"字句是指由介词"比"及其宾语构成介宾短语作状语的"介宾谓语句"的简称。关于"比"字句及其变式的范围和数量,学者们有不同的看法。陈珺、周小兵(2005)在考察了五个教学大纲后,选定了20个比较句式,其中12个是"比"字句。王茂林(2005)在陈珺、周小兵的基础上将"比"字句的变式归纳为14种。我们总结前面二位学者的分类,再根据语

[①] 本章依据北京语言大学2006级语言学及应用语言学专业研究生姜桂荣、2009级语言学及应用语言学专业研究生温梦、2009级课程与教学论专业研究生李桑的硕士学位论文《基于"HSK动态作文语料库"的"比"字句习得研究》《基于"HSK动态作文语料库"的"比"字句偏误分析》《基于"HSK动态作文语料库"韩国留学生"比"字句偏误分析》加工整理而成。编者:王婷婷、吴慧芹。

料库中出现的情况,将"比"字句分为14种句式,具体分类如下:

句式一:X 比 Y + 形容词

句式二:X 比 Y + 动词(心理动词/能愿动词/有) + 宾语

句式三:X 比 Y + 动词 + 补语

句式四:X 比 Y + 动词 + 宾语 + 动词 + 补语

句式五:X 比 Y + 形容词 + 精确数量补语

句式六:X 比 Y + 形容词 + 模糊数量补语

句式七:X 比 Y + 提高类动词(+ 数量宾语)

句式八:X 比 Y + 早/晚/多/少 + 动词 + 数量补语

句式九:X 比 Y + 更/还/再 + 形容词

句式十:一 + 量词 + 比 + 一 + 量词 + 动词/形容词

句式十一:X 比 Y + 叫/让/使 + 名词(表人的) + 形容词/动词

句式十二:"不比"句

句式十三:没有比……更……的

句式十四:X 比任何/什么/谁 + 都 + 形容词/动词

1.2 语料来源

本文的偏误语料均来自北京语言大学研制的"HSK 动态作文语料库(1.1版)"。HSK 作文是参加 HSK(高等)考试的外国汉语学习者在考场中所写的作文,最真实地反映了考生的实际汉语书面表达能力和写作水平。语料总数 11569 篇,共计 424 万字。

母语语料来自北京大学汉语语言学研究中心现代汉语语料库中王朔、池莉、梁晓声的小说,共约 400 万字。

二 外国学习者"比"字句表现分析

2.1 "比"字句偏误类型

我们在动态作文语料库中首先检索"比"字,共检索到语料 7493 条,去除与"比"字句无关的,剩下"比"字句语料共 2249 条,其中偏误句 395 条,偏误率为 17.6%。在前贤研究的基础上,根据语料库中"比"字句偏误的实际情况,我们将"比"字句偏误分为泛化偏误、回避偏误、杂糅偏误和内部偏误四大类。其中内部偏误又分为结论项偏误、语序偏误和否定偏误三类。

2.1.1 "比"字句的泛化

"比"字句的泛化是指在不该使用"比"字句的情况下误用了"比"字句。这类偏误有 81 句，占偏误总数的 20.5%。这类偏误主要有三种：

2.1.1.1 该用带动词"比"的比较句而误用了"比"字句

这类偏误共有 44 句，占泛化偏误的 54.3%。例如：

(1) 上海不能比北京。

(2) 化肥造出的水果也许比"绿色食品"又大又好吃，但是对人的成长是不利的。

(3) 其次，从音乐治疗病方面看来，那么我为什么比古典音乐更喜欢流行歌曲呢？

例（1）表示两个人或事物之间没有可比性，一般是前者不如后者。这种格式不用结论项，而应该使用格式"X 不能跟 Y 相比"来表达。例（2）表示两物相比，前者具有某种或某些属性，而后者不具备该属性。其结论项比较复杂，是以"又……又……"连接的并列短语。当表示这种意义，且结论项比较复杂时，如结论项是小句、并列短语、递进短语等形式，一般不能用"比"字句，而应该使用带动词"比"的比较句，采用"跟 Y 相比，X……"或者"比起 Y 来，X……"等格式。例（3）比较的是宾语，而"比"字句是不能比较动词的宾语的，因而只能用带动词"比"的比较句。

"比"字句与上述带"比"的比较句句法上的差异有：1) "比"字句必须出现比较的结论项，带"比"的比较句则可以不带结论项，其句式形式为：X 不能跟/与 Y 相比；2) "比"字句的结论项一般不能以小句形式出现，也不能以关联词语连接的并列或递进关系的形容词或动词性短语出现，但带"比"的比较句可以；3) "比"字句不能比较动词的宾语，带"比"的比较句则可以。

2.1.1.2 该用"跟/与……（不）一样/差不多"比较句，但误用了"比"字句

这类偏误共有 18 例，占泛化偏误的 22.2%。例如：

(4) 和尚有知识，重视精神、道德，比一般的人不一样。

(5) 人们的想法也比以前不同。

(6) 然后这孩子长大之后自己做菜时的味道是肯定比母亲味道相似的。

"比"字句只能用于高下比较，不能用于异同比较。在汉语中，表示异同一般用"跟/与……一样/不一样"句式。上述例句都是在比较事物或性质的异同，而不是比较高下，所以应该使用"跟/与/和……（不）一样/差不多"句式，而

不能用"比"字句。

2.1.1.3 该用"是"字句而误用了"比"字句

这类偏误共有10例，占泛化偏误的12.3%。例如：

(7) 明年以后烟的价格比现在的二倍。

(8) 我曾经听说，吸烟者得癌病率比不吸烟者的五倍。

(9) 一个是每个人去挑水，这个时候喝水量比原来的二倍。

上述例子都与倍数有关。汉语表述倍数的意义一般使用"是"字句，比如："明年以后烟的价格将是现在的两倍"，也可以说"明年以后烟的价格将比现在贵一倍"。根据偏误修改的最简化原则，我们按照第一种改法将其归入泛化偏误这一类。

2.1.1.4 单纯的"比"字多余

这类偏误不多，只有6例，占泛化偏误的7.4%。例如：

(10) 我跟为了离开农村认真地学习一样，为了克服比城市学生的伪劣感，更努力学习。

(11) 但是执行下去，现在品川市变了很清洁，而且比青少年的犯罪也少了。

上例句子没有比较关系，应该去掉"比"。

2.1.1.5 该用其他词语或句式而误用了介词"比"或"比"字句

这类偏误有3例，占泛化偏误的3.7%。例如：

(12) 对于吃"绿色食品"比不挨饿这个问题，我自己认为"绿色食品"更好。

(13) 年青人大多数都爱跟风，若然你比他人知道你不爱流行歌曲，好像你就退步落后，或跟不上时代的要求。

(14) 老挝是热带国家，所以有各种各样的水果，而且比中国的3分之一就买到了。

例（12）要表达的意思是"二者相较取其一"，有比较之义，应表述为"对于吃绿色食品和不挨饿哪个更重要这个问题"。例（13）要表达"被人知道某弱点的后果"，并无比较义，所以不应用"比"字句，而应用"被"字句。例（14）虽然涉及两国物价的差异，但意在强调一国物价值便宜的程度，用另一国物价的一小部分即可买到某物，故应以"用"替换"比"。

2.1.2 "比"字句的回避

这类偏误不是很多，只有6例，占偏误总数的1.5%。例如：

(15) 我们以前富了很多，所以已经忘了以前我们的艰难的日子了。

(16) 我觉得在一个男和女混合班会在一个通通是女或男生班有趣的多了。

两句分别表示两种情况在"富"和"有趣"方面的高下,应用"比"字句。原句遗漏了"比",加上整个句子就是正确的。

2.1.3 结构杂糅

结构杂糅就是把两种或两种以上的结构混杂在一起,放在一个句子中。杂糅偏误一共有15例,占偏误总数的3.8%,主要表现为以下两种:

2.1.3.1 与"越来越"比较句式的杂糅

这类偏误有9例,占杂糅偏误的60%。例如:

(17)随着经济、科学的发展,代沟的问题比以前越来越厉害。

(18)我出生的时候家境比以前越来越好。

(19)现在社会生活水平比以前越来越高。

"越来越"表示随着时间的推移而呈现的一种连续性的动态发展,"比"字句用于不同时间情况的静态比较,时间决定了二者无法在同一个句子中共现,而只能根据表达的需要选择其中的一种。

2.1.3.2 与"变……""不断……""……起来(补语)"等结构杂糅

这类偏误有6例,占杂糅偏误的40%。例如:

(20)爸爸、妈妈,你们的脸一天比一天变黑了,因为在田里晒太阳。

(21)我父母的头发比以前变白了。

"变、不断、起来(做补语)"等构成的句子直接表示变化的结果,如"脸变黑了""头发白了";但并不表示比较,因此不能与表示比较的"比"字句放在一起使用。

2.1.4 "比"字句内部偏误

内部偏误是指应该用"比"字句,实际上也用了,但句子中存在各种错误。这类偏误最多,一共有293例,占偏误总数的74.2%。下面逐类分析。

2.1.4.1 结论项的偏误

"比"字句主要由三部分组成,比较主体、比较客体和结论项。结论项是"比"字句的重点,"比"字句的语义要通过结论项表达出来,只有那些能体现程度差异的词才能充当"比"字句的结论项。二语者使用"比"字句时结论项容易出现偏误。在本研究考察的语料中,结论项的偏误共150例,占"比"字句内部偏误的51.2%。

A. 结论项中误加绝对程度副词

这类偏误比较多,一共有106例,占结论项偏误的70.7%。例如:

(22)据医院调查显示吸烟的人比不吸烟的人死亡率很高。

（23）但是现在我知道的文学作品比别人比较多。
（24）听说现在孩子的身体比同期出生的小孩子最大最健康。
（25）这样，我比其他研究生忙得很。
（26）当然，我也知道吸烟对经济有好处，然而坏处比好处多得很。

绝对程度副词不能表示比较，因而不能出现在包括"比"字句在内的比较句中。例（22）（23）的结论项前误加了绝对程度副词"很"和"比较"，因而错误。例（24）中的"最"虽然是相对程度副词，可以表示比较，但却是三者及三者以上的比较，而"比"字句表示的是两者之间的比较。

例（22）-（24）是用绝对程度副词作状语，例（25）（26）则是用绝对程度副词作补语，同样也是错误的。"得很"只表示"忙"和"多"的程度，不能表示"我"和"其他研究生"、"坏处"和"好处"之间的程度差别，要表示两者之间的程度差异，要用"忙得多"和"多得多"。

B. 结论项用词错误

这类偏误有38例，占结论项偏误的25.3%。例如：

（27）现在的代沟问题比以前更深。
（28）但三个人分担工作的时候，工作的效果比一个人工作、两个人工作时更大。

例（27）中的"问题"与"深"语义上不搭配，应将"深"改为"严重"。例（28）中的结论项"大"与时间不搭配，应改为"好"。

C. 缺少结论项

这类偏误共6例，占结论项偏误的4%。例如：

（29）抽烟人比不抽烟人吐痰。
（30）有些研究表明被动吸烟比主动吸烟危害。

结论项是"比"字句中不可缺少或缺的构成成分，例（29）（30）因分别缺少结论项"多"和"大"而致使语义不完整。

2.1.4.2 "比"字句的语序偏误

这类偏误共50例，占内部偏误的17.1%。主要有三种：

A. "比"字句基本语序偏误

这类偏误共有27例，占语序偏误的54%。例如：

（31）我认为比不挨饿吃"绿色食品"更重要。
（32）上了大学以后比以前我的生活松多了。

刘月华等将"比"字句分为两大类：（Ⅰ）A（主语）+ 比 B（状语）+ 谓语，其语义是对不同事物之间进行比较；（Ⅱ）主语 + A 比 B（状语）+ 谓语，其语义是对同一事物在不同时间、不同地点等情况进行比较。

例（31）是Ⅰ类"比"字句基本格式的语序偏误，其中"不挨饿"和"绿色食品"为比较项。需要注意的，结合上下文判断，"绿色食品"为比较主体，"不挨饿"为比较客体。而"比"字句是以比较客体为参照物，考察比较主体的情况，进而得出结论。一般情况下，比较主体位于句首作主语，"比＋比较客体"位于谓语之前作状语。例（31）把"比＋比较客体"放在了比较主体的位置上，因而错误。例（32）是Ⅱ类"比"字句基本格式的语序偏误。在这类"比"字句中，"A 比 B"作状语，应放在全句主语之后，谓语之前。

B. "比"字句中状语位置的偏误

此类偏误共 15 例，占语序偏误的 30%。例如：

（33）我们这样学习的效果比一个人学习的反而更好。

（34）如果不用化肥和农药，农作物的产量又会大大降低，肯定会吃饭问题比以前更严重。

"比"字句中介词"比"及其宾语是作为状语出现的。如果"比"字句中还有其他状语时，应按照多项状语的排列安排顺序，即：副词性词语＋形容词短语＋介词短语（张宝林，2006：188）。按此规律，例（33）的副词"反而"应放在介词短语"比一个人学习的"之前，例（34）的副词"肯定"和能愿动词"会"应位于主语"吃饭问题"之后、介词短语"比以前"之前。

C. "比"字句中"还""更"位置偏误

这类偏误共有 8 例，占语序偏误的 2%。例如：

（35）可能说一个有名运动员的收入还比总统高。

（36）那就是：男男女女都在搞同性恋，这不是比学生异性恋爱更后果不堪设想吗？

"还"和"更"是相对程度副词，可以用于"比"字句，修饰句子的谓语中心语。例句中的"还""更"应该分别放在谓语中心语"高"和"不堪设想"的前边。

2.1.4.3　否定偏误

这类偏误一共有 57 句，占内部偏误的 19.5%。

A. 否定词位置错误

否定结论项是在"比"字句的结论项前加上"不""没有"等否定副词造成的偏误。这类偏误共有 23 例，占否定偏误的 40.4。例如：

（37）可是生存环境比以前不好。

（38）但是现在的父母亲比以前没有那么严格的。

"比"字句的否定式为"不比"句和"没有"句。前者的否定词要放在"比"前，构成"X 不比 YW"格式；后者句中无"比"，否定词位于比较客体前，构成"X没有YW"格式。例（37）（38）都是把否定词放在了谓语中心语前面，直接否定结论项，是不符合"比"字句否定式的结构规则的。

B. "不比"句的语义语用偏误

这类偏误共有17例，占否定偏误的29.8%。例如：

(39) 大多数女生长得不比男生高。

该句结构形式上没有任何问题，问题是在不该使用"不比"句的时候使用了该句式。因为事实上女生一般比男生矮，所以这句话在语义上没有价值，相当于一句废话。属语义、语用方面的偏误。

C. "没有"与"比"连用

这类偏误一共有17例，占否定偏误的28.8%。例如：

(40) 虽然乡村的生活没有比城市的生活那么方便。

如上文所述，"比"字句的否定式"没有"句中无"比"，否定词位于比较客体前，构成"X没有YW"格式，所以应将"比"去掉。

汉语中的确有将"没有"与"比"一起使用的句式，即"没有比Y更W的"。但是这种句式格式严格，每一个字都不能省略。"没有"后的成分是名词性的，整个结构表达的意思是"Y是最W的"。而该例"没有"后的成分是谓词性的，是不同的结构。

2.1.4.4 其他偏误

语料中还有一些其他类型的偏误，这类偏误共36例，占偏误总数的9.1%。例如：

(41) 现在的生活是一个复杂的社会，比以往的生活是简单。

(42) 新盖的寺庙是比以前的寺庙更好的。

(43) 我认为没有不比看见您们更重要的事。

(44) 他是比什么更重要的一个生命。

汉语中形容词可以直接作谓语，无需加其他成分。例（41）误加了"是"，例（42）误加了"是……的"，造成了"比"字句和这些句式的杂糅。

例（43）即上文提及的"没有比Y更W的"结构，"没有"与"比"直接组合，不能加其他成分，因此"不"多余；例（44）要强调的是范围而非程度，因此应用"都"，而不能用"更"。

为了更清晰地显示"比"字句的偏误情况，我们将偏误类型及所占比例列为表1。

表 1 "比"字句偏误类型与比例

偏误类型	具体偏误类型	在该大类中所占比例	占整个偏误总数的比例
泛化偏误	该用带动词"比"的比较句式（44 例）	54.3%	11.1%
	该用表异同的比较句式（18 例）	22.2%	4.6%
	该用"是"字句（10 例）	12.3%	2.5%
	单纯多"比"（6 例）	7.4%	1.5%
	该用其他词而误用"比"字（3 例）	3.7%	0.8%
总计	81 例 占偏误总数的 20.5%		
回避偏误	单纯缺"比"（6 例）		1.5%
总计	6 例 占偏误总数的 1.5%		
杂糅偏误	与其他比较句式杂糅（9 例）	60%	2.3%
	与"变、不断"等词杂糅（6 例）	40%	1.5%
总计	15 例 占偏误总数的 3.8%		
内部偏误	结论项偏误（150 例） 误加绝对程度副词（106）	70.7%	26.8%
	结论项用错（38 例）	25.3%	9.6%
	缺少结论项（6 例）	4%	1.5%
	语序偏误（50 例） 基本语序偏误（27 例）	54%	6.8%
	状语位置（15 例）	30%	3.8%
	"还/更"位置（8 例）	16%	2.0%
	否定偏误（57 例） 否定词位置错误（23 例）	40.4%	5.8%
	"不比"句的语义语用偏误（17 例）	29.8%	4.3%
	"没有"与"比"连用（17 例）	29.8%	4.3%
	其他偏误（36 例）		9.1%
总计	293 例，占偏误总数的 74.2%		

通过上表可以发现，二语学习者使用"比"字句的偏误类型比较多，情况比较复杂。内部偏误的比例最高，占偏误总数的 74.2%；其次是泛化偏误，占偏误总数的 20.5%；回避偏误和杂糅偏误比例较低。在内部偏误中，结论项偏误最严重，占内部偏误总数的 51.2%，否定偏误也比较严重，占内部偏误总数的 38%。在偏误原因的分析中将重点分析比例较高的偏误类型。

2.2 各种类型"比"字句的使用情况

我们统计了二语学习者对"比"字句14个下位类型的使用频率和偏误率，并与母语者的使用情况做了比较。母语的语料来源于北京大学现代汉语语料库中王朔、梁晓声、池莉的小说，一共约400万字，这与"HSK动态作文语料库"的规模（424万字）相当，因此得出的结论比较有说服力。

在"HSK动态作文语料库"中，与"比"字句相关的语料有2 249例。无法进行句式分类的有108例（外部偏误共102例，包括泛化偏误、回避偏误、杂糅偏误；内部偏误中的缺少结论项偏误，共6例），还剩2 141例，我们对这2 141例语料进行了下位句式分类。各种类型使用情况见表2。

表2 母语使用者与二语习得者对"比"字句各句式的使用情况

数据分布 句式类型	母语使用者 出现频次	母语使用者 出现频率	第二语言学习者 出现频次	第二语言学习者 出现频率	第二语言学习者 偏误频次	第二语言学习者 偏误频率
一、X 比 Y + 形	119	28.6%	557	26.0%	121	21.7%
二、X 比 Y + 动 + 宾	35	8.4%	119	5.6%	28	23.5%
三、X 比 Y + 动 + 补	12	2.9%	81	3.8%	4	4.9%
四、X 比 Y + 动 + 宾 + 动 + 补	0	0	7	0.3%	1	14.3%
五、X 比 Y + 形 + 精确数量补语	28	6.7%	65	3.0%	4	6.2%
六、X 比 Y + 形 + 模糊数量补语	60	14.4%	424	19.8%	38	9.0%
七、X 比 Y + 提高类动词	4	0.9%	34	1.6%	7	20.6%
八、X 比 Y + 早/晚/多/少 + 动 + 数量补语	7	1.7%	59	2.8%	2	3.4%
九、X 比 Y + 更/还/再 + 形	114	27.4%	631	29.5%	25	4.0%
十、一 + 量 + 比 + 一 + 量	10	2.4%	68	3.2%	9	13.2%
十一、X 比 Y + 叫/让/使 + 名词 + 形/动	6	1.4%	4	0.2%	0	0
十二、"不比"句	15	3.6%	24	1.1%	17	70.8%
十三、没有比……更……的	4	0.9%	26	1.2%	7	26.9%
十四、X 比任何/什么/谁 + 都 + 形/动	14	3.4%	42	2.0%	24	57.1%
总计	416		2141		287	

这14类"比"字句的出现频率统计如下（计算方法是："比"字句某句式的出现频率=该句式出现的频次/"比"字句所有句式之和）：

母语使用者"比"字句句式出现频率排序（由高到低）：

一＞九＞六＞二＞五＞十二＞十四＞三＞十＞八＞十一＞七＞十三＞四

二语习得者"比"字句句式出现频率排序（由高到低）：

九＞一＞六＞二＞三＞十＞五＞八＞十四＞七＞十三＞十二＞四＞十一

通过对比和统计，我们发现：

（1）二语学习者"比"字句的使用频率（万分之五左右）远远高于母语使用者（万分之一左右）。这个结果与陈珺、周小兵（2005）的统计结果大体相同。

（2）二语学习者对14类句式使用率的排序与母语使用者大致相同，只是在个别句式的排序上存在一定差异。句式一、二、六、九的使用率远远高于其他句式，是"比"字句最常用的句式。

（3）句式一是"比"字句的基本句式，但二语学习者的使用偏误率高达21.7%，这应引起教学上足够的重视。

（4）二语学习者对句式九的使用频率超过句式一，与母语者的使用情况不同。二语习得者对句式九的使用是否存在泛化，应引起教学的重视。

（5）二语学习者对句式四和句式十一的使用频率最低，这可能与这两种句式的形式比较复杂有关。陈珺、周小兵（2005）认为，这一句式可以考虑不必选入大纲，以免增加学习难度。

三 "比"字句偏误原因分析

在"比"字句的偏误中，结论项中误加绝对程度副词的偏误最为严重：在全部395例偏误句中有106例，所占比例为26.8%。在"HSK动态作文语料库"（1.1版）中，韩国学习者的语料数和偏误数都是最多的："比"字句共有2141条语料，其中韩国学习者的有647条，占30.22%；偏误句共有395条，其中248条来自韩国学习者，占62.78%；韩国学习者的比字句偏误率为38.33%。可见韩国学习者"比"字句的偏误现象十分严重，应引起足够重视。因此，本部分将主要考察韩国学习者结论项中误加程度副词的偏误原因。

3.1 母语负迁移

在对汉、韩语言中的比较句进行对比研究中，前人的研究主要有两个方向：

第一，在对韩语的程度副词的研究中，陈珺（2005）指出韩语的程度副词绝对程度和相对程度兼用的特点是其进入韩语的"比"句的原因所在。周小兵等（2007）发现韩语中只有"谓语前程度副词"这一种形式。第二，汉语"比"字句一般用"形容词+补语"的形式来表示比较双方在程度上的量的差异，但郑湖静（2004）和陈珺（2005）都注意到韩语中没有和汉语相同的补语用法，一般都是将数量词用作状语来表示后面形容词谓语的程度。故而，她们认为母语负迁移是韩国留学生在使用汉语"比"字句时误用绝对程度副词的原因所在。

但是，通过对比研究的考察，我们发现在绝对程度副词使用的问题上，越南语的"比"字句与汉语的"比"字句规则相同，并且越南语的"比"字句中也有补语结构，只是语序与汉语不一样。依此推测，越南留学生对"比"字句中不能用绝对程度副词这一规则的习得情况应该比韩国留学生理想。然而，肖小平（2004）的研究发现越南留学生的汉语比较句结论项误用绝对程度副词的偏误占偏误总数的14.65%，而陈珺（2007）发现"比+很等"这类偏误占韩国留学生书面语偏误总数的6.9%，"比+比较"这类偏误占1.38%。这样的结果并不支持母语负迁移这一说法，也就不能证明它是韩国留学生误用绝对程度副词的主要原因。

3.2 目的语规则的泛化

我们曾采用访谈的方法，对10名高级阶段的留学生（国籍有韩国、日本、美国、德国、泰国等）进行调查，他们表示自己对"比"字句中谓语前不能加"很、非常、太"等程度副词这一规则都比较清楚，但认为在汉语中单独出现形容词很别扭，因此在使用"比"字句时不喜欢形容词单独出现的形式。我们由此认为形容词谓语句的学习可能对学生习得"比"字句造成了一定的影响，形容词一般不单独作谓语这条目的语规则的泛化也许就是此类偏误产生的原因。

下面我们进一步展开实证调查，期望能以客观数据来证实这一推测。

3.2.1 测试设计

测试目的：了解学生对汉语形容词谓语句的使用是否对其使用汉语"比"字句产生了影响。

测试对象："HSK动态作文语料库"（1.1版）的语料来自于参加HSK高等汉语水平考试的考生，该群体具有较高的汉语水平。与此相对应，测试对象同样为具有较高汉语水平的汉语学习者：30名学历水平、专业背景相同的韩国留学生，系来自同一所学校的本科三年级学生，母语皆为韩语，且均非华裔。

测试内容：测试卷（见附录）包括三道大题 25 道小题。第一道大题为看图说话，共有 8 个小题。由于这道大题具有较高的主观性和开放性，学生最多可写出 4 个形容词谓语句和 2 个 "比"字句。第二大题为选择题，共有 9 道小题。这道题客观性较高，关于形容词谓语句和关于 "比"字句的题目分别有 3 道和 2 道。第三大题为判断正误题，并要求学生改错，共有 8 道题。其中形容词谓语句和 "比"字句各有 4 句，包括了正误两种情况。

为避免被试因为所测知识点的相对集中而猜测到调查意图进而做出规律性的判断和选择，我们设计了一些干扰项。与研究目的有关的项目共有 17 个单句，干扰项有 20 个单句，包括名词谓语句、"是"字句和动词谓语句。

为保证测试的效度和信度，笔者对无关因素也进行了控制：第一，控制字词的难度，使学生能专注于语法判断和词汇判断；第二，随机排列题目的顺序，避免学生进行规律性判断。

3.2.2 测试结果与讨论

3.2.2.1 测试结果

笔者共发放问卷 40 份，收回 34 份，回收率为 85%，其中有 4 份未完卷。有效问卷共计 30 份，有效回收率为 75%。

在对测试结果进行统计时，笔者重点关注形容词谓语句和 "比"字句使用 "很、非常、太"等绝对程度副词的情况，学生在语序、词汇使用上的错误不予统计。

统计前，将 30 名被试的测试卷随机编号。统计中，将被试的形容词谓语句和 "比"字句的使用情况按句式分类，统计这两种句式在不同题型中的正确率。正误的判断标准为：学生在形容词谓语句的谓语前使用 "很、非常、太"等绝对程度副词为正确，不用为错误（测试卷中并无形容词谓语句表示对举的这种情况）；而在 "比"字句中使用 "很、非常、太"等绝对程度副词为错误，单独使用形容词或使用 "形容词+补语"的 "比"字句为正确，得到的结果如表 3 所示。

表 3　30 名被试的各个题型的正确率表

被试编号	形容词谓语句			"比"字句		
	看图说话	选择题	判断题	看图说话	选择题	判断题
1	66.67%	66.67%	50.00%	100.00%	50.00%	75.00%
2	100.00%	33.33%	50.00%	100.00%	100.00%	75.00%
3	100.00%	66.67%	25.00%	100.00%	100.00%	75.00%

续表

被试编号	形容词谓语句			"比"字句		
	看图说话	选择题	判断题	看图说话	选择题	判断题
4	100.00%	33.33%	50.00%	100.00%	0.00%	75.00%
5	100.00%	66.67%	50.00%	100.00%	0.00%	75.00%
6	50.00%	100.00%	50.00%	50.00%	0.00%	75.00%
7	100.00%	66.67%	25.00%	100.00%	0.00%	75.00%
8	100.00%	100.00%	25.00%	100.00%	50.00%	75.00%
9	100.00%	33.33%	50.00%	100.00%	100.00%	75.00%
10	100.00%	33.33%	50.00%	100.00%	50.00%	100.00%
11	100.00%	100.00%	50.00%	100.00%	50.00%	75.00%
12	33.33%	33.33%	50.00%	100.00%	100.00%	75.00%
13	33.33%	100.00%	50.00%	100.00%	100.00%	100.00%
14	100.00%	66.67%	50.00%	100.00%	50.00%	75.00%
15	100.00%	66.67%	50.00%	100.00%	100.00%	100.00%
16	100.00%	33.33%	25.00%	100.00%	50.00%	75.00%
17	0.00%	66.67%	25.00%	100.00%	100.00%	100.00%
18	100.00%	100.00%	50.00%	50.00%	100.00%	75.00%
19	100.00%	100.00%	50.00%	100.00%	50.00%	100.00%
20	100.00%	100.00%	100.00%	100.00%	100.00%	100.00%
21	100.00%	100.00%	50.00%	100.00%	100.00%	100.00%
22	100.00%	100.00%	75.00%	100.00%	50.00%	75.00%
23	100.00%	100.00%	75.00%	100.00%	100.00%	100.00%
24	100.00%	100.00%	75.00%	100.00%	100.00%	100.00%
25	100.00%	100.00%	75.00%	100.00%	100.00%	100.00%
26	100.00%	66.67%	25.00%	100.00%	50.00%	100.00%
27	100.00%	100.00%	100.00%	100.00%	100.00%	100.00%
28	100.00%	100.00%	100.00%	100.00%	50.00%	100.00%
29	100.00%	66.67%	50.00%	100.00%	50.00%	100.00%
30	100.00%	66.67%	50.00%	100.00%	100.00%	100.00%

通过表3，可得到如下结论：

第一，同一种句式内部，同一个被试在不同题型中的表现具有不一致性。总体而言，这两种句式在判断题中的正确率最低，在看图说话中的正确率最高。第二，三个题型之间，同一个被试的两种句式的表现情况也具有不一致性。总体而言，看图说话的形容词谓语句和"比"字句的正确率比较一致，而选择题的两种句式的正确率一致性较低，判断题的两种句式的正确率一致性则最低。

笔者将得到的数据进行方差检验，以验证上述差异是否具有统计学上的显著性。在进行检验时，笔者将看图说话题、选择题和判断题作为不同的任务，用1、2和3来标识，得到的结果如表4：

表4　两种句式在不同任务当中的平均数和标准差情况表

句式	任务类型	平均数	标准差
形谓句	1	0.894	0.257
	2	0.756	0.262
	3	0.533	0.215
"比"字句	1	0.967	0.126
	2	0.875	0.127
	3	0.683	0.359

在形容词谓语句的被试内效应检验中，自由度 $F(2, 58) = 21.387$，$P = 0.000 < 0.05$；而"比"字句的被试内效应检验中，自由度 $F(2, 58) = 14.333$，$P = 0.000 < 0.05$。这也就是说被试在形容词谓语句和"比"字句这两种句式上的任务类型主效应显著，即根据题型不同，被试的表现具有不一致性。在两种句式上，看图说话的正确率＞选择题的正确率＞判断题的正确率。这与题型的难度是一致的。看图说话是产出型的题目，被试的产出是自由的，被试会产出自己有把握的句子。而选择题是在封闭的选项中产出，具有控制性，学生也易产出正确的句子。判断题是再认性质的题目，任务难度大，学生容易出问题。另外，根据检验，笔者发现形容词谓语句与"比"字句的在不同任务类型中具有交互作用。笔者进行了交互作用检验，在看图说话中，$F(1, 29) = 4.51$，$P = 0.042 < 0.05$；在选择题中，$F(1, 29) = 93.80$，$P = 0.000 < 0.05$；在判断题中，$F(1, 29) = 10.36$，$P = 0.003 < 0.05$。也就是说被试的"比"字句正确率在看图说话和判断题上显著高于形容词谓语句正确率，而在选择题上，"比"字句正确率显著低于形容词谓语句正确率，并且差异量最大。这显示出被试在产出时，"比"字句的习得情况具有不稳定性，知识掌握得并不牢固。

3.2.2.2　结果分析

根据目的语规则泛化这一假设，若留学生受形容词谓语句的规则的影响，其表现应该为在形容词谓语句和"比"字句中都使用"很、非常、太"等绝对程度副词。这样一来，统计结果应为形容词谓语句的正确率高，而"比"字句的正确率低。但从统计结果中可以看出：第一，大部分被试的形容词谓语句的正确率与"比"字句的正确率无显著性差异，也就是说他们在形容词谓语句中使用"很、非常、太"等绝对程度副词的机率和他们不在"比"字句中使用"很、非常、太"等绝对程度副词的机率基本等同；第二，在形容词谓语句的正确率高于"比"字句的正确率的被试中，其形容词谓语句的正确率和"比"字句的正确率都偏低，如4、5、6和7这四名被试，他们对这两种句式的习得情况都不太理想；第三，在形容词谓语句的正确率较高的被试中，其"比"字句的正确率也不低。如23、24、25和27这四名被试，他们对两种句式的掌握得都较为理想。

根据这样的结果，可以做出这样的推断：学生在形容词谓语句中使用"很、非常、太"等绝对程度副词的同时，在"比"字句中也使用它们的概率并不高，因此目的语规则泛化并不是高级水平的韩国留学生在结论项误用副词的最主要原因。

四　关于"比"字句的教学建议

4.1　对"比"字句各句式教学顺序的建议

"比"字句的变式有十余种之多，贯穿汉语学习的各个阶段，有些句式（如"X 比 Y + 心理动词/能愿动词 + 宾语"）需要中高级阶段的语法点来支持；有时，使用简单"比"字句式（如基本的"X 比 YW"）表达较复杂的语义，也需要首先具备一定的词汇量或掌握相关的语法点。另外，当涉及"还/更"在"比"字句中的使用、"比"字句的否定、"比"字句的省略和隐含等问题时，更是需要学习者有相当的积累才能正确理解，灵活使用。因此，只有设计出合理的"比"字句教学顺序，包括句式本身的顺序以及与相关语法点的配合关系，才能搭建好整个句式系统的脚手架，引导、辅助学生以较高的效率掌握各个变式。

根据"比"字句各下位句式的使用率、偏误率和结构复杂程度，我们认为"比"字句最好从初级阶段（二）开始进行教学，各下位句式可按如下顺序教学：

初级阶段（二）：句式一、九、六、五、二
中级阶段（一）：句式三、八、十、十二
中级阶段（二）：句式七、四、十三、十四、十一

4.2 对教材语法点编排的建议

教材应该及时吸收本体研究和教学方面的成果，及时更新，对语法点的解释应该有统一的标准。比如，关于"不比"句，现在很多教材没有吸收最新本体研究成果，仍简单地将其列为"比"字句的否定形式，与"比"字句同时教给学生，并未指明"不比"句的语义和语用条件，以致学生发生误解，以为"不比"句和"没有"句意思一样，从而混淆两种句式，引起偏误。教材编写，必须紧密关注本体研究，将达成共识的最新成果吸收、编入教材。

4.3 对教师课堂教学的建议

课堂教学"以教师为主导，以学生为中心"，教师作为课堂教学的设计者，在学习者的学习过程中起着非常重要的作用。首先，对外汉语教师要不断加强和提高自己的理论修养，对需要落实的语法点有一个系统的认识和把握，努力学习、借鉴同行、学界的研究成果，尽可能地克服教材编排上的不足，完善语法点的贯彻和落实。其次，对学生在某个语法点上会出现的偏误有相当的了解，有针对性地进行教学，以收到事半功倍的效果。比如，"比"字句结论项前误加绝对程度副词是一个比较严重的问题，教师教学过程中就应着力讲清该语法点，防患于未然，并让学生仿照正确句式反复演练，把可能产生的偏误降到最低程度。

五 结语

汉语"比"字句标记鲜明，用法灵活多变，十余种变式之间存在语义和语用上的细微差别；"比"字句句式系统的教学贯穿于学习者汉语学习的不同阶段，与诸多语法点盘根错节，使得"比"字句成为对外汉语教学中不可忽视的重点和难点。"比"字句的偏误既有形式上的，也有语义和语用上的，这提示汉语教师在教学中既要重视形式教学，也要重视语义和语用教学。

本研究在考察外国学习者对"比"字句习得情况的基础上，通过实证研究的方法重点探究韩国学习者的偏误原因，对母语负迁移和目的语规则泛化两大原因做出了否定性判断。但并未得出学生产生偏误的切实原因，这是本研究的不足，也是我们下一步研究的努力方向。

附录：测试卷样例

测试卷

亲爱的同学，您好！感谢您抽出时间做这份测试卷。这份测试旨在调查留学生对汉语语法的掌握情况，从而改进笔者的教学。谢谢您的合作！

第一部分：个人简况

国籍：_____   是否为华裔：是 □ 不是 □   母语：_____语
学习汉语的总时间：0.1~1年 □ 1~2年 □ 2~3年 □ 3~4年 □ 4年以上 □
每周学习汉语的时间：1~20小时/周 □ 21~40小时/周 □ 41~60小时/周 □
60小时/周以上 □

第二部分：测试题

一、根据图片把句子写完。

1.

今天_____。

2.

天气_____。

3.

她比他_____。

4.

这个小孩儿_____。

5. 她_____。

6. 明天_____。

7. 儿子的头比_____。

8. iPhone 手机_____。

二、选择正确答案。

1. 这儿到处开满了各种各样的花，不仅漂亮而且（　　）。
   A. 香　　　　　B. 好香　　　　　C. 很香　　　　　D. 多香

2. 我名叫王磊，男，24 岁，（　　）清华服装学院学服装设计的四年级的学生。
   A. 在　　　　　B. 是　　　　　C. 做　　　　　D. 当

3. 在韩国学习中国历史时，讲的内容比在中国学的内容（　　）。
   A. 很少　　　　B. 少多　　　　C. 少很多　　　　D. 较少

4. 我正好要找（　　）的工作。
   A. 跟旅游方面　　B. 跟旅游关系　　C. 跟旅游有关　　D. 对旅游有关

5. 现在，他已经（　　）六十三岁的人了。
   A. 变得　　　　B. 是　　　　C. 作为　　　　D.（不用填）

6. 父母是孩子的第一任教师，除了行为以外，在精神上父母对孩子的影响也（　　）。
   A. 大　　　　　B. 大多　　　　C. 很大　　　　D. 大得多

7. 我会操作电脑，（　　）打字、设计等特长。
   A. 能　　　　　B. 可以　　　　C. 有　　　　　D. 会

8. 现在，大部分的父母都有工作，而孩子在学校的时间比在家里的时间还（　　），这样也加深了父母与子女间的代沟。
   A. 长得多　　　B. 多得长　　　C. 很长　　　　D. 很多

9. "三个和尚"的故事说明做和尚的人不会分工合作,又(　　　)。
   A. 懒懒的　　　　B. 懒惰　　　　C. 很懒惰　　　　D. 多懒惰

三、判断题,并将错误的句子改成正确的。

1. 我是个爱笑的人,而且是很喜欢聊天的人。
2. 他们比笔者经验多,所以比笔者想得也深。
3. 他们中间谁是高尚的人?好像明显吧,但笔者也不能责备他们。
4. 她是聪明,但就是有点儿不努力。
5. 我已经大学生了。
6. 我同他可不一样,你看我对你多好啊!
7. 除了贫困国家,在战争时期饥饿现象也多。
8. 我听说,吸烟者得癌症的比率比不吸烟的人高五倍,他们的死亡率也一定比后者。

第六章　程度补语句习得研究[①]

一　引言

在对外汉语教学中，程度补语句的习得确非易事。表示相同程度量级的程度补语句很多，在具体使用时因其限制条件（如用于积极或消极意义等）各异，加之用在程度补语句前的表示心理活动和感受的动词量分别高达 35 个和 44 个（马庆株，1992），这些都导致了外国汉语学习者习得程度补语句难度的增加。

本研究的目的在于通过对"HSK 动态作文语料库"中使用汉语程度补语句的语料进行统计与分析，得出外国人使用汉语程度补语句的频次与趋势，进而找出外国人习得汉语程度补语句存在的偏误类型，并分析正确使用与导致偏误的原因，最后对语法项目排序和对外汉语教学等提出一些建议。

二　程度补语句习得情况分析

我们从"HSK 动态作文语料库"（1.1 版）中外国人的 11569 篇作文中搜索出程度补语句语料共 841 条，分为正确使用和偏误两大类，偏误类中再划分四个小类，包括：①程度补语句前的述语使用不当；②程度补语句的结构偏误；③程度补语句的语义偏误；④程度补语句的语用偏误。"HSK 动态作文语料库"从字、词、句、篇、标点符号等角度，已对所收入的作文语料中存在的中介语偏误进行了全面标注，为了提高偏误判断的准确性，我们判断偏误时将该语料库的标注作为参考。

[①] 本章依据北京语言大学 2010 级汉语国际教育专业研究生张颖的硕士学士论文《基于"HSK 动态作文语料库"的外国人汉语程度补语句习得研究》加工整理，编者：金海月。

2.1 程度补语句使用情况分析

我们将841条程度补语句语料按照不带"得"和带"得"进行划分,如"好多了"和"好得多"、"差远了"和"差得远"分属不同类别。在"HSK动态作文语料库"查询得到的结果中,如果同一条语料中多次使用相同的关键字,用几次就显示为几条,如:在一条语料中,使用了"好多了"和"多多了",不带"得"的"多"使用了两次,"HSK动态作文语料库"将该语料显示和统计为两条,本研究也使用相同的计数原则,以避免漏计。

2.1.1 程度补语句的整体使用情况

按照上述分类和取样方法,得到"HSK动态作文语料库"中程度补语句使用的条目数及正确率。本研究考察的不带"得"的可充当程度补语句的词语共有10个,带"得"的可充当程度补语句的词语共21个,详见表1、表2。

表1 不带"得"的程度补语句的使用情况

序号	可作程度补语的词语	条目数	所占百分比	正确条目数	正确率
1	多	168	47.86	159	94.64
2	极	85	24.22	78	91.76
3	死	43	12.25	36	83.72
4	不过	37	10.54	35	94.59
5	坏	10	2.85	10	100.00
6	透	4	1.14	4	100.00
7	远	3	0.85	2	66.67
8	透顶	1	0.29	1	100.00
	小计	351	100.00	325	91.42

此外,可以充当程度补语的词语"去"和"着(zháo)"的使用条目为0。

从上表可以看出,外国人使用不带"得"的程度补语句还是很多的,正确率也很高,平均为91.42%,最低的正确率也在66%以上。其中,"多"作为程度补语使用率将近一半,正确率高达94.64%;"极"的使用率近1/4。"死"的使用率约为"极"的一半。"坏""透""远""透顶"的使用率低于3%,正确率虽高但意义不大,不但不能表明其掌握得好,还有可能存在回避问题。因此,仅作为外国人使用的情况在表中列出。使用率为0的"去"和"着(zháo)"都属于外国人不用的程度补语句。此外,"不过"在对外汉语的各种大纲中均未出现,但在"HSK 动态作文语料库"中的使用量却占第四位,高达 10% 以上,且正确率达到 95% 左右。

表 2 带"得"的程度补语句的使用情况

序号	可作程度补语的词语	条目数	所占百分比	正确条目数	正确率
1	多	241	49.18	209	86.72
2	很	101	20.61	80	79.21
3	不得了	77	15.71	71	92.21
4	要命	39	7.96	34	87.18
5	厉害	10	2.04	9	90.00
6	远	10	2.04	8	80.00
7	要死	5	1.02	5	100.00
8	不行	2	0.41	0	0.00
9	慌	2	0.41	2	100.00
10	可怜	2	0.41	2	100.00
11	够呛	1	0.20	1	100.00
	小计	490	100.00	421	83.21

此外,10 个可以充当程度补语的词语"吓人""可以""什么似的""了不得""凶""够劲""够瞧""够受的""邪行"和"邪乎"的使用率为 0。

从表 2 可以看出,带"得"的 21 个程度补语中外国人使用了 11 个,主要使用的是可充当程度补语的"多""很"和"不得了","多"将近占了总使用率的一半,"很"和"不得了"共占总数的 36.32%。"厉害""远""要死""不行""慌""可怜""够呛",因使用率都低于 5%,属于外国人不常用的程度补语句。10 个使用率为 0 的程度补语属于外国人不用的程度补语句。

与表 1 比较,带"得"的程度补语句使用数目(11 个)高于不带"得"的程度补语句的使用数目(8 个),然而使用的平均正确率(83.21%)低于不带"得"的程度补语句(91.42%)。

2.1.2 程度补语前词汇的使用情况

程度补语前使用的词语对程度补语句的正确使用至关重要。本文对语料库中外国人使用的 8 个不带"得"的和 11 个带"得"的可充当汉语程度补语的词语前面使用的词汇情况进行了考察,发现外国人使用的词汇多数为形容词和动词,其中形容词的数量占绝大多数,动词使用的数量很少。此外,还使用了 2 个名词

("苦难极了""经验得多")、3个生造词("可异得很""深感得很""裕富得很")、1个词组("容易听得多")和1个数词("许多得多")。详见表3、表4。

表3 不带"得"的程度补语前的词汇使用情况

序号	程度补语	形容词个数	所占百分比	动词个数	所占百分比
1	极	45	39.13	3	23.08
2	多	39	33.91	2	15.38
3	死	13	11.30	6	46.15
4	不过	10	8.70	1	7.69
5	坏	3	2.61	1	7.69
6	透	3	2.61	0	0.00
7	透顶	1	0.87	0	0.00
8	远	1	0.87	0	0.00
	小计	115	100.00	13	100.00

从语料中可以看出,外国人使用"极"作为程度补语,前面的形容词使用最多的是"高兴"和"好",分别为13个和7个,占"极"作为程度补语使用前的形容词总频数的16.46%和8.86%。这应该与"A+极了"属于初级语法项目(参见表1),以及"高兴""好"都是甲级词汇有关。而外国人使用"多"作为程度补语时,甲级词汇"好"用了89次,占使用形容词总频数的53.61%。这应该与"好""多"都是甲级词汇易于习得有关。

表4 带"得"的程度补语前的词汇使用情况

序号	程度补语句	形容词个数	所占百分比	动词个数	所占百分比
1	多	65	40.88	5	11.63
2	很	46	28.93	17	39.53
3	不得了	25	15.72	7	16.28
4	要命	15	9.43	3	6.98
5	要死	2	1.26	1	2.33
6	慌	2	1.26	0	0.00
7	够呛	1	0.63	0	0.00
8	可怜	1	0.63	0	0.00
9	厉害	1	0.63	8	18.60

续表

序号	程度补语句	形容词个数	所占百分比	动词个数	所占百分比
10	远	1	0.63	0	0.00
11	不行	0	0.00	2	4.65
	小计	159	100.00	43	100.00

从表4可以看出，外国人使用带"得"的程度补语"多"和"很"时，使用的词汇最为丰富，尤其是使用"很"时，所使用的动词最多，超过所使用形容词的三分之二。外国人用"多得很"最多，共用了15个。其次是"好得很"和"渴得很"各用了4个。外国人使用"多"作为程度补语时，前面的形容词使用最多的是"好"和"多"，分别为41个和33个，占使用"多"的形容词总频数的17.6%和14.16%。此外，使用"厉害"作为程度补语时，使用的动词个数远高于使用的形容词个数。

综合表3和4，程度补语前使用的词汇从总体上讲，形容词的使用情况在词汇的多样性上远远好于动词的使用情况。

2.2 外国人程度补语句使用正确情况分析

外国人对于汉语程度补语句的正确使用，本文按照不带"得"和带"得"将程度补语句分成两部分。举例时尽量选取不同国籍和比较有难度的例子（因为语料为高级阶段考生的作文）。

2.2.1 不带"得"的程度补语句

外国人对于8个不带"得"的可充当程度补语的词语的掌握情况很好，补语前使用的形容词多达115个、动词13个，正确率也相当高。下面的使用正确情况举例分析按表1中所列条目数大小为序。

A. "多"

（1）由于天气与气氛的关系我有时生病，总觉得全身不对劲儿。可现在总算<u>好多了</u>。（国籍：乌兹别克斯坦 性别：男）[下划线为本文作者所加]

（2）再说，有不少人认为孩子上了学就意为着父母的责任<u>小多了</u>，其实事实上并不这样。（国籍：比利时 性别：女）

（3）现在，我们与孩子们的沟通方式由以前我们对父母的"顺从"改为"商量"与参与他们的生活，家里的气氛也就<u>和谐多了</u>。（国籍：印度尼西亚 性别：女）

不带"得"的"多"充当程度补语句是外国人使用最多的，特别是占使用量第一位的"好多了"，共使用了 89 个，远远高出第二位"少多了"的使用量（9 个）。使用不带"得"的程度补语句的外国人所涉及到的 23 个国家中，有 14 个国家的学习者都使用了不带"得"的"多"，正确率还非常高（见表 1、表 3）。可见，外国人在程度补语句的使用上有明显的词语倾向性。

B. "极"

（4）三个和尚都<u>高兴极了</u>。（国籍：法国 性别：男）

（5）那天，当我见到她的时候，她很友善的回了一个微笑给我，我的内心泛起了阵阵的涟漪，<u>感动极了</u>，因为很少长辈会如此友善的对待我的。（国籍：马来西亚 性别：女）

（6）我当时真是红了脸，巴不得能够钻进地底，看着作文分数，我内心真<u>惭愧极了</u>。（国籍：新加坡 性别：女）

不带"得"的"极"充当程度补语句在外国人使用量上仅次于"多"，但数量上超过"多"的一半。（见表 1）外国人较喜欢使用"高兴极了"，占使用"极"充当程度补语句的 15.29%，而且全部为正确使用。

C. "死"

（7）因为听到行走时的声音、吃东西时的声音、睡觉时的声音令人要说"<u>吵死我了</u>"。（国籍：日本 性别：男）

（8）回到家就尽说国文，就连自身的中文姓名都不会写，妈妈又气又燥，对着小哥说，"你看你小妹，我都不知道她在说什么，名字也不会写，只会说马来话，<u>气死我了</u>！（国籍：马来西亚 性别：女）

（9）有这样的好妻子、我全心满足了．但如果她生气也<u>吓死人了</u>，话不讲、饭不吃，总是静静地做工、孩子。（国籍：越南 性别：女）

外国人在使用"死"作为程度补语句时，除了使用简单的"A 死了"的用法，如"渴死了"以外，还会使用带宾语形成述宾结构作谓语的用法，如"吵死我了""气死我了"。

D. "不过"

（10）这样的结交方式是最理想的了，假如是通过亲朋好友介绍的话，那不是很没面子，对方还会小看自己找对象的本事，从小一起长大的青梅竹马是<u>再好再好不过了</u>。（国籍：缅甸 性别：男）

（11）把父母亲视为孩子的第一任老师，我认为是<u>再适当也不过了</u>。（国籍：巴西 性别：男）

（12）我觉得男女之间最理想的相识方式是从小一起长大的玩伴，因为这样的相处<u>最自然不过了</u>。（国籍：新加坡 性别：女）

"不过"作为程度补语句的用法"再（最）A 不过"在本文参考的各种对外汉语大纲中均未出现，对于中国人来说，"不过"也不是常用的程度补语句。外国人总共用了37次，35次为正确使用。

E. "坏"

（13）我读完上面文章以后把我给<u>吓坏了</u>。因为我也是个吸烟者、所以这样的措施不是他人的事就直接影响到我的。（国籍：日本 性别：男）

（14）真让我<u>累坏了</u>。（国籍：韩国 性别：男）

外国人使用"坏"充当程度补语句时，前面所使用的形容词一共使用了3个，并且以差值1依次递减，饿〉累〉渴。

F. "透"

（15）乘了十多個小時飛機，實在<u>累透了</u>。（国籍：英国 性别：女）

（16）那时的我好颓丧，心情也<u>糟透了</u>。（国籍：新加坡 性别：男）

"透"在外国人使用的不带"得"的程度补语句中位于倒数第三位。使用率为1.14%，全为正确使用。前面的词语是常与"透"连用的、表示消极意义的形容词"累""脏""糟"。

G. "远"

（17）我的汉语比她<u>差远了</u>，所以她经常帮我学习汉语。（国籍：韩国 性别：女）

不带"得"的"远"作为程度补语句，在外国人使用量中位于倒数第二位，仅有3条，占0.85%，且其中一个使用错误。

H. "透顶"

（18）真是，倒霉透顶。（国籍：新加坡 性别：女）

"透顶"作为程度补语句使用的例子仅有一例。

2.2.2 带"得"的程度补语句

外国人11个带"得"的可充当程度补语的词语的使用情况也比较乐观，用了高达159个形容词、43个动词与之搭配。正确率也高达83.21%。下面的使用正确情况举例分析按表2中所列条目数大小为序。

A. "多"

（19）八月十八号我们到成都，在成都我们住了四天，虽然每天天气不好，但是我们对这个地方的印象很好，原因之一好吃东西很多；原因之二，售货员的态度比京人<u>好得多</u>。所以想买的东西都买好了。（国籍：约旦 性别：男）

（20）她比我<u>年轻得多</u>，不过很认真，很努力，她对我那么好！好家妈妈一样。（国籍：古巴 性别：女）

(21) 最新研究显示，吸入吸烟者所吐出的费气是比以往想象中<u>危险得多</u>，旁人吸入那些费气而引起癌症的机会是高得很，这一点是一个前所未有的发现。（国籍：荷兰 性别：男）

外国人偏爱使用"好得多"，占使用带"得"的"多"作为程度补语句总数（241条）的17.01%，位列第一。且使用正确率非常高，只错了2个。使用带"得"的程度补语句的外国人所涉及到的27个国家中，有21个国家或地区的学习者都使用了带"得"的"多"充当程度补语，词语倾向性很明显。

B. "很"

(22) 但是当我回到那个集合点时已经不见了他们，我心里真是<u>慌得很</u>，我又不懂日本语，怎么办呢？（国籍：澳大利亚 性别：女）

(23) 一解决某问题之后，本人心情就会<u>好得很</u>。（国籍：奥地利 性别：女）

(24) 到了第二天，大家都<u>渴得很</u>了，一想到山下的水，都想下山了。（国籍：瑞士 性别：男）

使用带"得"的程度补语句的外国人所涉及到的27个国家中，有17个国家的学习者都使用了带"得"的"很"充当程度补语，共101条。"多得很"是外国人使用"很"作为程度补语时使用最多的格式，使用15次，占14.85%。

C. "不得了"

(25) 虽然有的人得了一种不治之症，<u>痛苦得不得了</u>，没有抵抗力克服这个病，而且家境不好，不能继续支技他，他很想选择这个办法，早点儿离开充满悲哀的这个世界，但是我们没有自格帮助他自杀。（国籍：韩国 性别：女）

(26) 我看完那部电影后，<u>激动得不得了</u>了。（国籍：韩国 性别：男）

外国人使用"高兴得不得了"和"忙得不得了"最多，分别为20个和18个，共占使用"不得了"充当程度补语总数（77条）的49.35%。

D. 要命

(27) 除了没有钱和或者<u>累得要命</u>时候以外，我活动得地十分活跃。（国籍：日本 性别：男）

(28) 可能那时妻子<u>痛苦得要命</u>，生不如死，而且家里没钱，不能去医院看医生。（国籍：日本 性别：女）

(29) 由於妹妹不太懂看地圖，所以當她說要獨自外出時，我都<u>擔心得要命</u>。（國籍：葡萄牙 性別：女）

在使用"要命"充当程度补语句时，外国人更倾向使用常见的"忙得要命"和"累得要命"。

E. 厉害

(30) 在我看来，如果某一个人痛苦得很，不想活了，还有人帮助他，也没

有什么不道德的，不应该罚他罚得厉害。（国籍：俄罗斯 性别：女）

（31）现在在我们生活范围内土地和空气都污染得厉害。（国籍：韩国 性别：女）

使用"厉害"作为程度补语时外国人几乎用得都是动词（9个），形容词只用了一个。

F. 远

（32）但是我觉得实现这种梦想是还差得远的。（国籍：韩国 性别：女）

（33）我回国的时候，心里想"我回国以后一定当了考女"但是我想现在还差得远。（国籍：韩国 性别：女）

"远"作为程度补语使用时使用量不高，有10条（2.04%）。

G. 要死

（34）十天后，他们都渴得要死，不过到山底下的力气也没有了。（国籍：日本 性别：女）

（35）我怕医生，一说有医生来，就怕得要死，医生会打针，我淘气也会告诉我，你不听话会叫医生来打针。（国籍：印度尼西亚 性别：男）

（36）回到大连，我们俩都觉得累得要死，但很满意。（国籍：日本 性别：男）

用在作为程度补语使用的"要死"前面的形容词，只有"渴""累"，而动词只用了"怕"，一共才用了5次。

H. 慌

（37）我的父母年纪已经大了，所以爬到一半就累得慌，不得不回下去了。（国籍：日本 性别：男）

（38）中国有句俗话："人是铁饭是钢，一天不吃饿得慌"，我们城市人一般不太了解那些贫穷地区居民的痛苦和绝望，通过这篇文章，我深深地感觉到：地球上任何人都有起码吃饱的权利。（国籍：韩国 性别：女）

"慌"作为程度补语仅被使用了2例，且其中一例为惯用语。由此可见，以惯用语的形式教授外国人语法项目也许也是一种很好的方法。

I. 可怜

（39）因为我们的下一代，在德育方面所受的教育实在是少得可怜。（国籍：印度尼西亚 性别：男）

"可怜"充当程度补语句虽然被用了2例，但只有"少得可怜"一种形式。

J. 够呛

（40）昨天的天气连一点也不像春天的天气，冷得够呛，但是今天突然变成夏天的天气了，怎么搞的？（国籍：韩国 性别：男）

"够呛"充当程度补语仅此 1 例。

2.3 外国人程度补语句使用偏误情况分析

2.3.1 程度补语前的述语使用不当

A. 程度补语句前使用的述语的词性错误

程度补语前的述语由性质形容词和部分动词（如心理动词、感受动词等）来充当。

（41）你世去以后我们家的生活…没得说，苦难极了。（国籍：韩国 性别：女）

例（41）中错误地使用了名词"苦难"，考生可能由于"苦"和"难"是形容词而认为"苦难"是形容词。

B. 程度补语前使用的动词错误

（42）更为是对别人。比抽烟的人影响多了。（国籍：韩国 性别：男）

（43）不过现代社会比以前科学发展多了，所以两代人的共同部分更少了。（国籍：韩国 性别：女）

（44）她说其实病人的死并不美丽，一般满怀着痛苦的表情，而他们的家人也忍受得不得了。（国籍：日本 性别：女）

例（42）（43）中的"多"充当程度补语句时，前头的述语动词限于少数几个心理动词、感受动词、变化动词，如满意、关心、明白、担心、小心、安心、放心、挤、呛、改（模样改多了）。（马庆株，1992：157）这两例中错误地使用了非心理或感受动词。例 4 中的动词"忍受"也不是心理动词或感受动词。

因非心理或感受动词的使用（23 例）而造成的偏误占全部偏误（95 条）的 24.21%，高居第二位。可见在教学中讲解词语的类型是非常重要的。

C. 程度补语前使用的述语为生造词

周小兵（2007：353）认为，生造是用第二语言形式自造词汇形式来替代第二语言项目，与汉语的表达习惯相悖，虽有时对话者也能理解其意，然而从句法上仍属于偏误。

（45）三个和尚也不妨试试，经过友好与评判来取得一种妥协，缓解矛盾，要自然，死亡于愚蠢，实在可异得很。（国籍：俄罗斯 性别：男）

D. 程度补语前的述语与句中词语搭配不当

此类偏误的出现率高居首位，共 24 例，占 25.26%。

（46）机场里也有一室是专门留给吸烟者的，为了不要影响到其他人的健康，在外的空气也变得<u>清晰得多</u>，我觉得因为现在有了一项规定，在公共场所边走边抽烟的人将被罚款。（国籍：柬埔寨 性别：女）

（47）当时我非常想去大陆上学，虽然我是中文系毕业的，但是我认为自己的汉语<u>远得很</u>，所以我想继续学汉语。（国籍：韩国 性别：女）

例（46）中"空气"可与"清新"搭配，但与"清晰"在一起使用难以理解。例（47）中"远得很"表示距离，该句谈的是汉语水平，两者搭配不当。

E. 误用不可充当程度补语的词语

（48）但是，我是个大学生，还有我觉得我的文化水平比他的<u>高得高</u>，还有，他是我的父亲。（国籍：韩国 性别：男）

上例中，外国人不知道词语"高"不可充当程度补语句而泛化使用导致偏误。

2.3.2 程度补语句的结构偏误

A. 未掌握程度补语句和"了"一起使用的规则

（49）我有时想起来你在家里一个人，我<u>担心死</u>。（国籍：日本 性别：女）

由"死"作为程度补语句构成的述补式不能单说，后面一定要有"了"。（马庆株，1992：160）此类偏误共出现5次。

B. 缺少助词"得"

（50）如果人感觉到这世界上只有自己一个人的话，他会感觉到<u>孤独很要命</u>。（国籍：日本 性别：女）

"要命"作为程度补语句使用的格式为"A+得+要命"。

2.3.3 程度补语句的语义偏误

A. 否定义的表达偏误

（51）<u>不要伤心得很</u>，想以后要怎么样，怎么做等。（国籍：韩国 性别：女）

（52）完成的时期．当然比大人<u>不好得多</u>。（国籍：韩国 性别：女）

（53）所以参加过的考试也<u>算不了多得多</u>。（国籍：韩国 性别：女）

在全部841条程度补语句语料中，仅出现了上述三个程度补语句使用否定的偏误。这三例的使用者都是韩国女性。例（52）中，考生在比字句中使用带"得"的"多"作为程度补语并没有错，但是表示比较或不表示比较的带"得"的程度补语句都没有否定式。（马庆株，1992：152）在这三个例子中可以说学习者实际上已经掌握了述补结构，但没有掌握相应的否定意义的表达形式：应否定程度补语句前的述语，而非否定述补结构。

B. 程度补语前的副词与程度补语本身的意思重复

（54）我承认"安乐死"的最重要的原因是要求"安乐死"的人的<u>痛苦太极了</u>。（国籍：日本 性别：男）

（55）头初母亲托我××婶姨的时候，<u>我大哭得真厉害</u>，后来晚上母亲接我来的时候我不愿意婶姨家出来了。（国籍：日本 性别：女）

（56）三个和尚在一起读佛经时，互相看到了他们三个人都<u>渴得很要命</u>。（国籍：韩国 性别：男）

（54）中"极"和"太"意思相近，既已用"极"作为程度补语表示痛苦已经达到了极点，再用"太"便属多余。例（55）使用"厉害"作为程度补语，已经表示程度高而难以忍受，（马庆株，1992：168）不可再用同样表示程度高的"真"。例（56）的"要命"作为程度补语句表示程度已达性命难保的境地，再加"很"不但意思重复，且反而有降低程度之感。

C. 未掌握程度补语所表示的程度高低

马庆株（1992：153、157）认为，程度补语句常常可以改写为由"程度副词"充当的"程度状语"，改写的基本要求是不改变原格式所表示的程度。程度补语句和"程度副词"存在如下的对当关系："多""远"——"更"类，因此表示比较的述补式可以改写为"更……"。

（57）我的朋友也很多，他们都是比较热情的朋友们，跟城市的朋友们就<u>很差远</u>，但是我还是喜欢跟我那两不一样的地方交行。（国籍：印度尼西亚 性别：女）

上例中有副词"很"表示程度高，而表示比较的程度补语"差远了/差得远"可以改写为"更差"，两种表达方式不能在一个句子中同时共现。副词"很"表示的程度则要比"更"和程度补语句形式要低。

D. 误用表示比较的程度补语句

（58）几个月前，您住院的时候，我家人都<u>担心得多了</u>。（国籍：韩国 性别：女）

上例中的后一分句中的述补结构单从形式上看并没有错，但"A/V 得多"表示比较，而从第一分句即可看出，说话人只是想表示自己"担心得很"，并无与谁相比的意思，因此，使用"担心得多"未能准确表达其意图。

E. 误用不表示比较的程度补语句

（59）一个人做不完许许多多事情。虽做成也工作效率较几个人合作的要<u>低得很</u>。（国籍：韩国 性别：女）

与例（58）相反，例（59）对一个人单干和几个人合作的工作效率进行比较，因而要用表示比较的带程度补语句的述补结构"低得多"来表达。但带"得"的"很"作为程度补语句使用不能表示比较，故此造成偏误。此类偏误居第三位，共出现 11 例，占 11.58%。

综上所述，程度补语句偏误的整体分布情况可以归纳为表 5。

表 5　外国人使用程度补语句偏误的分布情况

序号	偏误类型		错误条目数	所占百分比
1	程度补语前的述语使用不当：57，60%	程度补语前使用的述语的词性错误	2	2.11
		程度补语前使用的动词错误	23	24.21
		程度补语前使用的述语为生造词	3	3.16
		程度补语前的述语与句中词语搭配不当	25	26.31
		误用不可充当程度补语句的词语	4	4.21
2	程度补语句的结构偏误：7，7.37%	未掌握程度补语和"了"的使用规则	5	5.26
		缺少助词"得"	2	2.11
3	程度补语句的语义偏误：31，32.63%	否定义的表达偏误	3	3.16
		程度补语前的副词与程度补语本身的意思重复	6	6.32
		未掌握程度补语所表示的程度高低	2	2.11
		误用表示比较的程度补语句	9	9.47
		误用不表示比较的程度补语句	11	11.58
	小　　计		95	100.00

综合以上程度补语句偏误的整体情况来看，因"程度补语前的述语使用不当"所导致的偏误最多，为 57 个，占总数的 60%，其中最多的是"程度补语句前的述语与句中词语搭配不当"的偏误达到 25 个，占总数的 26.31%。其次是非心理或感受动词的使用，占 24.21%。不表示比较和表示比较的程度补语句的误用共 20 例，比例超过 1/5。如应使用表示比较的"多"却使用了不表示比较的"很"作为程度补语，这是因为外国学习者未搞清程度补语句是否可以表示比较。与程度补语句相关的否定义的使用学习者也会出现偏误。

三　偏误成因探讨

3.1　目的语知识不足

这是外国学习者在程度补语句使用上出现偏误的主要原因。

首先是因为外国学习者对程度补语句的知识不足。外国人对于程度补语句意义知识的不足，表现在对其表示的程度高低、幅度大小并未真正了解，因而造成在程度补语前使用的副词与程度补语本身的意思重复的偏误，如前文提到的"太"和"极"所充当的表示比较的程度补语共现的例子。对程度补语句的使用规则自行概括，进行不恰当的类推，也是目的语知识不足的一个表现，从而导致误用不可充当程度补语句词语的偏误，如前文提到将"高"也作为程度补语使用之例。

其次是因为外国学习者对词汇的知识不足。在词性、词义、指人或指物、感情色彩、意义范围、适用对象、主动与被动关系等方面的知识不足，使得外国人对于性质形容词、心理动词和感受动词不能正确使用，对于近义词不能清楚区分，因而在使用时出现误用形容词或动词以外的其他词（如使用名词"苦难"的偏误例），或者搭配不当（如表示距离的"远得很"和"汉语水平"一起使用的偏误例），甚至是自己生造词的偏误（如使用生造词"可异"的偏误例）。

3.2 教学失误

教材中语法点的出现顺序，语法点描写和规则解释的准确性，语法讲解的多少和练习设计的合理性等，都可以从学习者偏误的类别、频率反映出来。（周小兵等，2007：11）本研究发现，外国学习者会出现否定程度补语句的偏误。在有代表性的四套教材《初级汉语课本》（2003）、《桥梁：实用汉语中级教程》（2000）、《新实用汉语课本》（2004）和《汉语教程》（2006）中，对程度补语句的介绍均未提及程度补语句一般不能被否定。教材是外国人学习汉语的主要依据，教材中相关语法点内容的缺失对学习者的偏误负有不可推卸的责任。

程度补语句的偏误主要集中在其前面的述语使用不当（如使用非心理动词"忍受"作为述语的偏误例），与学习者自身掌握汉语词汇知识的程度有关，也和教材中未能详细介绍性质形容词、心理动词和感受动词有关。此外，也说明教师在讲解程度补语句时，不够细致、详尽，存在漏洞。

四 对程度补语句教学的启示

在语法项目排序方面，高级阶段的学习者对不带"得"的"坏""透"作为程度补语句的使用率仍然很低，351 例中仅有 10 例"坏"，4 例"透"，分别占 2.85% 和 1.14%，（参见表 1）。而《高等学校外国留学生汉语教学大纲》（长期进修)(2002)将其作为初等阶段(二)的语法项目;《高等学校外国留学生汉语言专业教学大纲》(2002)将其作为一年级的语法项目。马超(2008)据其研究结论制定的极限性程度补语句教学大纲中也是将"坏""透"安排在初级阶段2进行教学。与之相比,同时教给外国人的程度补语句"死"的使用量为43个,占12.25%。本研究认为,"坏""透"作为语法项目的排序过早,并不适合初级阶段的教学实际。《汉语水平等级标准与语法等级大纲》(1996)将其安排在丙级语法项目中的做法是比较恰当的。

此外,不带"得"的"不过""去"、"着(zháo)"、"透顶"充当程度补语使用,无论在各种大纲中还是相关研究中都没有出现;而"不过"的使用量则列第四位,为37个,占10.54%。本研究认为应将它们作为语法项目列入教学大纲。按照内在大纲理论的观点,过早地教授某项规则只能是浪费时间,"去""着(zháo)""透顶"的使用率低可看出学生的"内在大纲"并未使其处于准备接受的状态,因此可以在教学大纲中安排作为高级语法项目出现。

在对外汉语教材方面,根据本研究的数据,不带"得"的"多"作为程度补语使用和"极",以及带"得"的程度补语句"多""很"的使用量很大。(见表1、2)作为初级阶段的语法项目,在教材编写中,这四个程度补语的介绍可以注释或语法项目的形式出现。例如刘珣(2004)主编的《新实用汉语课本》前1-4册是给初级和中级以前阶段的海外专修和选修中文的学生使用的,"好极了"以固定格式作为单独注释出现,并配以图示表示程度的高低,可视性和直观性都非常强。(第2册,p.56)随着教学的深入,第2册第17课以注释的形式介绍表示程度的"A/V+极了/多了";(p.55)第4册第39课用"A+得多"表示程度;(p.20)第43课"V/A+坏/死了"表示程度,(p.104)这3个注释、语法项目都未用中文解释其程度高低、使用条件。只有"A+得多"给出的例句可以看出程度补语句"得多"是用于比较句。由于程度补语句的难点在于表示的程度高低,所以这样的安排并不利于学习者更好地学习程度补语句的用法。因而,在编写对外汉语教材时,对于程度补语句的特点、述语和补语的制约关系、各类补语的语法意义和词汇意义一定要尽可能准确、全面、详细地描述清楚。

程度补语句广泛用于口语,书面语中也占有一定数量。因此,在编写对外汉语教材时,还应考虑到语体因素,尽量多介绍一些不同语体的程度补语句。同时,多举一些形容词和动词与程度补语连用的例子,以丰富外国人的词汇量和使用程度补语句的语感。在教材中给出新词时,也应该标明性质形容词、心理动词和感受动词,而不是仅仅标明是形容词或动词。

对于对外汉语教师来说,应加强语言本体知识的学习,对于程度补语句的自身分类、语法结构、语义特点、语用特点等进行全面、准确的了解,这样才能更好地根据教材的客观条件和学生的具体情况对程度补语句进行教学。

在对外汉语教学当中，教师应该对程度补语句的特点、意义、结构、适用范围、能否加副词、语用规则等，进行详细、准确的介绍、辨析、区分。在给学生介绍程度补语句的范围时，有些程度补语句在不同语境中有歧义也要注意向学生讲清楚，以免学生出现偏误。比如，"气死了"可用对比"气死了一个人"和"气死我了"两种不同意思的句子进行辨析。向学生介绍程度补语句的意义时，可以按照马庆株（1992：153）的方法，将程度补语句和与其相比难度低、使用率高的"程度副词"进行比较，列出两者的对当关系："多""远"——"更"，"厉害""很"等——"很"，"不得了""可以"等——"太"，"死""坏""透"等——"极"，以减少学生学习的困难。鉴于本研究所发现的高级阶段学生还是会出现偏误的情况，教师应通过做练习等形式，帮助学生对自己程度补语句的掌握情况进行考察，让学生自己发现问题，这样学生的学习主动性和程度补语句使用的正确性都能得以兼顾。此外，对于程度补语句前使用的述语，教师应讲清词性、感情色彩、适用对象等。对于使用在程度补语前的述语还应注意加强词汇的丰富性。在不同的学习阶段介绍一个新的程度补语句时，应尽可能地将相同阶段能作为该程度补语前述语使用的常用词汇介绍给学生。而对于母语者来说也常用的程度补语如"透顶""够劲"等，教师则不必全面、详细地予以介绍，使学生有所了解即可。

由于回避策略的存在，学生因怕出错而反复使用熟悉、简单的词语，以致出现类似如"好多了"使用频次占 52.98% 的过于单调的现象。针对这种倾向，教师应对学生加以鼓励，同时合理、适量地安排进行搭配训练，加强改错练习。通过使用不同的程度补语，替换不同的形容词和动词并加以比对，让学生更好地理解和掌握程度补语句。教师应针对学生的偏误，帮助其及时进行辨析、纠正，这样有利于学生更好地掌握新知。再有，按照 Corder（1967）的"内在大纲和习得顺序"理论，教师在讲授时应注意学习者所处的学习阶段，过早或过多地讲授超出学生接受水平的规则的做法应该避免。教师应在教学中尽量利用已经教过的知识；还可以通过多媒体等现代化教学手段以更直观的方式让学生体会感受动词所蕴含的心理和情感上的变化与差异。

五　结语

本研究考察了"HSK 动态作文语料库"来自于 96 个国家的外国考生的总数为 11569 篇语料中的外国人使用程度补语句的情况后，发现外国人使用汉语程度补语句的 841 条语料中正确使用量为 746 条，正确率达到 88.7%，取得了很好的习得效果。

汉语中 10 个不带"得"的程度补语外国人使用了 8 个，正确率也很高，平均为 91.42%，最低的正确率也在 66% 以上。外国学习者使用不带"得"的程度补语句的情况和母语者情况相近，"多"和"极"高居使用率的前两位。

21 个带"得"的程度补语句外国学习者使用了 11 个，主要使用的是"多""很"和"不得了"，占总数的 85.51%。"够瞧的""够受的""邪乎""邪行"作为程度补语句的使用率为零，也与母语语料库中母语者的使用情况相同。不同之处在于，母语者使用"不得了""要命"的频率低于 5%，仅占总数的 4.16%；但外国学习者的使用率较高，占总数的 23.67%；母语者对"厉害"的使用率为 4.78%，而外国学习者的使用率仅为 2.04%。外国学习者使用"可怜"充当程度补语句的比例仅为 0.41%，居第十位；而母语者的使用率为 2.66%，占其使用量的第四位。

外国学习者使用带"得"的程度补语句较之不带"得"的程度补语句更多，与母语者使用情况一致。"多""很"和"多""极"作为程度补语都在使用率的前两位，与母语者基本一致。

本研究对"HSK 动态作文语料库"中使用程度补语句的外国学习者情况的考察发现，使用程度补语句的考生共涉及 32 个国家，其中女性 577 人次，占 68.61%；男性 264 人次，占 31.39%。语料以韩国、日本考生的居多，占 72.77%。以上数据说明了语料的不平衡性。希望在今后的语料库建设中能对这一情况有所改进。

第七章　情态补语习得研究[①]

一　引言

1.1　名称与界定

现代汉语句子以"得"为结构标记的补语，有一类是表示"可能义"的，汉语语法界统称为"可能补语"。而除此之外的补语则有不同的称谓和界定，林焘（1957）称"程度补足语"。许绍早（1956）称"结果补足语"和"程度补足语"。胡裕树主编《现代汉语》（1962）称"情态补语"。吕叔湘主编《现代汉语八百词》（1980）称之为"表示程度或结果的补语"。王还（1979）用"结果补语"称补语前有"得"而不表示可能的补语，但在后来主编的《对外汉语教学语法大纲》（1995）中则用了"程度补语"这一名称。朱德熙（1982）把这类补语叫做"状态补语"，并指出"好得很""闷得慌"形式上是状态补语，但从意义上看是表示程度的。马庆株（1988）区分出"状态补语"和"程度补语"。邢福义则将其划分为"程度补语""结果补语"和"评判补语"。

语法学界的分歧在对外汉语教学领域也有所反映。刘月华、潘文娱、故韡（1983）用"情态补语"指"动词或形容词后用'得'连接的补语"，其中包括"很、慌、多、不得了、了不得、要命、不行、可以"等单纯表示程度的补语成分，而且把不带"得"而表示程度的"极""坏""透""死"也纳入"情态补语"的范围；但刘月华、潘文娱、故韡（2001）又把这两类单纯表程度的补语合并为"程度补语"，其他仍称"情态补语"。

国家对外汉语教学领导办公室汉语水平考试部编写的《汉语水平等级标准与

[①] 本章依据贾钰《外国人汉语情态补语句偏误分析》（原载《首届汉语中介语语料库建设与应用国际学术讨论会论文选集》，世界图书出版公司，2011）、北京语言大学 2008 级语言学及应用语言学专业研究生蔡晓燕的硕士学位论文《基于"HSK 动态作文语料库"的"得"字补语句习得研究》加工整理，编者：贾钰。

语法等级大纲》(1996)和杨寄洲主编的《对外汉语初级阶段教学大纲》(1999a)没有采用"情态补语"的说法，而是把不表示可能的"得"字补语（"她汉语说得很好""北京的夏天热得不得了"）和不带"得"的表示程度的补语（"我累极了"）统称为"程度补语"。

孙德金（2002）采取的划分法与刘月华等（2001）相同，从"语法大纲"所谓的"程度补语"中分离出"情态补语"，专指"补充描述动作或状态出现后所处的某种情态的补语"。指出"程度补语"仅"从程度上对谓语中心语进行描述"，并从语义结构上对"情态补语"和"程度补语"做了区分："带情态补语的句子实际上包含两个表述：衣服洗得很干净←衣服洗了+衣服很干净"；"程度补语的结构只是一个表述，不能分解：头疼得要命，实际就是头非常疼"。张宝林（2006）也持这种划分法，但描述略有不同："情态补语是补充说明、描写述语的情况、状态和结果，或某一名词性成分在述语的作用下产生的情况、状态和结果的补语"。

我们采用"情态补语"这一名称。情态补语句指动词或形容词后由结构助词"得"引介谓词性补足成分的句子，对"得"前动词、形容词所指的行为、变化、性状或所关涉的人、物进行评价或描述。情态补语句的基本结构为：动词/形容词+得+谓词性补足成分。不包括单纯表示程度、"得"后成分不可扩展的句子，如：好得很、高兴得要命。

1.2 关于情态补语句的本体研究

名称和界定的众说纷纭体现了此类"得"字补语的特殊性和复杂性，也正因如此，它受到语法学界的特别关注，相关的研究著述颇丰。句法方面，学者们探讨中心语和"得"后成分的句法关系，其中"述语+补语"说被《暂拟汉语教学语法系统》所采纳并推广流行。还有讨论"得"字性质、作用和句法归属的。李临定（1963）注意到"得"可以使前面的动词、形容词固定化，失去独立性，使"听者期待着后面的补语"；他还指出，加"得"以后，动词、形容词表现的事实一般是肯定的或已经发生的。施关淦（1985）、鲁健骥（1992）、聂志平（1992）和范晓（1993）都提到"得"具有"已然"性。

对语义方面的讨论集中在"得"后补语的表义功能和语义指向上。吕叔湘、朱德熙（1952）指出，用"得"连接的补语明显表示动作结果的意思。后有不少学者如刘月华等（1982）论及评议性和描写性是情态补语的重要语义特征。还有学者将"得"后补语细化，瓯齐（1983）归纳出八种意义类型：结果、状态、比状、方式、时间、数量、判断、程度。迄今为止，人们谈及最多的仍是评价义、程度义、结果义和状态义。

语用方面，20世纪90年代以来，有学者注意到补语和语体的关系，聂志平（1992）考察了"得"字补语句在不同语体中的分布情况，认为"得"字补语句高频出现的顺序是：文艺语体＞政论语体＞科技语体＞公文语体。张豫峰（2000）的分析研究结果与此相同。

一些学者还对"得"前成分做了研究。李临定（1963）认为能充当"得"前成分的动词和形容词是有限制条件的：①要富于口语性；②动词本身不可包含某种结果的意思，形容词本身不可包含程度很高的意思。还指出"得"前的动词、形容词不能有重叠形式，不能带"着""了""过"。聂志平（1992）认为进入"得"前的动词、形容词不能带时体标志、不能重叠，能受"很"修饰的形容词大都能充当"得"字句的前项。

学界的研究成果为对外汉语教材编写和课堂教学提供了重要依据。

1.3　关于情态补语句的习得研究

情态补语句是汉语特有的常用句式，其结构、语义指向和表达功能都很复杂，自然是对外汉语语法教学的难点和重点。李大忠（1996）对其多年搜集的外国学生的病句进行研究，其中对情态补语的偏误分析见于"状态补语和程度补语"一节。孙德金（2002b）利用北京语言大学研制的"汉语中介语语料库系统"[①]中的语料，对360个以"得"联系的程度补语、情状补语[②]和可能补语的习得情况进行研究，考察了"得"前词语、"得"后补语的形式和动宾短语带补语的使用情况，并根据223例"情状补语"，指出"学生对情状补语的掌握情况总体是好的，错误发生率很低"。文章未对偏误进行分类。

目前，对情态补语句的习得研究还很欠缺，以更大规模语料库为基础的全面分析和研究有待进一步展开。我们依据情态补语句的已有研究成果，以当前规模最大的外国人学习汉语的中介语语料库——"HSK动态作文语料库"（1.1版）（下文称"语料库"）为语料来源，考察外国人正确使用情态补语句的情况，分析、统计情态补语句的偏误类型和偏误率，对比获得不同等级证书考生的偏误情况，结合现行教材存在的问题，提出教学建议。

---

① 该语料库1995年通过专家鉴定。从九所高校收集了95个国家和地区的1635名留学生的汉语作文或练习材料5774篇，计352万多字。以这些语料为抽样总体，最后抽取740位作者的1731篇共计104万字的语料加工入库。
② 文中程度补语有简单式（高得多、大得很）和复杂式（中心语为形容词或心理动词，如：高兴得跳起来）；情状补语的中心语为动词（如：工作得很认真）。

二 情态补语句习得情况考察

本研究对"语料库"中"得"的所有记录（按词检索）进行穷尽式搜索，人工排除不属于情态补语句的记录，最终得到正确使用情态补语句 1791 例，偏误 763 例，偏误率为 29.87%。

2.1 情态补语句的正确句考察

我们对 1791 个正确用例从语义、词汇和结构三条线索进行了考察。

2.1.1 语义方面

2.1.1.1 表达评价义

（1）他们说得对，吸烟也有好处。
（2）那是因为，他们讲话讲得很有道理。
（3）人生一定会有病有死的时候，在这个时候每个人当然要死得有尊严。

2.1.1.2 表达程度义

（4）您女儿可真活泼，嘴巴可甜得腻死人了！
（5）从古至今，可歌可泣的爱情故事多得不胜枚举。
（6）若不是伯伯的教导，我的华文程度可说是低得无法想象。

2.1.1.3 表达结果义

（7）初学时，我们就经常把话说倒了，弄得老师同学啼笑皆非。
（8）但他的父母亲总是说话不算话，弄得他现在很不容易相信别人了。
（9）我爸爸周末在家，整个家里都有烟味儿，害得我家里人简直不能呼吸。

2.1.1.4 集多项语义（程度、结果、状态）为一体

（10）那么那些穷得没饭吃的几亿人怎么办呢。
（11）开学时的实力测验我考了第一名，母亲高兴得热泪盈眶。
（12）我还经常缺课，而当考试来临的时候，我就会急得如热锅上的蚂蚁。

以上用例说明使用者从整体上对情态补语的多项表义功能已建立起正确的认知。

2.1.2 词汇方面

我们考察统计了情态补语句正确用例的中心语。下面列出使用频次在 3 以上

的动词和形容词,按频次由高到低排列,同时在括号中标出其在《汉语水平词汇与汉字等级大纲》中的等级:

动词81个:

过(甲) 变(甲) 说(甲) 长(甲) 做(甲) 吃(甲) 活(甲) 玩(甲) 唱(甲) 生活(甲) 考(甲) 看(甲) 写(甲) 学(甲) 弄(乙) 发展(甲) 讲(甲) 搞(甲) 相处(纲外) 抽(甲) 吸(乙) 管(乙) 教(甲) 想(甲) 穿(甲) 干(甲) 起(甲) 睡(甲) 来(甲) 表现(甲) 了解(甲) 闹(乙) 听(甲) 打(甲) 知道(甲) 病(甲) 走(甲) 工作(甲) 照顾(甲) 画(甲) 吓(乙) 喝(甲) 害(乙) 差(甲) 练(甲) 死(甲) 开(甲) 爱(甲) 办(甲) 哭(甲) 离(甲) 忘(甲) 用(甲) 吵(乙) 处理(乙) 合作(乙) 回来(甲) 学习(甲) 准备(甲) 读(甲) 跳(甲) 记(甲) 聊(乙) 安排(甲) 接触(乙) 消失(乙) 想象(乙) 分(甲) 跑(甲) 去(甲) 谈(甲) 弹(乙) 抬(甲) 迷(乙) 气(甲) 担心(乙) 佩服(丙) 生产(乙) 害怕(乙) 污染(乙) 沟通(丁)

形容词10个:

忙(甲) 高兴(甲) 痛(乙) 痛苦(乙) 多(甲) 急(甲) 饿(甲) 渴(甲) 静(乙) 感动(乙)

上述词汇的数量和等级情况见表1。

表1 出现频次3以上的动词/形容词中各等级词汇的数量及百分比

词类	等级	甲级词	乙级词	丙级词	丁级词	纲外词
动词81个	数量	59个	19个	1个	1个	1个
	占81个动词数的百分比	72.84%	23.46%	1.23%	1.23%	1.23%
		96.3%		3.69%		
形容词10个	数量	6个	4个	0	0	0
	占10个形容词数的百分比	60%	40%	0	0	0
		100%		0		

使用频次位居前五位的词是:过(416次)、变(231次)、说(98次)、长(zhǎng 94次)、做(80次),总计出现频次919,占正确用例(1791)中心语总数的51.31%。使用频次的高低与作文话题有很大关系,如"我的童年""我的一个假期"和"写给父母的一封信"这几个题目的作文中出现了很多"过得

……"的句子。

数据还显示,语料库中情态补语句的中心语绝大多数是动词,形容词是少数①;甲级词汇和乙级词汇占了绝对优势,高等级词汇的运用只是个别现象。一方面说明情态补语句是常用句式,中心语符合该句式的口语化特征;另一方面则反映出由于使用者心理词库不够丰富,限制了对情态补语句的使用。

2.1.3 结构方面,正确用例中情态补语的结构类型包括以下几种:

1) 代词:
(1) 最近过得如何?
(2) 爸爸和妈妈,我是你们的儿子××,你们过得怎么样?
(3) 不管活得怎么样,哪怕失去生命的前一秒都没有失去"想活下去"这意志的人,才是真真的人。

2) 形容词及形容词短语:
(4) 有的歌手他长得很好看,唱得一般,但是他的歌迷很多。
(5) 可是,跟别人一起做事的时候,反而干得马马虎虎、拖拖拉拉的。
(6) 那公园的樱花是百里闻名的,今年,那里的樱花还开得那么漂亮吗?
(7) 比如作文章、讨论的时候,常常出现写得不通顺、说得不流畅的现象。

3) 动词及动词短语:
(8) 吸烟的人浑身重烟味,狗都被呛得逃了怎敢咬?
(9) 当时我很难过,气得好几天不能睡觉。
(10) 爸爸从里面走出来,发现了我的这一动作,我当时吓得哭了起来。
(11) 我就浑身不自在,害怕得坐着不敢动了。

4) 固定短语:
(12) 随手找来的书都读得津津有味。
(13) 虽然在这里过得枯燥无味,不过我已经长大了。
(14) 男的虽然长得相貌堂堂,一表人才,但是却有哮喘病。
(15) 虽然,童年时发生过的许许多多的事,在记忆里有些已经消失得无影无踪。

5) 比较、比况结构:
(16) 他们了解社会了解得比子女多得多。

---

① 动词相对于形容词更多用作情态补语句的中心语,这与母语语料的情况相符。根据蔡晓燕对"CCL语料库网络版"随机检索出的1209条情态补语句"得"前成分的统计,母语者使用形容词的比例要高于留学生。

（17）我的目标是，汉语说得跟中国人一样好。
（18）一天又一天的过去了，问题就堆得像山一样高。
（19）原来广场前边有一块草地，长满了草，而且长得像稻子一样。
6）主谓结构：
（20）每次他接我的时候我高兴得心快要上天去了。
（21）满街的日本兵，吓得我们紧闭大门，躲在家里。
（22）我那时每天不好受，总是发牢骚什么的，弄得周围的人也不高兴。
7）特殊句式，包括：
"连"字句：
（23）打了好几次，屁股都肿得连坐也坐不下。
（24）给我印象最深刻的是我爸爸饿得连一只蟑螂也不放过。
什么……都：
（25）如果一碰到问题挫折就变得什么信心都没有的话，那将来的日子又怎么过呢？
一……也+否定：
（26）我们中国有句俗话说："女怕嫁错郎，男怕取错妻"说得一点也没错。
差点就……：
（27）我近来真的忙得差一点就要晕倒了。
兼语式：
（28）可是他的眼睛很亮，亮得让人不敢轻视他。
（29）这里现在是冬天，气温很低，只有大约零到5度，冷得令人受不了。
8）联合形式（补语包含两种以上的结构）：
（30）那时候我已经变得没有精神、整天垂头丧气的。（动词短语+固定短语）
（31）我会很好地照顾我自己，让自己时时刻刻地活得更为充实，更有意义。（形容词短语+动词短语）

正确用例中情态补语的结构类型可以归纳为表2。

表2　正确句情态补语结构类型统计表

合计	代词	形容词及形容词短语	动词及动词短语	固定短语	比较、比况结构	主谓结构	特殊句式	联合式
数量 1791	107	1339	103	146	40	36	15	5
百分比	5.97%	74.76%	5.75%	8.15%	2.23%	2.01%	0.84%	0.28%

从表 2 可以看出，形容词及形容词短语是语料库中运用最多的情态补语形式，而且其中一半以上是"好""很好""不好"，具有鲜明的评价意义。这也是语料库中动词做中心语远远多于形容词做中心语的原因。动词短语做情态补语的比例明显低于母语者。① 比较和比况结构、主谓结构、特殊句式合计只占 5.08%，其中特殊句式不到 1%，而且没有发现"把"字结构和"被"字结构这两种常见句式的用例，说明学习者融合复杂结构表达特定语义的能力不足。

2.2 情态补语句偏误情况考察

我们从偏误的具体形式（遗漏、多余、误代等）出发，根据其所属的语言单位（语音、书写、词汇、语法等），结合句法、语义、语用三个平面，对 763 个偏误进行了描述，把具有相同特征的偏误归为一类。其中 6 个包含情态补语的句子表义混乱，偏误难以归类；另有 5 处我们认为是作者的临时笔误，也不予归类，但都计入偏误总数，占 1.44%。其余 752 个偏误划分出近二十个细类，合并为四大类型：

情态补语句标记偏误：382 例，约占偏误总数 50.07%；

情态补语句词汇偏误：199 例，约占偏误总数 26.08%；

情态补语句内与情态补语有关的句法、语义偏误：127 例，约占偏误总数 16.64%；

情态补语句语用偏误：44 例，约占偏误总数 5.77%。

偏误总数：763 例，偏误率约 29.87%。详见表 3。

---

① 北京大学对外汉语教育学院 12 级研究生解明静使用"国家语委现代汉语标注语料库"（4500 万字）作为检索对象，从 5000 条带助词"得"的语料中人工筛出情态补语 4357 次，其中补语为动词短语的 669 例，占 15.35%；主谓结构做补语的 526 例，占 12.73%。

表 3 情态补语句偏误类型数据表①

一级偏误类型	二级偏误类型	三级偏误类型	数量	百分比
情态补语句标记偏误	"得"被其他句法成分误代	"得"被"的"误代	218	70.10
		"得"被"地"误代	31	9.97
		"得"被结果补语误代	47	15.11
		"得"被"了"误代	12	3.86
		"得"被"着"误代	3	0.96
		小计	311	81.41
	"得"遗漏		70	18.32
	"得"被"个"误代		1	0.26
	合计		382	50.07
情态补语句标记偏误	情态补语用词不当		140	70.35
	动词、主语用词不当		59	29.65
	合计		199	26.08
情态补语句内与情态补语有关的句法、语义偏误	形容词做情态补语，前面遗漏程度副词		46	36.22
	情态补语缺失语义核心等成分		24	18.90
	宾语错位造成异形结构		19	14.96
	状语错位		12	9.45
	情态补语与其他句式结构杂糅		10	7.87
	表程度的副词或代词多余		8	6.30
	其他偏误		8	6.30
	合计		127	16.64
情态补语句语用偏误			44	5.77

① 表中的百分比为该类偏误占上一级偏误总数的百分比，即偏误大类的百分比为其占偏误总数中的百分比，二级偏误的百分比为其占偏误大类的百分比，依此类推，四舍五入，取小数点后两位数。

2.2.1 偏误类型分析

2.2.1.1 情态补语句标记偏误

作为句式标记，"得"是情态补语句的基本结构特征。对语料库的统计显示，一半的情态补语句偏误都与"得"的使用有关。其中，标记"得"误用为其他句法成分的311例。遗漏"得"的有70例，如以下例句，符合情态补语句的语义、句法要求，但括号处都少了"得"：

(32) 房间里没有任何声响，我害怕（　）连呼吸都不敢，……（缅甸）

(33) 他对我的学习看（　）非常重，……（乌克兰）

(34) 同时，有些病人被病魔折磨（　）死去活来，也要求医生给他们安乐死。（新加坡）

下面重点讨论"得"误用为其他句法成分的情况。

误代"得"的句法成分主要是定语标记"的"、状语标记"地"、结果补语（如"成"）、动态助词"了"：

(35) 近年来，社会发展<u>的</u>非常快。（英国）

(36) 明天我要考试，我现在担心死，因为准备<u>的</u>不好。（韩国）

(37) 那时，我哭<u>地</u>一句话都说不出来了。（日本）

(38) 到了美国之后，她把我们三个兄弟姐妹管<u>地</u>挺严。（美国）

(39) 这样我们会把美好的地球留给我们的子孙后代，让我们的地球变<u>成</u>美好。（韩国）

(40) 我记得冬天气温特别低，把大白菜放在外边几分钟会冰冰地，冻<u>成</u>很硬。（日本）

(41) 到了最后，大家玩<u>到</u>都不想去上课了！（加拿大）

(42) 我在他的边看他那被晒<u>了</u>焦黑的脸孔，心里很不好受。（泰国）

(43) 刚开始爱抽烟的人都不满意这种规定，但是执行下去，现在品川市变<u>了</u>很清洁。（日本）

误代类偏误中，"得"被"的"误代的情况最多，有218例。"的"是高频词，有泛化趋势，其替代状语标记"地"和情态补语标记"得"在母语者的书面作品中也时有发生。但"得"替代"的"以及"得"与"地"之间的误代几乎不会发生在母语者身上，而"语料库"中却都存在。除"地"误代"得"31例，还发现"得"误代定语标记"的"73例、误代状语标记"地"100例，如：

(44) 现在科学发展<u>得</u>速度很快。（韩国）

(45) 她非常关心她的学生，她曾为了一位逃学<u>得</u>学生，连夜找他。（印尼）

(46) 妈妈依依不舍<u>得</u>让我去中国留学。（印度尼西亚）

(47) 一个星期一两次我去看他，他总是很高兴得招待我。（罗马尼亚）

这些偏误表明，对于二语学习者来说，"得"与"的"和"地"的误代不是简单的书写问题，实际上反映了学习者对定、状、补这几个语法范畴以及"的""地""得"的句法归属缺乏认识；说明"的"和"地"对"得"的误代属于句法偏误，而非仅仅是书写错误。至于"的"对"得"的误代远远多于"地"对"得"的误代，我们认为根本原因是"的"在现代汉语中的高频使用，其泛化不仅挤压了"得"的使用空间，也侵占了"地"的一部分领地。

结果补语对"得"的误代发现47例，如例句（8）、（9）、（10）。其中以"成"误代"得"为主。"结果义"是情态补语和结果补语的共同语义特征①。情态补语常表示人、物在某种作用下产生的状态或结果，而结果补语"成"后面的部分也指人、物变化后的结果。但"成"带的是名词性成分，而情态补语是谓词性的，忽略了这点，误代就可能发生。

"了"误代"得"12例，也可以从语言内部得到解释。情态补语和动态助词"了"都常用于表述已经发生的行为、变化，在"已然"这点上是相通的，这是二者发生混淆的根源。但"了"不具有情态补语的评议和描写功能。

从语言内部看，误代类偏误多源于误代双方的某个共同特征或相似性。"得"和"的""地"均为偏正结构的句法标记，且在普通话中都读"de"；情态补语和结果补语的共同点是"结果义"，和动态助词"了"的共同点是"已然性"。

2.2.1.2 情态补语句词汇偏误

此类偏误指情态补语或相关的句法成分（动词、主语）用词不当，造成语义不搭配、词不达意等问题。其中情态补语用词不符合语境或与中心语不搭配占多数。例如：

(48) 看到了他们我非常高兴，高兴得没话可说。（日本）→ 说不出话

(49) 我来打工这个餐厅之前，员工都服务得很好，打扫得也很周到。（日本）→ 彻底

(50) 有了自己的木材店，生活过得舒畅，完全是靠自己努力的。（英国）→舒适

(51) 两个人照样天天下山抬水喝。日子过得很繁常。可第三个和尚上了山，三个和尚就开始了争吵。（泰国）→ 平静

---

① 吕叔湘、朱德熙先生合著的《语法修辞讲话》（1952：17）指出："就意义方面说，凡是动词后面的附加语都表示动作的结果的意思，用得字连接的尤其明显"。王还先生在《汉语结果补语的一些特点》一文中重申了这一点。

其次是动词使用不当：

（52）我觉得这样的规定，为了保护坏境，帮助年轻人养成良好习惯，做得（原文为"的"）更严格也可以。（日本）→"制订"。

（53）这一个假期的确度过得十分值得、充实和有意思啊！（加拿大）→"过"。

（54）所以，我希望政府以后措施得更好，而且，我们和不抽烟的人能够过生活得更愉快、安全。（日本））→"实施"。

该类偏误说明，学习者在运用情态补语句进行表达时遇到了许多具体的词汇问题，由于对词语的内涵、外延、风格、搭配关系甚至词性和句法特点不甚了解而张冠李戴。除词不达意，很多偏误属于词义不搭配，如（18）句的"打扫"和"周到"，（19）句的"生活"和"舒畅"。不了解词语的句法特点也会用错词，如（22）句的"度过"，是不带情态补语的，应改为"过"。有些偏误的发生是由于搞错了词性，如（23）句的"措施"被误用作动词。词汇贫乏还导致在表达中生造词语，如（20）句的"繁常"。

2.2.1.3 情态补语句内与情态补语有关的句法、语义偏误

该大类包含的细类较多，数量分散。限于篇幅，仅讨论数量居前三位的偏误。

1）形容词做情态补语，前面遗漏程度副词。

此小类在第三大类偏误中比例最高。例如：

（55）时间过得（很）快，我已经成人了。（韩国）

（56）我们都能互相沟通，夫妻相处得（很）好。（新加坡）

（57）当你一个人住在一所屋子里，你会把你的住处收拾得（很）整齐。（新加坡）

汉语形容词做谓语，如不用于比较，一般都受意义弱化的程度副词（如"很"）的修饰，形容词做情态补语也是如此。不掌握形容词做谓语的一般性规则，也会发生此类偏误。

2）情态补语缺失语义核心等成分。

这类偏误造成意义、结构缺损，最影响表达效果，均见于C级证书及无证书考生的语料中，是总体表达能力欠缺的表现。以下偏误句，根据语境可添加括号中的词语：

（58）现代人的生活水平也提高得很（快）。（日本）

（59）妈妈，爸爸告诉我，那天你哭得很（伤心）。（韩国）

（60）爹、娘最近（过）得如何？（韩国）

3）宾语错位，造成"动词+宾语+情态补语"的异形结构：

(61) 母亲第一次到上海坐租汽车时,因为司机开车得横冲直撞,这是在日本不可想像的程度。(日本)

(62) 以前是女孩子出门时,都穿衣服得很整齐,不敢露出肉皮。(韩国)

这种情况是由于使用者没有掌握情态补语必须紧跟动词的规则,若有宾语,或构成重动句 VOVC 式,或宾语置于动词前。但若误把动宾结构的离合词作为单个动词,即使了解这一规则,也会出现此类偏误,(63)句的"吵架"就可能是被当做了一般的单个动词。

(63) 那一天,我跟妈妈吵架了,吵架得很厉害。(韩国)

2.2.1.4 情态补语句语用偏误

语料库中有些句子或语段里的情态补语用得很别扭,可是孤立地看,它和前面动词组成的动补式却是合格的句法结构。问题不在动补结构本身,而是情态补语用在了不合适的语境中。这是由于学习者没有掌握情态补语句的语用特征而误选,造成了表达不得体。

首先,情态补语句有很强的评议和描写功能,"当要对动作进行描写、评议时,一般应该用情态补语"(刘月华等,2001:604)。以下句子的话语功能却不是评议或描写性的:

(64) 我今年就毕业了,所以要把最后考试的成绩作得非常好。(泰国)→考好

(65) 这首短文教我们;做什么事以前,一定想和准备得好。(泰国)→准备好

(66) 我一定要找条件比较好的工作,而挣钱挣得多,要帮助我家。(韩国)→多挣钱

(67) 人们要更多的粮食。所以,我觉得(农药)用是用,但是用得少。(韩国)→少用

(68) 到家以后不仅可以见到亲戚和朋友,而且可以跟他们玩得很疯狂!(美国)→疯狂地玩

(64) 句的用意不是评议已有的考试成绩,而是希望考出好成绩,应该用动结式"考好"。(65) 句也并非评价准备的情况好不好,也要用动结式"准备好"。(66) - (68) 句要表达的是以某种方式实施某个行为,并不是对行为进行评价或描写,形容词"多""少""疯狂"应做动词的状语,不应做情态补语。

其次,情态补语常用于评议、描写已实现或虚拟中已实现的行为、状态。以上句子的语境是将要发生或希望发生某种情况,有悖于情态补语的"已然性"特征。下面(69)句中"不好看"虽然是评议,但评议的是一类行为(人老了穿泳衣),而不是对已发出的具体行为加以评议,也不宜用情态补语:

（69）很多青年人认为应在年青时快快穿了（比基尼游衣），因为老了穿得不好看。（澳大利亚）→老了穿不好看

从偏误形式的角度分析，语用偏误可划分为情态补语结构误代状语结构、误代结果补语、误代主谓结构等，在语料库中最多的是误代状语结构，占一半多，其次是误代结果补语。情态补语与结果补语、状语都有共同点：与结果补语的共同点是"结果义"；与状语的共同点是结构上附属于动词，语用上具有描写功能，因此容易混淆。需要指出的是，我们以"得"为检索词收集到的语用偏误几乎都是情态补语句误代其他句法结构的例子，而语料库还存在着无法检索到的其他句法结构误代情态补语句的情况。因此，实际发生的语用偏误应远不止本文得出的数据，即44句。

2.2.2 情态补语句偏误与汉语水平等级和母语背景的相关性

2.2.2.1 情态补语句偏误与汉语水平等级

为考察情态补语句偏误与汉语水平等级的相关性，我们从两方面对比了获得A、B、C级高等证书及未获得高等证书的四类考生语料的情态补语句偏误情况。表4是各等级考生的偏误总数和总偏误率。图1为各等级考生的四大类型偏误用例占各自偏误总数的百分比。

表4　各等级考生情态补语句偏误总数及总偏误率

证书级别	A证书	B证书	C证书	无证书	合计
偏误总数	9	64	304	386	763
正确用例数	73	346	764	608	1791
总偏误率	10.98%	15.61%	28.46%	38.83%	29.87%

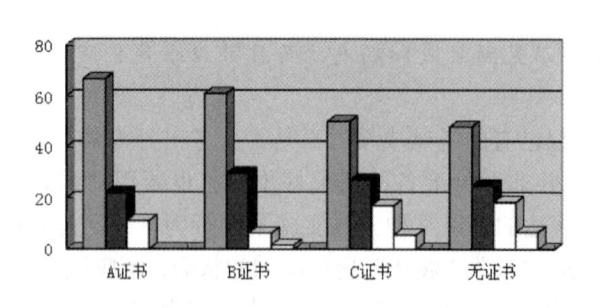

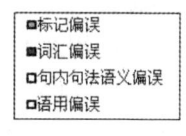

图1　各等级考生情态补语句四大偏误类型比例对照

表4显示，情态补语句的偏误率与汉语水平等级有显著的相关性，随着水平等级的降低，偏误率逐级上升。B级证书获得者的语料偏误率高出A级证书4.63

个百分点,差距不是很大。C 级证书和无证书者则与 A、B 级证书者拉开了距离,C 级高出 B 级 12.85 个百分点,而比无证书低 10.37 个百分点。对情态补语的掌握情况可以清楚地反映出学习者的汉语水平。

根据图 1,在四大偏误类型的分布上,各等级表现出一致性:按所占比例高低排列,依次是:标记偏误、词汇偏误、句内偏误、语用偏误。另据本文统计,标记偏误中,各等级都以误代偏误为主。

2.2.2.2 偏误类型与母语背景

本研究归纳出的情态补语句四大偏误类型及偏误细类均不限于某个国别或语种。通常是偏误例少的类型,涉及的国别和语种就少,反之则多。宾语误置于动补之间的 19 个偏误涉及 4 个国别;情态补语句遗漏"得"的 70 个偏误涉及 16 个国别;"得"被"的"误代 218 例,涉及的国别最多,达 23 个。韩国和日本考生是语料库中语料量最大的两个群体,其所犯偏误几乎涵盖了各种类型。而其他国别或语种的语篇数量远不及韩、日,包括的偏误类型也相应要少。语料库数据表明,母语类型和情态补语句偏误类型没有显著的相关性,因此,在情态补语句的教学上,对不同国别、语种的学习者可采取一致的教学策略。

2.3 研究小结

通过对"语料库"情态补语句正确用例和偏误例的考察,我们认为具有高级汉语水平的二语者已掌握了情态补语句的基本语义功能和基本句法结构,平均偏误率不到 20%。A、B 级证书获得者的偏误类型相对少,偏误率只有 13%;C 级证书获得者偏误率在 30% 左右;而未获得证书的考生偏误率将近 40%。可见,情态补语句的运用问题在初、中级汉语教学阶段没有得到有效解决,应该引起语法教学的重视。

从语义表达上看,学习者偏重评价义,用情态补语句表达程度义和结果义的能力较弱;词汇方面,中心语的选择以动词为主,并主要限于甲级和乙级词汇的范围,由于对词语的语义、句法等特征缺乏了解而导致较多词汇偏误;在情态补语句的形式运用上,避繁就简,该句式复杂和丰富的结构特点没有得到适当体现。另外,由于学习者没有把握好情态补语句与其他句法结构在形式特征和语义、语用上的异同,造成了情态补语标记与其他句法标记的误代以及情态补语句与相关句法结构的误代。

三　对教材的相关考察

　　教材是课堂教学的素材和依据，很大程度上决定了教学内容和教学方法，影响着学习者对语言形式的掌握程度和运用能力。对外汉语教材对情态补语这个语言点的安排和注释是否合理，哪些方面需要改进？下面以《汉语教程》、《成功之路》和《发展汉语》三部具有代表性的教材为对象进行考察。

　　《汉语教程》（杨寄洲主编，1999），是对外汉语本科系列教材。其中"情态补语"被称作"状态补语"，出现了两次。第一次是在1册下第29课，表述如下：

　　状态补语是指动词或形容词后用"得"连接的补语。

　　状态补语的主要功能是对结果、程度、状态等进行描述、判断、评价。状态补语所描述和评价的动作行为或状态是经常性的、已经发生的或正在进行的。

　　肯定式：动词＋得＋形容词，如：

　　我每天起得很早。

　　否定式：动词＋得＋不＋形容词，如：

　　我星期天起得不早。

　　正反疑问句：动词＋得＋形容词＋不＋形容词，如：

　　你今天起得早不早？

　　强调动词有宾语时，结构形式为"动词＋宾语＋动词＋得＋形容词"，如：

　　他打太极拳打得很好。

　　第二次出现在2册下的第53课，说明如下：

　　汉语的动词词组也可用"得"连接作动词的状态补语，描写动作者（或受动者）的状态，例如：

　　他感动得不知道说什么好。

　　她们高兴得跳啊，唱啊。

　　他看球赛看得忘了吃饭。

　　他气得大叫起来。

　　《成功之路》（邱军主编，2008）是进阶式对外汉语系列教材，对情态补语使用了两种提法，出现两次。在《起步篇》2册第24课中为"状态补语"，解释如下：

　　汉语里，我们把位于动词、形容词谓语后，对谓语进行补充说明的一类成分叫做"状态补语"。

状态补语是在谓语动词后补充说明动作进行的程度、状态的补语。
基本格式如下：
肯定：他走得很快。
否定：我写得不好。
正反问：你跑得快不快？
特指问：你们学得怎么样？
谓语动词同时带宾语和状态补语时，要重复动词。宾语在前，补语在后。如果不重复动词，要把宾语放在谓语动词或者主语前边。
在《进步篇》2册第17课中称为"复杂程度补语"，指出：
动宾词组、主谓词组、介词词组等也常用来做程度补语。例如：
他笑得把没牙的牙床都露出来了。
丈夫看到我哭得满脸是泪。
弟弟长得跟哥哥一样帅。
听说这个消息，她高兴得跳了起来。
我今天忙得忘了吃饭。
大风吹得我们的眼睛都睁不开了。
《发展汉语》（李禄兴主编，2006）是对外汉语长期进修系列教材，使用了"程度补语"和"情态补语"两个名称。《发展汉语·初级汉语》用的是"程度补语"，出现两次；《发展汉语·中级汉语》同时使用了"情态补语"和"程度补语"两个名称，出现三次。
《发展汉语·初级汉语（上）》第34课的语法部分这样介绍程度补语：
程度补语表示对动作行为的评价或说明，或者说明事物性质所达到的程度。本课中我们学习的程度补语是对动作的评价或说明。
程度补语的一种格式是：V + 得 + Adj
这里的动词应该是已经发生的动作、正在发生的动作或者经常发生的动作。例如：
我游得很快。
她弹得特别好。
如果动词带宾语，那些宾语通常放在动词前边：
小林汉语学得好，字写得漂亮。
如果宾语很长，也可以放在主语前边。
《发展汉语·初级汉语（下）》第6课语法再次介绍程度补语，给出带程度补语（2）的基本句式：
1）形容词/心理动词 + 极了/死了。例如：

今天冷极了。

我饿死了。

他高兴极了。

2）形容词/心理动词 + 得 + 表示程度的补语。例如：

今天大家高兴得很。

我累得要命，休息一下吧！

我们激动得跳起来。

今年夏天热得不得了。

有的胡同窄得不能再窄了。

该课语法还提出了复合程度补语的说法，指出程度补语（3）的基本句式 – V + 得 + 复合程度补语，是《初级汉语》（上）第34课中程度补语 "V + 得 + Adj" 形式和本课程度补语（2）的组合。用在动词后面，表示对该动作的评价。例如：

她唱得好听极了。

我们玩得高兴极了。

我跑得累死了。

"情态补语"之称在《发展汉语》中首次出现是在中（上）的第7课，语言点部分对 "（他们）就会急得大吵大叫，用头撞墙，破坏身边的东西甚至砸机器" 做如下说明：

得 + 情态补语，"得" 后的情态补语可以由动词词组充当。再如：

他看电视看得忘了写作业。

他高兴得边唱边跳。

论文写完了，教授兴奋得睡不着觉。

比赛胜利了，他激动得跳了起来。

第12课语言点同时提到"程度补语"和"情态补语"。对 "现代旗袍比传统旗袍变得更受妇女的喜爱了" 做如下注解：

"比"，介词。用来比较性状或程度。在这里构成 "A 比 B + V + 得 + 补语" 句式。补语可以是程度补语，也可以是情态补语。

他比我跑得快一些。

你现在的汉字比以前写得好多了。

这里的环境比以前变得清洁多了。

这里山区比平原发展得更加让人不敢相信了。

那家饭馆的西餐比中餐做得更受小孩子欢迎。

中（下）第25课语言点对 "如此壮观的景象，让我看得目瞪口呆" 的注释为：

动词的情态补语结构。"得"后的成分一般是固定词组，用来评价、判断或描写"得"前的动词。形容词也可以放在"得"前。例如：

他气得鼻子都歪了

她高兴得眉飞色舞。

他的心跳得忽快忽慢

屋子里干净得一尘不染。

他的话说得前后矛盾。

他的情绪变得时好时坏。

对比这三部教材，我们认为教学领域对情态补语这一语法现象认识上存在明显差异。对同一语言现象，各部教材甚至同一系列教材中的各本教材之间使用的名称不同，描述不同。"我每天起得很早""小李跑得很快""我游得很快"属同类句式，而《汉语教程》和《成功之路》称作"状态补语"，《发展汉语》则称作"程度补语"。同样，"她们高兴得跳啊，唱啊""听说这个消息，她高兴得跳了起来""我们激动得跳起来"也是同类句式，《汉语教程》仍称"状态补语"，《成功之路》则改用"复杂的程度补语"，《发展汉语》在《初级汉语（下）》第6课语法称之"程度补语"，《中级汉语（上）》的第7课，却把"比赛胜利了，他激动得跳了起来"归入"情态补语"。"大尉跑得比我快多了"和"弟弟长得跟哥哥一样帅"，其中的"得"字补语都是比况结构，都表达积极的评价。前者在《成功之路·顺利篇》中是"状态补语"，而后者在《成功之路·进步篇》中则归入复杂程度补语。

另外，例句和说明缺乏严格的对应关系，描述不够严谨，甚至没有对概念的说明。《汉语教程》指出"状态补语是指动词或形容词后用'得'连接的补语。状态补语的主要功能是对结果、程度、状态等进行描述、判断、评价"，而给出的例句是对动作行为的评价，没有典型的表示结果义和程度义的例子，也未提供形容词做谓语中心语的例句。后又说明"汉语的动词词组也可用'得'连接作动词的状态补语，描写动作者（或受动者）的状态"，例句的谓语中心语却既有动词（看得），也有形容词（高兴得）。《成功之路·起步篇》提到状态补语是在谓语动词后补充说明动作进行的程度、状态的补语，例句同样是对动作行为的评价（走得很快），并不针对程度。虽然补语包含了程度副词"很"，但不意味着补语是说明动作程度的，况且此处程度副词的程度义已弱化甚至虚化了。《进步篇》2册第17课提出"复杂程度补语"的概念，可是此前并没有提到过"程度补语"或是"程度补语"的简单式。《发展汉语》三次使用"情态补语"之称，却没有对这一概念做任何说明。中（上）第12课语言点说"……'A 比 B + V + 得 + 补语'的句式，补语可以是程度补语，也可以是情态补语"，令人疑惑：

下面给出的例句哪些是"程度补语",哪些又是"情态补语",这两个概念该如何区分。

情态补语句是表意丰富而结构多样的句式,复杂程度不一,对于第二语言学习者来说,不同的情态补语句难易程度可能区别很大。从"语料库"的情况来看,即使汉语水平高等证书的获得者运用复杂情态补语句的能力也是很有限的。对于这样的复杂句式,这三部教材的处理都存在分类不够清晰、统一及缺少层级的问题。《汉语教程》和《成功之路》只分出两个层次,第一层次的基本形式是——动词+得+形容词短语,表达评价、判断,如:我每天起得很早;他走得很快。第二层次程度义明显,主要结构——形容词/动词+得+动词短语,如:他感动得不知道说什么好;他笑得把没牙的牙床都露出来了。《发展汉语》把句式教学延续到中级阶段,动词短语充当情态补语表示程度出现在这一阶段,另外中(下)介绍了固定短语做情态补语的结构。三部教材都没有把致使义突出的主谓结构做"得"后补语(老师批评得他低下了头)这种常见句式作为教学内容。《成功之路·顺利篇》(17课)和《发展汉语·中级汉语》(12课)在介绍"比"时引入了情态补语和比较句的包孕结构(玛丽来得比我早;他比我跑得快一些),但和其他常用结构如"把"字式的包孕(忙得把生日都忘了)则没有提及。

四 教学建议

4.1 统一名称和界定,改进注释,突出情态补语的语用功能,更好地揭示情态补语句的结构、语义和语用特征。

标记"得"是情态补语句最基本、最重要的句法特征。"语料库"中统计出"得"被误代、被遗漏的偏误381个,占全部偏误的50%;与此相对,"得"误代其他结构标记、误用于其他句法结构的现象也不在少数。这说明部分学习者对情态补语这一语法范畴的认知相当模糊和不完整,甚至可能缺乏基本概念。这与汉语语法学界和对外汉语教学界认识上的纷乱不无关系,而纠正这种局面需要统一情态补语的名称和界定。另外,在教学中理清情态补语的基本语义和结构特征是帮助学生掌握该句式的关键,这就需要改进目前教材中的有关注释和练习,例如可以在注释中加入对典型偏误的分析,练习增设改病句一项。

情态补语句中宾语的位置通常被认为是个易错点,而语料库中仅发现此类偏误19例,占偏误总数的2.49%。我们认为这得益于教材和教学中的强调,在本文考察的三部教材中都有对动词带宾语情况的说明。另一方面,却发现不少把名词性结构用在"得"后的偏误句,例如"变得比较宽容的人""过得快乐的生活""我们谈得一夜晚"。说明学习者忽略了情态补语的谓词性特征,通过注释和练习可以有针对性地加以解决。

偏误中有44例不属于句法问题,而是在语境中不恰当地选择了情态补语句,说明因不了解句式的语用特征而误选同样导致表达问题。但教材往往缺乏对语言结构的语用特征的描述及相关练习,需予以充实和加强。

4.2 教学中应归纳、总结相关语法点,区分易混项目。

学习了若干语法项目后,容易在具有相似点的项目之间产生混淆。标记"得"被其他结构助词、动态助词和结果补语误代311例,发生在语用层面的情态补语句误代其他句式44例,两者相加占全部偏误的46.53%。误代的发生从语言内部看是由于不同语言项目在意义、功能或形式上具有共同特征,但也源于学习者在两个项目上都存在弱点,需要在对比中修正偏误,建立、巩固正确的认知和言语行为。因此,教学中择机对相关、相似的语法项目进行归纳和对比是很有必要的。根据本研究,尤其应关注定、状、补三种偏正结构以及情态补语和动结式在形式、意义上的区分,并在语用上区别情态补语句和状语句。

4.3 把语法教学与词汇教学更好地结合起来。

学习者用于情态补语句的中心语比较贫乏,除了词汇量不够,不能在情态补语和已知的动词和形容词之间建立联系也是原因之一;此外词汇偏误中多数是情态补语与中心语(动词为主)不匹配。因此,词汇教学中应加强对动词和形容词带情态补语的介绍,提供常见搭配。词汇教学和语法教学相结合,把语言规则转化为具体、生动的句子,便于学生理解和掌握。

4.4 对情态补语句进行细类划分,适当增加情态补语句的教学层次

情态补语句是极具汉语特点的一种紧缩句式,语义和结构都比较复杂。要使学生提高运用它的能力,就需要适当增加情态补语句的教学层次。应从语义表达和结构形式两方面对其进一步分类,并根据实用性和难易度对划分出的细类进行分级。情态补语句类型繁多,不可能、也没有必要全部纳入教学内容。哪些需要教授,孰先孰后,以何种方式呈现,哪些单独立项,哪些融入其他句式或语言点的教学,要解决这些问题,不仅要了解外国人情态补语句的习得情况,还要通过母语语料库考察中国人对该句式的运用,并从语法教学的全局出发,处理好情态补语句和其他句式、语言点的教学关系,统筹安排。

第八章　趋向补语"起来"习得研究[①]

一　引言

动趋式是汉语中常见的基本句法结构，也是极有特点的语法现象。而趋向补语"起来"更是使用频率高、语义较为复杂的一个语法点，也是留学生学习汉语时较难掌握的一个语法点。在本体研究中已有一些关于趋向补语"起来"的研究成果，而在对外汉语方面关于趋向补语"起来"习得的研究却不系统，只零星夹杂在整个趋向补语的研究中。因此，本章利用"HSK 动态作文语料库"系统地考察了外国留学生习得汉语趋向补语"起来"的情况，发现了一些偏误规律，并同汉语母语者对趋向补语"起来"的使用情况进行了对比。在此基础上提出了一些建议，并做了相关的教学实验，希望能够对留学生的学习以及教师教学起到一定的帮助作用。

本章只考察"起来"作趋向补语的情况，即"起来"用在动词或形容词后作补语的情况。趋向补语"起来"的语义参照刘月华《趋向补语通释》分四种：

①趋向意义。表示由低处向高处移动。如：风筝飞起来了。

②状态意义。表示进入新的状态。如：她的脸红起来了。他笑起来了。

③结果意义。一是用以表示物体与物体的连接，结合以至固定；二是表示突出、隆起。在第一个结果义下，又按照与之组合的动词的不同性质分了 10 种情况：

　　A. 连接、聚合类。如：勾结、总括、皱、集合。
　　B. 捆绑、封闭类。如：包、围、锁、关。
　　C. 收存、隐蔽类。如：保存、躲。
　　D. 关押、逮捕类。如：看守、保护。
　　E. 想记类。如：回忆、想。

[①] 本章依据北京语言大学 2007 级语言学与应用语言学专业研究生刘畅的硕士学位论文《基于"HSK 动态作文语料库"的趋向补语"起来"的习得研究》加工整理，编者：金海月。

F. 燃烧、引惹类。如：点、勾。
G. 对立类。如：反抗、对立。
H. 陈列、修饰类。如：摆、供。
I. 建造、承担类。如：安装、担当、树立。
J. 发展、成长类。如：觉悟、发展、培养。

④特殊用法。一是表示从某方面说明、评论人或事物。如：饺子吃起来好吃，包起来难。二是表示引进说话人的一种看法。如：看起来，他俩是好上了。

二 趋向补语"起来"习得情况分析

在"HSK 动态作文语料库"中按词搜索"起来"，然后手工挑出"起来"在句中做趋向补语的句子共 1 752 句，其中跟"起来"使用有关的偏误句 253 句，正确句 1 499 句，偏误率达到 14.44%。为了尽量保持语料原貌，我们只对错别字和个别标点进行了修改。（主要指原文中所使用的不规范句号"．"，本章改为"。"）

2.1 "起来"使用情况的统计分析

将在"HSK 动态作文语料库"中收集到的正、误语料按"起来"在文中所表达的意义进行分类，统计如下面表1。

表1 "起来"的意义在正、误语料中的相关数据

意义类型	中介语合计	正确中介语	偏误中介语	偏误比例①
趋向意义	90	80	10	11%
状态意义	561	456	105	19%
结果意义	464	390	74	16%
特殊用法	637	573	64	10%
合计	1752	1499	253	14.44%

我们可以看到"起来"四种意义的偏误率是：状态意义 > 结果意义 > 趋向意义 > 特殊用法。下面分别分析四种意义的使用情况。

---

① 指偏误中介语与中介语合计的比例。

2.1.1 状态意义"起来"的使用情况分析

表示状态意义的"起来"如果是在动词后,那么表示进入并持续新的动作或状态;如果在形容词后,那么表示进入新状态并且程度渐深。根据"起来"前的谓语中心语所表示的意义类别,可以分为:

①与声音有关的动词,如"说、哭、笑、唱歌、响"等。
②表示各种动作的动词,如"打架、抬、举、看"等。
③表示心理活动的词,如"喜欢、思考"等。
④形容词,如"热闹、明亮、容易"等。

我们根据这四种意义分类分析了二语学习者对"起来"状态意义的使用情况。具体数据如下面表2。

表2 状态意义四类动词在中介语语料中的分布情况

意义类别	中介语	比例	正确中介语	偏误中介语	偏误比例
声音	134	24%	122	12	9%
动作	119	21%	86	33	27.73%
心理	62	11%	55	7	11.3%
形容词	246	44%	193	53	21.55%
合计	561	100%	456	105	18.72%

由表2可见:二语学习者在习得"起来"的状态意义时,"动作动词+起来"的偏误率最高,其次是"形容词+起来",其他两类偏误率则较低。而从使用率的角度看,"形容词+起来"的比例最高,其次是"声音动词+起来"。"动作动词+起来"的使用率相对较低而偏误率相对较高,"形容词+起来"的使用率相对较高而偏误率相对较低。综合比较,显然"动作动词+起来"的习得情况更差一些。

2.1.2 结果意义"起来"使用情况分析

根据表示结果意义"起来"的谓语中心语所表达的意义类别,主要参考刘月华《趋向补语通释》中的分类标准,将之分为十一类,前十类见前文。下面是二语学习者对这十一类动词的使用情况,结果如下面表3。

表 3　结果意义 11 类动词在中介语语料中的分布情况

意义类别\语料与数据	中介语	比例	正确中介语	偏误中介语	偏误比例
1 连接聚合	113	24.35%	96	17	15%
2 捆绑封闭	1	0.22%	1	0	0%
3 收存隐藏	21	4.53%	16	5	23.81%
4 关押逮捕	7	1.51%	6	1	14.29%
5 想记	221	47.63%	190	31	14%
6 燃烧引惹	7	1.51%	4	3	42.86%
7 对立	2	0.43%	2	0	0%
8 陈列修饰	1	0.22%	1	0	0
9 建造承担	24	5.17%	20	4	16.67%
10 发展成长	57	12.28%	54	3	5.26%
11 突出	1	0.22%	0	1	100%
范围外动词	9	1.93%	0	9	100%
合计	464	100%	390	74	15.95%

根据表 3，不计范围外动词，二语学习者习得"突出、隆起类动词 + 起来"的偏误率 >"燃烧、引惹类动词 + 起来"的偏误率 >"收存、隐藏类动词 + 起来"的偏误率。从使用率的角度看，"突出、隆起类动词 + 起来" < "燃烧、引惹类动词 + 起来" < "收存、隐藏类动词 + 起来"。综合两方面情况看，"突出、隆起类动词 + 起来"的习得情况最差，"燃烧引惹类动词 + 起来"居中，"收存隐藏类动词 + 起来"则相对较好。

非常值得注意的是，"建造承担类动词 + 起来"的偏误率 >"连接聚合类动词 + 起来"的偏误率 >"关押、逮捕类动词 + 起来"的偏误率 >"想、记类动词 + 起来"的偏误率，但数据非常接近。考察其使用率，则是"关押、逮捕类动词 + 起来" < "建造承担类动词 + 起来" < "连接聚合类动词 + 起来" < "想、记类动词 + 起来"。综合比较，习得状况最差的应该是"关押、逮捕类动词 + 起来"，其次是"建造承担类动词 + 起来"，再次是"连接聚合类动词 + 起来"，最后是"想、记类动词 + 起来"。

2.1.3　特殊用法"起来"的使用情况分析

"起来"特殊用法的一般句式是"NP + V + 起来 + AP/VP"。整个句式表达的意义是：

表示从"V"方面对 NP 进行描写、评论和说明。这种用法的动词多是表示实在意义的。例如：

（1）她笑起来眼睛弯弯的，真像日本贤妻良母型的演员八千草薰。

（2）一星期不见，他看起来更黑了一点。

引出观点。这种用法的动词多是表示感官的动词，如"看、想、说"等，但是原本的具体的感知意义已经虚化了，而是引出说话人的感受、观点，并常用逗号和后半句隔开。如：

（3）三十年风水轮流转，先是这面得势，现在看起来，这面又要得势了。

（4）说起来，这倒是我的一个不堪为外人道的隐私，……

（5）阿炳，我本来以为你完全不对。现在想起来，你也有一点是对的。那就是……

这种情况常不出现主语，那么被评论的事物前文一定提到过。有时也用宾语来表示话题，如：

（6）论起对自己影响最大的人来，我要说是我的妈妈。

下面是二语学习者对"起来"特殊用法所表达的意义的使用情况，如表4。

表 4　特殊用法所表达的意义的使用情况

意义＼语料	中介语		正确中介语		偏误中介语	
	使用量	比例	使用量	正确比例	使用量	偏误比例
评论	153	24%	135	88.24%	18	11.77%
观点	484	76%	438	90.5%	46	9.5%
合计	637	100%	573		64	10.05%

由表4来看，二语学习者在习得"起来"的特殊用法的意义时，表示评论用法的偏误率高于引出观点的用法，其使用率则远远低于引出观点的用法。综合比较，二语学习者对表示评论用法的习得情况差于引出观点的用法。

2.1.4　趋向意义"起来"的使用情况分析

按照表示趋向意义的"起来"前面的动词所表达的意义不同将动词进行如下分类：

①自动意义动词，即表示人或物体自身运动造成位移的动词。例如飞、站、跳等。

②肢体动作动词，即表示肢体动作的动词。例如抬（头）、举（手）等。这

类动词所支配的是动作发出者自己的肢体。

③使动意义动词,即能够使其他物体产生位移的动词。例如搬、背、吹"等。

下面是二语学习者对这三类动词的使用情况,如下面表5。

表5 趋向意义3类动词的使用情况

动词类型\语料	中介语		正确中介语		偏误中介语	
	使用量	比例	使用量	正确比例	使用量	偏误比例
自动动词	73	81%	65	89%	8	11%
肢体动词	0	0	0	0	0	0
使动动词	17	19%	15	88%	2	12%
合计	90	100%	80	100%	10	11%

根据表5,二语学习者使用使动意义动词的偏误率略高于自动意义动词,而使用率则远远低于自动意义动词,因此对使用意义动词的习得情况较差。

肢体动作动词的使用率和偏误率均为零,难以对其习得情况做出判断,尚需进一步进行研究。

2.2 "起来"的偏误类型分析

2.2.1 误加偏误

指本不该用某种句子成分,而考生却用了的情况。这种偏误共有49句,占总偏误量的19.37%。请看下例:

(7)但是随着汉语水平的提高,我逐渐地<u>发觉起来</u>了,汉语很好听,像音乐一样。

(8)我们有时在树荫下同游戏,玩捉迷藏,有时高兴了,大家也<u>高歌唱起来</u>。

(9)我很喜欢听流行歌曲,因为有时我的心情不愉快的时候,听流行歌曲我的心情就<u>越来越愉快起来</u>。

(10)我们看着父亲长大了,所以有时候生活得不认真,但<u>把父亲的背影想起来</u>,会再认真地生活。

例(7)是动词述语误加"起来"的情况,属单纯多余趋向补语"起来",将其删去就是正确的句子。"发觉"是"发现"类动词,不能和"起来"组合。考生对此规律缺乏了解,因而造成偏误。这种偏误共出现41句,占误加偏误的 84%。

例（8）是误加谓语中心语的情况，指谓语中心语重复多余的偏误类型。上例中"高歌"本身就是动词，加"唱"多余，保留其一即可。此类偏误有 3 句，占误加偏误的 6%。

例（9）是误加状语的情况，指某个状语成分多余的偏误类型。上例中"越来越"和"起来"同义，都表示某种状态的持续发展，同时使用会造成信息冗余，因而不能同现。根据句义心情从不愉快变得愉快，该用"起来"，状语"越来越"多余。此类偏误有 1 句。

例（10）是误用把字句的情况，指"V+起来"结构和把字句不能共现时考生却使用了把字句的偏误。"想起来"中的"起来"表示结果，并不表示处置，因而此时不能使用把字句，而应用一般的动词谓语句"想起来父亲的背影"即可。此类偏误有 4 句。占误加偏误的 8%。

2.2.2 误代偏误

指本该用此词，而考生却用了彼词的偏误情况。此类偏误共有 90 句，占整个偏误总量的 35.57%。请看下例：

（11）有一天他们三个和尚说话中突然想起来了一个好主意。
（12）当我欣喜的看完最后一页时，我跳了来，跑去向父母报喜。
（13）对于解决个问题我建议大家咀嚼后不能乱吐而且政府要有规定；谁乱吐口香糖第一要他拿起来，第二罚去作劳工。
（14）因此，可以把个人生活好起来！

例（11）是"起来"误代其他词语，指本该用其他词语表示的句子，考生却用了趋向补语"起来"表达。例（11）本该用趋向补语"出来"，而考生却用了趋向补语"起来"。此类偏误共有 28 句，占误代偏误的 31%。

例（12）是其他词语误代"起来"，指本该用趋向补语"起来"，而考生用了其他词语表达。具体来说是用趋向补语"来"误代了"起来"。此种偏误共有 32 句，占误代偏误的 36%。

例（13）是谓语中心语词语误代。指谓语中心语所使用的动词或形容词不当的偏误类型。"拿"表示一般动作，本身没有方向性，而"捡"则有由下而上的方向义，用于本句更加合适。这种偏误有 24 句，占误代偏误的 27%。

例（14）是把字句误代兼语句，指本该用兼语句式表达的句子，而考生却用了把字句。"好"是形容词，不能表示处置义，因而不能进入把字句。同时"好"在本句中有使动义，故应用兼语句。此类偏误有 6 句，占误代偏误的 7%。

2.2.3 遗漏偏误

指因为某种句子成分的残缺造成的偏误类型。此类偏误共有 32 句，占整个偏误总量的 12.65%。例如：

(15) 他们想从哪里跌倒就从哪里爬（　　）。

(16) 小时候，我曾从大人听说过毛主席领导中国人民（　　）起来打败日本，把国民党反动派驱赶到台湾岛上，建立了中华人民共和国。

(17) 刚到美国时，每一个美国人看起来（　　）像坏人，我不放心。

(18) 如果（　　）这些粮食从每个国家凑起来，可能小小的粮食变得很大的数量。

例（15）是单纯缺失趋向补语"起来"的情况，加上即可表示从低处向高处的移动状态。此种偏误共有 14 句，占遗漏偏误的 44%。

例（16）是遗漏谓语中心语的情况，缺少谓语中心语"站"。"起来"表示趋向意义，做补语。此类偏误共有 12 句，占遗漏偏误的 38%。

例（17）是遗漏状语的情况，"每……都……"应该搭配使用。这样的偏误有 3 句，占遗漏偏误的 9%。

例（18）是把字句遗漏，谓语动词"凑"有处置义，其宾语很长，而且又在动词前，所以应该用把字句。此类偏误有 3 句，占遗漏偏误的 9%。

2.2.4 错序偏误

指因为句子成分位置错置造成的偏误类型。此类偏误共有 34 句，占整个偏误总量的 13.44%。

2.2.4.1 述宾结构的宾语与"起来"错序

(19) 所以人们开始用农药起来了。

(20) 庙没有了。三个和尚都互相吵架起来了。

述宾结构的短语或离合词与"起来"组合时，述宾结构的宾语或离合词中的名词性成分必须放在"起来"之间，即"用起农药来"和"吵起架来"。此类偏误共有 23 句，占错序偏误总量的 68%。

2.2.4.2 与"V起来"相关的错序

(21) 反过来不使用化肥和农药是看起来对人们好的影响。

(22) 听起来绿色食品很舒服，但听起来农药就自然而然地产生一种反感。

(23) 同样的话题，谈起会明白来彼此有这种想法，会慢慢地沟通意见，还有起码一个月一次全家人一起去郊外看看美丽的景色或者吃一顿饭。

例（21）中"看起来"表示一种推测；"是"属于推测内容中的述语，应该在"看起来"后面。例（22）中"绿色食品""农药"分别是两个分句的话题主语，都是被评论的对象，应放在句首；"听起来"是评论的一部分，应放在其后。例 17 "彼此有这种想法"是前提，"谈起来会明白"是结果，应按前提＋结果的顺序排列。这种偏误有 8 句，占错序总量的 24%。

2.2.4.3 其他句子成分间的位置错置

这种偏误有 3 句，占错序总量的 9%。

（24）那时我发现我自己不停地跟中国人讲话，不知不觉地<u>流利起中国话来了</u>。

（25）因为现在想一想，<u>太多人想起来</u>。

例（24）"流利"是形容词，不能带宾语。"中国话"应为主语，位于句首。"流利起来"是谓语，应在主语之后。例（25）"太多人"是"想起来"的宾语，带有修饰词，可以说"想起太多人来"，或"想起来太多人"。

2.2.5 复杂偏误

指一句话中同时出现多种偏误的情况。复杂偏误共有 48 句，占整个偏误总量的 18.97%。请看下例：

（26）但我考上大学以后和很多吸烟的朋友打交道，我的这种看法也逐渐<u>变化起来了</u>。

（27）过了一段时间慢慢发展现在的程度人们才<u>提醒起来</u>绿色食品的重要性。

（28）听着听着跟着唱，想着想着那首歌的歌词，这样听着流行歌我的心情<u>兴高采烈了</u>。

（29）但是，不应该怕危险，<u>藏起来家里</u>。

（30）<u>别人说起我来</u>还是能干的。

（31）在日本，<u>对看起来年轻人</u>，可以让他提出身份证，而且十一点后不能买。

例（26）是误加"起来"同时有其他偏误。"看法"应该与"改变"搭配；原句用"了"表示动作的完成，和表示新情况出现并持续的"起来"动态矛盾，故不能再加"起来"。此类偏误有 24 句，占复杂偏误总量的 50%。

例（27）是"起来"误代其他词语，同时有其他偏误。"提醒"是一方提醒另一方，此处应该是人们自己"认识到"的。"认识"本身没有变化义，故不能和"起来"搭配，而应用结果补语"到"。此类偏误有 10 句，占复杂偏误总量的 21%。

例（28）是遗漏"起来"，同时有其他偏误。"兴高采烈"不能做谓语，可以用"高兴"。原句是说一种心情的变化，应用"高兴起来"，是"起来"表示状态意义的用法。此类偏误有9句,占复杂偏误总量的19%。

例(29)是"起来"结果意义偏误,可以改成"在家里藏起来"或"藏在家里"。"在家里"是介词短语作状语,位于谓语前;或作补语,放在述语后。

例(30)是"起来"特殊用法偏误,述宾结构"说(到)我"加"起来"时宾语要在"起来"中间,故应为"说起我来";"还是能干的"的评论对象是"我",而这种评论又是别人做出的,故应改为"(别人)认为我还是能干的"。

例(31)是"起来"特殊用法偏误,"V起来"后的成分须是谓词性的,不能由名词充当,故应加上动词"是"或"像";介词"对"要求后面的宾语是名词性的,所以要再加上"的",使之变成"像年轻人的"字短语,做"对"的宾语。

趋向补语"起来"偏误的总体情况如表6。

表6 趋向补语偏误表

类型	数量	比例
误加偏误	49	19.37%
误代偏误	90	35.57%
遗漏偏误	32	12.65%
错序偏误	34	13.44%
复杂偏误	48	18.97%
合计	253	100%

三 偏误成因探讨

3.1 母语负迁移

母语负迁移,是指偏误的产生是受学习者的母语的影响而形成的。留学生所受的语言影响可能不仅仅包括母语,还可能包括学生所掌握的其他语言,如非英语国家的学生如果有一定的英语基础,那么英语也可构成偏误的来源。这使得留学生第二语言偏误的原因呈现出复杂性。从对趋向补语"起来"的研究中来看,母语负迁移的现象确实存在。

动趋式是汉语特有的一种句法结构,陆俭明(1992)指出:"外语里,如英语、日语、俄语、法语、德语等语言里没有这种类型的句法结构。"比如,汉语用"动词/形容词+起来"来表达的,在英语中的对应表达有的只是一个动词,有的是用动词加介词表达，有的是系动词加形容词等。这使学生要表达趋向补语"起来"所表达的意思时，会受到母语影响造成偏误。如汉语说"跳起来"，而英语中只用一个动词"jump"，当学生表达"跳起来"的意思时，受母语影响遗漏了趋向补语"起来"；再比如汉语说"醒过来"，英语的表达是"wake up"，由于介词"up"常被译成"起来"（如"stand up"对应"站起来"），所以学生会说出"醒起来"这样的表达。

又如，韩国语中"起来"是作为一个动词使用。比如，汉语"站起来"在韩语中是"일어나다"，为一个动词。因此韩国留学生在写句子时常认为句子中已经有动词了，没必要再用一个动词，因而遗漏谓语动词。

3.2 过度泛化

"学生由于掌握目的语知识的不足，把他所学的不充分的、有限的目的语知识，套用在新的语言现象上，结果产生偏误。这种偏误在心理学上叫做'过度泛化'。"（鲁健骥，1984）如果说由于母语负迁移所造成的偏误在学习的初级阶段占优势，到中级阶段或高级阶段目的语知识负迁移造成的偏误就逐渐占了优势，这是学习者内化过程中所产生的偏误。

随着留学生汉语水平的提高，学生掌握的目的语知识会越来越多，他们便会用更多的目的语语法规则进行推论，但是语言的生成并不是仅由一条规则决定的，而是同时受多种规则的制约。如果学生掌握的目的语知识不全面，就会造成过度使用某一条或某几条规则而忽略其他规则，从而造成偏误。例如：

（32）记得有一次春节时，大家正在欢欢喜喜的过春节，我突然病发起来，不分人事，口吐白泡，急得父母亲抱我到离家三十公里的城市医生求医。

（33）它能在我情绪极端恶劣时，工作碰到不如意时，伤心时，和孩子闹别扭时，像雨露阳光哺育我从消极的情绪中振作起来，使心里隐藏着的不愉快之事慢慢地消失起来。

留学生知道"起来"表示一个动作的开始，但例（32）前面的动词"病发"本身已经表示动作的开始，并且是非持续性动词，因而不能再用表示开始并持续的"起来"做补语。例（33）中的谓语动词"消失"表示某种状态的结束，也不能用"起来"做补语。学生们只知其一不知其二，过度泛化了趋向补语"起来"表示新状态开始的规则。

3.3 教学的影响

包括教材与教师讲授的影响。教材是学生汉语知识的主要来源，也是教师备课与教学的依据。所以教材上对某一语法点的讲解与使用会直接影响到学生对该语法点的理解和掌握程度。基于这种认识，我们考察了《博雅汉语》和《桥梁》这两套使用范围较广的教材对趋向补语"起来"的讲解和使用情况。

《博雅汉语》对趋向补语"起来"语法点的讲解多只出现在初级阶段，对相关知识的介绍如下：

①该教材只在第一次讲复合趋向补语时提到，复合趋向补语宾语的位置和简单趋向补语相同，如"V起O来"。但事实上并不能一概而论，应该在中高级阶段对其他情况加以补充。

②教材将"想起来"作为一个词组进行讲解，容易使学生误以为宾语统一放在"想起来"后面。课文中很少出现述宾结构加"起来"的用法，使得学生对宾语的位置认识不全面，印象不深刻。加之"起来"通常以合用的方式出现，容易使学生以为该词是不可分的，造成语序上的问题。

③在讲解"起来"的状态意义时说，"用在动词后表示动作完成，并有持续下去的意思；用在形容词后表示某状态开始发展，且程度继续加深。"这一说法不够准确，甚至前后矛盾：动作既然已经"完成"，就不可能"持续"下去了。教材多是对某个用法的解释性描述，也没有讲什么时候应该用，什么情况下不能用"起来"。所以学生会说出"发觉起来""消失起来"这样的话。

④教材缺乏对趋向补语"起来"结果意义的讲解，而且使用量很少，难以让学生掌握这个语法点。

《桥梁》是针对中级阶段学生所编写的教材，对相关知识的介绍有：

①在讲"起来"的引申义时说，跟在动词后表示某种动作开始进行，并且还在继续进行。可是所给的例句却有"我才想起来了""一群少年把他包围起来"这样的表示结果意义的句子。

②教材语言点中没有提及述宾结构和"起来"连用时的语序问题，且教材中总共只出现6句带宾语的用例。

总体说来，二语学习者在使用趋向补语"起来"时所出现的各种偏误都是多种因素共同作用的结果，只是有时其中某个或某几个因素更加明显而已。初级阶段母语负迁移影响多些，越到高级阶段过度泛化的影响就越明显。这又与教材和课堂教授不够清楚、练习不够到位有密切关系。

四 对"起来"教学的启示

4.1 教材编写方面

关于趋向补语"起来"的语法问题很繁杂，初级阶段先将最基本最常用的语法点讲清楚，然后随着学生汉语水平的提高，要逐渐将"起来"的语法点由简到繁地、螺旋式地给学生讲解清楚。也就是说，一要增加"起来"复杂用法在课文中的出现率。如"起来"带宾语的各种情况，"起来"结果意义所搭配的各类动词，特殊用法的各类句型。加强语言输入刺激，有助于学生产生语感，使其熟能生巧。二是要在课后追加有关"起来"的使用规则。很多教材对"起来"的讲解只在初级阶段出现，之后就不再提及，使学生对它的理解和使用也停留在简单的初级阶段。其实随着学生汉语水平的提高，他们应该掌握更复杂的表达法，也应该对汉语语法有更系统的认识。这时教材可以对比较复杂的语法现象进行归纳。三是要多提供练习，使学生对语法点的理解变成主动的输出。如果对于那些不常用的引申用法只是课堂上讲解一遍，课上和课后不进行练习，学生也很少实际运用，就会导致学生仅仅掌握某几个引申用法，而对其他的引申用法的认识处于混沌状态。只有把相关的语法知识变为学生主动的言语输出才能检测到学生实际的掌握情况，才能使教师及时发现并纠正学生的错误理解。

4.2 教学方面

4.2.1 归纳法教学

归纳法，指先给出若干例子，让学生从例子中概括出一般结论的教学法。在教授新知识点的时候，可以先给出一些例句让学生自己尝试总结出规律。如在讲"起来"状态意义时可以先给出下列例句：

(34) 王老师教我们唱汉语歌，我们跟着老师唱起来。
(35) 小孩子没找到妈妈，害怕地哭起来。
(36) 我拿给他一个苹果，他接过苹果大口大口地吃起来。
(37) 我要出门的时候，外面下起雨来。
(38) 她给自己倒杯茶，就安静地看起书来。
(39) 老师要告诉我们考试成绩了，我的心情紧张起来。

（40）老师打开空调，教师里马上凉快起来。

学生们在教师的引导下可以总结出"起来"表示开始的意思；前面可以是动词或形容词；动宾结构加"起来"，宾语放在"起"和"来"之间。然后教师再补充"起来"用在动词后表示开始并持续某动作；用在形容词后表示开始某种状态并且程度逐渐加深。对教师来说，这样教学可能要花费较多时间引导学生归纳语法规律；但是对学生来说，这样的发现式学习，可以让学习的结构或语义规则，一下子进入学生的长时记忆的网络，使学生掌握得更牢固。

4.2.2 结合图示帮助学生理解

对于一些较抽象，较难理解的知识点，可以利用图示来帮助学生理解。使理性认识与感性认识结合起来。如在讲"越来越"与"起来"的差别时，可以给出图示：

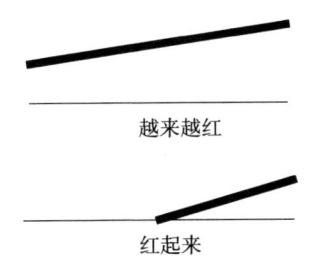

越来越红

红起来

"越来越"是表示已有状态的程度不断加深；"起来"是表示一种新状态的开始，并且程度不断加深。所以二者的起点是不一样的。例如"越来越红"和"红起来"。这样学生可以更加直观形象地认识这个知识点。也就知道什么时候该用"越来越"，什么时候该用"起来"了。

4.2.3 对教师的要求

一方面教师要不断充实汉语本体研究方面的知识，首先自身要对趋向补语"起来"有全面、系统的认识，然后才能把自己的理解传授给学生。对汉语各语法点的学习不能只局限于所使用的教材上的介绍，而要多关注最新的研究成果，包括本体方面的和对外汉语领域的。二是要注意收集学生的语言偏误，并对其进行归纳整理。教材上对语法点的讲解多是解释性的，学生按教材上的解释造句还是会出很多问题，这时教材是没办法帮助学生的。老师要发挥指导作用，就得平时多收集学生的病句，查阅资料甚至自己研究，找到病因。这样才能及时发现学生学习的问题与难点，并采取恰当的对策，提高自己的教学能力与教学水平。

五　教学实验

在偏误原因分析中我们提到，到中高级阶段过度泛化和教材、教师的讲授成为学生产生偏误的主要原因。也就是说因为教材对趋向补语"起来"较复杂的使用规则的教授不到位，使学生没有完全掌握"起来"的使用规则，致使学生使用趋向补语"起来"时产生偏误。结合上述教学建议我们进行了教学实验。

5.1　教学对象

我们的教学对象是在对外经贸大学学习汉语的预科班外国留学生，属于中高级水平，综合课正在使用《桥梁》下册。三个实验班为平行班，以月考成绩为例（月考是学校每月的考试，题型与HSK考试题型相似，满分100分），实验前的一次月考三个班成绩相似。具体情况如下：

```
A班：15人              B班：13人              C班：15人
男：8人                男：2人                男：8
女：7人                女：6人                女：7
哈萨克斯坦：5人         哈萨克斯坦：5人         哈萨克斯坦：10
韩国：5人              韩国：2人              韩国：1人
越南：3人              越南：2人              俄罗斯：1人
俄国：2人              法国：1人              法国：1人
                      泰国：1人              斯洛伐克：1人
                      缅甸：1人              哥伦比亚：1人
                      吉尔吉斯斯坦：1人
```

月考成绩见表6。

表7　月考成绩表

分数	A班	B班	C班
90–100	2	2	1
80–90	7	6	8
70–80	5	4	5
60–70	1	1	1

5.2 教学实验设计

对实验组和对照组分别进行实验前测。

对实验组按教案进行补充性教学,对对照组按教材进行复习性教学。

对实验组和对照组分别进行实验后测。

实验假设:进行教学后,实验组学生对趋向补语"起来"状态意义的掌握相比对照组有显著提高。

5.3 实验进行步骤

5.3.1 实验前侧

发给学生测试试卷,共有 10 道改错题,要求判断对错,并将错误的部分改正过来。10 分钟后收回试卷,结果见表 8。

表 8 实验前测结果分布

A 班姓名	前测正确率	B 班姓名	前测正确率	C 班姓名	前测正确率
1	0.4	14	0.8	29	0.4
2	0.5	15	0	30	0.1
3	0.3	16	0	31	0.4
4	0.2	17	0.4	32	0.5
5	0.4	18	0.2	33	0.7
6	0.8	19	0.4	34	0.4
7	0.3	20	0.5	35	0.3
8	0.4	21	0.6	36	0.5
9	0.6	22	0.6	37	0.4
10	0.7	23	0.9	38	0.5
11	0.7	24	0.6	39	0.6
12	0.1	25	0.6	40	0.6
13	0.5	26	0.5	41	0.5
		27	0.6	42	0.4
		28	0.4	43	0.5

5.3.2 实验组和对照组分别教学

实验组：对A、B班按教案上对"起来"状态意义语法点的归纳法、图示法讲解，进行补充性教学。

对照组：对C班按教材（《桥梁》第四课）上对"起来"状态意义语法点的讲解，进行复习性教学。

教案

授课内容：趋向补语"起来"的状态意义的用法

授课对象：预科班452、453班

授课时间：45分钟

授课方式：讲课

教学目的与要求：进一步使学生掌握趋向补语"起来"的状态意义的用法：

①"起来"前的动词和形容词的特点；

②什么样的词不能和状态意义"起来"一起使用。

授课内容及学时分配：

一、先给出例句，让学生发现其中"起来"表达意义的不同。（5分钟）

（1）他高兴地跳起来，说："太好了！"

（2）天亮了，太阳慢慢升起来了。

（3）他把掉在地上的笔捡了起来。

（4）教室里正在上课，突然一个同学的手机响了起来。

（5）天阴了，不一会就下起雨来。

（6）下课了，走廊里突然热闹起来。

学生发现，例1、2、3是表示由低处到高处；例4、5、6是表示开始的意思。

教师给出图示并引导总结：

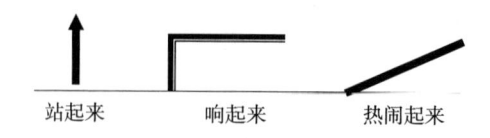

站起来　　响起来　　热闹起来

总结：表示状态意义的"起来" { 1. 动词后，表示新的动作或状态开始并持续 2. 形容词后，表示进入新状态并且程度渐深

二、让学生观察例句，试着总结"起来"前动词和形容词的特点（意义类

别）。(10分钟)
(1) 王老师教我们唱汉语歌，我们跟着老师唱起来。
(2) 小孩子没找到妈妈，害怕地哭起来。
(3) 教室里正在上课，突然一个同学的手机响了起来。
(4) 我拿给他一个苹果，他接过苹果大口大口地吃起来。
(5) 我要出门的时候，外面下起雨来。
(6) 她给自己倒杯茶，就安静地看起书来。
(7) 他看到作文题目，就马上思考起来。
(8) 老师要告诉我们考试成绩了，我的心情紧张起来。
(9) 不愉快的时候，听听流行歌曲我的心情就愉快起来．
(10) 老师打开空调，教室里马上凉快起来。
(11) 下课了，走廊里突然热闹起来。
(12) 太阳出来了，天空一下子明亮起来。

老师跟学生一起分析，引导学生，得出结论：
(1) 王老师教我们唱汉语歌，我们跟着老师唱起来。
(2) 小孩子没找到妈妈，害怕地哭起来。　　　　　　｝跟声音有关
(3) 教室里正在上课，突然一个同学是手机响了起来。
(4) 我拿给他一个苹果，他接过苹果大口大口地吃起来。
(5) 我要出门的时候，外面下起雨来。　　　　　　　｝表示各种动作
(6) 她给自己倒杯茶，就安静地看起书来。
(7) 他看到作文题目，就马上思考起来。
(8) 老师要告诉我们考试成绩了，我的心情紧张起来。｝表示心理的
(9) 不愉快的时候，听听流行歌曲我的心情就愉快起来。
(10) 老师打开空调，教室里马上凉快起来。
(11) 下课了，走廊里顿时热闹起来。
(12) 上课了，走廊里又安静下来。　　　　　　　　｝一般是表示动态的、
(13) 太阳出来了，天空一下子明亮起来。　　　　　　 积极的形容词
(14) 太阳落山了，天色也慢慢暗下来了。

总结：动词一般为 { 1. 与声音有关的动词，如"哭、笑、唱歌、说"等。
　　　　　　　　　 2. 表示各种动作的动词，如"看、吃、打架"等。
　　　　　　　　　 3. 表示心理活动的词，如"思考、紧张"等。

形容词一般是表示动态的、积极的，如"热闹、凉快、明亮"等。

三、练习：用所给的词完成句子（10分钟）
(1) 老师刚离开教室，他俩就因为一件小事＿＿＿＿＿＿＿。（吵架）

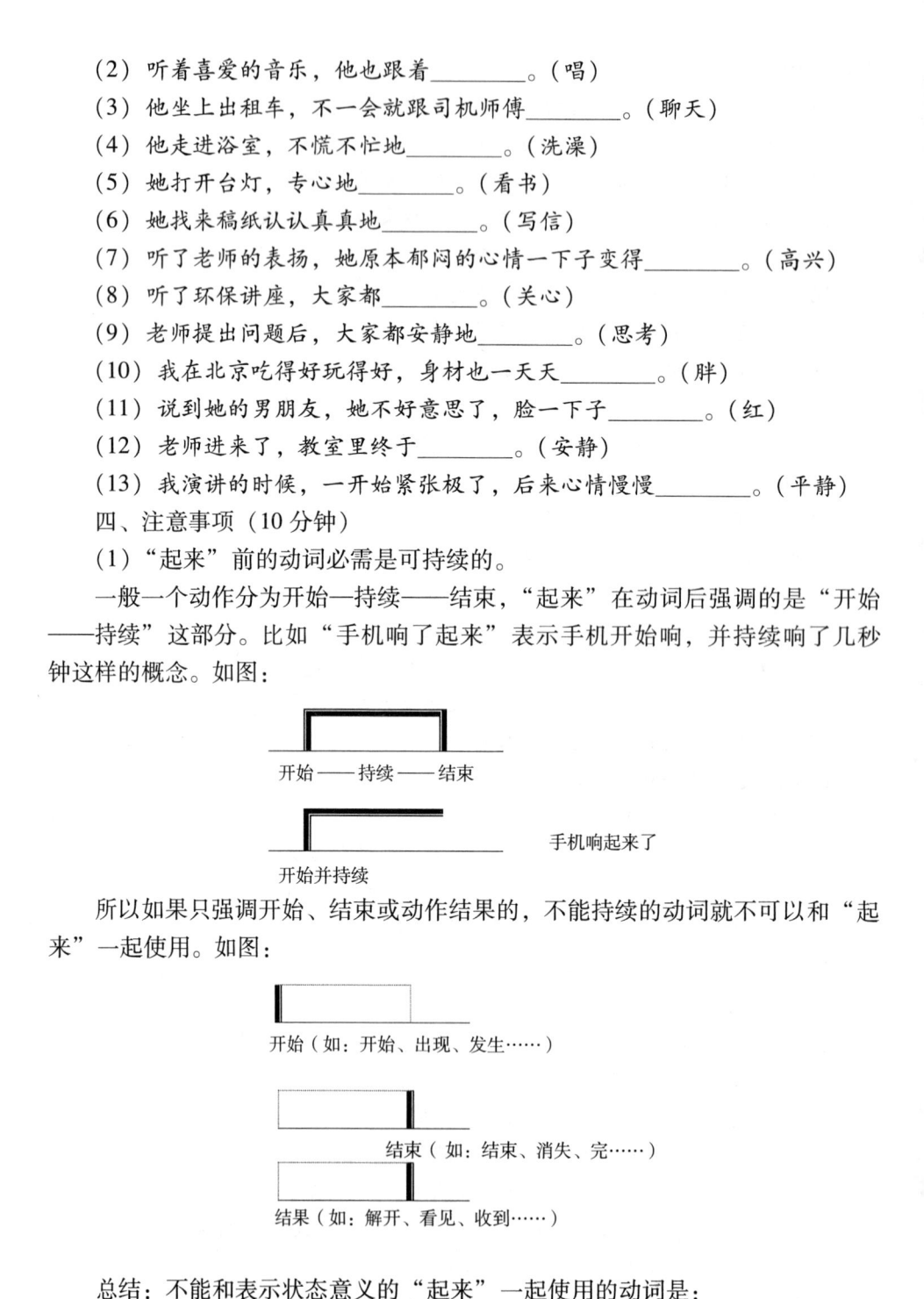

（2）听着喜爱的音乐，他也跟着_____。（唱）
（3）他坐上出租车，不一会就跟司机师傅_____。（聊天）
（4）他走进浴室，不慌不忙地_____。（洗澡）
（5）她打开台灯，专心地_____。（看书）
（6）她找来稿纸认认真真地_____。（写信）
（7）听了老师的表扬，她原本郁闷的心情一下子变得_____。（高兴）
（8）听了环保讲座，大家都_____。（关心）
（9）老师提出问题后，大家都安静地_____。（思考）
（10）我在北京吃得好玩得好，身材也一天天_____。（胖）
（11）说到她的男朋友，她不好意思了，脸一下子_____。（红）
（12）老师进来了，教室里终于_____。（安静）
（13）我演讲的时候，一开始紧张极了，后来心情慢慢_____。（平静）

四、注意事项（10分钟）

（1）"起来"前的动词必需是可持续的。

一般一个动作分为开始——持续——结束，"起来"在动词后强调的是"开始——持续"这部分。比如"手机响了起来"表示手机开始响，并持续响了几秒钟这样的概念。如图：

开始——持续——结束

开始并持续　　手机响起来了

所以如果只强调开始、结束或动作结果的，不能持续的动词就不可以和"起来"一起使用。如图：

开始（如：开始、出现、发生……）

结束（如：结束、消失、完……）

结果（如：解开、看见、收到……）

总结：不能和表示状态意义的"起来"一起使用的动词是：

A. 表示开始或结束的瞬间动词，如"开始、出现、死、灭、完、结束、停止"等。

B. 述补式的本身含有结果意义的动词，如"解开、变为、变成、断绝、办好、打通、看见、收到、遇到"等。

（2）形容词后的"起来"表示进入某种新状态且程度加深。

例（1）：教室里有点凉，老师把空调打开了，教室里慢慢暖和起来。

"暖和起来"表示从不暖和、冷的状态到开始暖和，并且越来越暖和。如图：

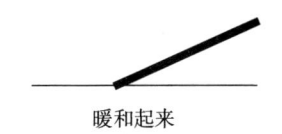

暖和起来

例（2）：昨天天气有点热，今天更热，天气真是越来越热了。

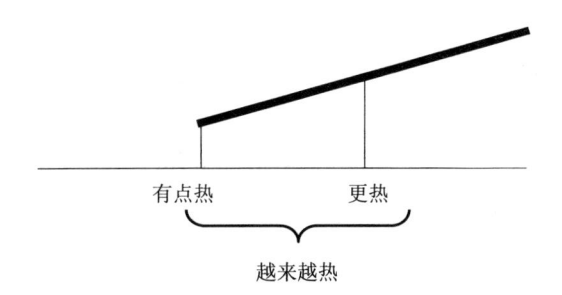

有点热　　更热

越来越热

"越来越"表示的是对已经具有的状态程度不断加深这种变化的描述。所以不能和"起来"一起使用。

例（3）：昨天气温20度，有点热；今天气温25度，更热。预报说明天比今天还热。

昨天 20 度，有点热

今天 25 度，更热

可以看到"有点、更、很"之类的程度副词是对状态的静态描写，就是说在某一时刻状态的程度深浅。"比"也是点对点、静态跟静态的比较。而"起来"表示的是一个新状态开始，并不断加深的这种动态变化的描写。所以它们不能同时使用。

总结：状态意义的"起来"：

A. 不能和表示已有状态程度加深的"越来越"一起出现。

B. 不能与描述静态的程度副词"有点、很"及表示比较的"比"等一起使用。

五、练习：用所给的词完成句子。（10分钟）

（1）听了阿明的笑话，我们忍不住_____。（笑）

（2）爸爸走得越来越远，渐渐地_____。（消失）

（3）早上8点，博物馆_____。（开放）

（4）刚开始学汉语时觉得汉语很简单，但是后来_____。（发觉）

（5）春天到了，天气渐渐_____。（暖和）

（6）清晨校园里特别宁静，直到快上课了，校园里的人才_____。（多）

（7）通过这次改革的成功，社会的发展_____。（越来越）

（8）越往山里走，空气也_____。（清新）

（9）随着社会的发展，人民的生活比以前_____。（好）

（10）据说在古代就有很多外国人来中国学习，现在来中国学习汉语的外国人_____。（多）

3. 写短文《那天》，要求写出至少5个"起来"表示状态意义的句子，300字左右。

（课下完成）

5.3.3 实验后测

一周后进行实验后测，测试试卷所涉及的语法点与实验前测基本吻合。测试结果如下：

表9 实验后测结果分布

A班	前测	后测正确率	B班	前测	后测正确率	C班	前测	后测正确率
1	0.4	0.8	14	0.8	1	29	0.4	0.5
2	0.5	0.9	15	0	0.6	30	0.1	0.3
3	0.3	0.8	16	0	0.7	31	0.4	0.5
4	0.2	0.7	17	0.4	0.8	32	0.5	0.7
5	0.4	0.7	18	0.2	0.7	33	0.7	0.8
6	0.8	1	19	0.4	0.8	34	0.4	0.6
7	0.3	0.7	20	0.5	0.9	35	0.3	0.6
8	0.4	0.8	21	0.6	0.9	36	0.5	0.7

A 班	前测	后测正确率	B 班	前测	后测正确率	C 班	前测	后测正确率
9	0.6	0.9	22	0.6	1	37	0.4	0.6
10	0.7	1	23	0.9	1	38	0.5	0.7
11	0.7	1	24	0.6	0.9	39	0.6	0.8
12	0.1	0.6	25	0.6	1	40	0.6	0.7
13	0.5	0.8	26	0.5	0.8	41	0.5	0.8
			27	0.6	0.9	42	0.4	0.6
			28	0.4	0.8	43	0.5	0.7

5.4 实验结论

我们将得到的前测和后测结果输入 SPSS，进行独立样本 T 检验，结果如下：

表 10　组统计量

	分组	N	均值	标准差	均值的标准误
前测正确率	1	28	.464	.2297	.0434
	2	15	.453	.1407	.0363
后测正确率	1	28	.843	.1230	.0232
	2	15	.640	.1352	.0349

表 11　独立样本检验

		方差方程的 Levene 检验		均值方程的 t 检验					差分的 95% 置信区间	
		F	Sig.	t	df	Sig.（双侧）	均值差值	标准误差值	下限	上限
前测正确率	假设方差相等	3.908	.055	.168	41	.867	.0110	.0652	−.1207	.1426
	假设方差不相等			.193	40.110	.848	.0110	.0566	−.1034	.1254
后测正确率	假设方差相等	.002	.967	4.980	41	.000	.2029	.0407	.1206	.2851
	假设方差不相等			4.836	26.467	.000	.2029	.0419	.1167	.2890

后测 sig（双尾）的值小于 .05，说明差异显著。

实验证明了我们的假设,即如果在中高级阶段对学生进行"起来"相关知识点的补充式教学,可以显著提高学生对相关知识点的掌握。

六 结语

本文基于"HSK 动态作文语料库"搜集了大量的外国留学生使用汉语趋向补语"起来"的语料,进行了较系统、较全面的分析,归纳出误加、误代、遗漏、错序、复杂偏误五种类型,并得出以下结论:

①五种类型的偏误顺序:误代 > 误加、复杂 > 错序 > 遗漏。

②偏误原因主要是母语负迁移、过度泛化、教材和教师教授的问题。尤其是教材编写在中高级阶段缺乏对趋向补语"起来"更复杂语法规则的讲解和补充。使学生缺乏对该知识点的系统了解,在使用时造成偏误。

我们根据"起来"所表达的意义将其分为:状态意义、结果意义、特殊用法和趋向意义,并从这四种用法的角度对"起来"的使用情况进行了对比分析。我们认为:

①外国学生对"起来"四种用法的使用量顺序:特殊用法 > 状态意义 > 结果意义 > 趋向意义。偏误顺序:状态意义 > 结果意义 > 趋向意义 > 特殊用法。

②外国学生对状态意义"起来"的使用量明显少于母语者,其偏误特点是:述宾结构和"起来"的语序问题;有些学生没有掌握哪些动词不能进入"V 起来"结构,如"消失、发觉"等;有些学生没有注意到形容词后的"起来"不能与某些状语一起出现,如"越来越、更"等。

③外国学生对结果意义"起来"的使用量和母语者基本相同,但偏误率较高,其偏误特点是:学生对链接聚合意义的动词使用率较高,偏误多是因为对近义词间的误代;学生对想、记意义的动词使用量明显多于母语者,偏误多出现在"想出来"与"想起来"的误代,"想"的宾语与"起来"的语序问题;趋向补语"下来"与"起来"结果意义误代等问题。

④外国学生对特殊用法"起来"的使用量明显多于母语者,并且偏误率相对较低。偏误多是因为对"起""来"与"起来"的差别,及对"NP + V + 起来 + AP/VP"这种句子格式和各部分的成分不甚清楚。

⑤外国学生对趋向意义"起来"的使用量远低于母语者,偏误率相对较低。缺乏对表示肢体动作的动词的使用。

根据学生对趋向补语"起来"的使用情况,我们在教材编写和教学方法上提出了相应的建议:教材语法内容的编写要从初级到高级螺旋式上升,加强中高级阶段语法点的补充和归纳；教学方法多样化，如用归纳法、图示法教学帮助学生更牢固、更直观地掌握语法点；教师要不断充实对汉语本体研究的知识，并注意收集学生的语言偏误，以便能够及时发现并预测学生的学习难点。

最后我们根据已得出的偏误原因猜测和教学建议进行了教学实验，最后证实了通过补充性教学，学生是可以较好地掌握趋向补语"起来"较复杂的语法点的。

附录1：实验前测题目

（所用题目原型均来自"HSK动态作文语料库"中学生的错句，有改动）

判断下列句子正误，错的句子要改正过来。请在错误的部分下划横线，并把改正过来的部分写下来。

1. 在现代，随着科技的发展，人们开始用农药起来了。
2. 我很讨厌音乐的声音太大，而有一天我的邻居把他家的音乐声放得很大，因此我跟邻居吵架起来。
3. 今天早晨，我在草坪坐了一会儿，鸟在我的背后唱歌起来，感觉非常特别。
4. 我很喜欢听流行歌曲，因为心情不愉快的时候，听流行歌曲我的心情就越来越愉快起来。
5. 我父亲只知道挣钱不爱惜自己的身体，母亲也只知道把钱放在银行里，经过二十年的努力我们家变得富裕。
6. 美丽的春天过去了，夏天将要来了，天气也越来越热起来了。
7. 心情不好的时候听听快乐的流行歌，这样我的心情慢慢地快乐了。
8. 记得有一次春节时，大家正在欢欢喜喜地过春节，我突然病发起来，不分人事，口吐白泡，急得父母亲抱我到离家三十公里的城市医生求医。
9. 春天到了，所有的花都开起来了。
10. 随着社会的发展，环境污染现象也越来越严重起来了。

附录2：实验后测题目

判断下列句子正误，错的句子要改正过来。请在错误的部分下划横线，并把改正过来的部分写下来。

1. 现在人们的经济条件好了，也讲究起来吃穿。
2. 两头羊站在桥中央，为谁该给谁让路吵架起来。
3. 在病房里，两个原本陌生的人很快就聊天起来。
4. 随着我的长大，妈妈给我的零用钱越来越多起来。
5. 我正在教室上课的时候，突然感觉有点不舒服起来，就向老师请假走了。
6. 秋天到了，树叶黄了，天气也越来越凉快起来。
7. 通过这次住院治疗，她的身体更健康起来。
8. 1914年第一次世界大战爆发起来。
9. 看了很多以前的照片之后，我心中的苦闷之情也渐渐地消失起来。
10. 有了妈妈的照顾，他变得越来越懒惰起来。

第九章 "得"标记重动句习得研究[①]

一 引言

1.1 研究对象

重动句是现代汉语中口语色彩较浓的一种常用句式。这种句式形式上的突出特点是，同一个动词重复出现两次，先出现的动词带有宾语，后出现的动词常常带有补语，可以将其形式化为 SV_1OV_2C。其中 S 表示主语，V 表示重复出现的同一动词或动词性语素[②]，V_1 表示原动词（重动句中的第一个动词），V_2 表示重动词（重动句中的第二个动词），O 表示原动词后的宾语，C 表示重动词后的补语。例如：

A. 你跑哪去了，<u>到处找你找不着</u>。

B. 没办法，<u>堵车堵得厉害</u>。

"根据重动句的构成特点，以补语为标记词，即第二个动词结构中连接动词与补语或宾语的标记词（'得''了''到'等）为标准的分类法，将重动句分为无标记重动句和有标记重动句两大类"（肖奚强，2009）。无标记重动句是指 V 和 C 之间没有任何连接词，两者直接结合，不需要媒介的重动句。如上面 A 例。有标记的重动句指 V 和 C 之间有"得""了""到"等标志性常用连接词作为媒介引入 V2 的补语的重动句。如上面 B 例。

本章研究带"得"字标记的有标记的重动句，形式化为"SVOV 得 C"。

[①] 本章依据北京语言大学 2009 级语言学及应用语言学专业硕士研究生杨艳的学位论文《基于"HSK 动态作文语料库"的重动句习得研究》加工整理。编者：张宝林。

[②] 杨玉玲（2004）认为，离合词形式的动词也大量进入重动句的事实又说明，重动句中的 V 不一定就是一个词，也可能只是一个语素。如"小兰考试考得如何？"

1.2 研究现状

重动句的本体研究涉及其名称、界定、分类、产生原因、功能、补语的语义指向、否定形式等诸多方面，对其历史渊源、句法、语义、语用、修辞等多个角度的研究已取得了丰硕成果，而在分类、功能、与其他句式的变换等问题上还存在不少分歧。主要表现为：研究过于笼统，缺乏针对不同类型重动句的微观的、分门别类的研究；重动句的分类不够严密；重动句的功能至今仍无统一的看法；重动句的使用条件目前还没有统一和容易掌握的标准，尤其对于必须使用重动句的条件以及可用可不用重动句的选择情况没有准确的结论。

重动句的习得研究成果目前还非常少，现有的研究主要集中在对外国汉语学习者（以下简称"二语者"）重动句习得过程中产生的偏误进行分类描写和原因解释，而缺少对偏误原因的实证研究；研究对象集中在二语者习得过程中产生的偏误句，而对其习得的正确句进行研究的则比较少，以致对二语者重动句的习得情况的考察不够全面；提出的教学建议同样缺乏详细的描写和教学实验的验证。而且研究使用的语料规模也不大，不能全面地考察出二语者重动句习得情况的全貌。

1.3 研究目的与思路

本章以中介语理论、三个平面的语法理论、构式语法理论为指导，采用偏误分析、对比分析等研究方法，在"HSK 动态作文语料库"的语料基础上，系统考察二语者在习得"得"标记重动句时的表现，包括习得了哪些，没有习得哪些，即融合偏误分析和对正确语言运用的分析，以期能更加全面地了解二语者习得重动句的真实情况，进而针对存在的问题，分析原因，制定相应的教学对策，从而为对外汉语中的重动句教学提供有益的参考。

二 "得"标记重动句习得现状考察

2.1 "得"标记重动句的偏误类型

2.1.1 总体偏误情况

我们首先在"HSK 动态作文语料库"（1.1 版）的字检索中输入"得"字进

行穷尽性检索,共得到二语者使用的含有"得"的句子18005句,在这18005句中进行人工筛取,排除"记得、认得、获得"等"得"为构词性成分的句子;排除"怪不得、恨不得、顾不得"等含有"得"字而非重动句的固定格式;排除"一举两得、'种瓜得瓜,种豆得豆'、报得三春晖"等含有"得"的成语、俗语和诗词句等;排除"得"发音为 děi 的句子;排除普通"得"字补语句①;排除重复出现的句子;排除含有"得"字但与重动句无关的句子,得到"得"字标记的重动句共 138 个(实际用例 146 个),对这些语料进行逐句分析和筛选后,其中正确句 64 个,偏误句 74 个(实际用例 82② 个),偏误率为 56.2%。另外,"标点、字层面的问题,不应影响对句子、结构层面的判断"(张宝林,2010),为了尽量保持语料原貌,我们只对错别字和个别标点(主要指原文中所使用的不规范标点符号)进行了修正。

关于上文括号中的实际用例问题说明如下。偏误统计的用例总数比原有的偏误例子总数略多,这是因为对一个句子中有两项偏误的情况,为了保证各分项统计的一致,采取了重复统计原则分别计数。例如:"我们学校,抓吸烟喝酒管的特别严。"这条语料有两处偏误,一是"V_1用词不当",另一个是"的"误代"得",统计时记为两句偏误。因此原始用例是 74 例,而统计到的用例是 82 例。

本文根据语料库中"得"标记重动句的具体偏误情况③,将其分为回避偏误、泛化偏误、内部偏误三大类。

2.1.2 回避偏误

回避偏误指该用"得"标记重动句,母语者一般会使用"得"标记重动句而二语者未使用"得"标记重动句的中介语现象。这样的偏误共有 35 例,占所有偏误的 42.7%。

回避偏误可分为四类:有关"得"的偏误;动词的偏误;补语的偏误;误用其他结构。每类又可细分为若干小类。

2.1.2.1 有关"得"字的偏误

这种偏误共有 10 例,占回避偏误的 28.6%,包括遗漏和误代两种情况。前者指应该用"得"字而未用,即"得"字缺失的重动句,共有 2 例,占"得"

---

① 之所以称其为"普通"的"得"字补语句,是因为"得"标记重动句本来也可算作"得"字补语句中的一个小类,但因为"得"前句子的构成方式不同,即重动结构的出现,使得两者既有相包含、交叉的关系,又有比较明显的差异。为了分析之便,本文将不包含重动结构的"得"字补语句称为"普通'得'字补语句",使两者有所区别。
② 如无特别标明,下文的统计以 82 为总数。
③ 主要根据语法知识和语感来辨识偏误。

字偏误的 20%。后者指句子中应该用"得"而误用"的"代替，共有 8 例，占"得"字偏误的 80%。

(1) 他们生了很多次气，因为我回家回（　）很晚。
(2) 第一、二天我都很开心，说话也说（　）很多。
(3) 当然他说汉语说的也很不错，了解中国各方面的情况。
(4) 一个人担任某一件事情时，每个人都有责任感，所以做什么都做的好。

上述例句中，例（1）（2）是遗漏偏误，只要在 V2 后加"得"字，句子就变得合法准确。例（3）（4）是误代偏误，把"的"改为"得"，就是正确的句子。

2.1.2.2　动词的偏误

指重动句中动词使用方面的偏误，包括原动词 V1 和重动词 V2 的偏误。这样的偏误共有 19 个，占回避偏误的 54.3%。

A. 原动词 V1 的偏误

(5) 要不，我不能（　）骑马学得那么快！
(6) 我爷爷是一个吸烟者，他（　）抽得很厉害了，[①] 至少一天抽一盒。
(7) 我们学校，抓吸烟喝酒管的特别严。

例（5）（6）是缺 V_1 的偏误，即句中缺少原动词 V_1，加上 V_1 "学""抽烟"后，句子就完整了。这种偏误共有 2 例，占动词偏误的 10.5%。例（7）是 V1 使用不当，"抓"应改为"管"，和后面的"管"字呼应，形成完整的重动结构，准确地表达语义（该句的另一个偏误是"的"误代"得"）。[②] 这样的偏误只有 1 例，占动词偏误的 5.3%。

B. 重动词 V2 的偏误

指缺少重动词 V2 的偏误。

(8) 不久前韩国有一位明星因抽烟（　）得太多而得病死了，从此以后人民开始禁烟活动。
(9) 近来妈妈的身体不太好，可是我每天回家（　）得太晚了。
(10) 不仅动脑（　）得很快，而且轻轻松松地就能背下来很多单词。

以上例句都缺少重动词 V2。例（8）（9）重复 V_1 "抽""回"，例（10）加"动"，句子就完整，表达准确。这样的偏误共有 16 例，占动词偏误的 84.2%。

[①] 按照前文所述，我们在此采取重复计数原则分别计算偏误数量。该例中本来有两个偏误，我们在此只谈"缺 V1"这一个偏误，另一个偏误在补语的偏误中另计一例。

[②] 本句也可改"管"为"抓"，即把偏误原归为 V2 使用有误。为了避免重复，本文在此只计一种改法。

2.1.2.3 补语的偏误

指补语用词不当或补语中含有冗余成分。

（11）如果有人一边走一边抽烟，他就会被罚款（罚）得很<u>严格</u>。①

（12）我爷爷是一个吸烟者，他（抽烟）抽得很厉害<u>了</u>，至少一天抽一盒。

例（11）的"严格"应改为"严厉"或"重"，系补语用词不当；例（12）"了"是冗余成分，去掉"了"才是通顺的句子。这类偏误共有 3 例，占回避偏误的 8.5%。

2.1.2.4 误用其他结构

指应该用带"得"字标记的重动句而误用了其他的结构形式。这类偏误共有 3 例，占回避偏误的 8.6%。

（13）有一位女老师<u>讲得很清楚</u>，而且漂亮。

（14）听说，去年我在外国工作时，妈妈每天担心我，有时<u>想念着我流泪啊</u>！

（15）前几天，我<u>回家回到很晚</u>。

例（13）本该用"得"字标记重动句却误用了普通"得"字补语句，即该用"V O V 得 C"结构而用了"V 得 C"结构，② 结果没有表明"讲什么""讲得清楚"。而用"V O V 得 C"结构说成"讲话讲得很清楚"，意思就十分明白。例（14）误用连动结构，应用"V O V 得 C"结构改为"有时想我想得流泪啊"。例（15）误用由"到"构成的重动句。"V 到 + 时间名词"表示动作持续到什么时间，比如"等到明年寒假我再来看你"，"大雨下到昨天才停止"。而例（15）的语境所要表达的不是动作时间的持续，而是一种结果，把"到"改为"得"才符合表达的需要。③

2.1.3 泛化偏误

泛化偏误指在不该用"得"字标记重动句、母语者一般不会使用"得"字标记重动句的情况下，二语者使用了"得"字标记重动句的中介语现象。这样的偏误共有 21 例，占所有偏误的 25.6%。根据误用结构的不同，可将该类偏误分为四类：普通"得"字补语句误用为重动句；"把"字句误用为重动句；"了"

---

① 作为回避偏误，该例中本来有两个偏误，除补语偏误外，重动词 V2 也缺失。为理解和分析之便，本文在此把残缺的部分也补出来了，即括号内的部分。下同。

② 根据前人的研究，重动句具有一定的选择性和强制性。该句属于选择性重动句，即可以选用重动句，也可以不选用重动句来表达，改为"有一位女老师话讲得很清楚"。本文只从形式上进行判断，以选用重动句的情况来进行分析和修改。

③ 该句也可能是误代的问题。由于"到"和"得"一样，也是常用有标记重动句的一种重要标记，为避免重复，本文在此暂把其归为有标记重动句的偏误来计。

标记重动句误用为"得"标记重动句；主谓谓语句误用为重动句。

2.1.3.1 普通"得"字补语句误用为"得"标记重动句

此类偏误指应该使用普通"得"字补语句而误用"得"标记重动句的偏误。该类偏误共有11例，占泛化偏误的52.4%。例如：

(16) 我本来想学经济学，不过<u>考高考考得不太理想</u>，结果只能在一个普通水平的大学里读不太感兴趣的专业。

(17) 在韩国他本身有老家的朋友，所以他<u>过日子过得还可以</u>。

(18) 上小学、初中时，我<u>过假期过得很轻松</u>。

例(16)"考高考"搭配不当。"高考"是"高等学校招收新生的考试"，是一个具有特定意义的名词，其施受关系已经相当明确，不需要再进行动宾关系的搭配表达。例(17)(18)中，"过+时间名词"表示某段时间度过得如何时，需把时间名词提前，用普通"得"字补语句的形式"时间名词+过+得+补语"表达语义。此外，可以说"过日子""过春节"，但不能说"过假期""过青春期"。而要评价"日子""春节""假期""青春期"度过得怎么样时，却都可以而且必须使用"时间名词+过+得+补语"的形式。上述例句正确的说法为：

(16′) 我<u>高考考得不太理想</u>，结果只能在一个普通水平的大学里读不太感兴趣的专业。

(17′) 在韩国他本身有老家的朋友，所以他<u>日子过得还可以</u>。

(18′) 上小学、初中时，我<u>假期过得很轻松</u>。

2.1.3.2 "把"字句误用为重动句

此类偏误指应该使用"把"字句而误用"得"字标记重动句的偏误。此类偏误只有1例，占泛化偏误的4.8%。例如：

(19) 为了<u>说英语说得更好</u>，我以后又到美国去了。

此例表示说话人对"英语"的一种主观处置，这恰好是"把"字句的语用功能，因此应该使用"把"字句。

2.1.3.3 "了"标记重动句误用为"得"标记重动句

此类偏误指应该使用"了"标记的重动句而误用"得"字标记的重动句的偏误。共有4例，占泛化偏误的19.0%。例如：

(20) 即使他们<u>吸烟吸得很久</u>，危害了自己的健康，会得癌症、心脏病等疾病，我们又有什么理由令他戒烟呢？

(21) 好多人<u>抽烟抽得很久</u>，得了许多病。

例(20)和(21)的动词"吸""抽"后面都是表示时量的词语"很久"，要说明动作"吸"和"抽"发生后持续的时间，而并非对动作状态作描写或者评价，故应在"吸"和"抽"之后用"了"，而非"得"。

2.1.3.4 主谓谓语句误用为重动句

此类偏误指应用主谓谓语句而误用"得"标记重动句的偏误。共有5例，占泛化偏误的23.8%。例如：

（22）我在中国学习学得非常好。

（23）父母希望子女学习学得好，身体健康，有礼貌等，让孩子十全十美。

（24）在我们的生活周围多处可见这样的现象，变化变得比以前快，未来还会更快。

上述例句都是要述说主语某一方面的情况，应分别以主谓短语"学习非常好"、"学习好"，以及以"变化"为主语的"比"字句来表达。如果仅从结构上考虑，例（23）（24）也可改为"我在中国学习得非常好""父母希望子女学习得好"，但联系例（23）后面的"身体健康，有礼貌"来看，句式应该一致，故应用主谓谓语句。例（22）也可改为"我在中国学习汉语学得非常好"但结合上下文，学习者要表达的是各科学习的总体情况"好"，"好"的对象是泛指而非特指，故用主谓谓语句更符合语义表达的需要。

2.1.4 内部偏误

内部偏误指该用带"得"字标记重动句，二语者也使用了，但结构中存在种种错误。这样的偏误共有26例，占所有偏误的31.7%。可分为五类：动词的偏误；宾语的偏误；补语的偏误；重动句否定式的偏误，有不当成分。

2.1.4.1 动词的偏误

指重动结构中原动词V1和重动词V2的使用有偏误，这种偏误共有6例，占内部偏误的23.1%。例如：

（25）有些人又担心把这些唱流行歌曲的歌星看成偶像，崇拜他拜得太过火了。

（26）我觉得我的汉语拼音、发音并不算很准，所以也会出一些问题，比如发音说得不太准，拼音如果不注意的话也会出错。

（27）我觉得在中国，开车的打喇叭得有点儿过头了，真令人讨厌。

例（25）（26）都是V2偏误，例（25）系重动词V2对双音节原动词V1的重复不完整。例（26）重动词V2未重复原动词V1，而是误用了另一个动词。这样的偏误共有4例，占动词偏误的66.7%。例（27）是重动句结构"VOV得C"内部的"VO"动宾搭配不当的偏误。在表示行为动作时，"打"呈现出的是"用手或器皿撞击物体"的状态，而"按"则是"用手或指头压"的状态（《现代汉语词典》第五版）。表示"使喇叭响"的语义，不能用"打"的状态，而应用"按"的状态。因此，动词"打"的误用导致了动宾搭配"打喇叭"的不当。

此类偏误共 2 例，占动词偏误的 33.3%。

2.1.4.2 宾语的偏误

指重动结构"VOV 得 C"中宾语 O 用词不当，这种偏误共有 2 例，占内部偏误的 7.7%。

(28) 因为如果我们使用世界愿测使用得太多，结果会跟这个故事一样。

(29) 我住医院住得很久的时候，我伯父和爸爸讨论给他安乐死的事情。

根据上下文语境可知，例（28）谈的是"资源"问题，"愿测"是生造词，因而用词不当。例（29）因用词不当导致表意不明。汉语里"住院"具有特定含义，专指生病住进医院，意思非常明确。而"住医院"反而可能产生歧义。

2.1.4.3 补语的偏误

指重动结构"VOV 得 C"中补语 C 的使用存在偏误，包括用词不当和成分冗余或残缺。这种偏误共有 13 例，占内部偏误的 57.7%。例如：

(30) 我睡觉睡得很深的时候，电话铃突然吵醒我。

(31) 我喜欢帮助别人，这使我在我以前工作的公司升职升得那么快。

(32) 我比那两个和尚挑水挑得机会多。

(33) 因为吸烟的人戒烟以后吃零食吃得多起来（ ）。

例（30）（31）系补语 C 用词不当的偏误。"深"和"沉"是近义词，但表示熟睡的程度应用"沉"，"深"则表示"从上到下或从里到外"的空间上的距离大，不合句意。根据上下文可知，例（31）强调的是升职的速度快，应用"很""非常"等绝对程度副词，而不能用表示描述义的指示代词"那么"。这种偏误共有 6 例，占补语偏误的 46.2%。

例（32）（33）属成分冗余和成分残缺偏误。例（32）补语 C 中有冗余成分"机会"；例（33）表示情况出现变化，补语 C 中缺少表示变化的动态助词"了"。这样的偏误共有 7 例，占补语偏误的 53.8%。

2.1.4.4 重动句否定式的错误

指"得"标记重动句否定形式的偏误。只有 1 例，占内部偏误的 3.8%。

(34) 虽然上了三年级，但不太会说话说得流利。

"得"标记重动句的否定形式，否定词及其连带成分应置于"得"和补语 C 之间，此例却错误地放在了原动词 V₁"说话"之前。

2.1.4.5 宾语和重动词之间有不当成分

指重动结构"VOV 得 C"的宾语 O 和重动词 V₂ 之间插入了不当成分而导致的偏误。该类偏误共有 2 例，占内部偏误的 7.7%。例如：

(35) 考完试，当那位警察向我递给我新获得的证书——驾车证的时候，他还莞尔一笑，说我开车时开得勇敢。

(36) 他开车的时候行为很差,在十字路口时,为了快一点到达目的地而闯红色的交通灯,他开车时又开得太快,真是很危险。

两例的 O 和 V_2 之间插入了不当成分"时",改变了重动句的基本结构,使"开车时"变成了状语,造成重动结构"VOV 得 C"的原动词 V_1 及其后的宾语 O 缺失。删去"时"就是正确的句子。

2.2 "得"标记重动句偏误数据统计

2.2.1 偏误类型小结

本节将"HSK 动态作文语料库"(1.1 版)中的所有带"得"字标记重动句的各种类型的偏误总结为表1。

表1 "得"标记重动句偏误类型表

一级偏误	二级偏误	三级偏误	数量	比例
回避偏误	有关"得"字的偏误	遗漏"得"	2	20%
		"的"误代"得"	8	80%
	小　计		10	28.6%
	动词的偏误	缺 V_1	2	10.5%
		V_1 使用有误	1	5.3%
		缺 V_2	16	84.2%
	小　计		19	54.3%
	误用其他结构	误用普通"得"字补语句	1	33.3%
		误用 VOC 结构	1	33.3%
		误用其他重动句	1	33.3%
	小　计		3	8.6%
	补语的偏误		3	8.5%
合　计			35	42.7%
泛化偏误		应使用普通"得"字补语句	11	52.4%
		应使用把字句	1	4.8%
		应使用"了"标记的重动句	4	18.6%
		不必使用重动句	5	23.8%
合　计			21	25.6%

续表

一级偏误	二级偏误	三级偏误	数量	比例
内部偏误	动词的偏误	V₂重动偏误	4	66.7%
		动词用词不当	2	33.3%
	小计		6	23.1%
	宾语的偏误	——	2	7.7%
	补语的偏误	词语使用有误	6	46.2%
		C中成分偏误	7	53.8%
	小计		13	57.7%
	VOV得C否定式的错误	——	1	33.3%
	O和V₂之间有不当成分	——	2	66.7%
合计			26	31.7%

由表1可见，二语者在习得"得"标记重动句时，回避偏误的比例最高，占偏误总数的42.7%；其次是内部偏误，占偏误总数的31.7%；泛化偏误的比率最低，占偏误总数的25.6%。各种偏误率的高低依次是：回避偏误＞内部偏误＞泛化偏误。

在回避偏误中，关于动词的偏误比较严重，占该类偏误的54.3%。在内部偏误中，补语的偏误最多，占57.7%，其次是动词的偏误，占23.1%。在泛化偏误中，将普通"得"字补语句和"得"标记重动句混淆导致的偏误最多，占52.4%。

2.2.2　不同汉语水平二语者对"得"标记重动句的习得情况

HSK高等考试的证书级别分为A、B、C三级，分别对应汉语水平的十一级、十级、九级，未获得证书的是未达标的考生。下面按照A、B、C、D四个等级来考察各级别考生对"得"标记重动句的习得情况。D级为未获得证书的考生。结果如下面表2。

表2　不同等级考生"得"标记重动句习得情况

证书级别	偏误句	正确句	总句数	偏误率	正确率
A级	0	4	4	0%	100%
B级	3	4	7	42.9%	57.1%
C级	28	27	55	51.9%	48.1%
D级	43	29	72	59.7%	40.3%
总计	74	64	138	——	

表2显示：偏误率由高到低为：D级＞C级＞B级＞A级；正确率由高到低为：A级＞B级＞C级＞D级。即获得高等级证书的考生的偏误率低，正确率高；获得低等级证书和未获得证书的考生偏误率高，正确率低。这表明二语者习得"得"标记重动句的能力是与其汉语水平成正比的。

2.3 "得"标记重动句正确句和偏误句的对比分析

要想对二语者"得"标记重动句的习得情况有更客观、更准确的了解，就要对"得"标记重动句进行尽可能全面的考察，不但要关注该句式的偏误情况，还要关注其使用正确的重动句。下面我们做一个整体的考察。

我们从138个"得"标记重动句中，整理出正确句64句，在"得"标记重动句总数中所占比例为46.4%。又将64个正确句按照"得"标记重动句的八种类型[①]对全部正确和偏误语料进行分析、统计："得"标记重动句八种类型正确句情况统计详见下面表3；"得"标记重动句八种类型偏误句情况统计详见表4；八种类型正确句和偏误句对比详见表5。

表3 "得"标记重动句八种类型正确句情况统计

结构类型	例句	数量	所占比例
A类	现在我讲英语讲得比较流利。	47	73.4%
B类	下星期有父母节，可是那天我起床起得晚。	10	15.6%
C类	那时我和二姐玩捉迷藏玩得兴起，便生出一个怪念头。	1	1.6%
D类	还有想念家人想得控制不住哭泣。	1	1.6%
E类	读小学的时候，我用意大利语写作文写得不好、不连贯。	2	3.1%
F类	他做事情做得慢条斯理，绝对不着急。	2	3.1%
G类	而且国家把香烟的价格提高了，让老百姓吸烟吸得少一点儿。	2	3.1%
H类	——	0	0%
合计	——	64	共101.5%

[①] 本文结合前人的研究成果，按照"得"后补语的结构特点，将"得"标记重动句分为八种结构类型，即：偏正短语、形容词或形容词的重叠式、主谓短语、述宾短语、联合短语、固定短语、述补短语、副词性词语。为表述方便，在下面列表中分别用A~H八个字母依次代表这八种类型的"得"标记重动句。

表4 "得"标记重动句八种类型偏误句情况统计

结构类型	A类	B类	C类	D类	E类	F类	G类	H类	合计
数量	55	11	3	1	1	1	1	1	74
在全部偏误句中的比例	74.3%	14.9%	4.1%	1.4%	1.4%	1.4%	1.4%	1.4%	100.3%

表5 八种类型正确句和偏误句对比表

结构类型	正确句	在全部语料中所占比例	偏误句	在全部语料中所占比例	单类结构使用总数（正确句+偏误句）	单类结构在全部语料中的使用率
A类	47	34.1%	55	39.9%	102	74%
B类	10	7.2%	11	8.0%	21	15.2%
C类	1	0.7%	3	2.2%	4	2.9%
D类	1	0.7%	1	0.7%	2	1.4%
E类	2	1.4%	1	0.7%	3	2.1%
F类	2	1.4%	1	0.7%	3	2.1%
G类	2	1.4%	1	0.7%	3	2.1%
H类	0	0%	1	0.7%	1	0.7%
合计	64	46.9%	74	53.6%	138	100.5%

从表中可见：（1）八类结构的使用率和正确率、偏误率基本是成正比的，即：使用率高的结构，正确率和偏误率也高；使用率低的结构，正确率和偏误率也低。使用率、正确率和偏误率都高的集中在A、B两类。（2）如果只观察偏误率，那么C、D、E、F、G、H类结构的偏误率都非常低，这可能会造成一种假象——二语者对这几类结构掌握得很好。然而考察使用率后即可发现，这六类结构的使用率本来就非常低甚至没有使用，因此这种低偏误率并没有什么实际意义。（3）A、B两类结构的高使用率、高偏误率、高正确率表明，二语者在使用"得"标记重动句时，大多选用偏正短语、形容词或形容词的重叠式做"得"后补语。为了更直观地观察这个情况，把138个"得"标记重动句的"得"后补语列为表6。

表6 "得"后补语总表①

结构类型	"得"后补语
A类	很好、很久、很晚、很多、很少、很快、很差、很忙、很早、很严、很累、很香、很深、很厉害、很清楚、很严格、很整齐、很流利、很愉快、很不好、很标准、很走调、很快乐、很轻松、很有道理、很不如意、很有意思、非常多、非常好、非常认真、非常周到、非常轻松、非常难受、比较少、比较晚、比较厉害、比较流利、太快、太多、太死、太厉害、太晚了、太过分、太过火了、不好、不够、不太好、不太准、不太理想、不要过分、特别好、特别多、特别、更好、更快、更方便、更流利一些、较少、还可以、那么快、并不多、比以前快、和平时一样、有点儿过头了、比男学生还好、越来越少了
B类	晚、乱、快、差、少、好、多（了）、流利、认真、勇敢、出色、厉害、不错、好不好、不好不连贯、越早越好、越多越好
C～H类	慢条斯理、没完没了、横冲直撞、兴起、机会多、粒米不剩、什么都不够、多起来、开心些、少一点儿、流泪、控制不住哭

从表6来看，全部语料中出现的"得"后补语大多简单而相似（尤其是偏正结构），造成简单重复的句式较多。这表明学习者对重动句有一定程度的习得，但习得深度不够，对重动句的应用范围还非常狭窄。

2.4 汉语母语者使用"得"标记重动句的考察

为了对二语者"得"标记重动句的习得情况作出更加客观、全面、准确的评价，我们也对母语者使用该句式的情况进行了考察。在北京大学CCL语料库的检索栏中输入"得"字，选择"现代汉语"模式进行检索，共显示语料数为636428条。由于该语料库的使用限制，能利用的语料只有5000条。在这5000条语料中，筛选符合本章研究范围的语料，只有含"得"标记重动句的语料6条，其出现频率为0.12%。而用同样方法进行检索，在"HSK动态作文语料库"的18005句带"得"语料中有138条"得"标记重动句，其出现频率为0.77%。二语者的使用率为母语者的6.42倍。

由此看来，二语者对"得"标记重动句的使用率远远高于母语者。尽管这138个用例的分布很不平衡——绝大部分用于A、B两种结构，其正确率也不高——不到50%，但从中仍可看出重动句在二语者的言语交际中发挥着重要作用，

---

① 语料中出现了很多相同的"得"后补语，如"很久""很晚""太多""好""不好""不太好"等等。为避免重复，下表中只分别列出一个。

他们在一定程度上具有使用重动句进行表达的偏好。

三 偏误原因探析

3.1 学习者的原因

相关研究在分析偏误原因时，大都将偏误的来源归结为母语的负迁移、目的语规则泛化、语言训练造成的转移、学习者的学习策略和交际策略、教学过程中讲解和训练的失误。我们认为，造成"得"标记重动句偏误的原因是多方面的，但从学习者的角度来看，最重要的原因是学习者的目的语知识不足。

第二语言学习是一个循序渐进的过程，在这个过程中，学习者不断学习新知识，复习、巩固旧知识，从而逐渐习得第二语言。在此过程中，由于对目的语知识掌握不足，常常会出现一些偏误。

①词汇知识学得不扎实，对貌似相似的词的意义、用法分辨不清，因此造成重动结构中动词、宾语和补语用词不当。例如"打喇叭打得有点儿过头了"，"睡觉睡得很深"。在表示行为动作时，"打"呈现出的是"用手或器皿撞击物体"的状态，而"按"则是"用手或指头压"的状态，因此用"打"不恰当，用"按"才形象准确；"深"和"沉"是近义词，但在表示熟睡的程度时应用"沉"，"深"则表示"从上到下或从里到外"的空间上的距离大。

②动态助词的用法掌握不牢。比如语气助词"了"用于句尾，表示情况的变化。二语者对此缺乏了解，导致"得"标记重动句的补语中出现了"了"冗余或者残缺的偏误。如"我爷爷是一个吸烟者，他抽烟抽得很厉害了"，"因为吸烟的人戒烟以后吃零食吃得多起来（　）"，前句只是说明一般情况，并无变化，故应去掉"了"；后句恰恰是发生了变化，故应加上"了"。

③不同特殊句式之间的区别不能分辨。汉语中有一些特殊句式和结构在其他语言中是没有的，其本身也确实比较复杂，二语者比较难以掌握，因而造成混淆。例如"到""了"标记的重动句、普通补语句、"把"字句等：

（37）好多人抽烟抽得很久，得了许多病。（应为"了"标记重动句：抽烟抽了很久）

（38）前几天，我回家回到很晚。（应为"得"标记重动句：回家回得很晚）

（39）为了说英语说得更好，我以后又到美国去了。（应为"把"字句：为了把英语说得更好）

（40）我在中国学习<u>学</u>得非常好。（应为普通补语句：学习非常好）

④对"得"标记重动句的句式结构和语义缺乏深入了解。例如：

（41）不久前韩国有一位明星因抽烟（　　）得太多而得病死了，从此以后人民开始禁烟活动。

（42）近来妈妈的身体不太好，可是我每天回家（　　）得太晚了。

从结构上看，上面两句是"得"标记重动句的结构（SVOV得C）误用了普通"得"字补语句的结构（SV得C）。然而，这两个句子确实可用其他的表达方式，例如可以改为"烟抽得太多""回家太晚了"。这就涉及到重动句使用的选择性和强制性的问题。

最早提出这一问题的是李讷和石毓智（1997）。他们指出，"动词拷贝结构"（即重动句）的使用有时是选择性的，有时则是强制性的，主要取决于宾语或补语的特征。其一，选择性重动句。要实现动词与宾语和补语的共现，一般有重动句、把字句、被字句等句式可以选择。有时，动词与所带宾语和补语的共现可以通过多种句式实现。如：治病治好了。→A. 治好了病。B. 把病治好了。C.（她的）病（被）治好了。此时重动句是一种可供选择的表达方式，是动词同时引进宾语和补语的形式之一，这种重动句即选择性重动句，其显著特征是补语的语义指向是指向宾语的。其二，强制性重动句。有时，由于语义和句法的限制，只能用重动句来实现动词与宾语和补语的共现，而不能选择其他表达方式。如：他吃桃子吃饱了。→＊A. 他把桃子吃饱了。＊B. 桃子被他吃饱了。这些句子中的补语与宾语无直接的语义联系，不具备转换的基本条件，即补语在语义上指向宾语以外的其他成分，使得变换成"把"字句后，"把"字后的宾语、"被"字前的主语和补语都没有关涉性。因此补语的语义指向是造成这类重动句缺乏变换形式的主要原因。此时若要表达相同的语义，实现动词、宾语、补语的共现，重动句是唯一的表达句式，这类重动句即强制性重动句（李纯，2009）。

尽管例（41）（42）可以使用其他句式（话题结构、VOC式）表达相近的意思，但语气较为平缓，不能恰如其分地呈现出"多""晚"的程度和"超常性"，而用重动句就更能突出强调动作行为的这种"超常性"，这是由重动句特殊的语义、语用功能决定的。这两句看似"非强制性"的重动句，使用重动句的表达效果是最佳的。故本文仍把这样的句子视为普通"得"字补语句和"得"标记重动句混用的偏误。

3.2 教学上的原因

3.2.1 大纲方面

我们考察了几部对外汉语教学大纲，包括《中高级对外汉语教学等级大纲》、《对外汉语教学初级阶段教学大纲》、《汉语水平等级标准与语法等级大纲》、《高等学校外国留学生汉语教学大纲》（长期进修）、《高等学校外国学生汉语言专业教学大纲》，发现均未提及重动句概念，长期进修大纲甚至没有重动句的例句。在《对外汉语教学初级阶段教学大纲》和《高等学校外国学生汉语言专业教学大纲》中，重动句都没有作为独立的语法点单独列出，只是在"补语"语法项目下出现了重动句的例句。在《中高级对外汉语教学等级大纲·高级教学语法基本纲》中"用'得'联系的动词带宾语的状态补语"一节中列举了"他们挖草挖得草场上出现了一个又一个的坑洞"，没有作其他说明。在《汉语水平等级标准与语法等级大纲》中，也只是作为时量补语和情态补语的例句出现在乙级和丙级语法大纲中。

由此看来，对外汉语教学大纲虽未提到重动句概念，但对这个语言现象是有所涉及的。存在的问题是，重动句多达八类，教学中涉及的只是含有程度补语、时量补语、状态补语的简单的重动句，更多类型的、实际使用频率较高的重动句并没有进入教学。可见，重动句教学尚未得到足够的重视。

重动句作为一种口语性很强的句式，能用较为简单的形式表达较大的信息量，具有很大的使用价值。大纲对重动句的忽视，使得重动句教学缺乏全面而成体系的，由易到难、循序渐进、反复强化的过程。这是"得"标记重动句习得效果不理想的一个重要原因。

3.2.2 教材方面

教材对二语者的习得情况具有十分重要的直接影响，好的教材可以促进习得，而教材编写的失误则会导致偏误的产生。教材编写的失误主要表现为：

第一，教材对语法点的设置、编排不够全面，重动句还没有作为一个独立的语法点进入对外汉语教材。其突出表现之一就是，至今还没有一部教材旗帜鲜明地把重动句作为一个独立句式类型进行教学，有的即使提到也只是作为补语的一种。这当然不利于学习者对"得"标记重动句，乃至其他相关句式——例如普通"得"字补语句的习得。

第二，有些对外汉语教材把重动句作为补语的一部分有所涉及，但对其具体的句法、语义、语用规则的解释往往语焉不详、零散或不成系统。

我们详细考察了《汉语会话301句》（康玉华等，1990）、《速成汉语初级教程》综合课本（郭志良，1996）、《汉语教程》（杨寄洲主编，1999）、《博雅汉语》（李晓琪主编，2005）、《实用现代汉语语法》（增订本，刘月华等，2001）、《汉语语法教程》（孙德金，2002）、《现代汉语实用语法分析》（朱庆明，2005）、《汉语教学参考语法》（张宝林，2006）等八部教材，发现不同程度地存在上述两大问题。例如《汉语教程》第一册第29课状态补语中讲到，"当状态补语句中的动词的宾语也出现时，就重复使用动词。"同时说明，也可省略第一个动词变成主谓谓语句。至于变与不变有什么区别？在什么情况下可以变？什么情况下必须变？什么情况下不能变？均未说明。

相比之下，"把"字句、"被"字句、主谓谓语句等重动句的几种相关句式在教材和大纲中均得到较大重视，特点是成体系、有顺序地在教材和大纲中呈现和重现，有助于学习者学习新知识、回顾旧知识，进而对这种句式形成整体、系统的了解和掌握，目前大纲和教材对重动句的编排所欠缺的正是这一点。这对教师的教和学习者的学都十分不利。

3.2.3 课堂教学方面

课堂教学应以教师为主导、以学生为主体。可见，教师在教学过程中的引导直接关系着学生的学习效果。

由于目前的对外汉语教学大纲和教材都对重动句缺乏足够的重视，教师在讲课时难免疏于重动句的讲解和练习，从而直接影响到重动句的教学效果。比如，教师如果只注意到以补语形式体现的"得"标记重动句的形式教学，而忽视了语义和语用教学，就会导致学习者造出一些形式上正确，但语义和语用上错误的句子，"过日子过得很快乐"、"过假日过得和平时一样"之类的句子就是明证。如果只重视普通"得"字补语句的教学，而忽视了特殊"得"字补语句（即重动句）的讲授，同样会导致学习者掌握不好"得"标记重动句，甚至学不好普通"得"字补语句。从前面的偏误分析也可以发现，学习者的不少偏误并不是因为没有掌握"得"标记重动句的基本结构，而是由于不知道什么时候应该用"得"标记重动句，什么时候应该用普通的"得"字补语句。这种情况值得深思。

从上文2.3表6的情况看，我们考察的语料中出现的"得"后补语大多简单而相似（尤其是偏正结构），造成简单重复的句式较多。有证据表明，这和句型的机械模仿密切相关。例如在全部64个"得"标记重动句的正确用例中，共有12例与"抽（吸）烟抽（吸）得"类似，9例与"说汉语说得很流利"类似，8例与"考试考得不好"类似。这说明学习者在学习过程中较多地接触到这些句式，因其表达的意思和学习者的生活密切相关，所以被学习者较好地掌握并在作文中被大量运用，重动句教学取得了比较显著的效果。另一方面，也说明学习者对重动句的习得深度不够，对重动句的应用范围还非常狭窄。

四 教学建议

4.1 对大纲的建议

目前的对外汉语教学大纲还没有明确体现出对重动句的学习要求。鉴于该句式的实用性、结构的多样性和复杂性，大纲应将其作为一个独立的语法点，而不是仅仅在句子成分的补语部分一笔带过。

由于"得"标记重动句和普通"得"字补语句存在一定程度的交叉和包含关系，对"得"标记重动句的教学可以从初级的"得"字补语句入手，随着学习的不断深入而逐渐增加难度。对重动结构内的动词、宾语、补语中可能出现的不同形式在大纲编排和教学中都应出现，比如使用离合词的"得"标记重动句、使用全位重动①的"得"标记重动句，O 和 V2 之间加入副词修饰语，补语中使用一些比较复杂的固定结构等，应该安排在适当的阶段进行专门教学。

赵金铭（1996）认为，初、中、高三个阶段的语法教学主旨各有侧重。初级阶段，只须教最基本的语法形式，使习得者具备区分正误的能力；中级阶段侧重语义语法的教学，使习得者具备区别语言形式异同的能力；高级阶段侧重语用功能语法的教学，使习得者具备区别语言形式高下的能力。我们根据偏误分析和多方考察，借鉴赵先生的观点，可以对"得"标记重动句进行分阶段教学。

初级阶段：进行形式语法教学。讲授"得"标记重动句的基本结构，原动词 V_1 以常见的单音节动词为主，宾语 O、补语 C 的成分均为相对简单的形式。目标是使二语者能产出形式正确的重动句。

中级阶段：进行语义语法教学。讲授"得"标记重动句的复杂形式，原动词 V_1 为双音节动词或 V_1O 是支配式离合词，C 为复杂短语或小句。目标是使二语者能够区分重动句与相关句式在句法、语义上的制约因素。

高级阶段：进行语用功能语法教学。讲授各种相关句式的功能差异，及其与

---

① 刘雪芹（2003）根据重动词和原动词的重复的语法位置的不同，把重动句分为全位重动句和前位重动句：重动词与原动词完全重合的叫全位重动句；重动句只与原动词前部的一个动词性构词语素重合的重动句叫前位重动句。

"得"标记重动句的变换条件;目标是使二语者能够恰当得体地使用重动句,而不与各种相关句式产生混淆。

4.2 对教材的建议

第一,关注研究动向,及时吸收最新的研究成果。现在的教材种类很多,但对新的本体研究与教学研究的成果关注不够,导致很多最新的研究成果没有及时、全面、准确地反映到教材中去,在一定程度上仍然存在着教材"更新不换代"的情况。对外汉语教学语法是建立在汉语语法本体研究基础上的,"那些本体研究的新成果应该及时进入教学,使那些在汉民族日常生活中发挥重要作用的语法项目,如重动句,也能为外国留学生所掌握,从而提高其语言表达能力"。(付云华,2008)同时使教材编写的质量与水平得到显著的提高。

第二,语法点的编排与讲解要循序渐进。艾宾浩斯的研究证明,遗忘在学习之后立即开始,其进程随着时间的推移,表现出先快后慢的趋势,但是真正理解了的材料就不容易遗忘。因此,各类重动句的出现顺序要科学合理,并有计划地提高其复现率,使学习者已经学到的知识得到不断巩固和加强。所谓"有计划",即在教材中对重动句的复现不是单纯地重复以前学过的基本形式,而是要逐步深入,提高难度,让学习者接触更加复杂的重动句。并通过适当的讲解和练习,让学习者深刻领会与掌握这些结构。

第三,加强相似语法点的对比研究。二语者在"得"标记重动句的习得过程中,之所以大量出现"得"标记重动句和普通"得"字补语句混用的偏误,是因为这两种句式之间存在一定程度的交叉和包含关系,的确有其相似之处。教材在编排与解释这些相关语法点时,应加强对比,说明二者的联系与区别,分析重动句与相关句式在句法和语义上的制约因素,有效帮助学习者弄清楚什么情况下应该用或不应该用重动句,什么情况下可用重动句也可不用重动句。例如,一般主谓补宾句,意在说明谁做了什么事情,可将补语放在动词后和宾语之间的补语是很少的,一般是像"吃饱""睡醒""打死""打伤"这类动作和结果关系较容易预测的情况。把字句,意在说明动作行为给受事带来什么样的变化或位移,具有很强的施动性和目的性。重动句,则既说明过程又说明结果。在说明动作行为给施事、工具、相关事物带来的结果时,重动句最能发挥其职能。另外,对话中,别人询问某个结果产生的原因时,"VOV 得"句简洁利落,准确自然。(付云华,2008)

第四,分等级进行教学。重动句的各种下位类型有其繁简之分、难易之别,二语者的习得过程也是有一定顺序的。应在初级阶段讲授相对简单的重动句,并在大量强化训练的基础上，由简到繁地学习各类重动句，由易到难地分层讲解重动句的句法、语义、语用特点，并在中高级阶段对重动句的各种用法进行总结，使二语者不断加深对重动句的理解，提高重动句的使用率和正确率。例如在"得"标记重动句教学的初级阶段，原动词 V1 应该以常见的单音节动词为主，宾语、补语也应相对简单；从中级阶段开始讲授以离合词作原动词的重动句，并适当增加宾语和补语的复杂程度。

4.3 对教师的建议

第一，主动弥补教材缺陷。由于目前的教材乃至大纲缺乏对重动句的关注与系统全面的解说，这就要求教师不拘泥于课本，主动弥补教材的缺陷。具体来说，教师应主动把与部分"得"字补语相关的语法现象的讲解提升为"得"标记重动句的教学，并补充重动句的分类、重动句与相关句式的语义差异和语用功能的相关知识，进行全面系统的"得"标记重动句教学。

第二，预测难点。在进行"得"标记重动句的教学之前，教师首先要对二语者容易出现的偏误之处和偏误类型做到心中有数，即讲解要有预见性，进而有针对性地开展教学。例如教学中教师大多会强调动宾结构之后若需引进补语，就要重复第一个动词。但这还不够，还应预测到，二语者可能会出现矫枉过正的现象，说出"受伤受得非常难受"这种形式正确，但不符合语义和语用规则的句子。

五　结语

重动句作为现代汉语中的一种常用的、口语性很强的句式，能用较简单的形式涵括相对较大的信息量，具有重要的使用价值。但其形式多样，且与某些其他句式存在交叉和包含关系，偏误率很高，是对外汉语教学中的一个难点。而学界对该句式的教学还十分薄弱。

针对上述情况，本章在较大规模的语料基础上对二语者习得"得"标记重动句的实际情况进行了较为全面、客观的考察，得出了一些有意义的结论，对改进重动句教学具有一定参考价值。

本章对重动句的习得研究主要针对"得"标记重动句，且"HSK 动态作文语料库"中的语料多为日韩学习者所做，欧美及其他地区学习者的语料相对不足，因此本章的相关结论，并不能代表外国汉语学习者习得重动句的全貌，对于欧美学习者的教学，还有待进一步研究。

第十章 动词重叠偏误研究[①]

一 引言

1.1 动词重叠的本体研究

动词重叠是现代汉语的重要语法现象,早已引起语言学家的注意并从多种角度进行了研究,如:动词重叠的形式、语法意义,可重叠动词的范围和制约因素,动词重叠的适用句式和表达功能,动词重叠的计量统计等。

1.1.1 动词重叠的形式

对于动词的重叠形式,目前语言学界有两种观点:有的学者认为只有单音节动词重叠 AA 式和双音节动词重叠 ABAB 式才是动词重叠。但也有学者主张动词重叠不限于此,如翟英华(2003)将动词重叠总结为 7 种形式:AA、A—A、A了A、A了一A、A着A着,ABAB 式和 AAB 式。这也就是本文研究的动词重叠的范围。

1.1.2 动词重叠的语法意义

关于动词重叠的语法意义,综合起来主要有以下几种:

1)表示时间短、次数少、动作轻。这是对动词重叠式最常见的解释。例如朱德熙(1982)、刘月华(1983)、邵敬敏(2000)等。邵敬敏(2000)的观点很有典型性:"[+少量]和[+轻量]是动词重叠的核心意义"。

2)表示尝试义。赵元任(1968)称动词重叠为"动词的尝试态"。吕叔湘主编的《现代汉语八百词》把动词重叠作为动词的"短时体(尝试态)"看待。

[①] 本文根据北京语言大学 2007 级语言学及应用语言学专业研究生贾丽丽的硕士学位论文《基于 HSK 动态作文语料库的留学生动词重叠结构偏误研究》改写而成,编者:贾钰。

朱德熙（1982）认为表示动量小的动词重叠式"常常表示尝试"。

3）表示轻松、随便的意味。王还（1963）认为"一次完整动作作为一个单位的动词重叠式表示常发生的动作，有轻松悠闲的意味，或表示通过这个动作，很容易地就把时间打发掉了"。刘月华（1983）认为动词重叠后可以表示一种经常性的反复进行的动作行为，含有轻松随便的意味。赵新（1993）认为陈述句中不用重叠式只是客观叙述，用重叠式则使语气轻松悠闲，或显得轻视、不以为然。

4）表示强化主观能动性。朱景松（1998）把动词重叠式的语法意义归结为三个方面：减弱动作、行为、变化的量，延续动作、行为、变化的过程，强化动作、行为、变化主体的能动性。其中强化能动性是动词重叠式的最根本的意义。

对于动词重叠的语法意义，学界可谓众说纷纭，但都渗透着"动量"的语法意义，因此我们认为"减少动量"是动词重叠的基本意义。杨平（2003）指出动词重叠式的基本意义是"减小动量"，这里的动量包括动作的时间长短（时量）、次数多少（频量）、力量轻重（力量）、社会价值的高低（价值量）等方面。这个量是一个主观的量、模糊的量。这样的意义概括可以对使用动词重叠式的各种句子做出统一的合理的解释。

1.1.3 动词重叠的范围和制约因素

不是所有的动词都可以重叠，哪些动词可以重叠，哪些动词不可以重叠，哪些因素影响和制约着动词重叠，都是值得深入研究的问题。

吕叔湘（1951）最早提出难以加"不"或难以加"了""过"的动词大多数不能或难于重叠。范方莲（1964）补充指出能愿动词、趋向动词、判断动词不能重叠，并指出单音动词比双音节动词容易重叠。刘月华（1983）主张一个动词可否重叠主要取决于动词本身的性质，而且语言环境不同、表达功能不同，可重叠的动词也不同。总的来说，只有动作动词可以重叠，并进一步指出动作动词重叠必须具有两个条件：第一，表示的动作必须是可持续或可反复进行的；第二，表示的动作必须是主观上可以控制的。

刘红曦（2000）从语义、语体、句式、功能、结构等几方面比较全面地论述了哪些动词能够重叠及其重叠格式，最后归纳出六条规律：

1）一般动词只要具备了语义上的特点，就可以确定它重叠与不重叠；

2）动词重叠只用于口语及文艺语体，不用于公文、政论、科技语体；

3）动词之后有表动态的助词以及有关数量、程度、时间、趋向的补语时，不能重叠；

4）动词重叠只用在肯定句和部分有肯定意义的否定句中；

5) 动词重叠式可作谓语和谓语中心语、状语、定语和补语；
6) 动词重叠形式主要为 ABAB 式。

李运龙（1993）通过对 1300 多个动词考察后发现，语义、结构是决定动词重叠的内在因素，而语境则是影响动词重叠的外在因素，并从这三个方面讨论了影响动词重叠的相关因素。

1.1.4　动词重叠的适用句式和表达功能

有些学者从句式的角度对动词重叠进行研究。朱德熙（1982）认为动词重叠式主要出现在肯定句中，否定形式只出现于以下两种场合，一是"不…不…"的前一个"不"字，二是反问句。刘月华（1983）从动作实现时间的角度将动词重叠的出现场合和表达功能分为三类：

1) 表示已然动作的重叠，具有描写作用，多出现于叙述性语句。
2) 表示未然动作的重叠，表达功能是缓和语气，多见于对话。
3) 可以未然，也可以已然，表示轻松随便的意味。

张晓涛、刘富华（2008）认为动词重叠主要出现于肯定句、能愿句、致使句和表示变化的句子。

1.1.5　动词重叠的句法特点

关于重叠动词的语法功能，毛修敬（1985）、李宇明（1998）、李珊（2003）等都有所论述，其中论述较为充分的是毛修敬（1985），指出七种不能使用动词重叠的情况：

1) 带补语的动词；
2) 受程度副词修饰的某些动词，如"（真）干""（非常）生气"、"（很）想"；
3) 不带能愿动词的"动＋（宾）十的"名词性结构中的动词（卖菜的）；
4) 前边加"一"表示条件的动词（一说就明白）；
5) "正在"（或"正""在"）"已经"之后的动词（正在谈话、已经解决）和由"呢"表示行为正在进行句中的动词（吃饭呢）；
6) "进行""加以"之后的动词（进行调查，加以处理）；
7) 动词否定式表示禁止义：不要哭、不许哭、不准哭、不能哭、不用哭、别哭、哭什么。

下列情况的动词必须重叠，除非改用其他表达手段：

1) 单独出现的"把"字句里的主要动词：您把皮鞋再擦擦吧；
2) 处于"稍微、稍稍、粗略、略微、大致、大体、大概（"大体"义）"和

"不妨"之后的动词：稍微活动活动、不妨（跟他）谈谈；

3）动词（或带宾语）处于"看"（尝试义）之前，"试"处于"A一下"、动词重叠之后（写写（字）看，穿一下试试，穿穿试试）；

4）由"再""就""才"连接的相继发生的两个行为之前一个动词：休息休息再干、看看他就来、考虑了考虑才表态。

1.2 对留学生习得动词重叠句的研究

动词重叠句是汉语常用句式，既是现代汉语中的重要语法现象，也是外国人学习汉语的难点之一（赵金铭，1996），但对留学生习得该句式情况的研究并不多见，专门论述主要有以下两篇。《留学生动词重叠式使用情况浅析》（王茂林，2007）是第一篇比较详尽地从偏误角度探讨留学生习得动词重叠的文章。该文基于中介语语料库，对留学生动词重叠式的使用情况做了考察，将动词重叠偏误类型分为：①动词重叠式与数量词语组合的偏误；②同语义重心有关的偏误；③动词重叠式与时间副词组合的偏误；④动词重叠式作定语的偏误；⑤不能重叠的动词用于重叠式的偏误。⑥已然语境中"AA"式单独作谓语的偏误。随着对比分析法的引入，也有学者从汉外对比的角度对动词重叠偏误进行研究，如吕滇雯的《日本留学生汉语偏误分析之（一）：动词重叠》（2000）。总之，有关外国人习得动词重叠句的研究不仅数量少，而且由于语料库和数据的局限，以往对动词重叠的偏误研究只是指出了部分偏误类型，对偏误产生的原因则缺乏分析和探究。本文拟通过"HSK动态作文语料库"（1.1版）对动词重叠的偏误情况进行全面考察，运用第二语言习得相关理论进行分析，探究留学生习得动词重叠句存在偏误的原因，并提出相应的教学对策。

二 偏误类型

本文考察的动词重叠句包括AA、A一A、A了A、ABAB、AB了AB、A着A着和AAB等七种结构形式的句子。从HSK动态作文语料库中通过"错句检索"检索出所有的"句中词语重叠使用错误"的句子，人工甄别、挑选出动词重叠偏误句123例。在借鉴前人分类标准的基础上，把动词重叠句的偏误分为三大类：不该用而用的偏误、该用而未用的偏误、动词重叠形式的偏误。

2.1 不该用而用

指不该用动词重叠而使用的偏误，共有62句，占偏误总数的50.4%。可分为六小类。

2.1.1 动词重叠和数量词组组合的偏误

许多学者都指出动词重叠式排斥数量词语（王还，1963；石毓智，1992；李大忠，1996；李宇明，1998）。这是因为动词重叠也表示量，所以与同为"表量"手段的数量词组相抵触。这类偏误共有12例。如：

(1) 首先，我们应该从小就要养成习惯，不抽烟，就算是朋友推荐你<u>抽抽几口</u>也千万不要去试。

(2) 同时还要鼓励老年人<u>参加参加一些</u>社会活动。

(3) 他们在教孩子时，也要注意要给孩子<u>做做一个</u>好榜样。

(4) 比如得癌的话，总是觉得很惨，<u>一直等一等</u>最后的一天。

需要特别注意的是动词重叠与"一下"组合的偏误有4例：

(5) 这种学习汉语的方法很有帮助，你可以<u>试试一下</u>。

(6) 流行歌曲对我来说，它令我心情舒畅，尤其是当做完我的日常工作：家务、授华语课以后，<u>听听一下</u>，可恢复我们的疲惫状态成精神奕奕。

(7) 这件衣服不错，你来<u>穿穿一下</u>！

(8) 你们工作这么多年还不想<u>休息休息一下</u>吗？

动词重叠在句中表示"时量少"或"动量少"，与"一下"语义重复，因此两者在句中不能共现。表示尝试类的动词，既可以用"VV"式，也可以用"V一下"。例（5）要么在动词后用"一下"，要么重叠动词，但不可二者同用。而非尝试类的单音节动词在表示尝试意义时，祈使句中不用"VV"式，而用"V一下"，因此例（7）用动词加"一下"，不用动词重叠。非尝试类的单音节动词在非祈使句重叠后有些不能单独作谓语，其前或其后常常要加一些限定性成分，而双音节动词与"一下"则不受此限制。因此（6）用"V一下"式或者"VV"式，但是后者要加宾语"流行歌曲"。（8）是双音节动词，因此两种形式都可以用。

2.1.2 动词重叠与其他动词组合的偏误

此类偏误有12例。如：

(9) 对父母也是要孝顺、关心，偶尔<u>带一带</u>父母出去<u>玩玩</u>，尊重父母的意见。

（10）我很理解那位丈夫的心情，在病人的旁边只能<u>看看病人十分痛苦</u>，这是难过极了。

（11）父母也知道孩子模仿父母，所以他们<u>试一试让孩子看看自己的长处</u>。

（12）出生之后，孩子还不知道社会上的规则和习惯，一般看周围的人怎么做，<u>自己试试做</u>。

动词重叠的后面不能有别的动词结构（吕滇雯，2001），比如重叠后面不能带谓词性宾语，不出现在连动结构的前一部分，也不作状语。例（9）动词重叠"带一带"后有动词"出去玩玩"，是连动结构，应将动词重叠式改为动词原形"带"。例（10）动词重叠"看看"后面的宾语是谓词性宾语"病人十分痛苦"，同样不可以重叠。例（11）（12）中动词重叠做状语，应改为用"着"："试着让孩子看看自己的长处""自己试着做"。

2.1.3 重叠了不能重叠的动词

动词重叠有一定的限制，有的动词可以重叠，有的动词不能重叠，比如非动作动词、表示心理活动、使令意义、被动意义、给与意义、过失意义和不能加"着"的动词都不能重叠。这类偏误有3例。下面例句中"可以"是能愿动词，"想念"是心理动词，"有"是非动作动词，都是不可以重叠的。

（13）流行歌曲<u>可以可以</u>减轻我们的压力。

（14）我回国以后会<u>想念想念</u>你们的。

（15）我立志要向他学习，盼望将来也能在商界<u>有有</u>些名望。

2.1.4 动词重叠用作定语

此类偏误有3例。动词重叠式具有动态性，一般不单独作定语（李大忠，1996）。充当定语必须两个或两个以上动词重叠式连用，或带有其他成分（李宇明，1998）。下面定语中的动词"问""打""帮"都是不能重叠的。

（16）后来，可以说话、唱歌、<u>问问</u>很多问题的时候，在孩子身边的也是父母。

（17）第二、第三两个和尚快到<u>互相打一打</u>的地步了。

（18）我以后的生活中，把童年的事做为一个教训，帮助穷人，要做一些<u>帮帮别人</u>的好事。

2.1.5 动词重叠用于否定句

动词重叠一般出现在肯定句中。在否定句中，它的出现要受到一些限制。动词重叠误用于否定句在语料库中发现了2例：

（19）打仗、吵架、骂人、言行不一、吸烟、喝酒……这种不良的习惯，我<u>不想给孩子看看</u>。

（20）以前，他一次也<u>没说说</u>："你们一定要成功"。

2.1.6　语义方面的偏误

这类偏误在一类偏误中为数最多，有30例。例如：

（21）我们不舍得分开，<u>在机场我们哭了哭</u>。

（22）我在北京学习汉语每天<u>只顾玩玩</u>，很少学习。

（23）日本老师当中有一位是很严格地教学，学生们都<u>很怕怕</u>那位老师，我也是其中之一。

很多不该用而用的情况是由于使用者没有把握动词重叠的基本语法意义，即"减小动量"，进而有缓和语气的作用，表示"尝试""悠闲"等语法意义。例（21）述说机场分别，依依不舍的心情与动词重叠所表达的"轻松、随意"不协调。例（22）表露了因玩乐而耽误学习的后悔心情，与动词重叠式的"轻松悠闲"的语义也不相符。例（23）中要表达的是学生很害怕老师，与"减小动量"相抵触，"怕"同样不该重叠。

2.2　该用而未用

此类偏误是指应该用动词重叠而没有使用的偏误，出现在祈使句和陈述句两种句类中，共45句，占偏误总数的36.6%。

2.2.1　祈使句动词重叠式缺失

这类偏误共有15句，占本大类偏误的33.3%。动词重叠具有舒缓语气的作用，祈使句是动词重叠式出现的典型环境。很多祈使句不以动词重叠的形式来表达，语气就会生硬、突兀。如以下偏误用例：

（24）有空闲的时候，<u>请你慢慢地想过去的事</u>，看看你所处理的事是否跟你父母性格差不多啊。

（25）我们遇到很多困难的时候都<u>想吧</u>！

（26）我们这辈青年人<u>再考虑父母的话吧</u>。

2.2.2　陈述句动词重叠式缺失

此类偏误句共有30句，占本大类偏误的66.7%。在实际话语中，说话人常

通过动词重叠式来减弱动作、行为的目的性,以表达一种随意的、没有明确目标的语用效果。如下面的句子就应改用动词重叠式:

(27) 我为了回国后不后悔,要珍惜这段时间,要好好学习,<u>多看中国</u>。
(28) <u>现在回头想</u>,那时候的我依靠性很强。
(29) 常常去逛书局,多翻阅翻阅有益的书籍,决定了自己的选择后把它买回家,<u>有空时阅读它</u>,对我来说是百利无一弊的。

2.3 动词重叠形式方面的偏误

此类偏误共有 16 句,占偏误总数的 13.0%。包括动词重叠基本形式的偏误和时态方面的偏误两大类。前者属于<u>生造形式</u>,在汉语中并不存在;后者是基本形式正确但是结合时态出现偏误。

2.3.1 动词重叠基本形式的偏误

此类偏误句有 5 例,例如:

(30) 父母对孩子很关爱,有时与孩子们谈谈心,<u>了了解解孩子的心思</u>,开导开导他们,让他们知道什么是对的什么是错的以及为什么,这是特别重要的。
(31) 在心平气和的假日里做几样特别丰盛的<u>菜团团聚</u>,聊聊家常,我想他们受了益也会照着做的。
(32) 我尽量每个周末回家跟你们一起吃饭,<u>一起散散步步</u>,<u>聊聊天天</u>。

例(30)(31)中的"了解""团聚"是联合式复合动词,重叠形式主要为"ABAB"式,应改为"了解了解""团聚团聚"。例(32)中"散步""聊天"是动宾式离合动词,其中表示动作的语素重叠,而表示事物的语素不能重叠,应为"散散步""聊聊天"。

2.3.2 时态方面的偏误

动词重叠的七种形式:AA、A—A、A了A、ABAB、AB了AB、A着A着、AAB,尽管其意义用法有相同之处,但也存在着细微差别,差别之一体现在时态特征上。AA 式、A—A 式和 ABAB 式一般用来表示未然态和持续态,A 了 A 式表示过去态。AA 式和 ABAB 式有几种特殊情况可以表示过去态:一是用于叙述或描写性分句中,需要有先行句或后续句,如"他摇摇头,转身走了";二是用于特定句式中,常与"就是、只是、除了"等连用,例如"昨天我只是去跟他商量商量旅行计划"。由于没有把握好动词重叠的时态特征而造成的偏误有 11 例,主要是 AA 式、A—A 式和 ABAB 式误用于过去态。例如:

(33) 那天下午, 你们带我去爸爸教学生的学校, <u>然后让我看看校园里的花和几个动物</u>。
(34) 在广州、香港<u>玩儿一玩儿</u>后回了一次北京, 又去哈尔滨, 长春。
(35) <u>他们商量商量以后</u>, 决定值班制。

上述偏误情况可以整理为下面表1。

表1 偏误类型统计

大类	小类	偏误数	在该类偏误中的比例	在总偏误中的比例
不该用而用	动词重叠和数量词组组合的偏误	12	19.4%	9.8%
	动词重叠与其他动词组合的偏误	12	19.4%	9.8%
	不能重叠的动词用作重叠的偏误	3	4.8%	2.4%
	动词重叠用作定语的偏误	3	4.8%	2.4%
	动词重叠用于否定句的偏误	2	3.2%	1.6%
	语义方面的偏误	30	48.4%	24.4%
总计:		62		50.4%
该用而未用	祈使句重叠缺失的偏误	15	33.30%	12.20%
	陈述句重叠缺失的偏误	30	66.60%	24.40%
总计:		45		36.60%
动词重叠形式的偏误	动词重叠基本形式的偏误	5	31.3%	4.1%
	时态方面的偏误	11	68.7%	8.9%
总计:		16		13.00%
总计:		123		

三 偏误原因分析

3.1 学习策略的干扰

根据中介语理论, 学习策略如类推、替代和回避在二语习得过程中会直接导致偏误的产生。类推是成年人学习第二语言时常用的方法, 他们把学到的语言规律通过类比不恰当地加以推广, 结果套用出错误的形式。具体到动词重叠, 语料库中出现很多"试试 V"（试试做）的偏误，究其原因，一种可能是受"VO"可以重叠为"VVO"的影响（"散步"可以重叠为"散散步"）；另一种可能是根据"试试看"推出"试试做"。"试试看"中的"看"意义已经虚化，与"看书"的"看"含义不同，因此不能把它推广到其他动词上。另外，离合词重叠是留学生习得的难点。普通动词中双音节动词 AB 的重叠式是"ABAB"，如"学习学习、研究研究、商量商量"等，但离合词的重叠形式为：AAB、A 一 AB、A 了 AB。如果将普通双音节动词的重叠形式"ABAB"推广到离合词上，自然会出现"散步散步"、"握手了握手"一类的偏误。

替代是在具有相似点的语言形式之间进行替换。动词重叠形式共有七种。由于忽略了时态特征，使用者以 AA 式替代 A 了 A，误用于过去时态。

回避是一种复杂的现象。在交际中，第二语言学习者常常采取简化、迂回的方式回避困难来完成交际目的，他们满足于基本意思的表达，惯于用最先学到的、最简单、自己最熟悉的形式，而回避使用后学的、不熟悉的、难度更大的表达方法。该用动词重叠式而不用就属于这种情况。动词重叠自然后于简单式的学习，其客气、礼貌、委婉的语用含义无疑增加了难度。

3.2 本体研究的不足

偏误发生的重要原因还在于本体研究的不足。动词重叠具有舒缓语气的作用，很多祈使句都应该使用动词重叠式，以使语气委婉，但并不是所有的祈使句都要用动词重叠，如"请你明天来一趟"就不能说成"请你明天来来"。有些则是可用可不用，如我们既可以说"这件衣服不错，你穿穿试试！"也可以说"这件衣服不错，你试一下"。母语者可以根据语感说出正确的句子，而外国人常常要依据老师或教材的讲解。由于对动词重叠的使用条件尚未研究得十分透彻，教学中也就无法给出清晰、明确的规则，学习者自然处于似懂非懂、糊里糊涂的状态。什么时候能用动词重叠，什么时候不能用动词重叠给学习者带来了很大困惑，不该用而用和该用而未用的偏误是动词重叠偏误的主要部分，占语料库中所有动词重叠偏误的九成。可见，亟须大力加强动词重叠的本体研究。

3.3 教材和教学因素的影响

为了解对正确使用动词重叠的影响因素，我们从"HSK 动态作文语料库"中随机抽取了 100 篇作文，对其中出现频次 4 以上的单音节动词重叠式的正确率和偏误率进行了统计，并计算出其在《速成汉语初级教程综合课本》中出现的频次，见表 2。

表 2　单音节动词重叠式正误率及教材出现频次

动词	正确句数	正确率	偏误句数	偏误率	课文出现句数	所占比例
想	18	69.2%	8	30.8%	2	4.9%
看	20	76.9%	6	23.1%	17	12.6%
听	15	75.0%	5	25.0%	2	4.9%
说	12	75.0%	4	25.0%	3	7.3%
问	11	78.6%	3	21.4%	5	13.1%
尝	18	90.0%	2	10.0%	6	18.1%
逛	4	66.6%	2	33.3%	2	4.9%
试	4	66.6%	2	33.3%	4	4.9%

数据显示，"看看""尝尝""问问"是教材中出现频率最高的，正确率高，偏误率低，同时，它们也是日常生活中用得最多的动词重叠式。这表明教材中出现频率越高、日常生活中运用越广泛的动词重叠式，留学生掌握得越好。因此，要提高某一语言点的使用正确率，有效的方法之一是要在教材中提高其复现率。

教材是学生学习的基础，教材的编排很大程度上决定了教师的教学行为，并影响学习者的言语行为。下面通过三部影响较大的对外汉语教材，了解一下动词重叠式在教材中是如何处理的，存在哪些不足。这三部教材分别是北京语言大学汉语学院使用的《汉语教程》、进修学院使用的《成功之路》、速成学院使用的《速成汉语初级教程综合课本》。

三套教材对于动词重叠形式的界定是统一的，AA 式、A 一 A 式、ABAB 式，表示动作已经发生的 A 了 A 式和 AB 了 AB 式，并且把 AAB 式和 A 着 A 着式作为独立的语法项目来学习。三套教材在解释动词重叠的语法意义时都提到了"短时""尝试""轻松随便"的特征。

三部教材在安排动词重叠出现的时间上有所不同。《汉语教程》在一册（下）二十二课讲解动词重叠，并且将基本形式和带"了"式一起讲解，但"了"作为语法项目在三十二课才出现，必然对理解和掌握 A 了 A 和 AB 了 AB 式造成困难。相比之下，《成功之路》的做法比较合理，基本式在《起步篇》第二十三课讲解，带"了"式则安排在《顺利篇》第二课，紧接在语法项目"了"的讲解之后，符合习得规律。《速成汉语基础教程》也是分两阶段讲解的，基本式出现在二册第九课，带"了"式安排在四册第四课。

练习形式方面，《速成汉语基础教程》有替换、选词填空。

替换：

A：你帮我修修自行车，行不行？
B：没问题。
（用"修修""洗洗""打扫打扫""收拾收拾"替换）
选词填空：问 猜 尝 用 休息…
(1) 我太累了，我想＿＿＿＿＿＿＿＿＿＿。
(2) 这个问题很难，我去＿＿＿＿＿＿＿＿老师。
(3) 请你＿＿＿＿＿＿＿＿这个菜。
(4) 我＿＿＿＿＿＿＿＿你的钢笔，可以吗？
(5) 你＿＿＿＿＿＿＿＿他多大年纪？

《成功之路》第一阶段没有设置练习，第二阶段的练习主要是通过选词填空辨别 AA 式与 A 了 A 式的区别。如：
(1) 老师，这是我的作业请你帮我＿＿＿＿＿＿＿＿＿。（看看）

《汉语教程》的练习采用句型替换、改错、交际对话三种形式。
改错：
你试试的这件衣服怎么样？
我觉得写写汉字很难。
我去商店买买一件衣服。
交际对话：
A：我可以试试吗？
B：当然可以。
A：我可以听听吗？
B：听吧。

可以看出三套教材的练习大多是填空形式，只有《汉语教程》在交际对话中进行了相关练习。总起来看缺乏针对语义、语用方面的练习，无法解决学生关于动词重叠式什么时候该用什么时候不该用的问题，因而会引发不该用而用、该用而未用的偏误。

另外，我们发现教材中对动词重叠各种形式的复现率是不够的，以《速成汉语基础教程》为例，详见表3。

表3 《速成汉语基础教程》中动词重叠形式出现频次

动词重叠形式	第一册	第二册	第三册	第四册	第五册	第六册	第七册	第八册	句数	该形式所占比例
AA	0	9	7	9	6	5	3	8	47	67.1%
A一A	0	1	2	0	0	0	0	0	3	4.3%

续表

动词重叠形式	第一册	第二册	第三册	第四册	第五册	第六册	第七册	第八册	句数	该形式所占比例
A 了 A	0	1	0	1	0	0	2	1	5	7.1%
AB 了 AB	0	0	0	0	0	0	0	0	0	0
AABB	0	1	0	0	1	7	0	3	12	17.1%
AAB	0	0	0	0	1	0	0	1	2	2.9%
A 着 A 着	0	0	0	1	0	0	0	0	1	1.4%

表 3 表明，动词重叠式在该教材中的出现是从第二册开始的，除 AA 式，其他各种形式普遍复现率太低。教材的安排过于简单，以致于学生只会使用最基本、最简单的动词重叠结构，稍微复杂一点的就会出问题。

四　研究与教学建议

4.1　本体研究方面

本体研究是对外汉语教学的基础。通过以上分析可以看出，留学生出现偏误较多的地方正是本体研究比较薄弱的地方。虽然动词重叠一直是语言学界研究的重点，但是面向对外汉语教学的本体研究还比较薄弱。目前亟须解决的问题主要有以下几个方面：

1）加强动词重叠的句法研究。语法结构是决定一个动词应否重叠的重要因素。目前从句法角度研究什么情况下动词不能重叠比较充分，但是哪些情况必须重叠，探究得还不够。

2）动词重叠的语义语用研究亟待加强。什么时候必须使用动词重叠，什么时候可用可不用，什么时候不能用，目前并没有权威的解释，而只有解决了这个问题，才能提高动词重叠的教学效率，降低偏误率。

3）结合对外汉语教学的实际情况，探寻留学生应该习得几种动词重叠形式和最佳习得顺序，并从多种角度对各种重叠形式的语法意义及其适用范围进行研究，这样留学生才有可能了解各种重叠形式的用法。

总之，从句法、语义、语用三个角度对动词重叠结构进行动态多层面的本体研究是十分重要和紧迫的；而利用认知语言学的类型学理论加强动词重叠的研究则可能是本体研究的一个新的重要视角。

4.2 教材编写方面

4.2.1 精选练习形式

语言不是教会的，而是练会的，学会运用语言的关键是练习。我们发现学生即便在课堂上对动词重叠的理解和操练没有问题，在日常生活中却不知道何时该用，何时不该用。这与课堂缺乏足够的有效练习有关。教材练习编写中普遍存在这样的问题：机械模仿练习多，脱离语境的单句练习多，而交际性、任务型练习少。对此，提出两点建议：

1) 设置看图说话或写话练习，提供动词重叠的上下文语境。《汉语口语速成》（马箭飞，2006）关于动词重叠的练习题是很好的范例，课本先配合图片展示了动词重叠的例句：我可以试试这件衣服吗？再提供借东西、吃饭等语境，通过提示词，让学生运用动词重叠形式造句对话，使学生了解动词重叠经常出现的语境和语用特征。

2) 设计选词选句填空的练习。在一段上下文中，空出一个词或一句话，让学生从备选答案中选出一个或一句填上，这种练习有利于揭示动词重叠的语用功能并比较其不同形式的使用条件。如：

A：能帮我＿＿＿＿＿＿自行车吗？

B：当然可以。

A. 修修　　B. 修　　C. 修了　　D. 修了修

这是一个语气舒缓的祈使句，未完成态，因此应选用不带"了"的重叠式（A）。

4.2.2 根据课型特点和阶段性，提高语法形式的重现率

动词重叠的教学应考虑课型特点和阶段性。动词重叠句是日常交际中出现率很高的语言形式，应在口语课中多出现、多操练。另外，要遵循循序渐进的原则，注意语言点之间的衔接，如"A了A"式应安排在"A了"之后，"A着A着"式应安排在"A了A"式之后，而"A了A"又要排在"AA"式之后。初级教材中讲解动词重叠的基本知识，中级阶段应补充难度更大的知识，如动词重叠各种形式的区别等。提高重现率也是十分重要的，不同课型、各个教学阶段对动词重叠的适当重现，不仅可以充分展示该句式的形式、语义语用特征，也有利于学生巩固运用该句式。

五　结语

　　本文从大规模汉语中介语语料库"HSK 动态作文语料库"中搜集了留学生动词重叠的语料，从中筛选出 123 句偏误语料，对其进行了系统分析，总结出留学生使用动词重叠句过程中存在不该用而用、该用而未用和动词重叠形式的偏误三大偏误类型。根据中介语理论对偏误原因进行了分析，主要有：学习策略的干扰、本体研究的不足和教材、教学因素的影响。在此基础上提出了相应的解决策略。希望本研究能为面向外国人的汉语动词重叠句教学提供一些参考与借鉴，提高该句式的教学效率与水平。

第十一章 "对于"句习得研究[①]

一 引言

汉语介词用法灵活,语义抽象,是对外汉语教学的难点之一。有些介词在意义和用法上相对复杂,与其他一些介词既有区别又有交叉,给二语习得及教学都带来了一定的难度。本文选取此类介词中使用频率比较高的介词"对于",对"对于"句的习得情况进行研究。

"对于"句是指介词"对于"及其宾语构成介宾短语作状语或者其后带"的"作定语,"对于"引进动作行为所对待、针对或涉及的对象,并将其介引到谓语动词前修饰谓词性词语或位于句首修饰整个句子的一种句式(张豫峰,2006:87;黄宇红,2008)。

本章借鉴张豫峰(2006)的分析并稍做补充,根据"对于"介词宾语与句中主要谓语动词及其他成分之间的语义关系,将"对于"句分为以下三类:

句式1:N1 + 对于 + N2 + V (+ N3)。例如:

(1) 大家对于这件事都很重视。
(2) 大家对于这个问题进行了热烈的讨论。
(3) 他对于这一切置若罔闻。
(4) 对于她的离去,他悲痛欲绝。

句式1中的例(1)和例(2)表示N1对N2施加一定的对待动作,带有强烈的"对待"义,主语N1和"对于"的宾语N2分别是谓语动词V或N3中的动词的施事和受事。例(3)(4)中N2是V的对象,也带有"对待"义。句式1中谓语主要是动作动词、心理动词或形容词。

句式2:N1 + 对于 + N2 + V + N3。例如:

(5) 坚持锻炼对于身体的健康起着很大的作用。
(6) 我对于这几个作家有着特殊的感情。

[①] 本章依据北京语言大学2007级课程与教学论专业硕士研究生梁婷的学位论文《基于"HSK动态作文语料库"的留学生"对于"句习得研究》加工整理。编者:林君峰、王小玲。

句式2中"对于"的介词宾语N2与V无直接语义关系，但与N3有直接的语义关系，如例（1）中，N2"身体的健康"与V"起"无直接语义关系，而N3"作用"的对象是N2"身体的健康"。

句式3：N1+对于+N2+（来说/而言）+V（+N3）。例如：

（7）这件事对于我（来说/而言）非常重要。

（8）这本书对于我（来说/而言）有着重要的纪念意义。

句式3中，"对于"介绍出判断、描写或叙述的角度，即引出该判断、描写或叙述的特定对象。"对于"介词宾语N2与V和N3都无直接语义关系，谓语主要是关系动词或形容词。句式3主要表示"关涉"义，"对于"及其介词宾语后可加"来说/而言"，添加后关涉义增强。

此外，"对于"及其宾语构成介宾短语后也可以带"的"作定语，例如：

（9）让我来谈谈对于流行歌曲的兴趣吧。

当前对"对于"句习得偏误的研究较少，且多停留在分析其偏误类型的层面上，对偏误原因及教学对策的研究非常欠缺。本文以北京语言大学"HSK动态作文语料库（1.1版）"为语料来源（共检索到"对于"句1170句，其中偏误句534句），对相关语料进行偏误分析，探究偏误成因，并在此基础上提出解决对策，以帮助留学生掌握介词"对于"的使用，促进"对于"句的教学。

二 偏误类型及统计分析

2.1 不该用而用

该大类偏误是指句子本不该使用"对于"而使用了"对于"。此类偏误共有73句，在总偏误中所占的比例为13.67%。

2.1.1 "对于"多余

该类偏误共有50句，在"不该用而用"这个大类中所占的比例为68.49%。又可分为3类。

2.1.1.1 单纯的"对于"多余

将"对于"删掉就是正确句。该类偏误共有45句，在该大类中所占的比例为61.64%，在所有偏误类中所占的比例为8.43%。例如：

（10）对于在公共场所边走边抽烟的人将被罚款。

（11）虽然离开学校三十多年了，但是由于我勤于阅读，因此对于后来我能跟着学生一直升班。

(12) 对于不同的年代有不同的音乐。

以上各句本身已经是一个完整的句子，且句子本身并不表示人、事物、行为之间的判断、评价或对待关系，句子并不需要"对于"来介引动作行为所对待、针对或者涉及的对象作状语。

2.1.1.2 "对于"及其宾语多余

该类偏误共有 2 句，在该大类中所占的比例为 2.74%，在所有偏误类中所占的比例为 0.37%。例如：

(13) 我是父母亲的长女，对于我要的一切，可说是，要风得风，要雨得雨。

(14) 对于我的看法，我非常喜欢流行歌曲。

例（13）"要风得风，要雨得雨"已经表达了父母会满足我的一切要求之意，"对于"及其宾语"我要的一切"在此未增加任何新的意思，纯属多余，故应删除。

2.1.1.3 "对于……来说（讲）/而言"多余

该类偏误共有 3 句，在该大类中所占的比例为 4.11%，在所有偏误类中所占的比例为 0.56%。例如：

(15) 对于吸烟来说，"百害而无一利"的代表。

(16) 对于我来说，在我单位去年我被评为第二级党员，人人都得到第一级党员，他们处我因为我搞边贸，在越南党员不可搞边贸。

"对于……来说"介绍出判断、描写或叙述的角度，作用在于引出该判断、描写或叙述所针对的特定对象，句法上充当状语。例（15）的"对于……来说"，把句子的主语"吸烟"变成了状语成分，全句成了一个缺主语的句子。例（16）并不是针对其介引的特定对象所进行的判断、描写或叙述，不应使用这一结构。

2.1.2 "对于"误用

该类偏误共有 23 句，在"不该用而用"这个大类中所占的比例为 31.51%，有以下两种类型。

2.1.2.1 该用其他介词而误用"对于"

该类偏误共有 14 句，在该大类中所占的比例为 19.18%，在所有偏误类中所占的比例为 2.62%。例如：

(17) 我以前看过对于"安乐死"的电视剧。

(18) 对于大家的惰性与自私的心理，国家不进步，经济不成长，人民的生活水平不能提高。

以上两个句子都不该用"对于"，而应选用其他介词。例（17）应该用"关于",例（18）应该用"由于"。

2.1.2.2 该用其他句式或结构而误用"对于"。该类偏误共有9句。例如：

（19）男女混合教育的目的就是对于学生容易了解异性之间的相异之处。
（20）对于费用方面，给你们俩添了不少麻烦。
（21）对于生活方面上来说，他想买什么东西就买东西。

以上例句都不应该使用"对于"。例（19）所强调的是一事物对另一事物的影响作用，强调受影响事物所产生的结果或情状，带有明显的致使义，因此应该使用"使"字句来完成这一语义要求。例（20）（21）中，表示与动作行为相关的某一方面、领域或范围，应与介词"在"搭配。

2.2 该用而未用

该大类偏误是指句子应该使用"对于"却没有使用。这类偏误共有384句，占到了偏误总数的71.91%，是数量最多的一类偏误。

2.2.1 "对于"遗漏

该类偏误共有349句，在"该用而未用"这个大类中所占的比例为90.86%。其下有3个偏误类型。

2.2.1.1 单纯的"对于"遗漏

该类偏误共有235句，在该大类中所占的比例为61.20%，在所有偏误类中所占的比例为44.01%。例如：

（22）有些人（　）自己喜欢的歌星达到痴迷的程度。
（23）另外，学生也可能因为（　）异性的好奇心与兴趣而更向往恋爱，更想了解异性。

"对于"的作用是"引进对象或事物的关系者"（《现代汉语词典》第5版：346），上面的例句中的"歌星""异性（的好奇心与兴趣）"正是"痴迷"的对象与"向往恋爱"的原因，属"关系者"范畴，故此需要"对于"的引介。

2.2.1.2 "对于……来说（讲）/而言"结构不完整，即其中的某一部分遗漏

其中"对于"遗漏的共有76句，在该大类中所占的比例为19.79%，在所有偏误类中所占的比例为14.23%；而"来说（讲）/而言"遗漏的只有11句，在该大类中所占的比例为2.86%，在所有偏误类中所占的比例为2.06%。例如：

（24）沉溺在玩乐中的我而言，是一句很有哲理，可是不能领会的"禅语"。
（25）对于建立一个健康的社会，需要从禁烟开始。

在现代汉语中有些固定格式，介词在前，其他词语在后，介词所引介的对象

被夹在中间，形成了一个框架，称之为"介词框架"（陈昌来，2002）。在"对于……来说"这个"介词框架"中，例（24）是"对于"遗漏，例（25）是"来讲/来说"遗漏。

2.2.1.3 "对于"遗漏并有其他偏误

该类偏误共有 27 句，在该大类中所占的比例为 7.03%，在所有偏误类中所占的比例为 5.06%。例如：

（26）现代人都很敏感（　　）这个问题。

（27）所以政府应该（　　）在公共场所或在路上边走边抽烟的行为（　　）严厉的惩罚措施。

例（26）的"敏感"是一个形容词，形容词不可直接带宾语，且此处"敏感"针对的对象是"这个问题"，符合"对于"句的语义，应使用"对于"将"这个问题"介引到谓语前作状语。例（27），首先句子缺少述语"制定"或"采取"，而"制定严厉的措施"针对的对象是"在公共场所或在路上边走边抽烟的行为"，所以应该用"对于"引介。

2.2.2 "对于"误用

该类偏误指该用"对于"时却用了其他介词或介词结构的偏误现象。共有 35 句，在"该用而未用"这个大类中所占的比例为 9.11%。其下有 2 个下位偏误类型。

2.2.2.1 该用"对于"而误用其他介词

该类偏误共有 28 句，在该大类中所占的比例为 7.29%，在所有偏误类中所占的比例为 5.24%。例如：

（28）所以我们不能只光顾现代科学发达而是应该关于人类生命的尊严性认真地思考。

（29）现在世界上的饥饿问题也不亚于环境问题，因此有的人由于缺少粮食而挨饿的问题而提出先提高该增加农作物产量。

（30）为了将来，这个文章是个很好的启蒙。

（31）在这篇文章内容，我也跟记者的观点一样。

例（28）"人类生命的尊严性"是谓语动词"思考"的对象，应该使用"对于"加以引介，原句误用了"关于"。例（29）"由于"表示原因或理由，"增加农作物的产量"这一行为是针对"缺少粮食而挨饿的问题"提出的，因此该使用"对于"，即"对于某个问题提出什么策略、看法"。例（30）"为了"表示目的或原因，该句并无此义，"这篇文章是个很好的启蒙"所针对的对象是"将来"，因此该用"对于"。例（31）"文章的内容"是"我的观点跟记者的一样"所针对的对象，故应使用"对于"。

2.2.2.2 该用"对于……来说(讲)/而言"而误用其他结构

该类偏误共有 7 句,在该大类中所占的比例为 1.82%,在所有偏误类中所占的比例为 1.31%。

(32) 至于女生来说,自小被父母要求乖巧、顺从。
(33) 至市政府而言,是个新的有挑战力的问题。

"对于……来说(讲)/而言"是一个固定结构,不能随便更改和搭配,而"至于……来说"、"至……而言"则是不存在的错误结构。

2.3 句内偏误

该大类偏误是指句子应该使用"对于",实际也使用了,但存在其他偏误。该类偏误共有 65 句,占所有偏误的 12.17%。

2.3.1 "对于……"作状语时的句内偏误

该类偏误共有 44 句,在"句内偏误"这个大类中所占的比例为 67.69%。

(34) 对于贵公司的导游一职深( )兴趣。
(35) 对于( )自己无关的事情一概不理。
(36) 阅读能产生很大的作用对于提升自己的能力和本事。
(37) 从小的儒学灌输使我对于处理夫妻、兄弟等之间各关系起着很深刻的行为规范作用。
(38) 现在对于"安乐死"这个词大家都认识到了。
(39) 对于解决困难,可以有很多方法去解决。

例(34)是述语偏误,"兴趣"是名词,不能单独充当谓语,应该是"感兴趣",这类偏误有 5 句。例(35)宾语偏误,"一概不理"的宾语不是"自己无关的事",而是"和自己无关的事",这类偏误有 4 句。例句(36)是语序偏误,"对于"的功能是将介词宾语介引到谓语动词前修饰谓词性词语,因此,"对于"介词宾语位于谓语前,正确的表达应该是"阅读对于提升自己的能力和本事能产生很大的作用。"这类偏误有 15 句。例(37)是句式偏误,具体说是"使"字句和"对于"句杂糅在一起了。句子的主干是"儒学灌输起着行为规范作用",这句话所表示的动作行为针对的对象是"处理各种关系"这件事,符合"对于"的语义,不该再用"使"。例(38)是作述语的动补结构与动作的受事不搭配。对"安乐死"这样一个很严肃的问题,不是"认识到"就行了,而是"认识清楚"才可以,这类句子有 12 句。例(39)也属句式杂糅:要么说"对于困难,可以有很多方法去解决",要么说"解决困难,可以有很多方法",这类句子有 8 句。

2.3.2 "对于……"作定语时的句内偏误

该类偏误共有 11 句,在"句内偏误"这个大类中所占的比例为 16.92%。

(40) 我的意思是有些歌正好说出老百姓<u>对于</u>当地的、自己不敢报怨的艰苦的生活。

(41) 那么介绍我的想法<u>对于</u>流行歌曲。

(42) 世界上<u>对于</u>食物问题的关心越来越高。

例(40)是缺少中心语,"对于……的生活"后面缺少一个能作为谓语动词"说出"的宾语的中心词,例如"不满""怨恨"之类。例(41)是语序偏误。当"对于……"作定语时,应位于其所修饰的词语前边,中间用"的"连接,因此,"对于流行歌曲"是"想法"的定语,应在"想法"的前边。例(42)是主谓搭配不当,主语"关心"和谓语"越来越高"不搭配,而应该是"关心程度越来越高"。

此外,还有"的"缺少或多余动宾搭配不当等,共 4 句。

2.3.3 结构混用

该类偏误共有 10 句,在"句内偏误"这个大类中所占的比例为 15.39%,在所有偏误类中所占的比例为 1.31%。

(43) <u>对于</u>这个问题<u>上</u>,我认为吃"绿色食品"是第一位。

(44) 我相信这<u>对于</u>我接待各国侨胞和贵宾<u>上</u>,将有莫大的帮助。

(45) 我认为<u>对于</u>我们的生活<u>中</u>,绿色食品是必不可少的。

"在……上/中"在这里表示范围、方面,"对于"表示句子所涉及的对象,以上例句两种表达方式均可使用,但不可以同时使用。

2.4 其他偏误

该大类偏误主要是语义不明或是未完成的句子,无法进行判断,只能存疑。共有 12 句,占所有偏误的 2.25%。

2.4.1 语义不明

这类句子有 9 句,占该大类偏误的 75%,例如:

(46) 很多次做宣传外,吸烟<u>对于</u>健康有害的这是对成人有效,最好方法是并合两种方法。

(47) <u>对于</u>看待世界的确是鲜花美妙未被受污染的环境中生长。

2.4.2 未完句

这类句子有 3 句,占该大类偏误的 25%,例如:
(48) 对于这些妇女们
(49) 对于以后你俩是否能共筑一个幸福美丽的家庭有很大的

2.5 偏误及正确句统计

2.5.1 偏误类型统计

"对于"句的偏误类型相对复杂,既有句法结构方面的,也有语义方面的,具体分类及统计见表 1(括号中的数字为句数)。

表 1 "对于"句偏误统计

一级分类	二级分类	三级分类			四级分类
		偏误项目	在该二级分类中所占比例	在全部偏误中所占比例	
不该用而用 73,13.67%	多余(50) 68.49%	"对于"多余(45)	61.64%	8.43%	
		"对于"及其宾语多余(2)	2.74%	0.37%	
		"对于……来说(讲)/而言"多余(3)	4.11%	0.56%	
	误用(23) 31.51%	该用其他介词而用"对于"(14)	19.18%	2.62%	该用"关于"而误用"对于"(11)
					该用"由于"而误用"对于"(2)
					该用"出于"而误用"对于"(1)
		该用其他句式而误用"对于"(1)	1.37%	0.19%	
		该用其他结构而误用"对于"(5)	6.85%	0.94%	
		该用其他结构而误用"对于……来说(讲)/而言"(3)	4.11%	0.56%	

续表

一级分类	二级分类	三级分类 偏误项目	在该二级分类中所占比例	在全部偏误中所占比例	四级分类
该用而未用（384）71.91%	遗漏（349）90.89%	单纯的"对于"遗漏（235）	61.20%	44.01%	
		"对于"遗漏并有其他偏误（27）	7.03%	5.06%	
		"对于……来说（讲）/而言"结构中"对于"的遗漏（76）	19.79%	14.23%	
		"对于……来说（讲）/而言"结构中"来说（讲）/而言"的遗漏（11）	2.86%	2.06%	
	误用（35）9.11%	该用"对于"而误用其他介词（28）	7.29%	5.24%	
		该用"对于……来说（讲）/而言"而误用其他结构（7）	1.82%	1.31%	
句内偏误（65）12.17%	"对于……"作状语时的句内偏误（44）67.69%	述语偏误（5）	7.69%	0.94%	
		"对于"宾语的偏误（4）	6.15%	0.75%	
		语序偏误（15）	23.08%	2.81%	
		"对于"宾语与句子的谓语动词搭配不当（12）	18.46%	2.25%	
		句式杂糅（8）	12.31%	1.5%	
	"对于……"作定语时的句内偏误（11）16.92%	缺少中心语（2）	3.08%	0.37%	
		语序偏误（2）	3.08%	0.37%	
		主谓搭配不当（3）	4.62%	0.56%	
		其他（4）	6.15%	0.75%	
	结构混用（10）		15.39%	1.87%	
其他偏误（12）2.25%	语义不明（9）		75.00%	1.69%	
	未完句（3）		25.00%	0.56%	

由表1可见：

四大类偏误按比例高低排列为：该用而未用（71.91%）＞不该用而用（13.67%）＞句内偏误（12.17%）＞其他偏误（2.25%）。

"该用而未用"偏误占了大多数（71.91%），较为突出，应引起特别重视。在其下的三级分类中，比例最高的是"单纯的'对于'遗漏"这类偏误（占本类的61.20%）；其次是"'对于……来说（讲）/而言'结构中'对于'的遗漏"这类偏误（占19.79%）。

在"不该用而用"的偏误中，"'对于'多余"的偏误占本类偏误的大多数（61.64%）；其次是"该用其他介词而误用'对于'"的偏误（19.18%）。

在"句内偏误"中，偏误情况最严重的是"'对于'作状语时的语序偏误"这一类（占本类偏误的23.08%）；其次是"'对于'作状语时'对于'宾语与句子的谓语动词搭配不当"这一类（占18.46%）；"句内偏误"的下位类比较多，除以上两种主要的偏误外，其他各类数据相差很小。

二级分类"'对于'遗漏"的偏误不仅在"该用而未用"这类偏误中所占的比例最大（90.88%），在全部偏误中所占的比例也最大（65.36%），尤其值得注意。

2.5.2 "HSK"高等考试各级别考生的"对于"句偏误情况统计

为了分析发现不同等级考生的偏误表现，本文将留学生"对于"句的偏误情况按考生HSK（高等）证书的获得情况分为四个级别（获A、B、C级证书以及未获得证书）进行统计分析。

各级别考生"对于"句偏误总体情况见表2。

表2 HSK各级别考生"对于"句偏误总体情况

统计项目	A级	B级	C级	未获证
偏误数	11	60	158	305
所占比例	2.06%	11.24%	29.59%	57.12%

再分级别统计各级别考生偏误句的偏误类型分布，数据见表3：

表 3 HSK 各级别考生"对于"句各类偏误情况

类型	不该用而用	比例	该用而未用	比例	句内偏误	比例	其他偏误	比例	总数
A 级	2	18.18%	3	27.27%	5	45.45%	1	9.09%	11
B 级	14	23.33%	35	58.33%	11	18.33%	0	0.00%	60
C 级	20	12.66%	116	73.42%	18	11.39%	4	2.53%	158
无证书	37	12.13%	230	75.41%	31	10.16%	7	2.30%	305

由以上数据可以得出：

从偏误总数（表2）来看，随着考生汉语水平的上升，偏误数量逐级递减，且幅度较大。

从各类偏误在各级别考生中的分布来看（表3），每一类偏误（一级分类）的数量也是随着考生汉语水平的上升而逐级递减。

综上，留学生"对于"句的偏误率，不论是在整体上，还是在各偏误（一级）分类内部，都随其汉语水平的提高逐级递减。

2.5.3 留学生正确习得情况和母语者的对比

偏误分析只观察到了学生的偏误，而没有观察到学生正确习得的情况。为保证分析的全面客观，下面对正确的语言现象进行考察。

在"HSK 动态作文语料库"中，共有"对于"句1170句，减掉偏误句534句，共有正确句636句，占到了"对于"句总数的54%。我们选取了北大 CCL 现代汉语语料库网络版中的《作家文摘》为母语语料来进行对比考察。在《作家文摘》中共搜索到"对于"句1746句，随机选取1000句，然后逐句根据前边提到的"对于"句的句法形式和语义特点进行分类对比，统计结果如表4。

表 4 留学生正确习得情况和母语者的对比

句式类型	HSK 动态作文语料库 句数	比例	北大 CCL 现代汉语语料库 句数	比例
句式 1：N1 + 对于 + N2 + V（+ N3）	243	38.21%	356	35.6%
句式 2：N1 + 对于 + N2 + V + N3	149	23.43%	135	13.5%

续表

句式类型	HSK 动态作文语料库		北大 CCL 现代汉语语料库	
	句数	比例	句数	比例
句式 3：N1 + 对于 + N2 +（来说/而言）+ V（+N3）	200	31.45%	423	42.3%
"对于"介宾短语作定语	44	6.92%	86	8.6%
总句数	636 句		1000 句	

通过对母语语料库的考察，我们发现，四种形式的"对于"句，使用频率排序为：句式 3 > 句式 1 > 句式 2 > 句式 4，且句式 1 和句式 3 的使用频率明显高于其他两种句式。

通过对"HSK 动态作文语料库"中正确"对于"句的考察，我们发现，四种形式的"对于"句，留学生的使用频率排序和母语者稍有不同，排序为：句式 1 > 句式 3 > 句式 2 > 句式 4。且前三种句式的使用频率相差不是很大。

通过对比发现，留学生和母语者的习得有相同之处也有差异，留学生和母语者在句式 1 的使用频率上，比例接近；而留学生句式 2 的使用频率要高于母语者；留学生句式 3 的使用频率要低于母语者。

三 偏误原因及解决策略

3.1 本体方面

3.1.1 对语义及介词框架的研究不足

3.1.1.1 对"对于"在句中的语义关系的研究不足

"对于"句的句法结构并不算复杂，但其内部语义关系比较复杂，这方面的研究还较少，且看法不一。

以《实用现代汉语语法》（增订本，刘月华等，2001）和《现代汉语八百词》（增订本，吕叔湘，1999）为例，两部书都只将"对于"及其宾语作状语的用法分为引进谓语动词的受事和引进与动作行为有关的事物这两种情况，但实际用法不止这两种。

《现代汉语八百词》认为"对于"用于"表示人、事物、行为之间的对待关系"（即对待义），例句是："对于工作，他一向非常认真。"《实用现代汉语语法》对"对于"的解释是"引进牵涉的对象或事物的关系者"（即牵涉义），在辨析分辨"对"和"对于"时提到"对"还保留有对待义，而"对于"无此义，认为"我们对工作应该认真负责"中的"对"不能换做"对于"。

此外，《现代汉语八百词》（增订本）认为"对于"不能表示人与人之间的关系，只能用"对"，认为"我们对于你完全信任"是错句。但也有学者认为"对于"可以表示人与人之间的对待关系（王珏，1986），例句为："对于科学家，人们总是怀着深深的敬意的。"

3.1.1.2 对"对于……来说"介词框架的研究不足

在现代汉语中有些固定格式，介词在前，其他词语在后，介词所介引的对象被夹在中间，形成了一个框架，称之为"介词框架"（陈昌来，2002）。"对于……来说"是其中的一种，后边的"来说"可以认为是准助词。"对于……来说"引进某描述、判断或看法所针对的人或事物。

关于"对于……来说"中"来说"的作用及能否省略，目前仍有研究空白和争议。例如周芍（2007）认为，当"对于"介绍出判断、描写或叙述的角度，即引出该判断、描写或叙述的特定对象的时候，"对于……来说"这一格式的作用和"对于……"差别不大，只是采用固定格式"对于……来说"时强调的意味似乎更重。但实际上并不完全是这样的，陈昌来（2002）指出，当句子主语和"对于"介词宾语之间有主客体关系时，"对/对于……来说"有提示主体的作用，这个时候，"来说"不能省去，否则会造成主客体颠倒。

杨丹毅（2007）曾指出，当介词宾语是句子的主语，且句子主语与介词宾语形成复指关系时，"对于……来说"整个框架可以省略，也可以省略后部准助词。但此处他并未具体说明当句子中没有和介词宾语形成复指关系的词语时，"来说"可否省略。本章从北京大学 CCL 汉语语料库的《作家文摘》语料中检索出使用"对于……来说（讲）/而言"的句子，再考察这类"对于……来说（讲）/而言"介词宾语是句子的主语且句子中未出现复指词的句子，发现在这种情况下，母语者基本都使用了"对于……来说"整个框架结构，并未省略"来说"。例如：

(50) 对于一个诚实的人来说，应该无所畏惧。

(51) 对于一个蜚声中外的大科学家来说，20 年能为国家做多大的贡献啊！

从上述例子看，当介词宾语同时也是句子的主语，且句子中并未出现主语的复指词时，"来说"一般不可省略，或者直接省掉"对于"。不过由于所考察的语料有限，仍不能定论。

总的来说，这些研究的不足都会在一定程度上影响到教学的效果，造成留学生的偏误。

3.1.2 "对于"易与相关介词混淆

"对于"与"对""关于"等介词有相似之处，易引起混淆，相关比较见表5。

表5 相关介词比较

介词	语义特征
对于	引进动作行为所对待、针对、涉及的对象
关于	引进与动作行为相关的事物或范围
由于	表示原因或理由
出于	表示原因
以	表凭借，用、拿；表方式，根据、按照；表原因，因为、由于
为了	表示目标或目的

教学中需要讲清不同介词在句法形式和语义关系上的不同，从偏误统计来看，留学生最容易混淆的是"对于"和"关于"，需要重点讲解。

在语义上，"对于"可以引进动作行为对待的对象、针对的对象和关涉的对象，而"关于"只能引进动作行为所关涉的对象或范围。二者的区别主要有：

①"对于"主要表示动作的对象，"关于"主要表示涉及的范围；

②作状语时，"关于"只能位于句首、主语之前，但"对于"介宾短语作状语时可位于主语前和主语后；

③"对于"强调"对待"，"关于"强调指示范围。

二者的共同点是它们都组成介宾短语做状语或定语，在语义上都有"关涉义"，都可以引进动作所关涉的对象或范围。只有介词宾语既是动作所涉及的对象又是动作所涉及的范围时，并且介词短语处于句首时，"对于"才可以换成"关于"。

3.1.3 介词隐现机制不易掌握

介词尽管在汉语中起着重要的句法作用和语义作用，但跟现代汉语中的其他虚词一样，它的使用并不是绝对的，有一定的弹性，介词的使用有必用、必不用、可用可不用三种情况，而制约介词隐现的因素，既有句法上的，也有语义上的，还有语音上的，更有语用上的，非常复杂。语义方面，表示对象的介词一般是不能省略掉的；句法结构方面，位于句中的介词一般是不能省略掉的，除非介

词宾语是任指词语。(陈昌来,2002:243—253)

在所有偏误中,单纯的"对于"遗漏这一类偏误数量最多,占到全部偏误的44.01%,明显高于其他偏误类型的数量。造成这一偏误的原因,除了不清楚其语义外,还有介词隐现的情况较复杂,留学生不容易掌握的原因。

3.2 学习者方面

3.2.1 母语负迁移的影响

在汉语中,介宾短语修饰谓语动词要放在谓语动词前作状语,若位于动词后对动词作补充说明则为补语。而英语中,介宾短语作状语通常位于谓语动词之后,不是补语。这样的区别可能导致母语为英语的留学生在使用介宾短语时混淆状语和补语的用法而产生偏误。像"阅读能产生很大的作用对于提升自己的能力和本事"这样的偏误句显然就是受母语表达方式(Reading can be very helpful to improve your ability)影响而产生的。

3.2.2 目的语规则的泛化

"对于"与"关于"都可以表示"引进动作所关涉的对象或范围",但"关于……"作状语必须放在句首。"对于……"可以做状语,也可以做定语,但作定语时一定要在"对于……"和所修饰的词语之间加上结构助词"的"。再如"对于"和"至于"有相似用法,但有"对于……来说",却没有"至于……来说"的用法。留学生如果对这些掌握不全面,就可能产生类推不当的错误。

3.2.3 工具书与教材存在不足

如前所述,有些常用的语法参考书如《实用现代汉语语法》(增订本)、《现代汉语八百词》(增订本)等对"对于"的解释有一些差异,对"对于"的释义过于笼统。此外,这两部书对相关介词的释义和比较也比较简单。这种情况对教和学都有不利的影响。

教材方面,常用教材的处理也有不当之处。例如在《汉语教程》系列(修订本,杨寄洲,2006)中,介词"对于"出现在第三册(上)第1课,注释与讲解是:"对于"可用在主语前,也可用在主语后;但不能用在动词、副词之后。用"对于"的句子都能换用"对";但用"对"的句子,有些不能换用"对于"。对"对于"和"对"的异同讲解过于简单。教材中有"对……来说",却未提到"对于……来说"。

再如《发展汉语》系列,"对于"首次出现在初级下册第24课,但教材并未对"对于"这个语法点做任何讲解或注释,只在生词表中给出了英文解释"for",且在课文中"对于"的用法是组成介宾短语带"的"后作定语。对于以前并未学习过"对于"的留学生来说,尚未掌握"对于"介宾短语作状语的情况及其语义,要理解和掌握作定语的情况会有难度。教材中的"对……来说""对于……来说"多次重现,但都是孤立出现,未作对比,教材中的介词小结也未对"对""对于""关于"等相关介词进行比较。

总的来说,以上教材对"对于"及其相关介词的讲解过于简单笼统,缺乏针对这些相关介词的对比。

3.3 解决策略

3.3.1 本体研究方面

本体研究是基础,本体研究上的不足会对教学产生很大的影响。我们认为本体方面的研究,应从"对于"本身的句法语义特征入手,弄清楚"对于"的语义,对其"对待义""关涉义"等都应有一个清晰明了的定义,避免出现前边提到的工具书之间定义相互矛盾的问题,以及简单定义过于笼统、不利于理解的问题。除此之外,介词框架"对于……来说"的隐现机制也是一个研究的重点和难点。研究还应关注"对于"与句中其他句法成分之间的语义关系,加以厘清。

需要特别强调的是,要把本体研究的成果及时引进教材和教学之中。

3.3.2 教学方面

3.3.2.1 重视介词的语义教学

"对于"的语义比较复杂、抽象,并且和其他一些介词有所交叉,因此"对于"的语义教学十分重要。教师要讲清楚何时该用"对于",何时不该用,用与不用在语义表达上有什么区别,用不同的介词在语义表达上又有什么区别,以避免学生产生多用、漏用或混淆之类的偏误。

3.3.2.2 重视句法形式的教学

除了"对于"本身的语义教学,在教学中还要给出其相关的句法形式,将一个完整的句法结构呈现在学生的面前,帮助学生掌握"对于"及其宾语与句中各成分之间的语义关系,在句式结构的基础上帮助学生了解句中各成分之间的语义关系。

前边已经提到,教材和工具书在讲解"对于"时,多给出其语义、使用规则,但都比较抽象,甚至对于母语者来说也不是很好理解,加之"对于"句句中各成分之间复杂的语义关系,会形成不同形式的"对于"句。因此,教师在讲解"对于"时,应帮助学生总结"对于"句的常规形态,即其句法形式,以使学生清楚地知道"对于"构成的介宾短语的位置,防止出现诸如将"对于"及其宾语置于谓语动词后的偏误。还应在"对于"句句法形式教学的基础上,进行句子成分之间各种语义关系的讲解,帮助他们区分不同语义关系的"对于"句。

3.3.2.3 循序渐进,分阶段教学

对于零起点或低水平的学生,过多的讲解和引入会产生负面效果,像"对于"这样语义比较复杂的介词尤其如此。因此在初级阶段,教师应以大量的例句取代复杂的讲解释义,通过直观的例句让学生感知其语义与用法,形成初步的感性知识。

随着学习的深入和学生水平的提高,要在再现、巩固所学用法的基础上,循序渐进地进行"对于"句教学、提高其难度。此时可以进行适当的讲解,并逐渐扩充其语义和用法,让学生用所学的语义、规则等检验之前在初级阶段感知到的语法知识,并在此基础上更进一步理解所学知识。这样的教学是一个引导学生主动学习吸收的过程,会给学生留下较为深刻的印象。例如初级阶段讲了"对于"的宾语是谓语动词的受事这一用法后,中级阶段可引进"对于"所带宾语表示动作所针对的对象这一用法。这样循序渐进的过程可以加深学生对知识的理解与记忆,取得比较好的教学效果。

学生的水平达到一定程度后,教师可以加大难度,开始介词之间的对比教学,帮助学生区分语义和用法相近的介词以避免混淆。例如在这一阶段可以把学过的"对于""关于""对"等放在一起对比分析,反复讲练,以求彻底掌握。

3.3.2.4 加强相关介词的对比教学

"对于"与相关介词混淆的偏误不少,因为这些介词或者义项交叉,或者形式相似。对于那些形似但语义并没有联系的介词,如"对于"和"由于",可以直接告诉学生他们是不同的,强调其不同的语义特点。但对于语义相关的介词,如"对于""对""关于"等,则要想办法让学生明了它们之间的同与异。前边已经提到过,到了一定的阶段后,开展近义介词的对比教学非常重要,例如"对于"和"关于""对""由于"等相关介词的比较。通过对比辨析,帮助学生区分这些介词之间的"异",同时发现和感知不同介词之间的联系,即它们的"同"。这样,就可以帮助学生在脑海中建立一个不同介词的结构图,在此图中,每一个介词既相互独立,有自己的语义特点,有自己的地位;同时,某些介词之间又存在某些联系,甚至在某些情况下可以替代使用。

四 结语

  本章依托"HSK 动态作文语料库",对留学生偏误率较高的"对于"句进行了考察。"对于"句的偏误有四大类,分别是不该用而用、该用而未用、句内偏误、其他偏误。其中,"该用而未用"这类偏误占到了偏误总数的 71.91%,是最严重的偏误类型。其次是"不该用而用"的偏误、"句内偏误"和"其他偏误"。而在所有偏误中,"'对于'遗漏"和"'对于……来说(讲)/而言'结构中'对于'遗漏"这两类偏误最严重。

  "对于"句的习得情况是:随着考生汉语水平的上升,偏误率逐级递减,A 级考生的偏误率非常低,而未获证的考生的偏误占到了一半以上。对 A 级水平的考生来说,"句内偏误"的偏误率最高,且各项偏误数量相差不大;而在 B、C 级水平和未获证的考生中,都是"该用而未用"这类偏误的偏误率最高,"不该用而用"和"句内偏误"这两类偏误的偏误率相差不大,且 C 级和未获证水平的考生,"该用而未用"这类偏误的数量明显高出其他偏误。

  导致偏误的原因主要有:本体研究方面的不足、"对于"易与相关介词混淆、介词隐现机制不易掌握、语言迁移影响、目的语规则泛化、工具书与教材存在不足等几方面。

  最后,根据留学生"对于"句的习得情况,从本体研究和教材、教学等方面提出了改进教学的解决对策。希望本研究的结果能对"对于"句的教学提供一定的参考与帮助。

第十二章 "给"字句偏误研究[①]

一 引言

"给"字句是现代汉语中的高频句式,是对外汉语教学中的必教句式之一,也是对外汉语教学中的一个难点。"给"的用法和意义比较复杂。关于"给"字句前人已经做过了一些研究,其中最有影响力的是朱德熙(1979),他提出了与"给"相关的四种句式:

S1:NPs + V + 给 + NP1 + NP2
S2:NPs + V + NP2 + 给 + NP1
S3:NPs + 给 + NP1 + V + NP2
S4:NPs + V + NP1 + NP2

笔者在日常教学中注意到留学生在日常交际和学习中经常使用 S3 句式,但经常出现这样那样的偏误。通过考察"HSK 动态作文语料库",笔者发现 S3 句式的偏误率很高,达到 40.63%,因此本文拟对 S3 句式进行讨论和研究。S3 句式的基本语义是表示替代、服务,并不一定表示给予。介词"给"可以引出动作行为的给予对象、服务对象、受损对象或指向对象。

以往对"给"字句的研究有从汉语本体研究和从对外汉语方面进行的习得研究。"给"字句的本体研究并不少见,包括"给"的词性研究、进入"给"字句的谓语动词类型研究(朱德熙,1979;施关淦,1981)、"给"字句的语义研究(范晓,1987;齐沪扬,1995;丛琳,2001;周红,2007)、"给"字句和双宾语句式义的研究(沈家煊,1999;张伯江,1999)等。相对于本体研究,"给"字句的习得研究较少,主要包括:介词"给"与其他相关介词的中介语分析和习得研究(崔希亮,2005;王宇泉,2011;韩荣洙,1998;杨永,2007;汪灵灵,2005)、"给"字句相关句式偏误分析(栾育青,2009;周岚钊,

---

[①] 本章依据北京语言大学 2009 级语言学及应用语言学专业硕士研究生屈梅娟的学位论文《基于 HSK 动态作文语料库的"给"字句习得研究》加工整理。编者:栾育青。

2009），等。

以往大多数文章是讨论"给"字相关句式或者是几种"给"字句的情况（朱德熙，1979；沈本秋，2004；崔承一，1989；王凤敏，2005等），专门论述"给"字句的S3句式的文章尚不多见。从习得角度研究S3句式，尤其是利用语料库方法研究S3句式的更是少见。本文拟依据大规模汉语中介语语料库，对S3句式的习得情况进行全面分析，找出偏误原因，提出相关对策，希望能对留学生习得S3句式有所帮助，促进S3句式的教学，同时也希望能促进相关介词的教学。

二 S3句式的主要偏误类型及统计分析

本文利用"HSK动态作文语料库"（1.1版）按字检索，对带"给"的句子进行了穷尽性搜索，共搜索到带"给"的句子7 386例，其中S3句式3 103例。然后根据句法知识对S3句式进行逐句筛选，删除无效例句，得到偏误句1 261例，偏误率是40.63%（1261/3103）。

需要说明的是，我们对原始语料做了相关处理，凡属字层面的问题，如错字、别字、繁体字、拼音字以及标点符号，因其不影响本句式的偏误分析，因此笔者在举例时，都已按照正确的形式处理，以方便读者的阅读，其他方面均保持了偏误句的原貌。

通过分析发现，S3句式的偏误类型比较复杂，包括四种偏误类型，即：不该用而用、该用而未用、内部偏误、其他偏误。每一大类下再分出下位偏误类型。

2.1 不该用而用

这类偏误是指不该用S3句式的地方却用了该句式的情况。这类偏误一共有300例，占所有偏误的23.79%。这个类型又可以分为三个次类：多余、误用和复合错误。

2.1.1 多余

这类偏误是指"给"或"给+NP1"多余。一共有15例，占所在大类的5%。又可分为两个次类：

2.1.1.1 单纯"给"字多余

一共有5例。

（1）父母的兴趣爱好和思想观念在孩子心目中给留下了特别深刻的印象。
（2）而且给抽烟者周围的人所受到的影响比抽烟者自己还严重。

例（1）"在孩子心目中"是"留下"的状语，不需要用"给"引出动作的受益、受损、指向对象，"给"字多余。例（2）是"抽烟者周围的人所受影响"和"抽烟者自己受到的影响"的比较，不需要使用介词"给"引出动作的对象。

2.1.1.2 "给+NP1"多余

一共有10例。

（3）现代社会有很多歌曲，其中流行歌曲给人们非常受欢迎。
（4）我了解你们对我的爱有多少，毕业后我一定会给你们报答你们对我的爱。

例（3）想说的只是流行歌曲非常受欢迎，这种"欢迎"与其施事、接受对象等均无关，因此不需要用"给+NP1"引出动作"欢迎"的接受对象，应该删掉"给人们"。例（4）中"你们"作为宾语的定语已经出现了，没有必要再用介词"给"引出动作"报答"指向的对象，应删去"给你们"。

2.1.2 误用

这种偏误指的是"给"用成了别的词或S3句式用成了别的句式的情况，一共有256例，占所在大类偏误的85.3%。又可以分为两个次类：该用其他词却用了介词"给"，该用其他句式却用了S3句式。

2.1.2.1 该用其他词却用了介词"给"

这类偏误一共有110例，占该大类的比例是36.66%。误用介词"给"，应改成其他介词（如："对"、"跟"、"向"、"把"）。

A. 该用"对"用成了"给"。共有57例，占该大类偏误的18.75%，总偏误的4.50%。

（5）我觉得流行歌曲给人们有很多好处。
（6）生活中听到的声音肯定会给人的精神情况有影响。
（7）如果教室里只有跟自己同性的学生，这样的学习环境就会给学生产生很大的影响。

"对"和"给"都是对象类介词，都可以引出动作的指向对象，在用法上有一些交叉，比如"我对妈妈使了个眼色""我给妈妈使了个眼色"两个句子都是成立的。但"对"可以引出动作行为的对待对象和针对对象，当引出对待对象时，后面的谓语动词多为抽象的行为动词和心理动词以及形容词，如："对……很热情"、"对……感兴趣"、"对……很满意"，而引出涉及对象时，后面的动词多是表示存在、消失、判断的抽象动词（比如"有、产生、引起"等）。而

"给"主要引进给予对象、服务对象、受益对象、受损对象等。上面的三个例句中,动词"有"和"产生"分别表示的是一种存在、出现,前面的对象都是动作的针对对象,而不是动作的服务对象或给予对象,应该用"对"。

B. 该用"跟"(和/同/与)而用了"给"。共有 23 例,占该大类偏误的 7.56%,总偏误的 1.81%。

(8) 好了,就此搁笔,我会给你们联系。

(9) 为了改变这样的坏毛病我们应该先主动地给别人交谈,主动地跟同学们打招呼。

介词"跟"的主要意义是引进协同动作的另一方、某种关系的另一方、比较的另一方等。"给"主要引出动作行为的交付对象、受益对象,核心语义是"转移"。上面的例句中"联系""交谈"都是需两方协同合作才可以做的事情,要用"跟"来引出协作动作的另一方。

C. 该用"为"而用了"给"。共有 12 例,占该大类偏误的 3.94%,总偏误的 0.94%。

(10) 他不善于人际关系,不知道给周围的同事、伙伴们考虑。

(11) 清洁工的工作虽然又简单又辛苦,是不少人看不惯的,但是给社会做出了很大的贡献。

D. 该用"向"而用了"给"。一共有 10 例,占该大类偏误的 3.28%,总偏误的 0.79%。

(12) 我会用流行歌曲,给别人表达我的心,所以我很喜欢流行歌曲。

(13) 为了解决这种问题,最主要方法就是先进国家要主动地给贫穷国家伸出援助之手。

"向"是一个方向性很强的词,一般是引出动作行为的指向对象、动作行为的方向等。例(12)"表达"的指向是"别人",应该用"向"引出"表达"的方向。例(13)中"伸出"的方向是"贫穷的国家"。

E. 该用其他介词用成了"给"。其他介词是指除"对""跟""为""向"之外的其他介词。一共有 4 例。

(14) 我是一个运动员,是给学校校队跑步的。

(15) 所以在孩子小的时候,父母的兴趣、爱好、思想观念和行为都会给孩子的记忆里打下一个深深的烙印。

例(14)、(15)中的"给"都应该改为介词"在"。

2.1.2.2 该用其他句式却用了 S3 句式

这种偏误一共有 150 例,占该大类的比例是 50%,又分为 3 个下位偏误类:

A. 该用双宾语句却用了 S3 句式

这种偏误是指该用"NPS + V + NP1 + NP2"（即 S4）或"NPS + V + 给 + NP1 + NP2"（即 S1）两种双宾语句，却误用成了 S3 句式的情况。一共有 56 例，占到了该大类的 18.67%，占到总偏误的 4.44%。其中该用 S4 用成了 S3 的情况有 42 例，占到了偏误大类的 14%，总偏误数的 3.33%。

（16）比如，通过电视或新闻给人们告诉吸烟的坏处等等。
（17）作为父母应该给孩子培养良好的品德。
（18）在韩国虽然不让给青少年卖烟，但是还是有卖的，真是不可思议。

像"告诉""卖"都是"给予类"动词，用双宾语句就可以直接表示"有意的给予"这一句式意义。而这些动词用在 S3 句式时，句子表示替代义，不表示给予义，因此这里都不应该使用 S3 句式。例（18）中的"卖"必须用于 S1 句式（"V 给"句）或双宾语句（省略"给"字），句子才能表给予义，"卖给青少年烟"才是正确的表达。例（17）中的动词"培养"可以直接带培养的对象作宾语，也可以带培养的内容作宾语，如果这两个宾语同时出现，那么就依次放在"培养"的后边，构成双宾语句。

B. 应该使用兼语句（"使"、"让"、"令"）却用了 S3 句式。一共有 71 例，占该大类偏误的 23.67%，总偏误的 5.63%。

（19）只要选择适合自己，不影响自己的平常生活的歌曲，至少就给自己产生了兴趣。
（20）这么简单的事给我大吃一惊，因为我从来没见过这样的场面。
（21）其一，学习汉语能给我们增加知识，能提高汉语水平，有利于我们的工作前途，这个好处是大家都有目共睹的。

上面的句子都表示使动意义，应该用兼语句，所以应该把句子中的"给"都换成表致使义的"使"或者"让"。

C. 应该使用主动宾句却用成了 S3 句式。一共有 23 例，占该大类偏误的 7.67%，总偏误的 1.82%。

（22）东方社会大部分国家崇尚儒教，听父母所说的话，给他们服从是儒家的美德之一。
（23）不过这样的故事给我们提醒怎么做好。
（24）由于化学污染的病会给胎儿传染，而且那个孩子不到十年就死了。

"服从""传染""提醒"都是及物动词，可以直接带宾语，引出受事，而且各例句没有任何"位移"意义，因此不必使用"给 + NP1"作状语引出动作行为的服务对象，直接使用动宾结构（"服从他们""提醒我们""传染胎儿"）就可以了。

2.1.3 复合偏误

这种偏误是指出现了两种或两种以上的偏误。一共有 29 例，占大类比例的 9.67%，又可以分为三个下位句式：

A. "给"多余并有其他偏误，共 6 例。

（25）我们现在虽然不能协助非洲的人，可是给他们可以告诉怎么做能粮食量发达。

（26）我同意"安乐死"，因为给病人帮助能够减轻痛苦。

例（25）中不仅不应该用 S3 句式（前边已经说明"告诉"应用在双宾语句），而且"告诉"后面部分也有错误。正确的表达应该是"可以告诉他们怎么做才能使粮食产量高。"例（26）不仅句式错误，而且状语"能够"的位置也不正确，应该是"能够帮助病人减轻痛苦"。

B. 词语误用且有其他偏误。这类偏误是指该用其他的词语却用了"给"，并且有其他的偏误，共有 12 例。

（27）如果您们公司收到了我的信的话，请要求给我马上联系。

（28）我给女朋友什么都没说。

在例（27）中"联系"是一个双向动词，前面只能用"跟"。"跟"核心意义是"协同、共同"，因此引出的动作必须是双向的。而"给"引出的动作是单向的。另外"要求"在句中也是多余的。例（28）应该用"对"引出"说"指向的对象，而不是"给"。同时，句子的语序也需要调整，应为"我什么都没对女朋友说"。

C. 句式误用并有其他偏误。这类偏误是指应该用其他的句式却用了 S3 句式，并有其他的偏误，共有 11 例。

（29）在外面或在电视里多次看到吸烟的场面，给青少年有相当大的好奇心。

（30）她说得了不治之症，给家人添麻烦，而且不想给家人自己看非常痛苦的样子，那她会选择死。

例（29）不但把兼语句误用成了 S3 句式，即"给"应改成"使"，而且原句谓语动词"有"表示存在，不适于用在兼语句，因为兼语后边的动词一般是表示有结果变化的动词，所以"有"应该改为"产生"。例（30）也是把兼语句误用成了 S3 句式，同时主要的谓语动词"看"后缺少结果补语，应该使用"看到"。"自己"的语序也不当。

2.2 该用而不用

该用而不用偏误是指应该使用 S3 句式却没有使用的情况。一共有 689 例，占总偏误的54.64%。主要分为以下三种主要类型：残缺、误用和复合错误。

2.2.1 残缺

共有43例，占该大类的6.24%。又可以分为3个小类：

2.2.1.1 "给"字残缺

共有17句偏误句，占大类的2.46%，占总偏误的1.34%。

(31) 我父亲经常对我们说，"千万别（　）人家添麻烦。"

(32) 我们必须承认吸烟会（　）吸烟者周围的人带来很多不利影响。

例（31）需要用介词"给"引进"添麻烦"这个不好的行为的受损者，即在"人家"前面加上"给"。例（32）"吸烟者周围的人"是"带来不利影响"的接受者，需要加上一个介词"给"引出。

2.2.1.2 "NP1"残缺

一共有8例，占大类的1.16%，占总偏误的0.63%。

(33) 那我下次再给（　）写信。

(34) 每天给（　）做饭，每天喂我药。

(35) 他看了报纸之后就要叫我到他的膝前，并要把刚看完的好故事给（　）讲讲。

在S3句式中，"给"后边的服务对象或接受对象必须出现，否则表意不明。例（33）中"写信"后边应该加上"你"。例（34）和（35）中也都需要在"给"后面添加宾语"我"，分别表示"做饭"和"讲故事"的服务对象。

2.2.1.3 "给+NP1"残缺。一共有18例，占大类的2.61%，占总偏误的1.42%。

(36) 第二、要（　）提供良好的教育，否则这是无能的政府。

(37) 总之，对我来说，父母的兴趣爱好、思想观念和行为举止都（　）打下了深深的烙印。

例（36）"提供良好的教育"这项服务没有具体的对象，为了表意清晰，需要利用介词"给"引出动作行为的服务对象，可以补上"给人们"。例（37）中"打下深深的烙印"这个结果性动作的接受者是谁，也表达不清楚，我们可以在"打下烙印"前加上"给我"。

2.2.2 误用

共559例，占该大类的81.13%。主要有3个下位偏误类型：

2.2.2.1 该用"给"用成了别的词

共有198例，占大类的28.73%，占所有偏误的15.7%。

A. 应该用"给"却用成了"对"。这种偏误共有 156 例，占该大类的 27.9%，占所有偏误的 12.37%。

（38）吸烟对个人的身体健康和社会带来了巨大的损害。

（39）这个现象对人和人之间的交流带来很大的困难，就是所谓"代沟"。

前面已经提到，"对"可以引出动作行为的对待对象和针对对象，当引出对待对象时后面的谓语动词多为抽象的行为动词和心理动词，而引出涉及对象时，后面的动词多是表示存在、消失、判断的抽象动词。同样，"给"也有自己的用法，它可以引进结果性动作行为的接受者，如果谓语动词是结果性动词或者述补短语，必须用介词"给"来引进。上面的例句谓语动词都是"带来"，是一个结果性的述补结构，"对"是不可以和这种动词共现的，因此这里只能是"给"。

B. 应该用"给"却用成了"向"。这种偏误共有 9 例，占该大类的 1.30%，占所有偏误的 0.71%。

（40）也许音乐向人们带来一种快乐。

（41）在中国的一段时间里我向母亲写了相当多的信。

介词"向"和介词"给"都可以引进动作行为的指向对象，这时候谓语动词一般是言语类、五官体态类、综合表现类等。但是并不是所有的"给"都能换成"向"的，当"给"引进结果性动作的承受者、引进动作行为的服务对象和动作行为的传递交付对象时，不可以换成"向"。例（40）"人们"是"带来快乐"这个结果性动作的接受者，要用"给"。例（41）"母亲"是"信"的接受者，"信"从"我"这里传递到"母亲"，是一个动作行为的传递过程，要用"给"。

C. 应该用"给"却用成了"跟"。这种偏误共有 6 例，占该大类的 0.87%，占所有偏误的 0.47%。

（42）小时候，他总是抱着我坐在大树下，跟我讲故事。

（43）老师可以在上课时跟学生传播知识。

介词"跟"的主要意义是引进协同动作的另一方、某种关系的另一方或者比较的另一方等。"给"主要引出动作行为的交付对象、受益对象，核心语义是"位移"。"给"后边的动词表示的动作行为一般是单方行为，上面的例句中"讲故事"、"传播知识"都不是需要两方协同合作做的事情，是单方行为，所以不用"跟"，应该用"给"。

D. 应该用"给"却用成了"对""向""跟"之外别的介词。这种偏误共有 13 例，占该大类的 1.88%，占所有偏误的 1.03%。

（44）有人可能提出翻译的作用，不过他们只是为了把因不同的语言而不能交际的人服务。

(45) 如果不是这种结交方式，婚后很可能为孩子带来许多问题，包括他们的心智发展。

(46) 自然之声在人们带来一些什么样的好处。

例（44）中谓语动词是"服务"，"服务"是服务类动词，应用"给"引出"服务"的服务对象。上面已经提到，如果谓语动词是结果性动词或者述补短语，必须用介词"给"来引进。例（45）和（46）中谓语动词都是结果性述补短语"带来"，因此"孩子""人们"分别是"带来问题""带来好处"的接受者，都应该改为"给"。

E. 应该用介词"给"却用成其他动词。这种偏误共有 14 例，占该大类的 2.03%，占所有偏误的 1.11%。

(47) 现在我的汉语水平有所提高，可以帮他当翻译。

(48) 这调查可以看出，流行歌是人们带来了很大的影响。

例（47）"我帮他当翻译"的意思是"他当翻译，我帮助他（实现这个愿望）"，而"我给他当翻译"是"我"当翻译，这是"我"给"他"的一种服务，"他"是"我"服务的对象。推测原句要表达的意思，应该是"现在我的汉语水平有所提高，我可以当翻译了"。用"帮"的话是说"他"去当翻译了，不符合原句语义，应该把"帮"改为"给"。例（48）中谓语动词是结果性述补短语"带来"，表示的是结果性的动作行为产生了一定的结果。应该使用介词"给"来引进结果性动作的承受者。

2.2.2.2 该用 S3 句式却用了别的句式

这类偏误一共有 361 例，占该大类的 52.39%，占偏误总数的 28.53%。这种偏误数量最大，尤其是误用为双宾语句的情况。

A. 该用 S3 句式却用了双宾语句

这种偏误是指应该用 S3 句式却用了 S1："NPs + V + 给 + NP1 + NP2" 或者 S4："NPs + V + NP1 + NP2" 两种双宾语句的情况，一共有 345 例，占到了偏误大类 50.07%，占到总偏误的 27.36%。其中 S3 句用成 S4 的情况有 277 例，占偏误大类的 40.20%，偏误总数的 21.97%。S3 句式用成 S1 "V 给"句的情况有 68 例，占偏误大类的 9.87%，占总偏误的 5.39%。

(49) 吸烟不但伤害自己的身体，而且给别人影响，所以我们一定要戒烟。

(50) 中华人民共和国的迅速发展给世界上各个国家一个榜样。

(51) 抽烟给人们的健康很多危害。

(52) 这些病症往往带给病人极大的痛楚。

(53) 我之所以突然写给你们一封信，是因为今天考的汉语考试。

(54) 我毕业前找工作，挣钱买给你好的礼物。

例（49）—（51）都误用了"给+NP1+NP2"。动词"给"和介词"给"用法是不同的：动词"给"主要是表示"给予"，用于双宾语结构；而介词"给"起的是介引作用，主要是引出动作行为的服务对象、动作的指向对象、动作行为的转移交付对象和结果性动作的接受者等，语义比较复杂。前三个例句缺少主要的谓语动词，后面需要补出"带来""树立""造成"等谓语动词才能表达完整的句义。

例（52）-（54）都使用了"V给"句式，这种句式是双宾语句的一种特殊形式，也是具有典型的"给予"意义，更强调转移的终点，转移的过程和给予的过程是统一的。这种句式对进入其中的动词是有限制的，只有表"给予"意义的词比如"卖""送""寄"等才可以进入。例（52）和（54）中的"带"、"买"都是表取得义的词，不可以使用"V给"句，应该使用S3句式，利用介词"给"引进动作行为的受益者或受损者。例（53）的"写"也不是"给予"意义而是"制作"意义，也不能使用"V给"句式，应该使用S3句式，利用介词"给"引进动作行为转移交付的对象。

B. 该用S3句式却用了兼语句。共有15例，占到大类偏误的2.17%。

（55）疾病对人类来说是一种极大的折磨，它不但令人的机能受损，更令人的精神造成极大的伤害。

（56）父亲能吃苦能忍耐的性格使我留下深刻的影响。

（57）有的病不容易治好，而且使人们带来很大的痛苦。

"令"和"使"都用于兼语句，表示使动意义，其中的宾语既是"令""使"的受事，又是后边谓语动词的施事。而在S3句式中，"给+NP1"中的"NP1"不是后边谓语动词的施事，谓语动词的施事是NPs。例（55）中"造成"的是对"人的精神"的"伤害"，所以"人的精神"是结果性动作行为的承受者，它不是"造成极大的伤害"的施事，因此"令"应改成介词"给"。同理，例（56）和（57）中"我""人们"也都是结果性动作的承受者，"使"也要改为"给"。

C. 该用S3句式却用成了动宾句。这种偏误只有1例：

（58）但是无论如何奶奶、爸爸、妈妈、一直打气我。

"打气"是一个不及物动词，后面不能带宾语。"我"是"打气"这个动作的接受者，因此使用S3句式，改成"一直给我打气"。

2.2.3 复合偏误

这种偏误是指出现了两种或两种以上的偏误。共有87例，占大类的比例是12.62%，又可以分为三个下位偏误：

2.2.3.1 "给"残缺并有其他偏误

共有 20 例,占到大类偏误的 2.90%,占到总偏误的 1.58%。

(59) 小时候我不爱学习,添麻烦姐姐。现在能够帮你我特别高兴。

(60) 原来她不想添我麻烦,所以一个人去买东西。

例 (59) 不仅缺少介词"给"来引进"添麻烦"的受损对象,而且出现了语序的问题,应该是"给姐姐添麻烦"。(60) 同样也是出现了这种错误,应改为"给我添麻烦"。

2.2.3.2 介词误用并有其他偏误

共有 61 例,占大类偏误的 8.85%。

(61) 不只对个人还会对周围人引发不便和健康危害。

(62) 他们根本意识不到自己的行为对周围的人带给什么样的影响。

(63) 应该对他们不留任何一点"空间"!

例 (61) 中"个人"和"周围的人"是动作行为的受损者,因此应该用"给"引进,同时例句主要的谓语动词"引发"和后面的宾语不搭配,"引发"应该改为述补短语"带来"。例 (62) 把介词"给"误用为"对",另外述补短语"带来"强调动作的结果,而"带给"强调转移的终点,根据语境,应该使用"带来"。例 (63) 也出现了两种偏误,一是词语误用:"对"改为"给",二是语序错误,否定副词"不"的位置不当,应该放在介词短语的前面。

2.2.3.3 句式误用并有其他偏误

共有 6 例,占到大类偏误的 0.87%。

(64) 我不在你们的身边,我应该给你们常常电话。

(65) 这个教训留给我很大的影响。

例 (64) 中遗漏了主要的谓语动词,把 S3 句式用成了双宾语句,同时副词"常常"的位置不当,应改为"我应该常常给你们打电话"。例 (65) 应该用 S3 句式,误用了双宾语句"V 给",应把"给我"移到"留"之前。例句强调的是动作"留"产生的结果,所以谓语动词"留"后面应该加上结果补语"下"。

2.3 内部偏误

内部偏误是指应该用 S3 句式的时候用了 S3 句式,但是整个句子内部出现了这样或那样的错误。这类偏误一共 256 例,占总偏误的 20.30%。这一大类又可以分为 8 个次类。

2.3.1 述语偏误

共有 54 例,占该大类的 21.09%,占总偏误的 4.28%。

(66) 学中文既有困难又能给学生生产乐趣。

(67) 可是又想,如果我很爱的父母让我给他们进行"安乐死",我能否同意?

(68) 虽然他们这么说,我不能给他们做安乐死。

上面例句中主要谓语动词和宾语不搭配。例如"学中文"只能"带来乐趣",而不是"生产乐趣",跟"安乐死"搭配的动词应该是"实施",而不是"进行",也不是"做"。

2.3.2 状语偏误

共有 8 例,占该大类的 3.125%,占总偏误的 0.63%。

(69) 但是这种想法不仅仅不( )给别人带来一些好处,而且对自己也没有好处。

(70) 而且在公共场所吸烟的话,会给没有吸烟的人带来不好的影响。

例(69)中"给"的前面缺少情态动词"能"表示一种可能性。例(70)中状语"没有"使用不当。表示不具有某种习惯或癖好应该用否定副词"不",而不是用"没有"来否定。例句中"吸烟"是一种"爱好"或者"癖好",所以应该用否定副词"不"。

2.3.3 补语偏误

共有 8 例,占该大类的 3.125%,占总偏误的 0.63%。

(71) 他对我们的要求很高,每天给我们留下很多作业。

(72) 那么怎么样做一位好老师,给孩子打出一个好基础,

例(71)强调的是"他"每天"留作业"的动作行为,不是动作的结果,因此不需要使用结果补语"下"。例(72)中主要是补语使用不当,跟"基础"搭配的动词用"打"是对的,但是"打"后的补语不能用"出"而应该用"下"。

2.3.4 宾语偏误

共有 16 例,占该大类的 6.25%,占总偏误的 1.26%。

(73) 并且利用好科学的技术目的,从而给人类带来更加安全、更加健康舒适( )。

(74) 最近,工业发展给我们带来了很多方面( )。

宾语偏误主要体现在宾语不完整。例(73)中是宾语部分缺少必要的中心语"的生活环境"。例(74)"带来"一般是带来"好处""影响""结果"等,

"带来"不能和"方面"搭配,因此应该在"方面"后面补出宾语的中心语"的好处"。

2.3.5 动态助词偏误

共有76例,占大类偏误的29.68%,占总偏误的6.03%。又可以分为三种下位偏误:

2.3.5.1 "了"多余

(75)在我的童年,我妈妈常常给我讲了那个故事。
(76)每年过父母节的时候,我给你们写了信。

动态助词"了"放在动词之后,主要表示动作的完成,因此如果动作没有完成不可以加"了"。根据"了"的这种意义,经常性的动作一般不会加"了"。例(75)和(76)中分别出现了表示频度的词"常常"和"每天",叙述的是一种经常性的动作和行为,这样的句子中动词后边不可以用"了"。

2.3.5.2 动态助词残缺

(77)某市政府制定了规定也是因为吸烟给公众利益带来( )不好的影响。
(78)不过到现在我几乎没给你们写( )信。

例(77)中"制定规定"的原因是"带来不好影响","规定"都已经制定了,那么自然"带来不好影响"的动作也已经完成,所以要在"带来"后面加"了"。例(78)中强调以前曾经发生的事情,应该在动词"写"的后面加"过"。

2.3.5.3 动态助词误用

(79)亲爱的父亲、母亲:不知多少年前给你们写了信。

例(79)混淆了"了"和"过"的用法。"了"应改成"过"。

2.3.6 语序偏误

共有80例,占大类的31.25%,占总偏误的6.34%。

2.3.6.1 其他状语和"给+NP1"的位置颠倒

主要是情态动词作状语、否定副词作状语及其他副词状语跟"给+NP1"状语位置不当。一共有35例。

(80)如果我们今后也这样下去的话,给下一代人绝对会带来不好的结果。
(81)第二,在公共场所的吸烟,尤其是"边走边抽",给其他人会带来更直接的影响。
(82)很久以来,我给你们没写信。

句中出现多个状语时，表示对象的介词短语"给+NP1"是在最后的，也就是说是最靠近谓语动词的，表示范围、否定和情态的状语都在"给+NP1"的前面。因此例（80）中表示程度的"绝对"和表示情态的"会"都应该在"给+NP"的前面。例（81）中的"会"也是同样的情况，"会"应该在"给其他人"的前边。例（82）中的否定副词"没"应该置于"给你们"之前。

2.3.6.2 "给+NP1"和主要谓语动词的位置颠倒

这类偏误一共有25例。

（83）我给你们写的这一封信，是为了介绍给你们我在中国学习、生活方面的情况。

（84）吸烟的人应该考虑自己吸烟的行为会造成给别人不好的影响。

（85）它虽然可暂时帮助我们放松心情，但它也带来给我们极大的'破坏性'。

上面三个例句都把谓语动词"介绍""造成""带来"和介词短语"给+NP"的顺序颠倒了。"给+NP"要在谓语动词的前面引出动作的对象。

2.3.6.3 其他语序偏误

共有20例。

（86）我给你们几次写过信，但是这事情是很久以前的。

（87）到目前为止，我一次也没给您们写信过，

例（86）中是把定语放在状语的位置上了，数量短语"几次"作定语，应放在"信"的前边，而不是动词"写"的前边。例（87）中"过"是动态助词，要放在"写"的后面。

2.3.7 其他句式偏误

这类偏误一共有6例，占该大类的2.34%，占总偏误的0.47%。

（88）这样，流行歌曲给我们带来的影响是非常大。

（89）这是我第二次给你们写信的。

（90）但连一次也没给你们写信，觉得真对不起你们。

例（88）是一个"是……的"句，"是……的"句中"是"有时候可以省略，但"的"是不可以省略的，所以句尾应该补上助词"的"。例（89）是"是"字句的偏误，其中"的"多余，应该删除。例（90）是"连"字句使用上的错误。

2.3.8 其他偏误

这类偏误一共有10例，占该大类的3.90%，占总偏误的0.79%。

（91）我天天睡觉前给我讲跟三国志有关的故事。

（92）如果父母不喜欢自己的工作或者做不正经的工作，会给孩子的正常生成造成不好的影响。

例（91）主语和动作服务的对象都是"我"，这样不合逻辑，应该是别人给"我"讲故事，所以把主语改成"他"。例（92）"生成"使用不当。原句想表达的是父母会影响孩子的成长，应改为"给孩子的正常成长造成不好的影响"。

2.4 其他偏误

这大类偏误主要是语义不明，无法进行判断，共有 16 例。占总偏误的 1.27%。

（93）爸爸，我看到您的白发，心里很着急，怕妈妈那样没有机会给您做个女儿。

（94）子女心里带来的思想让破给子女好影响。

2.5 S3 句式的偏误统计

通过上面的分析，我们发现 S3 句式的偏误类型是非常复杂的，为了对 S3 句式的偏误情况有一个更直观、更具体的了解，我们对偏误情况作了一个简单的统计。首先我们把四种主要偏误类型的偏误总数及所占比例作了详细的统计：

表 1　S3 句式的四大类偏误及其数据统计

偏误类型	偏误句数	所占比例
不该用而用	300	23.79%
该用而未用	689	54.63%
内部偏误	256	20.3%
其他偏误	16	1.27%
总计	1261	100%

通过表 1 我们可以很直观地看出，不该用而用和内部偏误差别不是很大，四种偏误所占比例从多到少依次是：该用而不用 > 不该用而用 > 内部偏误 > 其他偏误。四种偏误类型中，该用而不用所占的比例是最高的，高达 54.46%，是最主要的偏误类型，这应该引起我们的足够重视。

表 2　S3 句式主要偏误类型统计表

偏误大类	偏误次类	偏误小类	具体偏误类别	在大类中所占的比例	在所有偏误中所占的比例
不该用而用（300）占总偏误 23.79%	多余（15）占大类的 5%	"给"字多余（5）		1.66%	0.39%
		"给 NP1"多余（10）		3.33%	0.79%
	误用（256）占大类的 85.3%	该用其他词误用为"给"（106）	该用"对"（57）	19%	4.52%
			该用"跟"（23）	7.67%	1.82%
			该用"为"（12）	4%	0.95%
			该用"向"（10）	3.33%	0.79%
			该用其他介词（4）	1.33%	0.32%
		该用其他句式而用 S3 句式（150）	该用双宾语句（56）	（用成给+N1+N2，13.81%）18.67%	（用成"给+N1+N2"，3.32%）4.44%
			该用兼语句（71）	23.67%	5.63%
			该用主动宾句（23）	7.67%	1.82%
	复合错误（29）占大类的 9.67%	多余并有别的错误（6）		2%	0.47%
		词误用并有别的错误（12）		4%	0.95%
		句式误用并有别的错误（11）		3.67%	0.87%

续表

偏误大类	偏误次类	偏误小类	具体偏误类别	在大类中所占的比例	在所有偏误中所占的比例
该用而未用（689）占总偏误54.63%	残缺（43）占大类的6.24%	"给"字残缺（17）		2.46%	1.34%
		"NP"残缺（8）		1.16%	0.63%
		"给NP"残缺（18）		2.61%	1.43%
	误用（559）占大类的81.13%	该用"给"用成别的词（198）	用成了"对"（156）	22.64%	12.37%
			用成了"向"（9）	1.30%	0.71%
			用成了"跟"（6）	0.87%	0.47%
			用成了其他介词（13）	1.88%	1.03%
			用成了其他动词（14）	2.03%	1.11%
		该用S3句式用成其他句式（361）	用成了双宾语句（345）	50.07%（用成S4的占40.20%，用成S1"V给"句的占9.87%）	27.36%（用成S4的占21.97%，用成S1"V给"句的占5.39%）
			用成了兼语句（15）	2.17%	1.19%
			用成了主动宾句（1）	0.14%	0.07%
	复合偏误（87）占大类的12.62%	残缺并有其他偏误（20）		2.90%	1.59%
		词误用并有其他偏误（61）		8.85%	4.84%
		句式误用并有其他偏误（6）		0.87%	0.47%

续表

偏误大类	偏误次类	偏误小类	具体偏误类别	在大类中所占的比例	在所有偏误中所占的比例
内部偏误（256）占总偏误的20.3%	述语偏误（54）			21.09%	4.28%
	状语偏误（8）			3.12%	0.63%
	补语偏误（8）			3.12%	0.63%
	宾语偏误（16）			6.25%	1.26%
	助词偏误（76）			29.68%	6.01%
	语序偏误（80）			31.25%	6.32%
	其他句式偏误（6）			2.34%	0.47%
	其他偏误（10）			3.90%	0.79%
其他偏误（16）占总偏误的1.27%	语义不明，无法进行判断、分类			100%	1.27%

根据上面的表格我们发现，偏误数量最多的是该用而未用中"该用 S3 句式误用成双宾语句"的情况，占了全部偏误的 27.36%，这种偏误中最主要的是遗漏主要的谓语动词而误用成双宾语的情况，占了总偏误的 21.97%，是各种偏误小类中偏误率最高的一种偏误类型。其次，该用而未用中"该用介词'给'误用成介词'对'"的情况也很严重，占了全部偏误的 12.37%，偏误率在所有的偏误小类中居第二，仅次于遗漏主要的谓语动词而误用成双宾语句的偏误。再次，内部偏误中的语序偏误和助词偏误也比较突出，分别占到总偏误的 6.32% 和 6.01%。除此之外，其他各种偏误在总偏误中所占比例都不足 5%。

三　偏误原因实证研究

在所有的偏误类型中，因缺少谓语动词而误用成双宾语句的偏误和应用介词"给"误用成介词"对"的偏误是偏误率最高的两个小类，分别占总偏误的 21.97% 和 12.37%。所以，我们要对这两种偏误出现的主要原因进行研究，以求对对外汉语教学能有一定的帮助。

3.1　因缺少谓语动词而误用成双宾语句的原因实证研究

3.1.1　初步假设

我们发现这种偏误不局限于一种母语背景的留学生。据此推测，这种偏误出现的主要原因不是来自于母语的负迁移，而可能来自于复杂的目的语规则。具体来说，留学生可能不清楚以下几个方面：

（1）把介词"给"误认为动词"给"。留学生之所以会遗漏主要的谓语动词，是因为他们认为句中是有谓语动词的，而这个谓语动词就是"给"。换句话说，留学生实质上是把介词"给"误用成了动词"给"。

（2）不清楚动词"给"和介词"给"的区别和联系。

介词"给"是动词"给"语法化的结果，二者之间有联系。"给"是典型的右移"给予"类动词，用在双宾语中表示"有意的给予"，这时候句中要存在"与者""受者""转移物"（朱德熙，1979）。而介词"给"在句中主要是引进动作行为的交付对象、服务对象、受损对象、指向对象等，因此句式中一定要出现表示相关动作的谓语动词，句式的意义才能完整。留学生不清楚二者的这种差别，遇到"给"时自然就想到了自己熟悉的动词"给"的用法。

（3）双宾语句对进入的各部分词有什么样的要求，S3 句式对进入的各部分词有什么样的要求，留学生都不清楚。

通常认为"给"字双宾语句中动词"给"是右移的给予类动词，"NPs"和"NP1"都具有 [+生命性] 的语义特征，而"转移物 NP2"主要是表示具体物体的名词。但实际上表抽象事物的 NP2 有的也可以进入"NPs + 给 + NP1 + NP2"，而有的不可以进入。到底什么样的 NP2 可以进入"NPs + 给 + NP1 + NP2"，什么样的 NP2 不可以进入，目前本体研究还没有给出一个很好的解释。而 S3 句表示的主要是为动作行为的对象提供某种服务，能进入 S3 的谓语动词比较广泛，一般表示给予义、取得义、制作义的动词可以进入 S3 句式。留学生不清楚两个句式对各部分词的要求是什么，尤其不清楚双宾语句式对各部分的要求是什么，认为只要句中涉及到"给"就可以使用双宾语句。

下面我们来验证一下上述假设。

3.1.2 实验设计

3.1.2.1 实验目的

验证因缺少谓语动词而误用双宾语句的原因是来自于复杂的目的语规则，而非母语负迁移。

3.1.2.2 被试

我们选取了在中国学习汉语达到 1000 课时以上，汉语专业，汉语水平达到了高级水平或者参加过 HSK 高等水平考试的 45 名留学生。其中本科生 25 人，研究生 20 人。我们有意识地选择不同母语背景的被试进行调查，包括韩国、日本、泰国、印度尼西亚、美国、法国、德国、澳大利亚、哈萨克斯坦等国的留学生。

3.1.2.3 实验方式

主要是通过测试和访谈的方式进行。

测试：实验材料均来自"HSK 动态作文语料库"中的语料，一共有 20 道题。其中 15 道题是我们考察的内容，即遗漏掉谓语动词的 S3 句式。5 道题是正确的 S3 句式，主要起干扰作用。要求判断正误并且改正错误。

访谈：访谈主要针对问卷中出现偏误率较高的 5 个例句询问被试的想法，访谈时间大约 5 分钟/人，并录音。访谈目的主要考察被试是否能区分动词"给"和介词"给"，包括以下问题：

（1）你为什么会觉得这个句子是正确的？为什么要这样改？

（2）看到"给"这个词最先想到的用法是什么？你可以给我简单说说你是怎么用这个词的吗？

（3）你觉得"我给你一本书中"的"给"和"我给你买一本书"中的"给"一样吗？如果不一样，是哪里不一样？

（4）你当时认为这个句子里的"给"是哪一个"给"？为什么？（针对被试判断错误的句子进行询问，判断被试是否把句中的"给"看作了动词。）

（5）你觉得什么样的词可以进入"给你一本书"这样的句子？什么词可以进入"给你洗衣服"这样的句子？

3.1.3 实验结果

3.1.3.1 测试结果

问卷发放 45 份，最后得到有效问卷 30 份，其中研究生的问卷有 18 份，本科生的问卷有 12 份。计分方法是：如果学生补出相应的谓语动词或者补出了一定的谓语动词但谓语动词不正确我们认定是判断正确，记作 1 分，说明被试意识到这是一个介词；如果学生把缺少谓语动词的偏误句判断为正确或者做了其他地方改动的我们认定是判断错误，记作 0 分，说明被试没有意识到这是一个介词，即把介词"给"当成动词"给"来使用。然后将各个题目的得分相加，最终得到的分数就是该被试判断正确的个数。最后用该被试判断正确的个数除以 20（总题数），得到该被试测试的正确率。统计结果如下：正确率为 20%－29% 的人数最多，共有 9 名被试，占总人数的 30%；其次是 30%－39% 的人数，有 6 名被试，占总人数的 20%；再次是正确率为 40%－39% 的人数，共 4 名被试，占总人数的 13.3%；其他的几个区间人数都比较少，分别是：10%－19% 的区间有 3 人，60%－69% 的区间有 3 人，0－9% 的区间有 2 人，80%－89% 的区间有 2 人，70%－79% 的区间有 1 人。

我们发现人数较多的这几个区间的正确率都不足 50%，而人数却有 19 人，占到了被试总人数的 63.3%。也就是说大部分人的正确率不足 50%，这说明大部分被试没有补出相应的谓语动词，也就是说大部分被试没有意识到问卷偏误句中的"给"是介词的用法，而把介词"给"当成动词"给"来使用了。这和我们之前的假设是一致的。

3.1.3.2 访谈结果

利用偏误判断错误率比较严重的 5 个例句为引导，对被试进行录音访谈。访谈人数一共有 18 位，均是参加过第一次测试的被试。为了保证实验的一致性，我们同样选取了不同母语背景（主要有韩国、泰国、印度尼西亚、日本、哈萨克斯坦和澳大利亚）的被试。平均每位被试访谈时间为 10 分钟。根据对录音材料的整理和分析，我们做了如下统计：

表3 针对外国留学生区分"给"的访谈结果的统计

访谈问题	主要观点	人数	所占比例
首先想到的"给"的用法	动词的基本用法"给予"意义	15	83.3%
	两种"给"的用法,实的"给予"和虚的"给予"	3	16.7%
能否意识到汉语中动词"给"和介词"给"不一样	能意识到有两个不同的"给"	14	77.8%
	认为汉语中只有一种"给"的用法	4	22.2%
能否区分动词"给"和介词"给"	意识到区别但不能区分	12	66.7%
	意识到区别但区分不准确	2	11.1%
	不能意识到区别故不能区分	4	22.2%
例句中的"给"是什么词	是动词	16	88.9%
	是介词	2	11.1%
进入其中的词是否受限、受到哪些限制	不清楚	9	50%
	不受任何限制	6	33.3%

通过以上测试和访谈,可以清楚地看出:由于汉语语法规则过于复杂,绝大部分留学生不能清楚地区分介词"给"和动词"给"的具体用法,甚至把介词"给"和动词"给"的用法混为一谈。大部分的留学生不清楚进入双宾语句和"给"字句S3句式的词是否受到限制,受到哪些限制。又因为动词"给"的"给予"意义比较容易接受并且先于介词用法习得,很多留学生在使用汉语时倾向于把介词"给"用成意义用法较为简单的动词"给",因此在使用S3句式时缺少了主要的谓语动词,把介词"给"误用成了动词"给",这样就使句子变成了"给 + NP1 + NP2",即双宾语句,而且这种偏误不是局限于一种母语背景的留学生。

3.2 介词"给"误用成介词"对"的原因探析

根据前面的偏误分析,我们发现"给"误用成"对"的偏误率有12.37%,偏误率仅低于因遗漏谓语动词而误用成双宾语句。这说明留学生对于介词"对"和"给"的具体区别不是很清楚。

我们认为，留学生之所以把"给"用成"对"，最主要的原因是目前的研究成果都过于理论化，不能很好地满足对外汉语教学的需要。目前本体方面研究介词"给"和介词"对"的文章和工具书虽然非常丰富，但是本体研究缺乏足够的针对性，解释不够清晰、充分，因此教师和学生在教和学中就没有可靠的参考依据，这在一定程度上影响了留学生 S3 句式的正确习得。陆俭明（2006）指出"对外汉语教学的实际需要和学生提出或出现的问题迫使我们对汉语的研究要进一步细化"。陆俭明（2007）认为本体研究是对外汉语教学的基石，如果本体研究不足，那么基石不稳，教学也会遇到阻碍。

为了证明这一观点，我们对几本常用的工具书和教材进行了调查。首先我们看主要的工具书中对介词"给"和"对"的解释了：

吕叔湘《现代汉语八百词》（增订本，1999）中对介词"给"是这样定义的：引进交付、传递的接受者；引进动作的受益者；引进动作的受害者；给我加动词，用于命令句；朝、对、向；表示被动。而介词"对"的定义主要有两个方面：指示动作的对象，如对我笑；表示对待。

刘月华等的《实用汉语语法》（2001）中对"给"的解释是这样的：引进动作行为或动作涉及物体的接受者；引进动作行为的服务对象；引进动作行为的施事；引进谓语动词所表示的动作的承受者，有"把"的意思。而介词"对"有两种用法：表示对待、对付、朝、向；引进动作有关的事物或"对"的宾语也是动作的受事。

卢福波《对外汉语教学实用语法》（1996）中对比分析了"给"和"对"。她认为二者都可以引进动作行为的对象，有时候可以互换，但是大部分是不可以互换的。"对"引出动作对象，主要是予以对象某种态度；"给"引出动作对象，主要是引出接受者或者受益、受害者。

彭小川等《对外汉语教学语法释疑 201 例》（2006）从教学角度将介词"给"的用法归纳为如下 5 种：引进给予的对象，即事物的接受者；引进服务的对象，即受益者；引进表达的对象，可换成"向""对"；引进受损者；引进动作的发出者。介词"对"的定义则是在与"对于""向"的比较中归纳出的。大致包括指示动作的方向，相当于"向"；表示对待，即表示人与人、集体、事物之间的关系。

通过以上几本权威工具书或语法书，我们发现目前汉语学界对介词"对"和"给"的解释比较笼统，只是简单交待了"引进动作对象""动作的受益者、受损者"等，这样的解释对于母语者来说都很难完全理解，更不要说刚开始学习汉语的留学生了。而且大部分工具书中都存在相互释义的情况，对于"对"和"给"有什么区别，二者什么时候可以互换，什么时候一定不能互换都没有交代清楚，这样会使学生认为两个词的互换是不受条件限制的，从而产生偏误。

除主要的工具书之外，教材是留学生学习汉语的主要材料，教材编写的好坏会对留学生学习汉语产生重要的影响。为了了解教材中对介词"给"和"对"的释义情况，我们调查了几本使用范围比较广的教材：刘珣主编的《新实用汉语课本》、杨寄洲主编的《汉语教程》、中国人民大学的《发展汉语》和北京大学的《博雅汉语》。

表4 主要教材中介词"对"和"给"的释义情况

		给	对	对二者的意义和用法有无对比
《新实用汉语课本》	首次出现的位置及出现形式	第一册12课，在生词表中出现，课文中呈现例句	第二册26课，在生词表中出现，课文呈现例句，课文后注释释义	无
	英文释义	for, to	to	
	例句	我给你介绍一下	对他笑、对汉语感兴趣	
	注释	无注释	"对"引出动作的对象，"对+NP"经常在句中作状语。	
《汉语教程》	首次出现的位置及出现形式	第一册上14课，以生词形式呈现，课文中例句呈现，课后语法点讲解。	第一册（下）22课，在生词表中出现，课文中例句呈现，课文后注释释义。	无
	英文释义	for, to	to	
	例句	我给你介绍一下、我给妈妈打电话	我来中国以前就对书法感兴趣	
	注释	引进动作的对象和受益者	介宾词组"对+名词"在句中作状语表示动作的对象	
《发展汉语》	首次出现的位置及出现形式	初级（上）17课，以生词形式呈现，课后语法点讲解	初级（上）21课，以生词的形式呈现，课文例句呈现，课后语法点讲解	有。在单元小结中通过对比介词"对"和"给"后面使用的谓语动词的形式对比了两个介词。
	英文释义	to, towards	to	
	例句	给你打电话、给你写信	他对我说、我对中国文化感兴趣	
	注释	"给+名词"放在动词前面表示动作的对象	介词"对"和后边的名词组成介词短语，一起用在动词的前边	

续表

		给	对	对二者的意义和用法有无对比
《博雅汉语》	首次出现的位置及出现形式	初级起步篇（I）26课，课文例句呈现。	初级起步篇（I）27课，课文例句呈现	无
	英文释义	无	无	
	例句	给你写信、给你打电话、给你寄贺卡	无	
	注释	无	无	

通过对工具书和教材的调查我们可以看出，不管是工具书还是教材都有一个共同点，就是对介词"给"和介词"对"的区分不够细致，讲解不够充分，没有说出两个介词具体的使用环境和用法，也没有说出二者一定不可以换用的情况，对留学生学习介词"对"和"给"的用法帮助不大，从而出现了使用过程中"对"和"给"张冠李戴的情况。要解决这个问题可以利用现有的中介语语料，有针对性地对二者词义和用法进行辨析。

"对"和"给"都是对象类介词，都可以引出动作的指向对象，这时候在用法上有一些交叉，比如"我对妈妈使了个眼色"和"我给妈妈使了个眼色"两个句子都是成立的。但是由于二者是从不同的动词发展而来，在核心语义上是有各自的特点的：介词"给"主要是引出动作行为的服务对象和转移对象，核心语义是［+位移］；介词"对"主要是引进动作行为的对待对象和涉及对象，核心语义是［+方向］。当"对"引出对待对象时，后面的谓语动词多为抽象的行为动词和心理动词；而当"对"引出涉及对象时，后面的动词多是表示存在、消失、判断的抽象动词（比如"有、产生、引起"等）。这种具有区别意义的义素在教学时应该帮助学生领悟，以便他们能更好地掌握这两个词的用法。

四　S3句式的教学建议

4.1　重视相关句式的辨析

首先，教师要特别重视区分S3句式和双宾语句式，要告诉学生"给"字双宾语句的句式义都表给予，而 S3 基本语义是表示替代、服务，并不一定表示给予，在对比中帮助学生掌握双宾语句的句式意义和 S3 句式的句式意义；其次还要让学生了解进入两个句式的谓语动词类别分别有哪些；最后要让学生知道进入"给"字双宾语句的 NP2 是受限制的，很多抽象名词不能直接做动词"给"的受事宾语，而是需要在受事宾语前添加合适的谓语动词，构成 S3 句式。

另外，在教学中教师一定要帮助学生清楚地掌握"给"字相关句式（本文引言部分提到的四种句式）的具体用法和细微的差别，使学生清晰地把握各个句式之间的联系和区别。教师头脑中首先要有一个清晰的思路，要清楚"给"字相关句式的区别和联系，包括四种句式的转换关系、各自的语义和进入四种句式的谓语动词的分布等。在学习新句式之前都要带领学生复习之前学习过的相关句式，找出他们相同和不同的地方，这样才能做到有的放矢，最大程度上减少句式混用的情况。

4.2 重视相近词语的辨析

介词在使用上灵活，在意义概念上抽象，随着留学生学到的介词越来越多，语义相近的介词也越来越多，这时候就很容易混淆相近介词的用法。而且介词在学生的母语中和汉语中有一对多的现象，所以对介词的习得往往有难度。语料显示，介词"给"和其他介词混用造成的偏误也比较多。因此我们认为到了一定的阶段后，开展近义介词的对比教学是非常必要的。通过相近介词的对比分析，留学生可以对每一个介词的特点有一个清晰的认识：明白什么时候该用，什么时候不该用，相近的介词什么时候可以互换，什么时候不能互换。还要强调介词跟动词的搭配，并把介词跟某些常用的动词放在一起作为固定格式让学生来掌握。尤其是与"给"容易混的几个介词"跟""对"，教师要特别强调它们的区别。这种区分不应是停留于摘自工具书和文献的区分，而应是针对留学生经常出现的错误进行的区分。教师可以利用日常收集到的留学生语料或者语料库中的留学生语料进行分析，找出两个词语义上的细微差别和用法上的各自特点，利用一系列的练习，帮助学生掌握两个词的用法。让学生在语境中掌握两个介词的具体用法，而不是简单的解释、举例。

4.3 加强语块语感教学

从一定意义上说，语块教学可以最大限度地克服中介语的偏误形式，有助于外国学生流利地运用汉语进行交际。要实现语块教学，首先要求教师要善于发现语块，并把它作为一个词级单位整体地教给留学生。比如通过语料库的调查我们发现留学生在使用介词"给"的时候，经常把它和"带来""留下""打电话""写信"等短语或结构共现，教学中我们就可以把"给……带来""给……留下""给……打电话""给……写信"等搭配作为一个整体教给学生。其次，教师应该利用语块进行多种课堂操练活动，不断强化学生的整体意识，从而培养外国学生的语感。

4.4 循序渐进，分层教学

"给"字句的 S3 句式，不是一两次课就可以解决的，应该分散重点，逐步教学。比如刚开始可以教给学生比较简单的词："写""打""买"等，随着学习的深入，逐步提高词汇的难度，带领学生学习带有比较复杂的谓语动词的"给"字句，比如"带来""增添"等。这样从易到难，循序渐进，可以让学生更好、更扎实地掌握 S3 句式的用法。"给"字句类型复杂，"给"字句教学必须分阶段、逐级递进展开，而且应按照学生的习得顺序来做教学安排。本文只是简单提及了几个教学建议，建议是否真的有效，并没有通过教学实验去验证，故这方面的研究有待于继续深化。

第十三章 "连"字句习得探析[①]

一 引言

"连"字句结构形式为"连 X 都/也 Y",是汉语中受到学者们高度关注的一种句式。早期研究主要围绕"连"字的词性问题展开,对"连"字句的其他方面关注不够,尚未形成"连"字句这一句式的整体思想。真正意义上的"连"字句研究是在 20 世纪 80 年代之后。这一时期,大量的西方语言学理论被介绍进来,不少学者运用这些理论对"连"字句进行探索,对"连"字句的句法构成、句式类型、语义特征、语用特征等方面都有较为深入的探讨。对相关问题认识的不一致给之后的研究提供了空间,也造成了教学上的较大困扰。

本文借助北京语言大学 HSK 动态作文语料库,考察了留学生作文 11 569 篇(424 万字),在此基础上展开对"连"字句的形式研究,较为客观地概括了"连"字句的基本面貌,进而分析了母语为日语的汉语学习者对"连"字句的习得特征和偏误状况,最终尝试运用"构式—语块"理论进行该句式的教学。

二 "连"字句本体研究

2.1 "连"字句的形式特征

我们首先按照线性顺序对"连"字句中"连"字的分布、X 项的形式特点、"也/都"和 Y 项的形式特点逐项进行分析。

[①] 本文依据北京语言大学 2009 级课程与教学论专业研究生马驰佳的硕士学位论文《基于"HSK 动态作文语料库"的"连"字句偏误研究》、2007 级语言学及应用语言学专业研究生张茜的硕士学位论文《基于"HSK 动态作文语料库"的日本学生汉语连字句习得研究》加工整理而成。编者:马驰佳。

2.1.1 "连"字的分布

2.1.1.1 用在主语前
结构格式为：（大主语）+连+小主语+也/都/还+谓语。例如：
（1）连那些最不爱笑的庄稼人，也都前仰后合，笑出了眼泪。
大主语是谓语动作的受事，小主语是施事。例如：
（2）这道题连他也不会做。
大主语和小主语是广义的领属关系。例如：
（3）那家伙甚至连眼都不朝别处瞧，甚至不朝我身上瞧，她遐想着。
小主语是动词短语，跟大主语有施事和动作上的联系。例如：
（4）日本人给东阳证了婚，他只好低下头去，连咒骂都不敢放高了声音。
小主语是主谓短语，与大主语没有语义联系，可看作谓语动词逻辑上的宾语，例如：
（5）小林说："只和人家见过几次面，熟都不熟，连人家在哪里住都不知道，这供如何上？"

2.1.1.2 用在状语前
结构格式为：连+状语+也（都/还）+谓语。例如：
（6）他的软弱与耻辱是连对妻子也拿不出来的呀！

2.1.1.3 用在谓语前
结构格式为：连+动词+也（都/还）+同一动词。例如：
（7）他觉得头晕，觉得身子软软的无力，连微笑也微笑不动了。

2.1.1.4 用在小句前
结构格式为：连+小句+也（都/还）+谓语。例如：
（8）父亲守着他的房间，不允许任何人随意进入，有时候连小阿姨进去叠被子拖地板他也要大发脾气。

2.1.2　X项的形式特点

2.1.2.1 组成X项的语法单位
语料分析显示，组成X的语法单位有词、短语、小句。如：
（9）他看见这个社员连连点头，连脖根都红了。
（10）她累得全身像是散了架，连起床给自己煮一碗挂面的力气都没有。
（11）我睡得很死，连张莉进来给我盖上毯子也不知道。
上述三句的X项"脖根"、"起床给自己煮一碗挂面的力气"和"张莉进来给我盖上毯子"分别为词、短语和小句。

2.1.2.2 X 项的语法形式

首先来看 X 项为词时的语法形式。词的语法形式主要有词性、词的分布和形态三种，下面一一分析。

X 项为词时，可以是名词、谓词和代词等，代词又包括人称代词和指示代词。请见下例：

(12) 这次会议连张老师都参加了。
(13) 捡，而不是拣，连挑选也不用的。
(14) 这件事非常保密，连他都不知道。
(15) 你这个人连这也不懂。

词的分布即指词与词之间的组合能力或词在句法环境中的分布位置。词的语法功能，主要通过词的分布形式表现出来。

X 项充当的句法成分有主语、谓语、宾语。例如：

(16) 怠慢大家了，几只炒菜连我也不满意，现在没有冬笋，只好用罐头。
(17) 她对所谓"江南胜景"一无所知，连听也没听说过。
(18) 人家担起柴来，连饭都不吃。

X 的形态主要表现在动词的重叠上。例如：

(19) 您和珍珠去，连告诉我们一声都不告诉！
(20) 他觉得头晕，觉得身子软软的无力，连微笑也微笑不动了。
(21) 司令要叫我死在这里，我一定连动也不动……

分析显示，X 项是短语时多为定中结构和动宾结构，其次还有同位和并列结构。如果是定中结构，基本上都是复杂形式。请见下例：

(23) 她累得全身像是散了架，连起床给自己煮一碗挂面的力气都没有。
(24) 这双手打得坏一辆卡车，可连打苍蝇都是高举轻落——今儿却要落到你身上了。
(25) 连那些最不爱笑的庄家人，也都前仰后合，笑出了眼泪。
(26) 他是什么戏都要看，可他连好戏歪戏都分不清。

X 项是短语时在句中充当的句法成分主要是前置宾语、主语，其次还有状语和前置补语。请见下例：

(27) 我们那时比你们厉害多了，老师斗了，连校长教导主任都斗了批了。
(28) 全部人，连他自己都是矛盾的。
(29) 喜悦就如同一对小漩涡在他嘴角上：连睡觉时也停在他嘴角上缓缓转动。
(30) 老头子既然说他在这里，我们家老头子说的话，连一次都没有错过。

X 项为小句时主要充当主语和前置宾语。例如：

（31）"我错了！连咱们开个晚会都要抢在二连的前面，心眼多么小！"

（32）我睡得很死，连张莉进来给我盖上毯子也不知道。

2.1.3 "都/也"的分析

现代汉语中，"都"是表总括的副词，"也"是表类同的副词，二者的语义基础并不相同。但"连"字句中，同时并存着"连……都、连……也"两个变式。例如：

（33）连小孩都知道这个道理。

（34）连小孩也知道这个道理。

"连……都……"和"连……也……"是否可以互换？二者的差异在哪里？分析可知，句法层面上"都""也"类句式常常可以互换，但互换是讲条件、分层次、有程度的。具体表现为：有的不可互换，可以互换的句式又分为有条件互换句式和无条件互换句式。要分清"连……都……""连……也……"可否互换，需弄清"都""也"的异同。

从外部联系来看，"连 X 也/都 Y"通常有先导句，主要充当后续句或后续句组。形式为："（前句），连 X 也/都 Y"。后续复句与句组的结构特征，有下面三种表现。

2.1.3.1 并列式与归并式

并列式指"连"字句的"VP"与前导句的"VP"相同。例如：

（35）看不见天，看不见海，连岛的轮廓也看不见。

归并式指前导句省略了 V，由多个名词性成分组成，这些成分与"连"字句共用一个 VP。

（36）上帝、基督、菩萨、弥勒佛、喇嘛僧，简直这么说吧，连济公、关老爷你都得拜。（周小兵用例）

就目前语料看，并列式多用"也"式，归并式多用"都"式。

2.1.3.2 插入式与互补式

插入式指"连"字句的结构内部可有插入语。例如：

（37）要不怎么我爱北平呢，就连苏州，据我想，也不会有这么好的花园！

互补式指 X 由绝对反义词或反问句充当。例如：

（38）他是什么戏都要看，可他连好戏歪戏都分不清。

就目前语料看，插入式多用"也"式，互补式多用"都"式。

2.1.3.3 总说式与对比式

总说式是"连"字句的前导句有表周遍义的词语成分，如"所有、一切、全部、任何、到处、人人、个个、谁（什么、一点）也/都……"等。例如：

（39）父兄姐妹，人人都有份。就连4岁半的小外甥女也分到了1万元。
此外，前导句可以省略V，如：
（40）全部人，连他自己都是矛盾的。（周小兵用例）
对比式是前导句Y与"连"字句式为两项对比关系，例如：
（41）李白尚能"思故乡"，而我连故乡也没有。

语料显示，总说式和对比式多用"也"式，省略V的总说式多用"都"式。

总之，"连……也……"和"连……都……"既有十分相似之处，也存在明显或不甚明显的差异。表现在：①部分句子"也"和"都"完全不能互换；②部分句子"也"和"都"虽非绝对不能换，但以不换为常，更符合表达习惯；③"也"和"都"可以互换，互换之后，句子也说得通，但表达重点有一定变化。例如：

（42）这次会议连张老师也参加了。
（43）这次会议连张老师都参加了。
（44）这次会议连所有的老师也/都参加了。

三个说法都行，都完全符合汉语的习惯，但仔细体会，三句表达的重点有所不同。三句话的逻辑关系是：

这次会+甚至+张老师+类同+参加了。
这次会+甚至+张老师+突出+参加了。
这次会+甚至+所有的老师+共同/突出+参加了。

综上分析，我们对"连"字句的句法认识概括如下：

第一，"连……都/也……"格式所强调的必须是一个具体的、明确的对象，"连"之后，一般是名词、代词或动词以及由这些词构成的短语，而不能是疑问代词或不定代词。不能出现不确定的对象，如果"也"之前只有一个副词，没有名词、代词等实词，就不能构成"连……都/也……"格式。

第二，"连……都/也……"格式中插入的如果是名词带数量词和动词成分，则句子多数是否定句。但肯定句也能够成立。

第三，"连……都……"和"连……也……"格式中既有十分相似之处，也存在着较为明显的差异。

2.1.4　Y项的形式特点

2.1.4.1 组成Y项的语法单位
语料分析显示，组成Y的语法单位只有词和短语。例如：
（45）我们好久没见面，他连我的名字都忘记了。
（46）日本人给东阳证了婚，他只好低下头去，连咒骂都不敢放高了声音。

2.1.4.2 Y项的语法形式

Y项为词时主要为谓词或谓词性成分。例如：

(47) 连小孩都<u>知道</u>。

(48) 他看见这个社员连连点头，连脖根都<u>红</u>了。

Y项为词时大部分作谓语。上例（47）和（48）分别由动词、形容词充当谓语。

Y项为短语时几乎全部为动宾短语，另外有少量动补短语。这在我们搜集到的语料中有非常明显的体现。如：

(49) 我看过了，连打香油都<u>应当用机器</u>。

(50) 他的软弱与耻辱是连对妻子也<u>拿不出来</u>的呀！

如例所示，Y项为短语时也用作谓语。

2.2 对"连"字句的语义研究

"连"字句究竟表示什么意义，学者们看法不一。本节主要讨论"连"字句的周遍性，并从周遍性的角度对"连"字句的语义进行分析，以便更直接地研究该句式。

根据"连"字句（"连 X 都/也 Y"）中 X 的参项在上下文中的隐现情况，我们把"连"字句分为非隐藏句和隐藏句（典型"连"字句①）两类。用表达式归纳如下：

$$\text{"连"字句} \begin{cases} \text{非隐藏句} \begin{cases} N_1V, N_2V, N_3V, \cdots N_nV, \text{连} N_{n+1} \text{也/都} V \\ (\text{周遍意义的词语}) V, \text{连} N_{n+1} \text{也/都} V \\ N_1V_1, N_2V_2, N_3V_3\cdots N_nV_n, \text{连} N_{n+1} \text{也/都} V_{n+1} \end{cases} \\ \text{隐藏句} \end{cases}$$

2.2.1 非隐藏句

2.2.1.1 VP相同的非隐藏句

这种情况对"连"字句表现极端意义是最直接最方便的，因为参项"变量"都处在共同的语言环境之中，与共同的谓语部分发生直接的关系，N1、N2、Nn、Nn+1排列为一个等级序列，"Nn+1"是由"连……都/也……"引出来的，处在这个序列的极端。其表达式为：N1、N2、N3、…Nn，连 Nn+1 都/也 V。如：

(51) 我们那时比你们厉害多了，<u>老师斗了</u>，连<u>校长教导主任都斗了批了</u>。

---

① 洪波（2001）把不带参项的"连"字句叫"典型连字句"。

用图示来标示这种序列中的次序关系：

校长	教导主任	（一般）老师
级别高，被批斗的可能性小		级别低，被批斗的可能性大

被批斗的可能性越来越大

可能性小的都发生了，可能性大的就更可能发生。按照"N1、N2、N3、…Nn，连 Nn+1 都/也 V"的顺序，语气是不断加强的。如果"连"字句居先，后一分句紧随，则后续分句的参项就必须从由极端项确定的范围内选择，这是"连"字句的语义基础，至于选择什么样的关联词，分句谁先谁后，可以比较灵活，但极端项的范围覆盖即周遍性是"连"字句的应有之义，应该明确。极端项所关涉的范围跟周遍性成分所关涉的范围应该是一致的，极端项也是周遍性范围的极端项，不但受到强调，而且衬托周遍性范围，这样才能保证语义上的连贯性。

2.2.1.2　VP 不同的非隐藏句

这种句式超出了形式上的限制，参项的谓语部分和极端项谓语部分形式上都自由了，但语义上仍保持一致，只是由于各参项及对应的谓语部分不都相同，使得极端项强调的程度有所减弱，但其语义程度仍是最高的。其表达式为 N1V1、N2V2、N3V3、…NnVn，连 Nn+1 都/也 Vn+1 如：

（52）她的面容很温柔，但态度很冷漠，<u>我从没见过她和一个邻居说话</u>，每次下了自行车便径直上楼，<u>连她丈夫也不瞧一眼</u>。

可以看出："连"所引介部分语义仍是最重的，对于这种句式的把握一定要突破形式的限制，因为这些参项跟极端项是通过深层语义达到内在的一致性的。例（52）是对一个人冷漠、孤僻性格的描写，这条主线贯穿"不跟一个邻居说话"、"下了车径直上楼"、"不看丈夫一眼"这些侧面，其中"不看丈夫一眼"是最不可理解和接受的。"连"所引介的部分仍是这个语义序列的边界——极端项，当列举部分被周遍性成分替代时，就只能靠极端项来划定程度的边界了。

2.2.2　隐藏句

当参项不出现或因不能遍举而不出现，只剩下"连"字句，不能出现或没能出现的参项成为"连"字句的"语境隐含"①，即为隐藏句。例如：

(53) 拉到了，坐车的连一个铜板也没多给。

"连"字引介的都是直接意义上的极端项，"一个铜板"是自然状态下"铜板"的最小单位，对最小量的否定和最大量的肯定都能达到周遍性强调的目的。"连一个铜板也没有多给"就是对"多给"这个范围里的"铜板"的数量进行全部否定。"连"字句通过对一个典型的最小量的处置，而隐去了不言自明的参项。

现代汉语中，隐藏句的出现频率非常高，"已成垄断之势"（洪波，2001）带有参项的"连"字句——"非隐藏句"的使用频率远不及典型"连"字句。

由讨论不难看出："连"字句中，"连……都/也……"是固定结构，其强调的部分始终都伴随一个序列出现，尽管这个序列有时是隐含着的甚或是难以还原的（通过否定"典型部分"进而否定"整体"）。"连"字句的强调是基于对这个序列的周遍性关照。

"连"字句教学中应及时准确地引入所关照的这个序列，在此基础上寻找极端加以强调，进而使"连"字句准确定位并实现功能。我们认为，准确把握"连"字句语义，寻找跨文化认知的契合点，准确设立参项导入极端项，是"连"字句教学的难点所在。

三 母语为日语者"连"字句习得特点与偏误分析

3.1 母语为日语者"连"字句的习得特点

我们收集到的母语为日语者"连"字句语料总数186条，正确句95条，偏误句91条，偏误率为49%。

在95条正确语料中，呈现出明显的使用倾向。"连……也"式58条，"连……都"式34条。前者频率明显高于后者。在91条偏误语料中，也出现了类似情况，除去缺少"也"或"都"的偏误句7条，含有"也"的"连"字句59条，含有"都"的"连"字句24条。可以看出，母语为日语者在使用"连"字句时，"连……也"式占明显优势。

---

① 宋玉柱（1996）认为当"连"字引介的是相关事物的最高限制典型即最大量时，整个"连"字句采用肯定形式。这与低限典型即最小量句式采用否定的功能是一致的，都可以使"连"字句表达周遍意义。

表1　母语为日语者"连"字句使用倾向

	正确语料数	错误语料数
连……也	58	59
连……都	34	24
连……也都	3	1

由此得出母语为日语者"连"字句的习得特点：

第一，母语为日语者在"连……也"式的使用上有很强的规律性。不论 X 是何种成分，"连……也"式总是肯定句多于否定句，即母语为日语者倾向于使用肯定的"连……也"式。第二，比较各类结构中肯定句与否定句所占比例大小，在"连……都"及"连……也"式中，分别出现了一次母语者和母语为日语者不一致的情况。在"连……也"式中，当 X 为动词性成分时，母语为日语者使用否定句少于肯定句。在"连……都"式中，当 X 为代词性成分时，母语为日语者使用肯定句少于否定句。

3.2　日本学生"连"字句偏误归类分析

3.2.1　回避

（1）我以前看过或听过，有人脑子已经死了，他已经不能动，也不能说话了，甚至呼吸也不能，被机器活着的样子。

（2）为什么有人能够过着富裕的生活，但是有人甚至吃的东西也没有呢？

（3）他们也是没有吃的东西是不行的，树皮也吃。

从上下文语义衔接来看，例（1）中可以用"也不能呼吸了"使语义连贯起来，但如果要用例中的结构表示强调，母语者一般会选用连字句句式表示强调，副词"甚至"只是再次对连字句进行强调，加深强调效果。因此该句应视为连字句回避。

例（2）同（3），如果前有副词"甚至"等修饰成分制约时，"连"字省略不是很自由，因为省略了读起来会不通顺。例（3）是典型的连字句回避情况，根据上下文语义，很明显母语者在此语境中会用连字句"连树皮也吃"来表示强调。

3.2.2　泛化

（4）连时间也有，他就跟中国学生聊天儿。

（5）我父亲的烟雾连<u>从来不吸过烟的我的肺</u>也弄黑了

例（4）这是典型的连字句泛化，混淆了"连……也/都"与"只要……就"。应为"只要有时间，他就跟中国学生聊天儿。"

例（5）是该用把字句，而误用连字句。从把字句角度看是回避，从连字句角度看是泛化。所以，正确的说法应是"我父亲的厌恶把从来不吸烟的我的肺也弄黑了"。

3.2.3 句法结构偏误

句法结构是指词与词组合的规则或模式，包括词组和句子的结构模式。组成同一意义的母语和目的语句法表现形式相异时便会产生句法结构方面的偏误。根据语料现实，笔者对句法结构方面的偏误做了以下归类：

3.2.3.1 成分的遗漏

成分的遗漏是指句子的主、谓、宾等主要成分或应该有的修饰成分、关词语等的遗漏。日本学生的偏误可分为以下两类：

A. "都/也"的遗漏

在连字句中，"都/也"是绝对不能省略的。一旦省略就会造成句子不成立或者语义消失。

（6）如果连这些基本的事她做不到的话，就没有权利吸烟。

（7）虽然我对中国很感兴趣，但是公司的人事部长对我说："因为现在连我们公司不知道能不能坚持下去，更不用说雇你"。

"都/也"的遗漏导致连字句无法成立，这个问题非常重要，说明学生尚未掌握该句式的完整结构。

B. 缺少"连"前状语

（8）有人要死的时候，别人连他的亲人也都没有权利阻止他。

例（8）的"连"字前缺少状语"甚至"将"别人"和"他的亲人"关联起来，从而使整个句子语义连贯，达到连字句的强调效果。

C. X 的遗漏

日本学生由于对连字句掌握不熟练而混淆了 X 与其它成分，造成了 X 的遗漏。如：

（9）我看现在大家都对流行歌曲很感兴趣，不管男女老少，你不知道现在是什么时候了，小孩子连两三岁都爱听这首歌。

（10）他们连跟爸爸妈妈也不说，整天看电脑，这样的话与父母关系更不好。

例（9）"男女老少"暗示了 X 序列的集合，它决定了"两三岁"只能作为 X 的修饰成分而不能是 X，所以"连"字句不完整。应为"连两三岁的小孩子都爱听这首歌"。

例（10）中与 Y"说"直接发生关系的 X 不是"跟爸爸妈妈"而是"话"，"跟爸爸妈妈"在句中只能做状语而不能做宾语 X。

3.2.3.2 成分序位不当

成分的位序不当指的是由于句中的某个或某几个成分放错了位置造成的偏误。因为连字句是通过标举极端而表示强调的一类句式，因此，在"连……也/都"结构中，各成分的位置关系就更为重要了。在笔者搜集到的偏误语料中，发现留学生对定语的位置把握得不准确。例如：

(11) 人想达到目的，或者满足需要的时候，如果只有自己一个人，除了自己之外，连一个也没有可依靠的人，他只好自己动手达到目的或满足需要。

(12) 他们连一次也没有说我学习方面的要求。

(11)中前后都出现了受事宾语所以句子不成立。连字句中成分序位不当，应为"连一个可依靠的人也没有"。例(12)也是 X 修饰语的错序，定语与 X 中心语分离，因为前后都出现了受事宾语所以句子不成立。

3.2.4　语义层面偏误

3.2.4.1　X 的语义限制不当

A. X 的无序性

在连字句中，X 在语义层面上是一个受等级、顺序义等因素特征制约的成分，X 的有序性是连字句序位框架建立的前提。X 的无序性在日本学生作文中表现为：

(13) 广州遵守交通的人很少。连过马路也要一对径儿。

(14) 暴力教师也一样。他们一个人的时却没有暴力行动，但是一个人开始暴力连一个别的教师也开始暴力，但他们心中希望的别人阻止自己，阻止自己的行动，又说那时没有人勇敢地阻止的他们的行动。

(15) 但是，连和尚都有不好改这种感情，我们平民肯定不容易的。

例(13)"连"所强调的部分与前文提供的信息没有较大关联，且 X 自身不具备序位性，无法激活序位框架。例(14)中"一个人"与"一个别的教师"不能形成序列，X 不具备有序性。例(15)中"和尚"作为特殊群体中的一员与"我们平民"这个群体不属于同类，也不能互相参照，当然也就不能在"连"字句中出现，所以 X 自然不具备有序性。

B. X 的中间性

张旺熹（2005）认为"无序名词的序位化是依靠人为的语境规约来建构"。可见连字句语义建立的另一个重要方法是通过潜在的语境激活 X 的序位性。日本学生该类型的偏误表现如下：

(16) 中国人很喜欢边吃边聊，而我们日本人每天急急忙忙的，连喝茶的时间都没有了。

(17) 比如说，在城市生活交通方便，买东西方便，连吃饭也很容易。

(16) 中，"连"引出的 X（"喝茶的时间"）属于所关涉序列范围内的中间部分，在所属的预设集合中都不是序列的等级尺度的低端，不是极端项。"没有喝茶的时间"并不能最大限度突出"每天急急忙忙的"，句子的断言与"连"突出的预设不能形成反差，所以，此处使用连字句很牵强。例（17）中的"吃饭"与"买东西"、"城市交通"排列在一起，在所关涉的集合中也不是处在极端项位置，所以无法形成有效序位，此处使用连字句很别扭。

C. X 的无定性

关于 X 应该具备有定性的这一语义特征，洪波（2001）曾有论述。他认为："连"字成分在所指上总是有定的或全称的。

洪波并举例证明了"连"与全称成分是互相排斥的。如：

﹡连所有的米我都煮了饭

﹡一连人人都不喜欢他

﹡连任何人都不愿意去

﹡他连什么字都不认得

高桥弥守彦（1987）也曾指出"连"后成分所强调的对象必须是具体的、确定的，而不能是不具体和不确定的。日本学生语料中 X 无定性的偏误表现为：

(18) 他们想尽了所有的办法，可是连<u>一个人</u>都不愿说"我去抬水"。

(19) 但是现在我连对什么事也没感到困难。

上述两句中 X 是无定成分，很难激活其潜在的语义序列，也就无法表达连字句强调意义。

3.2.4.2 X 与 Y 关系不当

A. X 与 Y 的搭配不当。例如：

(20) 比如说，飞机里、饭店、公司里、大学里什么的。特别是在日本连<u>路上的抽烟也成为禁止区域之一</u>。

(21) 外祖母对任何人的照顾都无微不至，连<u>躺在病床上</u>都这么周到，何况平时呢?

例（20）是由于 X 与 Y 搭配不当而造成的偏误，因为 Y（"成为禁止区域之一"）的语义重点是"禁烟区域"，所以相应的 X 应该是一个表示地点方位的词，而例中的 X 部分（"路上的抽烟"）结构、语义都不符合，应改为"比如说，飞机里、饭店、公司里、大学里什么的。特别是在日本连路上也成为禁止区域之一。"。同理，（21）应改为"外祖母对任何人的照顾都无微不至，连对躺在病床上陌生人都这么周到，何况家人呢?"

B. X 与 Y 搭配冗余

该类偏误如下：

(22) 不过这是特殊情况，一般基本的生活应该有自己来做，要不然和这文章里的和尚一样连喝水也喝不了。

(23) 我们国家也有不少男女分班的学校，不仅仅是中学、高中，甚至连大学也有采用这种方式的学校。

例(22)中用"连"构成同一性话题，即 X 位置上已经有了谓语动词，同时在 Y 的位置上再重复那个动词，这种用法反而造成了成分的冗繁。一般说来，对于离合词或简短的动宾结构来说，母语者是会遵循经济原则的。所以"连喝水也喝不了"应该改为"连喝水也不行"。例(23)中句末的"学校"应当删去。

3.2.5 语用层面偏误

该层次的偏误数量很少，主要表现在感情色彩不当和篇章不连贯两方面。

(24) 这位老师可能我连死也忘不了他。

(25) 不止是平时的娱乐，连生病时也有让人免于痛苦的安乐死。

例(24)属于感情色彩不当。该类偏误在句法、语义上都没有错误，只是不够得体合适。

例(25)属于因实际的言谈场景或认知背景不明确导致的篇章不连贯，所以该句表意不清，不能成立。

表2 日本学生连字句偏误类型

偏误类型		具体偏误项目	用例数	在该大类中所占比例	在偏误总数中所占比例
回避			3	100%	3%
泛化			13	100%	14%
句法结构层面	成分遗漏	缺少"都"或"也"	7	27%	8%
		缺少"连"前状语	1	4%	1%
		X 的遗漏	10	38%	11%
	成分序位不当		8	31%	9%
语义层面	X 的语义限制不当	X 的无序性	11	23%	12%
		X 的中间性	9	19%	9.8%
		X 的无定性	7	14.8%	7.6%
	X 与 Y 关系不当	X 与 Y 的搭配不当	17	36.1%	18.6%
		X 与 Y 搭配冗余	3	6.3%	3.2%

续表

偏误类型	具体偏误项目	用例数	在该大类中所占比例	在偏误总数中所占比例
语用层面	语体色彩不当	1	50%	1%
	篇章衔接不连贯	1	50%	1%

张和生（2008）曾指出，一般来说，初、中、高三个阶段的语法教学各有侧重，初级阶段侧重在语法形式，包括各种句法结构、句型和次序，中级阶段侧重在语法意义，包括语法成分的语义关系和语义搭配，高级阶段侧重在语法形式的语用功能，包括词语句式的语用选择和应用。由上表可以看出，日本学生连字句习得中最困难的部分存在于句法结构和语义的中等层次，而较高的语用层次出现的偏误还比较少。句法结构方面，成分遗漏与成分序位不当的偏误比例最大。成分遗漏方面，尤其以缺少"都"或"也"的情况最为严重，这说明日本学生对连字句结构的掌握问题还很大。语义层面，对 X 的语义限制，以及 X 与 Y 的关系的掌握是难点所在。连字句是靠序位结构的构建和激活来建立语义的，学生对连字句的这一特点把握还不到位，这不仅造成了 X 的选用不当，也造成了搭配不当等其他问题。此外，连字句泛化现象也较严重，这从另一侧面说明了日本学生对连字句的语义语用的习得还处在初中级水平。

四 "连"字句的教学策略

"连"字句是汉语重要而有特色的句式之一，也是汉语非母语教学中的难点之一。对"HSK 动态作文语料库"619 个"连"字句中 141 个偏误句进行分析统计，得到了不同层面偏误类型所占比例：句法偏误率为 43.97%，语义偏误率为 41.84%，语用偏误率为 14.18%。据此，本文提出相应教学策略。

4.1 日本学生连字句偏误产生原因

笔者基于语料库连字句偏误数据的调查分析，以及日本学生连字句正确使用情况的分析，发现日本学生连字句习得过程中存在一定问题和呈现出一定规律性特征：

（1）日本学生连字句习得中最困难的部分存在于句法结构和语义的中低层次。句法结构方面，成分遗漏与成分序位不当的偏误比例最大；语义层面，对 X 的语义限制，以及 X 与 Y 的关系的掌握是难点所在。

（2）日本学生连字句使用存在显著偏好，使用"连……也"结构远远多于使用"连……都"结构。更进一步说，倾向于使用肯定的"连……也"结构。

（3）比较各类结构中肯定句与否定句所占比例大小，我们发现日本学生与汉语母语者在某一项目使用频次出现了完全相反的倾向，例如当X为动词性成分时，"连……也"结构中母语者使用否定式高于肯定式约3个百分点，而日本学生则相反，使用肯定式高于否定式5个百分点。基于上述发现，笔者大胆对日本学生"连"字句的偏误及习得特点产生的原因提出初步的猜测：

4.1.1 母语负迁移

在第二语言习得过程中，母语对目的语的负迁移是一种客观存在的现象。汉语学习者在习得汉语的过程中，母语是学习者可以参照的唯一曾经有过的语言系统。当两种语言的等值项或等值结构之间存在相似的时候，就会很容易出现偏误。对日本学生的影响在"连"字句的学习中最明显的表现就是泛化和语义成分错位。例如"抽烟连不抽烟者也受到带来健康的影响。"这是典型的日语思维迁移，在日语中，我们可以说："タバコをすうことは、タバコを吸わない人でさえ健康に非害を与える"或者"タバコをすうことは、タバコを吸わない人の健康さえに非害を与える"。（抽烟会损害不抽烟者的健康。）日语中的表示强调的副助词"さえ"，既可以放在"健康"的后面，也可以放在"人"的后面，所以日本学生在表达相关意义的时候，会习惯性地把"さえ"后的强调对象迁移到连字句中作为"连"后成分，于是造出了这样具有日本味道的句子。

4.1.2 学习策略使用不当

二语者为了更有效地掌握汉语规则系统，发展言语技能和语言交际能力，所以在学习中都有一套自己的学习策略。"连"字句看似简单，实际上学好很难。"连"字句的语表结构框架清晰明了，容易把握，日本学生的回避情况较少。但日本学生在语义层面的偏误相当严重，这说明学习者的学习策略偏重于表面的易于把握的句式结构，而对把握不够或难度较高的语义和语用方面重视不够，因此，"连"字句的运用还停留在中低水平。

4.1.3 有限目的语规则泛化

目的语规则虽然在一定程度上可以促进学习者对语法规则的归类、内化，但是它也是学习者偏误的主要来源之一。具体表现为学习者在不该使用"连"字句时也使用了"连"字句，而不考虑语义和语用方面。如例（4），是典型的连字句泛化，混淆了"连……也/都"与"只要……就"两个句式。

4.1.4 文化因素的干扰

两种语言中的对应词语，有时候并不能完全对等。它们或许在感情色彩、语体色彩、使用场合等方面都存在着差异。学习者由于不熟悉、不了解目的语的文化背景和语体风格，导致产生措辞不当、表达不得体的语用偏误。

4.2 "构式—语块"教学法探索

进行"构式—语块"教学法探索，旨在把"连"字句视为一个构式，找到一个进行"连"字句教学的简洁方法。陆俭明（2009）指出：作为构式，都是单义的。由于构式本身是从形式和意义两方面来定义的，是形式和意义的对应物，所以构式不可能也不允许多义。从理论上来说，"连"字句不能认为只是一个单一的构式。怎样做才能加强学生对"连"字句的交际使用能力呢？

首先，我们要找到"连"字句简约有效的结构。简约结构需要考虑三个方面：避免结构歧义、有充足的语境信息补充，能服从表达效果的需要，使交际顺利进行。

寻找"连"字简约有效的结构，可以尝试运用"构式—语块"教学法，即以构式语法理论与语块理论为指导并将两者结合起来进行语法教学的策略和方法。其理论基础是构式的划分单位是语块，实质是将人类认知的共性作为语法教学的切入点，激活学习者的认知共性，从而引导到汉语个性的学习上来。

4.2.1 "构式—语块"教学法的理论背景

语块（chunk）也称词块，语块及语块教学是英语教学界率先从国外引进的一个新概念和一种新的词汇教学方法。20 世纪 50 年代，美国心理学家 Miller 发现短时记忆容量为"7±2"，提出"组块"（chunking）的概念。1975 年，Becker 提出"预制语块"（Per-fabricated chunk）概念，认为语言的记忆和储存、输出和使用不是以单个的词为单位的，那些固定和半固定模式化了的板块结构才是人类语言交际的最小单位。

构式语法是基于认知语言学之上的理论体系。2001 年第一届国际构式语法会议在美国加州大学伯克莱学院召开，构式语法迅速兴起。

构式语法理论认为，构式表现与人类经验有关的重要情景，是语言系统中的重要单位。句义除了包含在其组成成分及其结构关系中，还包含在语法格式即构式本身中，不同的构式有不同的构式意义，任何构式都是形式和意义的匹配。请看下例：

台上坐着主席团。　　窗台上放着鲜花。
前面走来一群姑娘。　　墙上挂着一幅画。

这是汉语中典型的存现句。以"台上坐着主席团"为例，按照传统语法理论从主谓宾、施动角度进行分析，"台上"、"坐着"、"主席团"分别是主、谓、宾，"主席团"、"坐着"、"台上"分别是施、动、受。从构式语法理论的角度分析，上述存现句体现出的是一种"存现句式"，该构式由存现处所、存现方式、存现物三部分组成，其构式意义就是"某处所存在、出现或消失了某物某人"。"台上"是存现处所，"坐着"是存现方式，"主席团"是存现物。这种方法较之前的主谓宾分析更有利于教学，也更符合语言事实。

4.2.2 "构式—语块"教学法的教学策略

"连……都/也……"式就是一种构式。"连"字句的强调义来源于"连……都/也……"的构式义，强调义其实就是它的周遍义。

4.2.2.1 非隐藏句构式

非隐藏句构式较为简单，只要参量"变量"和其他参量处在共同的语言环境中，语义程度处在最高端，就可以构成该构式。例如：

(1) 连<u>什么爪子啦</u>，<u>什么这个</u>，<u>那个盖子</u>我们都给捞上来了。
(2) 甭说工业，<u>人活不了</u>，连<u>鸟也活不了</u>。
(3) 没有<u>灯</u>，没有<u>电</u>，您连<u>切面</u>都甭吃。

4.2.2.2 隐藏句构式【看不出是教学法上的探索。与前面重复。】

对于隐藏句式，我们应该分析清楚"连 X 都/也 Y"中 X 的结构关系，从而得出"连……都/也……"为隐藏句时的构式。结合北京口语语料库中 142 个"连"字句分析，统计出 X 在"连"字句中充当主语、谓语、前置宾语、兼语、状语、前置补语及状语的成分时，分别出现的数量。如图所示：

从图中我们可以看出 X 在"连"字句中，最多的是充当宾语。所以我们可以得出最常用的"连"字句构式 1："连 + 宾语 + 都/也 + 谓语"。而只要宾语部分与谓语动词存在施动关系，就可以进入"连"字句中，表达强调之义。例如：

(1) 我来机务段的时候，连<u>女厕所</u>都没有。
(2) 这个儿子和这媳妇呢，也不交钱，白吃白喝，早晨连<u>被子</u>都不叠就走了。（名词）
(3) 他就笑话他，你看，活着么大，连<u>这</u>都没吃过。（代词）
(4) 连<u>简单的基础的东西</u>都不懂。（偏正短语）

从这一构式中我们分析得出这里的宾语主要是由名词、代词或者名词性短语

	前置宾语	状语	前置补语	谓语	主语	兼语	表语
总数142	64	24	22	18	14	5	1

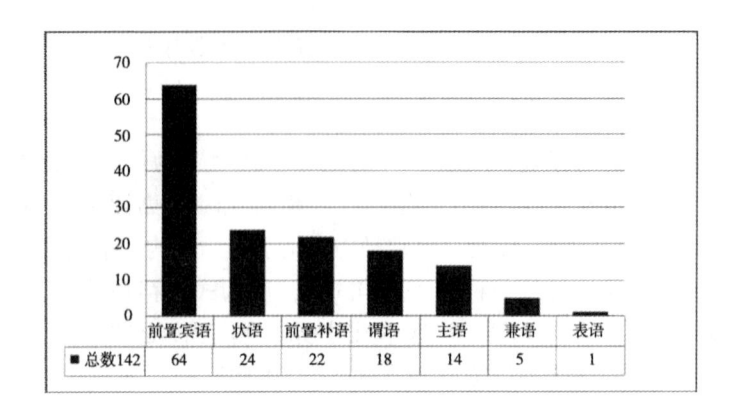

构成。

"连"字句构式2："连+状语+都/也+谓语"。例如：

(5) 我哪儿也不爱去，就连我叔儿那儿我都不爱去。（地点名词）

(6) 像我这条路线比较好，就是小胡同儿，我连大马路都不去。（名词）

(7) 就连我们小时候不也有那种想法吗？（时间名词）【例句按小类排列】

"连"字句构式3："连+补语+都/也+谓语"。例如：

(8) 走在那个山顶上吧，往底下一看，绿油油的一片，连这个人家什么的呢都看不见。（小句）

"连"字句构式4："连+谓语+都/也+同一动词"。例如：

(9) 可能家务事儿都干。就跟那儿搁着。有时候儿泡着什么的，有时候连泡都不泡。（动词）

(10) 可能人忙，连看都没看过咱一回了，就这样儿。（动词）

(11) 你那个工作有时候儿说实在的，一紧张的时候，连动窝儿都动换不了。（动宾短语）

"连"字句构式5："连+主语+都/也+谓语"。例如：

(12) 你结婚不管你有没有地方住哈，有没有房子，他们就连那个四十多岁的都解决不了。（"的"字短语）

(13) 他挣一百二十五，他能养活我们一家子，我们家连我母亲也没有工作，我们是六口儿，还得供养我哥哥上大学。（人称代词）

(14) 以前像我们涨价吧，都来定价单，我们这商业都知道，现在涨价我们就连我们商业，干这行儿也不知道。（复指短语）

(15) 如果年轻的时候不注意锻炼，恐怕到现在连上班儿都成问题了。（动宾短语）

"连"字句构式6："连+兼语+都/也+谓语"。例如：

（16）享受国家这个待遇副食补贴也就那个七块五哇，也就这个连<u>老太太</u>都有。（名词）

"连"字句构式7："连+表语+都/也+谓语"。例如：

（17）工资，一共，一直在农村，在七九年以前所有调资，甭说分子，连<u>分母儿</u>也不是。（名词）

通过上述"连"字句构式七类分类，我们可以看出后两种的用法在实际口语和生活当中是较少的，所有教师可以根据学生的水平来有选择性地授课。越常用的构式可以越加详细地讲解。此外，我们通过分析语料发现，直接按照构式来进行讲解反而会使"连"字句讲解时更容易一些，如果从"连"字句句法层面，对"连"后面所有可能出现的成分进行一一归类与讲解是很容易让学生发生混淆的，所以我们认为，从语义层面将"连"字句进行构式分类，会减小"连"字句的教学难度，有效避免学生出现偏误。

4.3 "连"字句教学设计

根据上文中对"连"字句的分类——非隐藏句及隐藏句的构式，教师在教学阶段中要实行六个步骤的教学方法：语言知识介绍、机械性操练、变换、选择性的练习、创造语境让学生交流、归纳和总结。按照上述的步骤，我们对"连"字句的教学设计如下：

第一步，向学生介绍非隐藏句的两种构式：N1、N2、N3、…Nn，连 Nn+1 都/也 V；N1V1、N2V2、N3V3、…NnVn，连 Nn+1 都/也 Vn+1。"连"字后面的参项变量是在 N1、N2、N3、…Nn 或 N1V1、N2V2、N3V3、…NnVn 这些变量中最不可能 V 的。这样的构式用于说明某种性质的程度很深或者是证明事情发生的可能性。

例如：这道题很简单，大学生会做，中学生会做，小学生也会做。

通过向学生展示，学习者会对"连"字句中"连"字后面的参项有一个初步的体会，小学生、中学生、大学生都出现了，在说话者要用"连"字句表达"题简单"时，放在"连"字后面的是"小学生"，这样，学习者会对"连"字后面的参量有了初步认识，即："连"字后面的参项变量处在所有参量的最低端，它是最不可能 V 的，通过对这个低端参项的强调，来实现对包括"连"字后面整个参项的周遍性强调。

第二步，在讲解分析完非隐藏句的构式之后，接着安排如下练习，要求学习者用"连"字句表达下面句子的意思：

①晓敏学习非常认真，星期一、星期二、星期三……，星期天都在教室上

自习。

②他语法掌握得非常好，朋友夸奖他，同学夸奖他，老师夸奖他。

③这个问题非常容易，小孩子能回答出来，大人更能回答出来了。

④他不喝啤酒，不喝鸡尾酒，更不喝白酒。

第三步，学生在掌握了非隐藏句构式之后，教师便可以向学生讲解隐藏句构式的 7 种构式。介绍这些构式的顺序也自然按照它们使用频率由高至低排列。

为了自然的进行这一环节，教师可以为学生建立一个语境，与学生进行限定性对话，进而再让学生模仿造句。如：

教师：张莉是一个很认真的学生，为了准备期末考试，她天天都上晚自习，她周末会上自习吗？

学生：是的，她连周末也会上自习。（时间状语）

教师：很好，当校长知道张莉认真准备考试的事例时，校长都表扬了她，其他老师知道这件事，会表扬张莉吗？

学生：其他老师知道这件事，也会表扬张莉的。

教师：为什么呢？

学生：因为连校长都表扬张莉了。（主语）

教师：没错，大家说的很对。可是，考完试后，张莉说她没考好，因为她有一道题没做，那么这道题难吗？

学生：这道题应该很难。因为连张莉都不会做。（主语）

教师：是的。所以张莉回家后没有吃饭、没有洗澡就睡觉了。她是不是因为没有考好而伤心呢？

学生：是的，因为她连饭也没吃就睡觉了。（前置宾语）张莉连洗澡也没洗就睡觉了。（谓语）

教师：非常好。看了张莉真的是因为考试的事情而伤心。今天是妈妈的生日，她都不记得了。

学生：张莉今天很伤心，连妈妈的生日都忘记了。（前置宾语）

教师：很好，妈妈知道张莉不开心，会怎么安慰她呢？

学生 1：妈妈可能会说："没关系的，这次考试连你都没考好，别人也不会考好的。"（主语）

学生 2：这道题连你都不会做，别人也不会做的。（主语）

教师：大家说得很好。

在进行完限定性对话之后，教师便可以将隐藏句的最常用的构式告诉学生："连 + 宾语 + 都/也 + 谓语"、"连 + 主语 + 都/也 + 谓语"、"连 + 谓语 + 都/也 + 同一动词"、"连 + 状语 + 都/也 + 谓语"。

第四步，教师再次给出例句，让学生跟着模仿造句。如：
①他最近很忙，总是不吃晚饭。
②这道题很容易，小孩子也会做。
③他工作很忙，星期日也得加班。
④他急匆匆地冲进来，门也没敲。
⑤经理急着赶飞机，合同还没看，就签字了。
⑥我小时候很淘气，不听父母的话。

随着操练的步步深入，"连"字句的学习也进入了高潮，教师应该抓住这个有利时机，及时转入活用，巩固性的练习，放手让学生联系实际继续学习"连"字句，在此基础上，让学生自己分辨非隐藏句构式和隐藏句的构式。在整个练习的过程中，教师不必从理论上进行过多的讲解，甚至不需要告诉学生为什么，但学生做过练习之后，教师应及时引导学生进行这两类构式的辨别。

第五步，最后进行归纳总结，在总结时，利用课件或不同颜色的粉笔标出非隐藏句和隐藏句这两类构式以及每句的语义，以加深学生的理解和记忆。如：
①他最近很忙，总是不吃晚饭。（宾语）
②这道题很容易，小孩子也会做。（主语）
③他工作很忙，星期日也得加班。（状语）
④他急匆匆地冲进来，门也没敲。（宾语）
⑤经理急着赶飞机，合同还没看，就签字了。（谓语）
⑥我小时候很淘气，不听父母的话。（主语）

至于隐藏句剩下的三种构式："连+补语+都/也+谓语"、"连+兼语+都/也+谓语"、"连+表语+都/也+谓语"，可以根据学生的水平进行选择性的讲解。讲解步骤也要遵循上述的教学法。

以上便是我们根据本文对"连"字句的分类，在"连"字句教学方面提出的一些设想。我们认为，教学中把"连"字句从语义的角度分为非隐藏句构式和隐藏句构式，采用上述五步教学法，更有利于学习者掌握这一特殊句式。

五　结语

"连"字句是现代汉语语法研究的热点和难点，本文先对该句式形式进行梳理和总结，接着分析母语为日语者习得"连"字句的特点，根据其出现的偏误，进行了原因分析。在此基础上，尝试运用"构式—语块"理论进行教学策略探析。

本文把"连"字句视为典型的构式句,运用构式语法理论从语义角度将其分为非隐藏句的构式和隐藏句的构式。重点研究了隐藏句(典型"连"字句),结合北京口语语料库中142个"连"字句分析,统计出X在"连"字句中充当主语、谓语、前置宾语、兼语、状语、前置补语及状语的成分时,分别出现的数量,从而得出七种"连"字句构式。教师可按照其难易程度,对母语为日语者进行教学。

第十四章　"使"字句习得研究[①]

一　引言

"使"字句是致使句的典型代表，使用频率很高，以往的研究多从本体角度对其进行探讨，把"使"字句看作兼语句或状中结构的一个小类。也有一些学者对"使"字句的特殊之处有所关注（李人鉴，1988、1990；车竞，1996）。但是针对对外汉语教学的"使"字句偏误与习得研究、教学研究还远远不够。其具体表现是：

第一，以往的研究多从兼语句的大类出发正面描述分析"使"字句的句法语义特点，而较少从学生学习偏误的角度进行全面分析。

第二，偏误研究视角较为单一，只看偏误，而没有将"使"字句的偏误分析提升为表现分析。

第三，研究所依据的语料大多是从教学中收集的口头或书面表达材料，规模小，很少依据大规模汉语中介语语料库进行研究。

第四，对偏误原因的探讨多集中在母语干扰上，很少关注导致不同母语背景的学习者出现相同偏误的共同因素。

本章拟考察外国汉语学习者（以下简称二语者）习得该句式时所出现的偏误，分析产生偏误的原因，并以母语者的使用情况为参照，客观评价二语者习得该句式的实际情况，进而提出相应的教学策略，以期对改进教学有所助益。

[①] 本章依据北京语言大学2006级课程与教学论专业研究生梁婷婷的硕士学位论文《外国学生汉语"使"字句习得情况考察》、北京语言大学2009级语言学及应用语言学专业研究生郑云霞的硕士学位论文《基于"HSK动态作文语料库"的外国学生"使"字句回避类偏误研究》、金海月《韩国汉语学习者"使"字结构习得考察》、田旭红《韩国留学生兼语句使用偏误分析》加工整理。编者：田旭红、金海月。

二 "使"字句偏误类型及分析

首先从 HSK 动态作文语料库中检索到兼语句的偏误句 388 条，人工筛选出"使"字句的偏误句为 228 条。其次按词检索的方式得到带"使"的句子共 1 919 条，人工逐条进行筛选，去掉"即使、使用"等不属于"使"字句的例句、去掉重复的例句、去掉出现偏误的例句，得到正确的"使"字句 1 324 条。把正确句与偏误句相加，"使"字句共计 1 324 + 228 = 1 552 条。"使"字句的偏误率为 14.7%。由此看来，"使"字句的偏误现象仍较严重，应当引起足够的重视。

"使"字句偏误可以归纳为该用而未用、不该用而用和句内偏误三大类，每一大类又分若干小类。其中，该用而未用的下位类型分句式误用、介词混用、"使"字缺失和语义替代等四类。不该用而用的偏误数量不多，仅有 3 例。"使"字句句内偏误又分为缺省、冗余、语义偏误和其他偏误四类。

2.1 该用而未用

指在该用"使"字句的语境中而未用的偏误。共 203 句，占所有偏误的 89%，类型也比较复杂，是该句式偏误研究的重点。

2.1.1 句式误用

句式误用是指该用"使"字句的地方错用了其他句式，这种偏误句共 52 句。
(1) 夫妻之间的感情很好，什么都不会破裂他们的爱情。
(2) 不能自己懒惰自己的身体，我们开始挖井吧！
(3) 吸烟不但上升人的血压，而且对人的内部脏器十分有害，特别是肺。
(4) 因为只有上帝能停留人类的生命。
(5) 为了存在人类的生命，我同意用化肥与农药产品。
(6) 开花和天中飞还是把我们高兴。
(7) 如果你要把你的身体健康，那你就吃"绿色食品"吧！
(8) 但是应该把两种不同食品的价格有差别。
(9) 我知道有些农家为了把农作物的外表看得更干净、漂亮、过多地使用化肥和农药。
(10) 虽然用化肥和农药把农作物的产量大大提高，但是这种办法可能不是最好的办法。

(11) 吸烟虽然被肺癌、肺炎等肺脏疾患的发病率明显增加等，……

(12) 吸烟简单地引起肺癌以外，还有可能性被别人受到热伤。

(13) 它不仅让非吸烟者无意无故地呼吸烟气，而且其烟头处理得往往不妥，影响市容，甚至被儿童受伤。

例（1）－（5）该用"使"字句却误用为使动句。"破裂、懒惰、上升、停留、存在"不论其为动词还是形容词，均不能表示致使意义，因而不能构成直接加宾语的使动句形式。这些词要表示致使意义，均需用"使"字句。该类偏误共有 29 句。

例（6）－（10）该用"使"字句却误用为把字句。例（6）"开花和天中飞"这一事件导致了"我们高兴"的结果，换句话说，"我们高兴"是最后呈现出来的状态，"高兴"又是形容词，无法表示动作。因此，这一动作性不强的致使语义应用"使"字句来表达。例（7）－（10）"健康""有差别"、"看得更干净、漂亮"、"大大提高"都是要强调出现的结果状态，并不强调动作性，因此也应使用"使"字句。该类偏误共 19 句。

例（11）－（13）该用"使"字句却误用为"被"字句。例（11）"肺癌、肺炎等肺脏疾患的发病率明显增加等"是"吸烟"导致的结果状态，不属于被动语态，应采用典型的致使句。其他 2 例情况相同。该类偏误共 5 句。

2.1.2 介词误用

该类偏误指该用"使"的地方错用了介词"对、给、在"等，共有 16 句。

(14) 这对我真的产生了一种讨厌的眼光对我母亲、父亲与哥哥呢？

(15) 许多科学研究对绿色食品的产量曾加。

(16) 对青少年养成好习惯。

(17) 给朋友有害的烟是对朋友的命越来越少。

(18) 这也给孩子产生一种不良心态。

(19) 我认为我们先尽量产出农作物给他们、先给他们不挨饿。

(20) 吸烟不仅对个人健康带给很大的损失，而且同时在别人受很大的伤害。

上述例句均表示某种做法或情况导致的结果，属使用"使"字句的典型语境。例（14）－（17）"使"误用为介词"对"，该类偏误有 8 句；例（18）、（19）"使"误用为介词"给"，该类偏误共 7 句；例（20）"使"误用为介词"在"，该类偏误句仅有 1 句。这些例句只要分别将"对""给""在"改为"使"，就是正确的句子。

2.1.3 "使"字缺失

指该用"使"字句而句中却未出现"使"的偏误。共有127句,有两个下位类型:一类是单纯缺"使",有69句,占所有偏误的30.3%;另一类是缺"使"和"使"后的宾语,有58句,占所有偏误的25.4%。例如:

(21) 为( )贵公司了解本人。

(22) 他呢!虽然死了,可是他的眼睛可以( )另外一个人能看事物,回复视力。

(23) 这样,农作物的产量会大大提高,也会( )有些人再也无必担心缺少粮食的问题。

(24) 有人认为吸烟有好处,能够( )他轻松、不懒脑等等。

(25) 这样才能( )歌曲得到平衡、协调。

(26) 为了( )( )更了解我的情况,我寄给你们有关文件。

(27) 我现在想想,父亲对我教导( )( )成为现在的我。

(28) 这段时间给了我一个很好磨练的机会,也( )( )获得教授们称许。

(29) 这"三个和尚没水喝"的话,虽然是个笑话,但也可以( )( )想一些事情。

例(21)-(25)中单纯缺表致使意义的"使",加上"使"即为正确句。例(26)-(29)不仅缺"使",还缺少必要的宾语成分,致使句义表达不完整。要在句子中的合适位置加上"使",并添加相应的宾语,句子才能成立。例如(26)应加上"使"及其宾语"你们"。

2.1.4 语义替代

这是用实义动词来替代"使"的偏误,共7句,占所有偏误的3.1%。例如:

(30) 要这样作,能变化两者之间的关系很密切,家庭气氛也好。

(31) 所以政府也采取了一些措施,允许吸烟的地方少一些。

(32) 因为吸烟时的烟不仅引起吸烟者本身生病,还引起不吸烟而在吸烟者旁病的人得很严重的病。

上述例句中的"变化""允许""引起"都是实义动词,均应改换为"使"。

2.2 不该用而用

该类偏误指不该用"使"字句而误用"使"字句的偏误,仅有3例,在所有偏误中仅占 1.3%。

（33）医生说在家族的同意下，可以使他进行安乐死。

（34）如果父母的行为不好，习惯不好，导致孩子从小便养成了一些不良的习惯，使孩子的将来埋下了祸根。

例（33）是一般动词谓语句，"他"是动作的对象，应用介引对象的介词"对"。例（34）表示"埋下祸根"的受损者，介词"给"具有此种功能，故需将"使"改为"给"。

2.3 "使"字句句内偏误

2.3.1 成分缺失

指缺少"使"字句成立的某些必要成分。主要包括缺句子主语、缺"使"后宾语 B、缺 C 及 C 部分不完整三种情况。这类偏误共有 22 句，占到所有偏误的 9.6%。

2.3.1.1 缺句子主语

该类偏误句共 11 句。

（35）由三个和尚没水喝使我想到了邻居陈家三兄弟。

（36）由"三个和尚没水喝"，使我想到一个问题。

（37）但是，通过"三个和尚没水喝"这段短文，使我联想到：人多了，未必好办事。

（38）刚看完这个故事，真使我忍俊不禁：人少有水喝，人多倒没水喝。

（39）阅毕这则故事，不禁使我想起在日常生活中日夜上演、令人感叹的《丑陋人性》之剧情。

母语者也会出现类似病句。有一些学者如邢福义（1986）认为这种句式是隐含主语的句子，是正确的。但我们采用更为普遍的观点，将其看作是缺主语的偏误句。

2.3.1.2 缺"使"后宾语 B

该类偏误句仅有 1 句。

（40）他们很热情地帮了我不少的忙使（　）能更快适应，使我在这有家的感觉。

例句中"帮了我不少的忙"的主语是"他们"，"能更快适应"的主语是"我"，"我"同时也是"使"的宾语，即所谓兼语。兼语是不能省略的，所以该句应添加"使"后宾语"我"。

2.3.1.3 缺 C 或 C 部分不完整

指在"A+使+B+C"这样的结构中缺"C"或"C"部分不完整，这类偏误共 4 句。例如：

（41）如果吃这些东西之后明显地发生有些问题，或者患了病。这样使人太可怕了。

（42）吸烟的人之所以长寿率低，是因为吸烟会使人肺炎。

（43）这些学生可能因为长期与同性的朋友在一起而使他们对同性朋友的喜欢。

例（41）的"太可怕了"不是指人，而是说带给人的感觉"太可怕了。"兼语句的兼语后面应有动词性成分，因此后两例应分别加上"得（肺炎）"和"（对……的喜欢）产生了"。

2.3.2 成分冗余

指句子中某一个或几个成分是多余的。该类偏误有 3 句，占所有偏误的 1.3%。

（44）可是现在我不知道有多少后悔的话要向你说，使你在生之时令你为我操心。

（45）"三个和尚没水喝"，虽然只不过是一个故事，但其里面深刻的意义说来，使现在生活的我们留下深深的感动。

（46）如果双方真的没有感情，当初就不要结婚，这会使到双方的心理受伤害，也包括家人。

例（44）中"使你""令你"都是表致使意义的，表达重复，因此应去掉后面的"令你"。例（45）（46）中的"现在生活的""到"均属多余，应予删除。

2.3.3 语义偏误

指句中的谓语动词不能正确表达意思而导致的偏误。仅有 1 例。

（47）到晚上其中一个和尚梦中见到神，使神感动他们祈祷什么。

该句的语义可以是"他们的祈祷"使神"感动"，也可以是使神"感到""他们在祈祷什么"，意义完全不同。根据上下文语境，应为后者。

2.3.4 其他偏误

指不属于"使"字句的必有成分但其又对句子的成立具有一定作用的其他成分的偏误。主要有动态助词"了"和能愿动词"会"的问题。共 2 句。

（48）所以读完这一段短文后，这使我理解那个丈夫做的行为。

(49) 所以许多农民不得不更使用农药,不然的话,使虫子农作物问题难说的。

例(48)句中谓语动词"理解"有一个变化过程,其后应加语气助词"了"。例(49)是一种在某种前提之下可能产生的情况,并未实现,故应在"使"前加能愿动词"会",这样才符合所要表达的语义。

以上偏误类型及数据可概括为表1。计算百分比时采用四舍五入,因此个别比例之和不等于100%。

表1 "使"字句各类偏误比例情况表

一级偏误	二级偏误	三级偏误	在该大类中所占比例	在偏误总数中所占比例
该用而未用	句式误用53	误用为使动句29	14.3%	12.7%
		误用为"把"字句19	9.4%	8.3%
		误用为"被"字句5	2.5%	2.2%
	介词误用16	"使"误用为"对"8	3.9%	3.5%
		"使"误用为"给"7	3.4%	3.1%
		"使"误用为"在"1	0.5%	0.4%
	"使"缺失127	缺"使"69	34.0%	30.3%
		缺"使"和宾语B 58	28.6%	25.4%
	语义替代7		3.4%	3.1%
合计	203		占所有偏误的比例	89.0%
不该用而用		3	——	1.3%
合计	3		占所有偏误的比例	1.3%
句内偏误	成分缺省16	缺主语11	50.0%	4.8%
		缺"使"后宾语B 1	4.5%	0.4%
		缺C及C部分不完整4	18.2%	1.8%
	成分冗余3		13.6%	1.3%
	语义错误1		4.5%	0.4%
	其他偏误2		9.1%	0.9%
合计	22		占所有偏误的比例	9.6%

三 偏误原因及实证研究

3.1 偏误原因推测

根据上述分析与统计,"使"缺失(包括单独缺"使"和缺"使"及其宾语)和"使"字句误用为使动句是偏误率最高的两类偏误。下面对这两类偏误的原因进行探讨。

3.1.1 关于"使"缺失

我们认为日韩学生出现此类偏误的主要原因是母语负迁移。一般来说,初学第二语言的学习者容易受到母语的影响,随着第二语言水平的不断提高,这种影响会越来越小。但从一些中介语研究的相关成果来看,语言学习的高级阶段也会受到母语的影响,如 Matsunaga, K. (2006) 研究表明母语为日语和德语的高级水平的英语学习者在学习英语路径动词的过程中仍会受到母语的影响,再如 Negueruela, E., Lantolf, J. P., Jordan, S. R., &Gelabert, J. (2004) 对英语和西班牙语路径动词的研究也同样表明母语在语言学习的高级阶段所产生的影响。

具体到汉语"使"字句的习得,可以从语言标记的角度说明母语与目的语的差异是如何影响二者的。结构的标记性和语用功能的复杂性是第二语言学习者在汉语习得中表现出的多样性的重要因素。为了解释标记性到底如何影响迁移,Eckman (1977) 提出了"标记差异假说"(marked differential hypothesis)。其主要内容是:①目标语难学的部分是那些既不同于母语,标记性又比母语强的地方;②目标语标记性比母语强的地方,其相对难度与标记的相对程度一致;③目标语与母语不同的地方但标记性不比母语强的学起来不会很难。该假说可以较好地回答为什么有的母语和外语之间的差异会造成学习上的困难。早在1957年,Lado 就有这样的观点,即第二语言与第一语言相似的语言成分容易学,不同的成分则难学。也就是说两种语言结构特征相同之处产生正迁移,两种语言的差异之处导致负迁移。日语和韩语同属于黏着语,都是通过词的形态变化来表示语法意义,因此没有表示致使语义的语言标记,而汉语中有表示致使义的语言标记"使"且标记性很强,这是日韩语和汉语的差异之处。就语言标记这一点来说,日语和韩语是相似的,这也是我们在后文中将日韩语背景的学习者放在一起进行考察的原因所在。因此我们推测或许是因为这个原因,日韩学生使用汉语"使"

字句的时候常缺失汉语致使义的语言标记"使"。

在日语中，要表示致使语义，通常采用的方法是动词和形容词词尾的变化，如日语中要表示"这个电影使我很感动"，表达方式是"この映画は私を感動させました"。动词"感动"的原型是"感動する"，使役形态变化动词词尾为"感動させる"。

韩语主要依靠附着在单词后面的助词（-이/기）或词尾（-다）变化来表示语法关系。韩语有三种表达使动的方式：一是动词词根加表示使动的词缀"-이, -기, -히, -리, -우, -추"构成动词使动型的附加法，如"녹다"表示自动，"녹+이+다"表示使动。二是用词根替换法来构成动词使动型，即用"시키-"等词根来代替"汉字词+하다"中的"-하다"，如"청소하다"表自动，"청소+시키다"表使动。三是在动词的修饰形"-게/도록"后加上"-하다，-만들다"构成动词使动型的分析性手法，如"먹다"表自动，"먹게(도록) 하다"表使动。

英语中有标记的致使句跟汉语"使"字句的相同之处表现在：都是显性致使句，英语有标记的致使句句法形式是："NP1 + 致使动词 + NP2 + Comp"，其中致使动词是表示致使语义的语言标记，有"have、make、command"等，如要表示"这个消息使他很高兴"，英文表达是"The news made him very happy"。标记的位置都在"致使对象"之前，中间不插入其它成分。（袁金亮，2007）这种句法上的对应性为英语背景的二语者习得汉语"使"字句带来积极的影响。二语者在习得汉语"使"字句的时候只要将表示致使语义的"make"变成"使"就可以了，其他词语的语序也无需改变，因此对以英语为母语的欧美汉语学习者来说，在学习汉语"使"字句的过程中，母语起了正面的作用，产生了正迁移，对他们学习"使"字句起了很好的促进作用，因此"使"字句的习得情况相对于日韩留学生来说比较好，出现"使"缺失的可能性比较小，此类偏误会比较少。

3.1.2　关于"使"字句误用为使动句

"使"字句和使动句同属表示致使语义的句式，在特定的条件下可以转换，这个特定的条件就是句中的动词、形容词同时具有两种语义：致使义+结果义。只有在这种情况下，二者才可以转换，否则不可以。一般来说，使动句都可以换成"使"字句，但不是所有的"使"字句都可以换成使动句，原因就在于此。使动句的动词、形容词具备上述的两种语义特征，而一般"使"字句中的动词、形容词只有一种语义，即结果义。二语者因为分不清楚两类词的不同用法而导致了此类偏误的产生。

英语中表达致使义有两种方式，一为有标记的显性致使句，详见上文。第二种就是无标记的使动句，即词汇化使役结构，并且"词汇化使役结构是英语的典型使役化结构，是无标记的，汉语虽然也有两种结构，但是跟英语相反，兼语式是汉语典型的使役结构，词汇使役化结构是边缘性的"（张京鱼，2001）。Wong（1983）观察到中国学生在习得英语的过程中过分使用兼语式结构，Juffs（1996）利用实证研究证明了中国学生的这一倾向。在汉语作为第二语言的习得过程中，母语为英语的欧美学生出现"使"字句误用为使动句的偏误是否也是因为受到了母语的影响而产生了语言迁移呢？下面通过测试的方法对上面的推测进行验证。

3.2 测试

3.2.1 测试目的

（1）确认二语者出现"使"缺失的原因是否是受到了母语的影响，母语为日语和韩语与母语为英语的二语者在这一点上是否存在较大差异。

（2）确认留学生把"使"字句误用为使动句的原因是否是没有较好地区分动词、形容词的两种语义类型。

（3）确认母语为英语的二语者分不清词语的两种语义类型的原因是否是受到了母语的影响。

3.2.2 测试材料

共设计两套试卷。第一套试卷只有一个题型，即语法判断题，共设计40个小题，给出二语者"使"缺失的"使"字句偏误例句，要求母语背景为英语及日语和韩语的学生运用已学知识及语感判断正误，考察学生对"使"字句的辨析和应用能力，以证明我们对"使"缺失原因的推测。第二套试卷有两个大题，第一大题为词汇判断题，共设计40个词，两类动词、形容词各20个；其中一类同时具有两种语义，即致使义和结果义，另一类只表示结果义。要求学生根据已学的语法知识及对"使"字句和使动句的理解判断词语的类型，以证明我们对"使"字句误用为使动句原因的推测。第二大题为翻译题，此题目针对母语为英语的学习者，题目是10个应该翻译成汉语"使"字句的英语句子，目的是看英语母语者分不清词形容词两种语义类型的原因是否是受到了英语的影响。

为了避免被试因为所测知识点的相对集中而猜测到调查意图而做出规律性的判断和选择，我们设计了一些填充项，在第一套试卷中，要研究的"使"缺失的句子有20句，填充项也有20句，包括正确的"使"字句和一些非"使"字句，如"把"字句、"被"字句、"有"字句、"是"字句等，以此来提高测试的准确度。第二套试卷没有设计填充项。

为了保证测试的效度和信度，我们对无关因素进行了控制。例如选用低级别字词以控制字词难度，以使被试专注于语法判断和词汇判断；测试题目大多选自"HSK 动态作文语料库"中的偏误语料，并根据需要做了适当修改。为了避免被试猜测到测试意图而做出规律性的判断，对题目的顺序进行了随机调整。

3.2.3 被试

我们选取的被试均为参加 HSK 高等考试并获得高等证书或在中国留学两年以上、汉语水平可视为高级程度的留学生，分别就读于北京语言大学、北京航空航天大学、清华大学、北京邮电大学等院校。

3.2.4 测试步骤

正式调查前，我们对 10 名留学生和 5 名中国人进行了预测，对不合适的测试题目进行了修改，以筛选出最能考察被试语言能力的试题。

调查前，我们向被试详细讲解了题目要求，以保证测试效果。第一套试卷共计发放 80 份，收回有效问卷 52 份。其中母语为日语、韩语的留学生 31 名，母语为英语的留学生 21 名。第二套问卷不区分母语背景，共发放 60 份，收回有效问卷 52 份，其中第二题只针对母语为英语的二语学习者，共收到有效问卷 14 份。

3.3 测试结果分析

3.3.1 语法判断题的结果分析

为了对日韩母语背景和英语母语背景的两组被试在语法判断题上的表现进行有效对比，也为了使统计数据具有可比性，我们对每一位被试进行了数字编码；计分标准为：判断正确记作 1 分，判断错误记作 0 分，统计每位被试在每一题上的得分及总分，并纵向统计两组被试在每一题上的总得分，据此进行对比。

从总体情况来看，31 名日韩组被试在 20 个题目上平均得分为 10.84，21 名英语组被试在 20 个题目上的平均得分为 13.19，成绩好于日韩组，符合我们的预期。在 31 名日韩组被试中，成绩超过 10 分，即判断的正确率超过 50% 的有 19 人，占日韩组总人数的 61.29%；而在 21 名英语组被试中，成绩超过 10 分的人数是 21 人，即 100% 的英语组被试判断的正确率均超过了 50%，而且除两人的成绩是 10 分以外，其他人的成绩均超过 10 分。从这一点判断，英语组的成绩也明显好于日韩组。如表 2 所示：

表 2　日韩组和英语组判断题正确得分情况

被试	平均分	标准差
日韩组（n=31）	10.84 分	4.420
英语组（n=21）	13.19 分	2.015

具体来看，本部分包括两类测试句，其中单纯缺"使"的测试句有 10 个，缺"使"及其后宾语的测试句有 10 个。针对每一题，我们统计了日韩组和英语组被试的得分情况，并据此进行对比，具体情况如表 3。

表 3　日韩组和英语组在具体题目上的得分情况

题目 / 分数	3	5	6	8	15	24	28	31	35	36
日韩组	19 分 61.29%	17 分 54.84%	20 分 64.52%	10 分 32.26%	19 分 61.29%	10 分 32.26%	19 分 61.29%	17 分 54.84%	20 分 64.52%	13 分 41.94%
英语组	16 分 76.19%	18 分 85.71%	12 分 57.14%	9 分 42.86%	19 分 90.48%	9 分 42.86%	19 分 90.48%	18 分 85.71%	20 分 95.24%	9 分 42.86%
题目	1	2	4	7	9	16	20	26	32	38
日韩组	23 分 74.19%	14 分 45.16%	17 分 54.84%	26 分 83.87%	8 分 25.81%	13 分 41.94%	20 分 64.52%	13 分 41.94%	16 分 51.61%	22 分 70.97%
英语组	11 分 52.38%	5 分 23.81%	15 分 71.43%	18 分 85.71%	15 分 71.43%	5 分 23.81%	20 分 95.24%	5 分 23.81%	19 分 90.48%	15 分 71.43%

从上表可以看出，前 10 个题目即单纯缺"使"的题目，从判断正确的人数占总人数的百分比来看，英语组的成绩在 9 个题目上都高于日韩组。后 10 个题目即缺"使"及其后宾语的题目，从百分比上看，英语组在 6 个题目上成绩高于日韩组，在第 1、2、16、26 这 4 个题目上的成绩略低于日韩组，从上面的数据可以看出，除第 1 题所占的百分比两组均超过 50% 以外，其他三个题目判断正确的人数所占的百分比在两组中均未超过 50%，所以，总体而言英语组的成绩好于日韩组。

以上是我们根据数据所做的描述性统计，为了进一步观察上述差异是否具有统计学上的显著性，我们对正确率做了独立样本的 t 检验，如表 4 所示：

表 4　独立样本 t 检验结果

独立样本 t 检验			
	t	df	Sig.（双侧）
假设方差相等	-2.278	50	.027

结果显示，日韩组和英语组两组学生在对"使"缺失一类偏误例句的判断上差异显著，t = -2.278，df = 50，p < .05，同日韩组相比，英语组学生对"使"缺失一类偏误的判断更好一些。

3.3.2　词汇判断题的结果分析

词汇判断题共测试 40 个词，两类动词、形容词各 20 个。一类同时具有致使义和结果义，可以出现在"使"字句和使动句中，此类动词和形容词各 10 个，我们把这类词称为 A 类动词和 A 类形容词。一类只表示结果义，只能出现在"使"字句中，而不能出现在使动句中，此类动词和形容词也各 10 个，我们把这类词称为 B 类动词和 B 类形容词。测试要求学生根据已学的语法知识及对"使"字句和使动句的理解来判断词语的类型并做出选择，40 个词在试卷上的顺序是随机的。

测试后的有效问卷有 52 份，同样对每一位被试进行了数字编码，计分标准仍为：选择正确记作 1 分，选择错误记作 0 分，统计每位被试在每一题上的得分及总分，以及统计每位被试在每一种词语类型上的得分，以便对 4 种词语类型进行对比分析，然后纵向统计被试在每一词上的总得分，据此进行对比。

52 名被试在 40 个题目上的总得分是 1170 分，平均分是 22.5 分，也就是说选择的正确率刚刚超过 50%，即接近一半的词语被试做出了错误的选择，可见他们对出现在"使"字句和使动句中的动词形容词的两种语义类型缺乏明确的认识。

具体到四类词，每位被试的平均得分分别为：A 类动词 6.31 分，A 类形容词 5.65 分，B 类动词 5.08 分，B 类形容词 5.46 分。相比较而言，A 类动词的平均分相对较高，这说明被试对 A 类动词的判断较好；其他三类词的平均分差不多，10 个词只能判断出一半多一点，说明被试对几类词的认识非常模糊。从得分来看，我们视 5 分以上为合格，8 分以上为优秀。对于 A 类动词，52 名被试中有 41 人合格，占总人数的 78.85%，而优秀的只有 26 人，占总人数的一半；对于 A 类形容词，合格的人数是 29 人，占总人数的 55.77%，而优秀的只有 14 人，占总人数的 26.92%；对于 B 类动词，合格的人数也是 29 人，占总人数的 55.77%，而优秀的只有 6 人，占总人数的 11.54%；对于 B 类形容词，合格的人数是 34 人，占总人数的 65.38%，而优秀的只有 9 人，占总人数的 17.31%。从这组数字可以看出，被试对 A 类动词的掌握情况好于其他三类词，这可能与 A 类动词出现在使动句中的频率较高有关，而且这类词在使动句中极易向"使"字句转化，所以被试容易对这类词做出正确判断。通过数据，我们也可以发现，无论是动词还是形容词，被试对 A 类词的判断要好于 B 类词，说明他们对于只有一种语义即结果义的词能不能出现在使动句中认识不清楚。上述情况如表 5。

表 5 被试对四类词的总体判断情况

	A 类动词	A 类形容词	B 类动词	B 类形容词
平均分	6.31 分	5.65 分	5.08 分	5.46 分
合格的人数	41 人 (78.85%)	29 人 (55.77%)	29 人 (55.77%)	34 人 (65.38%)
优秀的人数	26 人 (50%)	14 人 (26.92%)	6 人 (11.54%)	9 人 (17.31%)

从横向来看，具体到每一类型中的每一个词，统计做出正确选择的人数，判断正确的人数都超过了 50%，仍然是 A 类动词的情况好于其他三类词，平均每个词有 32.8 人判断正确。虽然有多于 50% 的人对四类词做出正确选择，但仍然有将近 50% 的人做出的判断是错误的。具体情况如下表。

表 6 四类词做出正确判断的平均人数及比例

	A 类动词	A 类形容词	B 类动词	B 类形容词
平均正确人数	32.8 人	29.4 人	26.4 人	28.4 人
比例	63.08%	56.54%	50.77%	54.62%

在 40 个词里面，做出正确判断的人数不到总人数一半的词有 A 类动词"结束"，A 类形容词"端正、密切、模糊、突出"，B 类动词"灭亡、停留、增产、上升、流传、前进"，B 类形容词"成熟、进步、满意、和谐"，共 15 个。可见被试对 B 类词的掌握最不理想，他们常常误以为这些词可以用在使动句中。

以上是我们根据数据所做的描述性统计，为了进一步观察上述差异是否具有统计学上的显著性，我们对四类词进行了重复测量方差分析，即 F 检验，如表 7 所示：

表 7 重复测量方差分析结果

被试内设计的方差分析结果			
	df	Mean Square	F	Sig.
Sphericity Assumed	3	13.763	2.515	.060

结果显示，$F(3, 153) = 2.515$，$p = 0.060$，$p > 0.05$，因此学生在对四类

词的判断上没有显著差异，说明学生对 A 类动词和形容词和 B 类动词和形容词的认识比较模糊。进一步对 A 和 B 两类词进行的成对样本 t 检验，结果如表 8 所示：

表 8 成对样本 t 检验结果

成对样本 t 检验结果			
	t	df	Sig.
Pair1 A - B	2.074	51	.043

数据显示，t = 2.074，p = 0.043，p < 0.05。这表明，A 类词和 B 类词之间的判断正确率差异显著，同 B 类词相比，被试对 A 类词的判断稍好一些。

3.3.3 翻译题的结果分析

为了了解二语者分不清词语的两种语义类型的原因是否是受到了母语的影响，我们对以母语为英语的二语者进行了句子翻译测试。共有 10 个句子，均应翻译为汉语"使"字句而不是使动句的句子。

测试共收回有效问卷 14 份。为了统计的方便，我们把正确翻译即翻译为汉语"使"字句的句子记作 1 分，错误翻译即翻译为使动句的句子记作 0 分。（因为是翻译题，比较开放，所以这里的"使"字句范围相对广泛，翻译成"令、让"等表示致使语义的句子也算正确句。）如下面表 9 所示。

表 9 被试在翻译题上的得分情况

题目\被试	1	2	3	4	5	6	7	8	9	10	总分
1	1	0	0	1	1	1	0	1	1	1	7
2	0	1	1	0	1	0	1	1	1	1	7
3	1	1	把	1	1	1	0	0	1	1	7
4	0	1	0	1	1	0	1	1	1	1	7
5	0	1	0	0	1	0	1	1	1	1	6
6	1	0	1	0	1	1	0	1	1	1	7
7	把	把	把	0	1	1	1	1	把	1	5
8	1	0	0	1	1	0	1	1	1	1	7
9	0	1	0	1	1	0	1	1	0	1	6
10	0	0	1	0	1	1	0	1	1	1	6

续表

题目 被试	1	2	3	4	5	6	7	8	9	10	总分
11	1	1	0	1	1	0	1	0	0	1	6
12	1	0	1	0	1	0	0	1	1	1	6
13	0	0	把	1	1	1	1	1	1	1	7
14	1	1	0	0	1	1	0	1	1	1	7
总分	7	7	4	7	14	7	7	12	13	13	91

通过上表可见，14 名被试在 10 道题上的总得分为 91，平均分为 6.5 分，虽然成绩相对不错，但有接近一半的题目他们的翻译是错误的。

从 14 名被试的总分来看，只有第 5、8、9、10 这四道题的翻译较好，只有一两个被试没有翻译对，尤其是第 5 题，所有被试都做出了正确的翻译，可见"displeased"一词后面带宾语的时候，留学生都能做出正确的翻译。第 8、9、10 题考察的词语分别是"disappoint、delight、excite"三个词，后面带指人宾语的时候被试的翻译情况也比较好，都翻译成了表致使义的"使"字句，只有 2 名被试翻译成了"这本书失望了玛丽"，1 名被试翻译成了"乡村音乐没事他"等。除了这四道题目以外，其他 6 道题的结果不很乐观，有 5 道题的正确人数占总人数的比例只有 50%，第 3 题只有 4 人做对，只占总人数的 28.6%。第 1 题考察的词语是"distress"后面带宾语，错误翻译有"苦恼我、难过我"等；第 2 题考察的词语是"grieve"后面带宾语，错误翻译有"悲痛她、悲伤她"等；第 3 题考察的是"calm the crowd"，错误翻译有"平静人群、安静大众"等；第 4 题考察的是"enriched China"，有人翻译成"丰富了中国、充实了中国"等；第 6 题考察的是"surprised the students"，有人翻译成了"惊讶了学生们、吃惊了学生们"等，第 7 题考察的是"satisfied the coach"，有人翻译成了"满意了教练"，也有人翻译成了"球队的表现满足了教练的要求"，单看句子没什么问题，但是并不符合句子的原意。从这些翻译可以看出，以英语为母语的汉语学习者在学习汉语的时候会受到母语的影响，在英语中表达致使义的典型结构是词汇化使役结构，这一点跟汉语不同（汉语是兼语式结构），因此受母语的影响，学习者常常将母语中的常用结构使动句迁移到二语学习中来，从而把本应该翻译成汉语"使"字句的一些句子错误地翻译成了使动句，而他们并不清楚在汉语中，这些在英语中表达致使语义的词在汉语中只能用在"使"字句中，而不能出现在使动句中。

另外，在上表中出现的"把"字，表示被试将句子翻译成了错误的"把"字句，比如"他有困难把人群平静下来"、"他死了的消息把我非常难过"、"他的不在把她很难过"、"他不能把人群冷静下来"、"橄榄球比赛把所有的男孩都很兴奋"等。一般来说，"把"字句的谓语中心词多数是动词，而且是自主动词；"使"字句的谓语中心词多数是表示心理感觉的形容词、心理活动动词、结果动词、有无动词等，当"把"字句中的谓语中心词是表心理的形容词或心理动词时，不能是光杆形式，而必须有表示结果义的成分作补语。被试出现上述偏误正是因为不懂两种句式互换的条件，把应该用"使"字句的地方用成了"把"字句。

3.4 小结

以上，我们通过语言测试的方法对高级水平的汉语作为第二语言的外国学生进行了调查，结果基本符合我们的预期：

（一）通过语法判断题目的考察，我们确定母语为英语的留学生判断的正确率高于母语为日语和韩语的留学生，这说明留学生在习得汉语"使"字句的过程中出现"使"缺失的原因确实是受到母语的干扰而产生了语言迁移，母语为英语的学生之所以习得情况较好，是因为英语中有与汉语"使"字句相对应的语法结构，这种句法上的对应性为母语为英语的学习者提供了很大帮助，产生了正迁移，因此其习得情况较好，而日语和韩语因为缺乏这种句法上的对应性，这对母语是日语和韩语的学习者来说是学习的障碍，产生了负迁移，因此习得情况就差了些。

（二）我们通过词汇判断题目考察了留学生将"使"字句误用为使动句的原因是否是没有较好地区分动词、形容词的两种语义类型。通过测试我们发现，无论是哪个母语背景的留学生，他们对两种语义类型的动词和形容词的判断情况都不很乐观，对四类词判断的错误率都接近50%，尤其是对只有结果义的动词形容词的判断情况较差，他们认为这类词可以出现在使动句中，因此我们认为对动词形容词两种语义类型的判断不清导致了他们出现将"使"字句误用为使动句的偏误。

（三）为了找到留学生不能较好区分动词形容词的两种语义类型的原因，我们以英语母语者为例，设计了句子翻译题。通过学生在翻译题上的表现，我们可以看出母语为英语的汉语学习者在学习汉语"使"字句的时候会受到其母语的影响，在英语中词汇化使役结构是其典型结构，而汉语恰好相反，典型结构是兼语结构，因此有些在英语中直接加宾语表示致使语义的词翻译到汉语中来必须翻译成"使"字句而不是使动句，因为在汉语中，这些词只有结果义，没有致使义，留学生把本应该翻译成"使"字句的一些句子错误地翻译成使动句的原因正在于他们受了母语的影响而不能较好区分汉语中动词和形容词的两种语义类型。

四　教学及教材编写策略

4.1　教学策略

4.1.1　重视语言对比，减少偏误产生

在对外汉语教学中，注意汉语与学生母语的对比教学，大力提倡语言对比为教学实践服务的 Lado（1957）曾说过："一个对外语和学生母语进行过比较的外语教师将能更好地了解真正问题的所在并能设法解决这些问题。"具体到"使"字句偏误，教师要注意对比日语、韩语以及英语语法与汉语语法中表示致使语义的异同，让学生对汉语中用语法形式表达致使语义的表达方式与其母语中用词汇形式表达或有相对应的表达方式之处有较深入的了解，强化"使"字句意识。

4.1.2　重视相关句式对比，加强辨析与操练

"使"字句和使动句、"把"字句和"被"字句都可以表示致使语义，但是无论在致使等级还是语义语用方面都存在较大差异，教学上如果不对它们进行详细区分并采取多种形式反复操练，二语者就会发生混淆。因此，教学中加强对相关句式的辨析与操练尤为必要。

4.1.3　重视句法、语义、语用的讲解

学生出现语法偏误的原因之一是只学了句法结构，而不了解该句式的成句条件、语义限制和语用环境。而造成这种情况的原因是教师比较重视句法结构的讲授，而忽略了语义、语用规则的讲解，因此语义、语用规则的教学十分重要。具体到"使"字句的教学，教师不仅要给出"使"字句的句法结构，还要告诉学生"使"字句的语义、语用特点。例如"使"字句的主语大多数是表示事件和抽象事物的，少数是指人的，含有陈述义；"使"字句中的动词只有结果义，没有致使义；"使"字句的语用价值在于强调一事物对另一事物的影响作用，并把注意焦点放在受影响事物所产生的结果或情状上，而不在发生"致使"的动作

行为上。

二语者对"使"字句的意义和功能的理解认识需要一个过程。帮助二语者建立起"使"字句的语义和语用概念是首要的，在教"使"字句之初，就要提供机会让他们看到或感觉到"使"字句是如何表达致使语义的。二语者在一边听一边做的过程中对输入的"使"字句进行感知、体会，理解"使"字句的意义。

"使"字句的语义和语用环境的表述对汉语教学有很重要的意义。语义教学中，应该制造各种语境，或由教师直接展示，或是通过图片、多媒体来表达"使"字句的语义功能，采用图片诱导、追问显现等教学策略诱导二语者产出目标句，并在语言的练习、互动与交流中给其大量机会来理解体会"使"字句的用法。

语用教学应该结合"使"字句的语篇教学进行。以语篇为基础的教学模式是目前比较流行的语法教学模式之一，通过广泛使用真实、简化的语篇，向二语者提供大量含有语言使用情境的目的语结构，而不只是教授单句，让二语者建立形式与意义的连接，明确"使"字句句式的语用意义，使学生从语篇的角度了解"使"字句的使用在话语连贯中的作用。

4.2 教材编写策略

（一）突出"使"字句的教学。不仅将"使"字句作为一个单独的语法项目提出来，突出"使"这一形式标记，阐明其句式的形式特征，还需兼顾语义语用。同时还要指出与一般兼语句的不同之处，避免学生顾此失彼，影响习得。"用一些很抽象的概念来界定语法意义对于没有或很少有汉语语感的外国人来说，其指导实践的价值是有限的，不仅如此，它还有可能产生误导"（李大忠，1996），因此教材中要最大限度地减少语法术语，阐明形式结构的交际价值。

（二）结合语言对比，参照二语者母语特点以及习得心理，提高解释的针对性，使语法解释更加明白易懂。比如二语者易犯相关句式混用的偏误，把"使"字句与"把"字句、"被"字句、使动句、"叫、让"句等相混淆，教材中要对这些易混句型进行梳理，及时吸取本体研究的相关成果，明确指出不同句式的语义差别，运用语言对比等方法，给出这些句式具体的使用条件以及攻破难点的有效方法。

（三）教材的练习设计与编排不仅要合理，还应多样化。针对"使"字句，教材最好隔一段时间就对相关语法项目进行一些回顾性的练习，多一些比较、翻译、语用练习，让学生熟悉这些句式的细微差别，懂得如何在不同的语境中选择更地道的语言形式。

第十五章 "是"字句习得情况考察[①]

一 引言

1.1 选题缘由

"是"字句有很多特征。"是"字句结构类型多,吕叔湘主编(1980)将"是"字句按结构分为9个小类;"是"字句主、宾语语义关系复杂,刘月华等(1983)将"是"字句主、宾语之间的关系分为9大类,若干小类;"是"字句功能强,是汉语的常用句式,也是留学生需要学习的主要句式之一,例如董斌(2007)对国内知名的对外汉语教材《汉语教程》(一年级用)、《桥梁——实用汉语中级教程》(二年级用)、《现代汉语高级教程》(三、四年级用)中的"是"字句进行分类统计,共出现2249个"是"字句。

目前"是"字句的本体研究比较充分,但"是"的词性,特别是"是+谓词性结构"中"是"的词性还存在争议,"是"字句的定义、分类也有待明确、统一。"是"字句习得方面的研究主要集中在偏误分析、习得顺序等方面,而偏误分析中存在的问题有:偏误分类不全面,偏误产生原因的解释比较宏观,缺乏深入、细致、从微观角度进行的分析。另外"是"字句习得方面的研究没有关注外国学生正确使用"是"字句的情况,也没有将外国学生正确的句子与母语者的使用情况进行比较。因此,"是"字句偏误类型的归纳、偏误产生的原因以及外国学生和母语者使用"是"字句的差异等方面还有很大的研究空间。

本章在前人研究的基础上,以"HSK 动态作文语料库 1.1 版"为汉语二语者语料来源,以北京大学中国语言学研究中心现代汉语语料库(CCL)为母语者语料来源,采用定性与定量相结合、对比分析的研究方法,通过大规模的语料分

[①] 本文依据北京语言大学2008级课程与教学论专业研究生刘艳娇的硕士学位论文《基于"HSK 动态作文语料库"的"是"字句习得情况考察》和2009级语言学及应用语言学专业研究生王静的硕士学位论文《基于"HSK 动态作文语料库"的"是"字句偏误研究》加工整理而成。编者:田萍。

析、数据统计,归纳"是"字句偏误类型,并运用中介语理论以及认知语言学的相关理论分析、探究偏误产生的原因。另一方面,依据母语语料库对母语者"是"字句的使用情况进行统计分析,并与二语者的习得情况进行比较,以期对二语者的"是"字句习得情况有一个较为客观、全面、准确的认识。在此基础上,讨论解决策略,为今后"是"字句的教学提供一些参考性建议。

二 "是"字句偏误类型及统计分析

2.1 概述

2.1.1 "是"字句的数量与偏误类型

在"HSK 动态作文语料库"中输入关键词"是",按"词"搜索,共有38875 句。再按每 10 句抽 1 句的方式进行随机取样,抽取了 3888 句作为研究分析的对象。在此基础上,对 3888 句逐一筛选,排除"是……的"句、由副词"是"构成的强调句、"真是""简直是""实在是""总是"等用作状语的句子、由"是"构成的连词、表示应答、附和的"是""是呀",以及未完句等 6 种情况,最终得到"是"字句 3035 句。将此数字扩大 10 倍,再除以 424 万字,可以得到在该语料库中,"是"字句的使用率约为 0.72%。3035 句中有正确句 2347 句,即"是"字句的正确率约为 77.33%;偏误句 688 句,即"是"字句的偏误率约为 22.67%。

经考察分析,"是"字句的偏误类型可以归纳为三大类,若干小类。为了尽量保持语料原貌,又方便阅读,只对例句中的繁体字、拼音和个别标点进行了修改,例如把不规范的句号"."改为"。"。

2.1.2 "是"字句偏误类型的划分标准

"'是'的多余"和"误用"的差别是:前者是句中"是"多余,而去掉"是"后这个句子不需要改动即为正确句,例如"两个月的时间内认出我是外国人的人(是)只有三个人",去掉括号中的"是"后是一个正确的"有"字句。后者则是"该用"此句式却"误用"了另外一个句式,例如"吸烟是对公众利益不好的影响",这个句子误用了"是"字句,系偏误句;正确句应使用"有"字句进行表达,即"吸烟对公众利益有不好的影响"。

"是"字句内部偏误的下位分类从"句法成分"的角度来分析，目的是要考察每个句法成分涉及到的偏误类型。

"语序偏误"和"定语语序偏误"的区别是：前者的"语序"是相对于整个句式来说的，而后者指的是"定语内部的顺序"。

2.2 该用而未用

这种偏误是指在句中应该使用动词"是"而未用的情况。该类偏误共44句，在全部偏误中所占比例约为6.4%。又可以分为2个小类。

2.2.1 缺"是"

该类偏误指句中缺动词"是"，使句子不完整。该类偏误共36句，占该大类偏误的81.82%，占总偏误的5.23%。例如：

(1) 父母对孩子来说（　）惟一的值得尊重的人。
(2) 我是个爱笑的人，而且（　）很喜欢谈话的人。
(3) 这句话的意思是遇到挫折时，最重要的（　）自己的心理。
(4) 我本身的体会（　）在为生存而奋斗技能是很决定性的。
(5) 她认为（　）因减肥过多引起的营养不足、却医生说是因体内农药过多引起的中毒。

该类偏误除1例之外，句子结构都是"主 + 是 + 名词/名词性短语"。只要在括号处加上"是"，就是正确的"是"字句。

2.2.2 误用

该类偏误指句中该用动词"是"之处却误用其他词而导致的句式偏误或句子不能成立。该类偏误共8句，占本大类偏误的18.18%，占总偏误的1.16%。例如：

(6) 如果贵公司需要我，请我联系一下。下面<u>写</u>我的地址和电话号码……
(7) 安乐死一直都<u>成为</u>医学或法律的争点。
(8) 现在我也不<u>跟</u>以前那样内向的人。
(9) 原来先苦后甜是人生的目标，失败<u>的</u>成功之母，灵的童年就是那么悲伤的，但后来却成为了一个大家所崇拜的偶像。

例(6)告知对方自己的联系方式，动词"写"应改为"是"；例(7)"成为"是非延续性动词，不能和"一直"连用，应改为"是"。这两个句子也可以认为是该用"是"字句而误用了一般动词谓语句。例(8)误用介词"跟"，导致该句因缺动词述语而不成句，将介词"跟"改为动词"是"并前加副词"再"，全句即为"是"字句"现在我也不再是那样内向的人"。例（9）"失败的成功之母"逻辑上自相矛盾，不能成句；结合具体语境，应把"的"改为"是"。

2.3 不该用而用

这种偏误是指在句中不应该使用动词"是"而用了的情况。该类偏误共有128 句，在全部偏误中所占比例约为 18.61%。下分 2 个小类。

2.3.1 多"是"

句中单纯多"是"，只要将其去掉，就是正确的句子。这种偏误句共有 88 句，占本大类偏误的 68.75%，占总偏误的 12.79%。例如：

（10）吸烟是可以减轻一些在生活中的压力，也可以说是精神上的需求吧。

（11）人是会随着环境年岁等因素在变。

（12）他个子是一般，体型粗壮，但因为他从容不迫，所以我有点儿觉得压抑。

（13）时代是已经不同了。

（14）我的父亲今年是 55 岁前几天我刚刚给他打了个电话，祝福他的生日。

（15）到目前为止不管是男女老少，全世界人民对这个问题有很大的关心。

（16）我认为"安乐死"是在无可奈何的情况下是可以取的。

（17）这食品是都是不使用肥和农药的，……

（18）这次回家的目的是。第一个是看看爸爸、妈妈和哥哥。第二个是跟跟着父母谈谈大学毕业以后的事情。第三个是看看本国的好朋友们。

（19）两个月的时间内认出我是外国人的人是只有三个人。

（20）我同意这个规定的原因是有好几个，其中一个是对身体很不好。

例（10）（11）是一般动词谓语句中多"是"，该类偏误句在结构上都是"主+是+动词性结构"。例（12）（13）是形容词谓语句中多"是"。汉语形容词可以直接做谓语，加"是"反而多余了。例（14）（15）是名词谓语句中多"是"。刘月华等（2001），黄伯荣、廖序东（2002）都曾指出：用来说明时间、日期、天气、年龄、籍贯时，名词谓语句是常态，不用"是"字句来表达。例（16）（17）都是在"是……的"句中多加了"是"。例（18）是复句中多"是"。该句为总分复句，交代"回家的目的"的总括句中已有"是"，后面的分句即无需再用"是"；如果要保留后面三个分句中的"是"，则前面的总括句就不应有"是"。例（19）（20）是"有"字句中多"是"，也可以认为是"有"字句和"是"字句的杂糅偏误句。

2.3.2 误用

此类偏误指该用其他词语句式而误用了动词"是"或"是"字句的现象。这种偏误句共有40句，占本大类偏误的31.25%，占总偏误的5.81%。例如：

（21）目前，全球人口已经超过了五十亿，而且是日益增长的局势。

（22）我是一名四十岁的男士、已婚、育有一男一女、拥有十五逾年的工作经验、至今有超过十年是就任管理层职位。

（23）抽烟者为严厉的惩罚是必许要的，吸烟是对公众利益不好的影响。

（24）人类是跟食品离不开的关系。

（25）才17岁的我对跟大学生在一起上中文课这件事请是觉得很不好意思的那种感觉。

（26）更重要是让更多印尼华裔认识中国，认识自己的根是中国。

（27）我家是一个小镇，有一个华文学校，当时的华文学校也兼教学泰文的。

例（21）（22）该用一般动词谓语句却误用了"是"字句。例（21）说明全球人口情况，并非表示判断，故不应使用"是"字句；"呈……趋势"是固定的、很正式的表达方式，适合此句的话题和语境。例（22）也是说明作者自己的相关情况，与判断无关，最后一句宜用"有"字句："至今有超过十年担任管理层职位的工作经历"。例（23）该用"有"字句而误用"是"字句，应改为"吸烟对公众利益有不好的影响"。句中的"有"表示主语的某种属性，而"是"字句没有这样的功能。例（24）（25）该用"是……的"句（二）而误用"是"字句。"是……的"句（二）可以表示说话人的观点与态度，例句却用"是"字句，把表示看法与态度变成了表示判断，不妥。例（26）（27）该用"在"字句而误用"是"字句。"在"字句表示处所。例（26）用表示判断的"是"字句替代了表示处所的"在"字句，虽然句子也能成立，但不符合原句表达处所的语境。例（27）不仅不符合具体语境的需要，而且把"家"和"小镇"视为同一关系，在逻辑上也是不能成立的。

2.4 "是"字句内部偏误

此类偏误指在具体语境中应该使用"是"字句，实际上也使用了，但句中存在错误的偏误现象。这种偏误句共有516句，占总偏误的75%。根据错误出现的位置与性质的不同，可以分为7类。

2.4.1 主语偏误

此类偏误指"是"字句的主语存在错误。这种偏误句共有 77 句，占本大类偏误的 15.25%，占总偏误的 11.19%。例如：

(28) 要摒除代沟这个社会问题，最主要（　）是父母与子女必须要放弃自己概有的原则，大家有商量。

(29) 交朋友的是社会生活当中最重要的事。

(30) 这个传说给我们唤醒的是什么呢？

(31) 吸烟（　）算得是一种"罪人"，为了自己的需要而危害别人的安危。

(32) ……更可以说这种人的心态是自私、无责任成的人。

(33) 多宣传那些吸烟的不好，不雅观，让吸烟人感觉（　）是罪事。

(34) 那我设问大家一下，这是什么食品给他们带来了生机呢？

(35) 我想两代人之间在很多方面存在的差异是正常的事情，……

例（28）-（30）是与"的"字短语作主语相关的偏误。例（28）应由"的"字短语"最主要的"做主语，但"的"缺失，因而错误。例（29）为谓词主语句，即应由述宾短语"交朋友"做主语，但却又误加了"的"，变成了名词主语句。例（30）则是"的"字短语内部的语序和介词有问题，"给我们唤醒的"应为"唤醒我们的"。

例（31）（32）系主语的中心语偏误。表面上看，2 例都表现为主语和宾语不搭配，即"吸烟"和"罪人"、"心态"和"人"之间都不存在同一或类属关系。而深层的原因则是例 31 的主语只有起限制作用的定语"吸烟"，缺少中心语"（的）人"。例 45 则是主语的中心语"（的）心态"多余，将其删除后以"（这种）人"为主语，即可以与宾语"（的）人"形成类属关系。

例（33）（34）是主语本身残缺或多余的问题。例（33）最后一个分句的宾语部分缺主语"这"或"吸烟"，应为"让吸烟人感觉这（或吸烟）是罪事"。例（34）后一分句的主语"这"多余，"是什么食品给他们带来了生机呢"是"是"字句的一种特殊结构，即强调施事的无主句，故无需主语。

例（35）应用谓词性短语"两代人之间在很多方面存在差异"做主语，但由于在"差异"前误用了助词"的"而变成了体词性偏正短语做主语，前者突出"存在差异"这件事，而后者焦点在"差异"一词上，表达的意义是有区别的。

2.4.2 述语偏误

此类偏误指"是"以外的述语多余。这类偏误句只有 6 句，占本大类偏误的

1.19%，占总偏误的0.87%。例如：

（36）这与城市里的紧张生活和烦杂的环境有是两个世界。

该例是对两种不同生活状态和环境的判断，应用"是"字句，句中的"有"多余。

2.4.3 宾语偏误

此类偏误指"是"字句的宾语存在错误的现象，共有137句，占本大类偏误的27.13%，占总偏误的19.91%。例如：

（37）他现在是中国人心中的名人，甚至是全世界（　）。

（38）我认为听一首流行歌曲是一种享受的东西。

（39）父母是自己的长辈的人，比自己有更多的经验和智慧。

（40）这个问题在我的人生上是个非常重要的（　）。

（41）何况，来自其他国家的游客、访客又会怎么去看待一个满地都是香烟的残留品（　）呢？

（42）代沟这个问题之所以存在，我认为是因为上一辈与下一辈之间各人所站的立场不一样所至。

（43）目前东、西方社会的普通现象是都趋向于离婚率及家庭暴力日渐偏高。

（44）我是投球人。

（45）原因是父母跟孩子一起的时间不长，所互相不理解吧。

（46）因此最重要的是父母与孩子之间（　）多对话解决问题。

例（37）本意以"的"字短语"全世界的"做宾语以替代偏正结构的名词短语"全世界的名人"，但因其缺少了结构助词"的"，以致偏误。例（38）（39）属宾语的中心语多余。例（38）"享受"本身即可以做宾语，后面无需再加中心语。例（39）中的"长辈"指的就是人，不需要再加"（的）人"做中心语。与上面两例相反，例（40）（41）系中心语残缺。两例中的量词、数量短语"个""一个"决定了修饰语之后必有"问题""（的）国家"之类的中心语。例（42）（43）都是小句宾语不当导致的偏误。例（42）可以用"是因为……不一样"和"是……所致"两种句式来说明原因，将二者杂糅在一起则不可。例（43）可以用"现象是……偏高"或"社会趋向于……"，同样不可以混用。至于例（44）-（46）则是由于词语使用不当导致的偏误。例（44）是生造词问题，汉语中有"投球手"一词，而无"投球人"的说法。例（45）是结构助词"所"多余，例（46）则是词语残缺的问题，即括号处缺少介词"通过"。

该类偏误句虽然多达137句，但词语使用不当造成的偏误就有72句，占到该类偏误的52.55%。究其实，当属词汇习得问题，与"是"字句句式的习得并无直接关系。

2.4.4 定语偏误

此类偏误指"是"字句中修饰主宾语的定语存在偏误的现象，共有 158 句，占本大类偏误的 31.29%，占总偏误的 22.97%。例如：

（47）我的母亲是典形（　）家庭妇女。
（48）他们多半儿是这所语言大学的日文系的学生。
（49）幸福是婚姻中重要的一个中心问题，……
（50）我的父亲只是个凡人、是个一个家长。
（51）因为我们人类是一个自然的一部分所以我们应该跟自然一起发展。
（52）肺是人器中很复杂的重要部分。
（53）最重要的是，有文化，有才干，有道德品质好的人都可以参加。

例（47）是"的"残缺，"典型"做定语修饰名词可以不加"的"，修饰名词短语则应加"的"。例（48）是"的"多余，一个单位内部的大单位和小单位之间形成修饰关系，其间无须加"的"。例（49）中有多项定语，"一个"属限制性定语，应位于修饰性定语"重要"之前。例（50）（51）中的定语"个"和"一个"、"一个"和"一部分"表义重复，留一即可。例（52）"人器"系生造词，应为"人体器官"；例（53）"有道德品质好"中的"有"应删除。

该类偏误句共 158 句，其中因个别词语使用不当导致的偏误达 113 句，占比约为 72%。因其与"是"字句句式的偏误相关性最小，尽管其数量多，比例高，但并不是研究的重点。

2.4.5 状语偏误

此类偏误指"是"字句中修饰中心语的状语存在偏误的现象，共有 29 句，占本大类偏误的 5.74%，占总偏误的 4.22%。例如：

（54）很多时间过去以后，您（　）知道他是很好的男人。
（55）每次遇到任何困难或挫折，对每个人来说（　）是一个挑战。
（56）望子成龙都是每个父母对孩子的愿望。
（57）这毕竟是为什么？
（58）和我们以前的时代（　）简直是天和地！

例（54）（55）是缺状语的偏误。例 54 表示了解一个人需要经过很长时间，是一个缓慢的、不容易的过程，因此需要在括号处加上承载这种语义的副词"才"做状语。例（54）中有"每次""每个人"，需要表示总括语义的副词"都"做动词"是"的状语。与此相反，例（56）是多状语的偏误，因为"望子成龙"是父母对子女的一种期待，无需用"都"做状语表示总括。例（57）是该用表示追究原因的副词"究竟"做状语，却误用了表示强调事实或原因的副词"毕竟"；例（58）则是用固定结构"和……相比"做状语，却缺失了最关键的"相比"。

2.4.6 语序偏误

此类偏误指"是"字句中的状语位置不当的偏误现象，共有40句，占本大类偏误的7.92%，占总偏误的5.81%。例如：

（59）其中最热闹的话题是当然"吸烟问题"。

（60）这是可能因为她总是跟我父母在一起，他们三个人现在组成了可以说《三人的家庭》。

（61）真是个不好女儿。

（62）"吸烟"是对吸烟者来说一种放松法。

（63）可是，她是个不吸烟的人，怎么会得病的原因是吸烟？

（64）这个钱是一半他们公司的。

（65）他们是不但我父母，而且是人生的先辈。

例（59）-（63）都是状语位置错误，由副词"当然"、能愿动词"可能"、否定词"不"、固定短语"对……来说"、疑问代词"怎么（会）"等充当的状语都应置于动词"是"前。例（64）是主谓谓语句，其中的小主语"一半"应在动词述语"是"之前。例（65）是连词位置错误，即连词"不但"应置于动词"是"前。

2.4.7 其他偏误

此类偏误指"是"字句中其他一些偏误现象，包括句式杂糅16句，句尾"了"的残缺或多余8句，句尾助词"的"的多余16句，主宾语不搭配18句，多类混杂偏误11句，合计69句，占本大类偏误的13.37%，占总偏误的10.03%。例如：

（66）据说，肺癌的发生率是爱吸烟者比不吸烟者的多几十倍。

（67）可是自杀是为了逃避现实的最低级的方法。

（68）现在我已经是大学四年级学生（　）。

（69）去年我去忠州训练学校的那天是我们看过见的最后日子了。

（70）来中国的目表就是学习汉语的。

（71）我的主要意见是最好的方法是对话的。

（72）吸烟是有百害没有一利的东西。

(73) 学习<u>是</u>一件对小孩来说<u>是</u>非常闷的事情。
(74) 我个人对这样的问题（　）是赞成分开上课比较好。

例（66）（67）都是杂糅偏误，即把两种不同的句式或表达方法用在同一个句子里。例（66）混用了"是"字句和"比"字句，例（67）混用了两种说明目的的表达方式，因而偏误。例（68）"我"的情况有变化，副词"已经"凸显了这种变化，句尾必须加表示变化的语气词"了"。例（69）仅表示一种判断，情况并无变化，"了"多余。例（70）（71）是表示判断的"是"字句，而非"是……的"句，句尾"的"多余。例（72）用"是"字句表示主、宾语之间的类属关系，但"吸烟"可以是"行为"，不是"东西"，不存在类属关系，语义关系偏误。例（73）"是"字句中"是"多余，同时还有语序错误。例（74）宾语表达的是"我"的意见，所以主语中心语应为"看法"或"意见"。

上述"是"字句的偏误类型可以归纳为下面表1。

表1　"是"字句偏误分类数据统计表

一级偏误类型	二级偏误 类型	数目	在该大类①中所占比例（%）	在偏误总数中所占比例（%）
该用而未用	缺"是"	36	81.82	5.23
	误用	8	18.18	1.16
合计		44	100	6.4
不该用而用	多"是"	88	68.75	12.79
	误用	40	31.25	5.81
合计		128	100	18.6
"是"字句内部偏误	主语偏误	77	14.92	11.19
	述语多余	6	1.16	0.87
	宾语偏误	137	26.55	19.91
	定语偏误	158	30.62	22.97
	状语偏误	29	5.62	4.22
	语序偏误	40	7.75	5.81
	其他	69	13.37	10.03
合计		516	99.99	75
总计		688	—	100

从表1可见：

---

① 此处"该大类"指的是四大类中的一类。

（1）在偏误总数中所占比例从大到小的顺序是："是"字句内部偏误＞不该用而用＞该用而未用。

"不该用而用"的偏误句多达130句，约是"该用而未用"的3倍。由此可见，"是"字句的泛化问题比较严重。

从在偏误总数中所占比例来看，多"是"偏误大于缺"是"偏误。

在"是"字句内部偏误中，所占比例从大到小的顺序是：定语偏误＞宾语偏误＞主语偏误＞其他偏误＞语序偏误＞状语偏误＞述语偏误。

（2）定语偏误、宾语偏误所占比例之所以遥遥领先，是由于"定语个别词语的偏误"以及"宾语个别词语的偏误"这两类偏误所占比例很大，而这两部分所占比例大又是由于留学生词汇量的限制，以致在个别词语的使用上常常出错。但"个别词语的偏误"与"是"字句句式的习得情况的相关度最小，因为相对于"是"残缺、"是"多余以及句式的误用、短语、语序的偏误，词语本身的偏误对句式正确与否的影响非常小。另一方面，"是"字句中充当宾语、定语的成分很复杂：宾语可以是名词及名词性短语（包括"的"字短语、"所"字短语）、动词及动词性短语、形容词及形容词性短语、主谓短语，还可以由句子形式来充当；而定语亦可由形容词及形容词性短语、名词及名词性短语、动词及动词性短语、主谓短语来充当，还可以由代词、数量词、区别词来充当，学生掌握起来难度比较大。因此，仅仅通过表1所反映的数据比例，就说"是"字句最主要的偏误是其内部偏误，而且是"定语个别词语的偏误"和"宾语个别词语的偏误"是不全面的，也是不准确的。

为了更好地分析问题，认识造成偏误的原因，下面将"'是'字句内部偏误"从句法和词汇两个不同层面进一步划分，具体情况如下面表2所示。

由表2可见，在"是"字句内部偏误中，与句式直接相关的偏误有109句，占21.12%。"该用而未用"以及"不该用而用"两大类偏误均是"与句式直接相关"的，共172句。因此结合表2可以得出："与句式直接相关"的偏误数为281句，占偏误总数的40.84%。"与句法成分相关"的偏误为208句，占偏误总数的30.23%。这样，"句法层面"的偏误共占偏误总数的71.07%，"词汇层面"的偏误为199句，占偏误总数的28.92%。因此，如果不考虑词汇层面的偏误，那么"是"字句的偏误率为 489÷3035 = 0.1611202635914333，约为16.11%。

表2 "是"字句内部偏误分层统计表

考察角度	涉及层面	偏误类型	句数	总计	所占比例①（%）
句法层面	与句式直接相关	语序偏误	40	09	21.12
		杂糅	16		
		句尾"了"缺少与多余	8		
		句尾"的"多余	16		
		主、宾不搭配	18		
		其他	11		
	与句法成分相关	"的"字短语作主、宾语的偏误	45	208	40.31
		主、宾中心语偏误	44		
		主、定、状残缺偏误	33		
		主、述、状多余偏误	20		
		定语序偏误	17		
		其他	49		
词汇层面		主语个别词语的偏误	8	199	38.57
		宾语个别词语的偏误	72		
		定语个别词语的偏误	113		
		状语个别词语的偏误	6		

从影响"是"字句习得程度的大小以及所占比例来考虑，"句法层面"的偏误将是偏误原因探讨部分的重点，其中"与句式直接相关"的偏误是重中之重，而"词汇层面"的偏误则不再多做分析。

从考生水平的角度，对不同水平的考生的偏误进行统计分析，进一步考察"是"字句偏误规律，得到如下结论（HSK高等考试证书分为A（高）、B（中）、C（低）三级。为方便说明，把没有取得证书的记作D级）：

（1）A级考生的偏误只有3例，占0.6%，分别是一般动词谓语句中多"是"、"的"字短语作主语内部偏误、定语中缺"的"。

（2）对各类偏误，各等级所占比例从大到小的顺序一般均为：D级>C级>B级，且偏误主要集中在C、D两级。一般情况下都是D级>C级，C级>D级的情况只有四种："不该用而用"中的"误用"、述语偏误、状语偏误、句尾"的"多余。前三种两个等级之间只相差0.2%，而"状语偏误"相差0.6%，

---

① 此表计算时的基数为"'是'字句内部偏误"的数量是516句。

其中"副词多余"C级的偏误比例比D级大1.1%。总起来看，差异很小。

三 "是"字句偏误原因探析

3.1 "是"字句本身特点的制约

3.1.1 主宾语语义关系复杂、严格

"是"字句的主宾语语义关系可以归纳为5类：等同或归类；描写（性格、特征等）、说明（时间、处所、情况等）；存在；比喻；解释（原因、目的等）、阐释事物。其中与"等同或归类"相对应的结构是"名/代/数量+是+名/代/数量"，与表示"等同"对应的结构还有"名+是+动/形"，与表示"归类"对应的结构还有"动+是+名"。"等同或归类"这一语义类型对于主宾语的搭配是比较严格的，如例（72）"吸烟是有百害没有一利的东西"，"烟"与"东西"搭配，而"吸烟"与"行为""习惯"等搭配，如果错位，那么偏误便产生了。

另外，"杂糅"偏误的产生也是由于主宾语语义关系的复杂与严格。例如"为了解决代沟问题的关键是两代人之间的互相理解"，主宾语之间是"等同"关系，"解决代沟问题的关键"是"两代人之间的互相理解"。如果要使主宾语表示"解释目的"，那么理论上应该这样表达："两代人之间互相理解是为了解决代沟问题"。偏误句将表示等同与解释目的的两种表述方式混而为一，显然是有问题的。而"她努力学习是为了将来可以出国深造"，这个句子是完全正确的。两者的差别在于："为了……"目的性很强，相应的要求做主语的短语表示主动行为，动作性强，而"两代人之间互相理解"动作性不强。由此可见，主、宾语表示"解释目的"对主语的要求是很严格的。学生必须深入了解不同的主宾语语义关系的要求才能写出正确的句子。

3.1.2 句子结构丰富

"是"字句的句子结构包括"名/代/数量+（副词）是+名/代/数量/动/形/介词短语""动/小句+是+/动/小句""名+是+名+动""A是A，……""是+小句"等，还有一些特殊的形式，如"'的'字短语+是+名/动/小句"等。而且每种句子结构内部除了主干成分，还有很多非主干成分，如定语、状语、插入语等。这样多重复杂的结构在很大程度上导致了语序偏误以及定语、状

语的残缺与多余偏误。

3.1.3 "的"字短语复杂

Chomsky（1980、1981）把标记性和语言习得理论明确地联系在一起。在他的语言理论中，"核心规则是无标记的，它们受普遍语法制约，容易习得。而外围规则是有标记的，它们不受普遍语法制约，只能慢慢习得"（转引自周小兵等，2007：367）。周小兵等（2007：368）用标记理论来解释同一语言项不同句式的习得难度，认为"是……的"句比典型"是"字句（我是韩国人）不容易习得。

由上述观点推论，"的"字短语中的"的"也可以视为一种标记，这也许正是"的"字短语难以习得的一个原因。此外，做主语的"的"字短语"的"前成分可以是谓词性成分，如动词、形容词、动宾短语、主谓短语等，这些成分与"的"构成名词性结构，这在一定程度上增加了"的"字短语的复杂性与习得难度。从本文的考察来看，"的"字短语的偏误比例不容小觑，如表3所示。

表3 "的"字短语的偏误①

"的"字短语的偏误	偏误类型	偏误数	相对比例（%）	绝对比例（%）
	"的"字短语做主语	31	33.7	4.51
	"的"字短语做宾语	14	15.22	2.03
	宾语中心语偏误	38	41.3	5.52
	主语中心语偏误	6	6.52	0.87
	有"的"字短语的句子缺"是"	3	3.26	0.44
	总计	92	100	13.37

主宾语中心语的偏误与"的"字短语有很大的关系。有时"是"字句中"的"字短语可以补充出后面的名词。例如"更严重的（　）是我们没带钥匙"，括号处可以补充名词"事情""问题"之类，但以不补充为常态，因为"事情""问题"都是概括性的，不补充听说双方也明白，又不会造成语义的模糊，符合语言经济的原则。有时则必须补充出后面的名词句子才完整、自足，例如"这个问题在我的人生上是个非常重要的（问题）"。前种情况形成"的"字短语做主宾语的"是"字句；后一种情况"的"字短语与名词结合构成偏正短语。

---

① 此表计算相对比例（占大类比例）时的基数是92，计算绝对比例（占总偏误比例）时的基数是偏误总数688。

3.2 目的语规则泛化

多"是"、该用"比"字句、紧缩句而误用"是"字句的偏误句是主宾语表示"说明情况,解释(原因、目的)等、阐释事物"的"名/动 + 是 + 动/形/介词短语"以及"动/小句 + 是 +/动/小句"泛化导致的。

传统的典型"是"字句结构是"主 + 是 + 名"。随着研究的深入、认识的深化,"主 + 是 + 动/形/小句"也有一部分进入"是"字句的范畴;学者们概括其语义为"说明情况"或"解释(原因、目的)等,阐释事物"。表示"等同""比喻"也可以用"主 + 是 + 动/形"这样的结构,但表示"等同""比喻""阐释事物"一般不会泛化,因为这三类语义特征鲜明,并且"是 + 谓词性结构"并不是其主要结构,其主要结构是"是 + 名词性结构"。

3.3 难易度和相似度的影响

"主 + 是 + 名"是典型而简单的"是"字句结构,是留学生较早掌握的句子结构之一。而一般动词谓语句的核心部分是动词,现代汉语中的动词是无法穷尽列举的,这增加了一般动词谓语句学习的难度。主谓谓语句是汉语颇具特色的句型之一,学习难度是不言而喻的。根据标记理论,"是……的"句的习得难度大于"是"字句,至少大于"主 + 是 + 名"的"是"字句。因此,难易度是造成"该用一般动词谓语句、主谓谓语句、'是……的'句而误用'是'字句"的一个因素。

从数据上看,该用一般动词谓语句而误用"是"字句是该用"是"字句而误用一般动词谓语句的3倍。这说明一般动词谓语句的难度更高是导致"是"字句泛化偏误的一个重要原因。

相似度是"是"字句泛化的另一个原因。"有"字句和"是"字句都可以用来表示存在,但是有区别:用"是"字句表示"存在"是以"已知信息"为条件的,如"桌子上是本书",此句隐含着"已经知道桌子上有东西"这一信息,如果没有这一已知信息,则不能用而"是"字句表示"存在"。而"有"字句表示"存在"则没有条件限制。学习者不了解这种区别,因而导致了误用。

"在"字句的一个用法是"表示人或事物存在的处所、位置","是"字句也有"说明处所"的用法,这是二者的相似之处,也是产生偏误的原因之一。因为二者还有不同之处。只有明白二者的不同,才能避免偏误的发生。用"是"字句说明处所,上下文必须表明这种语境与语义,如"我们都住在黄河边上,他是上游,我是下游"。如果没有交代"我们都住在黄河边上",直接说"他是上游，我是下游"，这个"是"字句就是主、宾语搭配不当的偏误句。而"在"字句没有限制，可以直接说"他在上游，我在下游"。

3.4 教材方面的不足

董斌（2007）考察了目前国内具有代表性的对外汉语精读教材：《汉语教程》1—3册、《桥梁——实用汉语中级教程》上下册、《现代汉语高级教程》上下册。该文选取了8种"是"字句结构进行考察，其中作为语法点进行讲解的有"处所名词+是+名词"、"是+为了/因为……"、"是+小句"、"A是A，就是……"，其他4种句子结构则仅仅出现在课后练习提示中，没有列为语法点。这4种结构是："个体名词+是+集体名词"、"是+时间名词"、"的字短语+是+名词/动词/小句"、"不是……是……；是……不是……"。

据语料统计分析，"的字短语+是+名/动/小句"以及表示解释的"不是……是……；是……不是……"是产生偏误的主要类型，而教材却只是将它们编排在课后练习提示中，这种处理方式确实欠妥。

我们考察了《博雅汉语》中级冲刺篇上、下册以及高级飞翔篇上、下册，其中只有中级上册和高级上册涉及了有关"是"字句的语法点，是以特殊句子结构的形式出现的，"不是……而是……"、"不是A就是B"、"凡是……都……"，这也印证了"是"字句的教材编排缺乏系统性，只是零星分布于教材中。

四 正确使用"是"字句情况及对比

4.1 "是"字句语义类型说明

偏误分析有一定局限性，其中首要一点便是"只考察了学习者的偏误，而忽视了学习者语言系统中正确的部分，对学习者第二语言习得过程的了解不完善"（王建勤，2008）。因此要比较客观地反映外国留学生的习得情况，只做偏误分析是不够的，还应该关注正确的部分，并且与母语者的使用情况进行对比。

本章主要参考刘月华等（2001），并结合其他学者的观点，将"是"字句按语义归纳为9类。即：a. 等同或归类；b. 描写（性格、特征等）、说明（时间、处所、情况等）；c. 存在；d. 比喻；e. 解释（原因、目的等）、阐释事物；f. 强调宾语；g. 指明施事；h. 表示"界限分明"；i. 表示无例外，有"凡是"的意思。其中a-e类着眼于"主宾语语义关系"，f-i类着眼于整体结构及"是"的功能。

下面按照这 9 个语义类型来分析、比较外国留学生与母语者使用"是"字句的情况。

4.2 正确句语义类型归纳统计

外国留学生"是"字句中的正确句有 2347 句。其中 77 句中的"特别是/尤其是 + N."这一结构经常用作插入语,"是"表判断,没有特殊的语义,分析时不再考虑。这样实际进行语义类型分析的句子为 2270 句,其语义类型分布情况以及相对应的形式见表 4。

表 4 "是"字句正确句语义类型

序号	语义类型	形式	例句
a	等同或归类	名/代/数量 + 是 + 名/代/数量,名 + 是 + 动/形,动 + 是 + 名	<1>我的专业是国际经济。 <2>她的最大的特点是好奇心很强。 <3>偷是一种不道德行为。
b	描写、说明	名 + 是 + 名,名/动 + 是 + 动/介词短语	<4>他是一个小聪明。 <5>我们是人穷志不穷。
c	存在	名$_{处/方}$ + 是 + 名	<6>楼下是我的房间。
d	比喻	名 + 是 + 名	<7>音乐是没有国界的语言。
e	解释、阐释	动/小句 + 是 + 动/小句,名 + 是 + 动/小句	<8>我看书是为了让受打击的精神恢复。 <9>我自己的看法是,喜欢流行歌曲必然是无害处的。
f	强调宾语	……的(,)是 + 名/动/句子	<10>可惜的是我辞了职。 <11>"三个和尚没水喝"让我想到的是:人的自私和依赖别人的后果。
g	指明施事	(话题)是 + 小句	<12>是父母给了我生命。

h 和 i 类没有用例。

4.3 母语者"是"字句使用情况分析

在 CCL 语料库的"高级查询"中输入"是",同时在"路径"一栏中输入"《作家文摘》",得到 66427 条语料。由于该库"网络版"的使用限制,我们只能看到前 5000 条。按每 5 句抽 1 句的方式进行随机取样,最后得到 1000 条语料。

对这 1000 条语料进行逐一排查,排除由"是"构成的连词、"更是""真是""是否"等用作状语、"是……的"句、表强调重读的"是"、表示疑问、应答、附和、带"是"的词语如"实事求是"等情况,最终得到681句"是"字句,并对之进行语义类型分析,具体情况见表5。

表5 母语者"是"字句语义类型

序号	语义类型	形式	例句
a	等同或归类	名/代/数量 + 是 + 名/代/数量,名 + 是 + 动/形,动 + 是 + 名	<1> 编剧和导演都是蔡楚生。 <2> 郑渊洁最大的爱好是开汽车。 <3> 打官司是个硬碰硬的法律问题。
b	描写、说明	名 + 是 + 名,名/动 + 是 + 动/形/介词短语	<4> 崔健是个谜。 <5> 生活中的余珊,更是为人热诚、豪爽、率真。 <6> 说话也是满口斯文。
c	存在	名$_{处/方}$ + 是 + 名	<7> 旁边是三瓶墨水,一大叠文件。
d	比喻	名/动 + 是 + 名/动	<8> 人生是一条无涯的路。
e	解释、阐释	动/小句 + 是 +/动/小句,名 + 是 + 名/动/小句	<9> 他开始筹拍《妈妈》,或许是因为自己从小就没有得到母爱。 <10> 促使我做房地产生意的最初起因,是我在北京长期没有房子住。
f	强调宾语	……的(,)是 + 名/动/句子	<11> 她看见的是另一个人。 <12> 费里尼始料未及的是,当初的信笔拈来,如今已是名贵的电影资产了。
g	指明施事	(话题)是 + 小句	<13> 是富子使自己起死回生。 <14> 多数话都是李云露替她回答。 h 和 i 类没有用例。

h 和 i 类没有用例。

4.4 "是"字句使用情况对比分析

对外国留学生正确句和母语者的句子各个语义类型所占的比例进行数据统计,结果见表6。

表6 二语者和母语者"是"字句使用情况对比

序号	语义类型	外国留学生正确句句数	所占比例（%）	母语者句数	所占比例（%）
a	等同或归类	1812	79.82	273	40.89
b	描写、说明	37	1.63	109	16.01
c	存在	2	0.09	7	1.03
d	比喻	15	0.66	23	3.38
e	解释、阐释	293	12.91	210	30.84
f	强调宾语	105	4.63	47	6.90
g	指明施事	6	0.26	12	1.76
h	表示界限分明	0	0	0	0
i	表示无例外	0	0	0	0
总计		2270	100	681	100.01

由表6可以看出：

（1）二语者的使用率从大到小的顺序是：a＞e＞f＞b＞d＞g＞c＞h、i；

母语者的使用率从大到小的顺序是：a＞e＞b＞f＞d＞g＞c＞h、i。

二语者和母语者的使用率的顺序基本一致，使用情况总体趋同，这在一定程度上反映出"是"字句9个语义类型的使用频率是比较稳定的，二语者的习得情况整体而言值得肯定。

（2）二语者和母语者a类"是"字句的使用频率都是最高的，但前者超过后者约一倍，在其使用总数中所占比例高达79.82%。除此之外，只有e类的使用率较高，达到12.91%；其他均在5%以下，有3类甚至只有百分之零点几。a类之外的其他6类（不考虑没有用例的h、i类），二语者的使用率都比母语者低，其中相差最大的是e类和b类，二语者的使用率与母语者相差15%左右。显而易见，二语者对"是"字句的使用偏好突出，对不同语义类型的"是"字句使用覆盖面虽广，但使用率很低。母语者则不但分布面广，而且使用率更均衡。

相比于母语者，二语者需降低a类的使用率，提高b、e类的使用率，这应成为教学的重点。

a类"是"字句主宾语之间为同一或类属关系，结构上多为"名+是+名"，相对较为容易理解。b类"是"字句主宾语之间是描写说明关系，"名+是+动/形/小句"的结构较多，情况较为复杂，二语者相对不易掌握。因此b类不仅是教学的重点，也是教学的难点。

（3）无论二语者还是母语者，c、g类的使用率都很低，h、i类更是没有用例。产生这种现象的原因之一是：c、g、h、i 类"是"字句使用的语境是很有限的：c 类用来表示"某处、某个方位存在什么东西"，一般只出现在介绍空间的语境当中，且与表示存在的"有"字句有易混淆之处；g 类用于指明施事，与强调施事的"是……的"也有所关联；h 类、i 类比较口语化，通常用于口头对话中，书面语中用例很少。

结合表 4、5、6，还可以看出二语者和母语者使用"是"字句的其他差异：

（1）二语者和母语者在使用 a 类"是"字句"名+是+动/形"（如"她的最大的特点是好奇心很强"）和"动+是+名"（如"明星出场拿高价，是改革开放中出现的新课题"）结构时有差异：二语者的绝对使用率①是 0.44%，相对使用率②0.55%，母语者的绝对使用率是 2.2%，相对使用率是 5.49%。

母语者使用 a 类"是"字句不仅包括肯定陈述句，还有否定陈述句。否定陈述句的绝对使用率是 2.64%，相对使用率为 6.59%；还有疑问句，绝对使用率是 4.55%，相对使用率为 11.36%，其中反问句（如"这不是少帅张学良吗？"）绝对使用率是 1.47%，相对使用率为 3.66%。而二语者使用 a 类"是"字句的句式没有这么丰富，除了肯定陈述句外，仅使用了疑问句，如"这是什么呢？"，其绝对使用率是 0.48%，相对使用率为 0.61%。

（2）母语者经常使用 b 类"是"字句表示"描写"，而且形式多样，如"全身是血""满屋子的人都像是被孙悟空的定身法定住了似的"。母语者的绝对使用率为 4.11%，相对使用率为 25.69%，而二语者这类"是"字句的绝对使用率为 0.4%，相对使用率为 24.32%。

使用表示"说明"的"是"字句内容也比较丰富，如说明时间："我们第一次见面是在 1982 年"；说明处所："我所处的学校是在乡间"；说明用途："底层南厅是中共中央会议室兼饭堂"；说明情况："'墓地灵气'显然是子虚乌有"。二语者则大多用 b 类"是"字句说明"情况"，如"自己是无家可归了"。

（3）二语者使用 d 类表示"比喻"的"是"字句多为引用，很少有自己的表达，比如"失败是成功之母"是汉语的名言警句，"人是铁，饭是钢"是汉语的俗语，"父母是孩子的镜子"是从日本的一个俗语直接翻译过来的，"婚姻是爱情的坟墓"是常用语。而母语者则会自由表达，如"她在他手中就是一只待宰的羔羊"，"你是一碗清水，干干净净一个人"。

二语者使用 d 类"是"字句的格式是"名+是+名"，母语者主、宾语都会使用动词或动词短语充当，如"仿佛是迷路人发现一个路标"，宾语为动词短语。

---

① "绝对使用率"指的是某一小类在总数中所占的比例。
② "相对使用率"指的是某一小类在相对应的大类中所占的比例。

（4）在使用 f 类"是"字句时，二语者的主语较单一，其中由"（最、更）重要的"充当主语的句子占 f 类的 25.71%，而母语者的 47 个句子中主语都是不同的。

五　解决策略

5.1　本体研究方面

"是"字句词性的分歧、"是"字句的定义、分类的不统一，这些都影响着教材对"是"字句的编排，从而影响"是"字句的教学效果。

我们认为，在"是"字句的分类方面，可以语义类型为基础，将形式和语义相结合，统一"是"字句的分类，第四部分的表 1 是我们对前人研究所做的概括，希望能在这方面有所推进，供教材编写者参考。其不足之处是，由于"是"字句句子结构丰富，主宾语语义关系复杂，一以贯之地使用同一分类标准存在困难，因此分类标准尚不统一，这是需要进一步研究解决的。

5.2　教材编写方面

教材是教学的依据，因此教材中语法点的出现与否、出现次数的多少、编排顺序，很大程度上影响着外国留学生的习得情况。针对"是"字句教材方面的问题，可以从以下 4 点进行改进。

（1）系统呈现"是"字句语法点

上文第 3 部分探讨偏误产生的原因时曾提及，一些有影响的教材并没有系统地对"是"字句进行编排，而是零星、散乱地分布在教材中。我们认为应该系统地安排"是"字句这个语法点，按照形式结构或语义类型，根据难易程度或重要性来安排其各个下位语法点的呈现，这将有利于学生系统地掌握知识点，在比较、联系中增强学习效果。

（2）将重要类型单独列为语法点

根据上文对偏误句和正确句的分析，"的"字短语做主语的"是"字句是很重要的一类下位句式，应列为语法点进行专门教学，而不是仅仅出现在课后的练习提示当中简单处理。

从语义类型的角度考虑，二语者和母语者使用率均高的"等同或归类""解释（原因、目的等）、阐释事物""描写（性格、特征等）、说明（时间、处所、情况等)"和"强调宾语"四类,应列为重要的下位语法点,并将"等同或归类"和"描写(性格、特征等)、说明(时间、处所、情况等)"类进行对比。表示"比喻"这一类型很有汉语特点,可以丰富学生的表达,教学中也应给予足够的关注。

(3)适当增加重要类型的复现

一个语法点的复现率越高,学生就会越熟悉,一般来说掌握得就会越好。所以重要的"是"字句类型复现次数应多一些。至于"复现"几次效果最佳这个"度"的问题就目前的研究来说,还没有一个确切的答案。参考词汇复现标准,即"词汇在文章中出现 6 次以下,有半数被试可以习得;而出现 6 次或更多,则 93% 的被试可以习得"(康艳红、董明,2005),语法点在一册教材中的复现是否也可以 6 为标准,还需要相关实验研究和理论的支持。(董斌,2007)

(4)呈现语法点要注意丰富性

"是"字句句子结构丰富,仅以典型传统的"是"字句"名 + 是 + 名"来说,"是"前还可以添加副词、"对孩子来说"等其他状语、插入语等非主干成分,因此呈现这一语法点的时候,应富有变化。

与母语者"是"字句的使用情况进行比较,不难发现二语者的正确句在丰富性方面差异较大。因此,从语义类型方面呈现语法点,也应注意丰富性。例如表示"描写(性格、特征等)、说明(时间、处所等)",尽量每一小类都有一个或两个例句加以说明。又如表示"比喻"语义类型的呈现,不仅要呈现"名 + 是 + 名"结构,还要呈现"名 + 是 + 动"的形式。

5.3 教学组织方面

在课堂教学中如何处理语法点,侧重点放在何处,将直接影响学习者的习得情况。我们提出三点建议,供教师们参考。

(1)加强"是"字句主宾语语义关系的教学

主宾语语义关系复杂、要求严格是"是"字句的一个重要特点,而在留学生的偏误句中也常出现主宾语不搭配、乃至杂糅的问题,这类偏误在"'是'字句内部偏误"中的"与句式直接相关"类偏误中所占比例仅次于"语序偏误"。首先要使学生明了"是"字句主宾语语义关系包括 5 类,即"等同或归类""描写(性格、特征等)、说明(时间、处所、情况等)""存在""比喻""解释(原因、目的等)、阐释事物"。其次要明确每类所对应的结构(见表 4、表 5)。再次要清楚类与类之间的不同,如"等同或归类"和"描写(性格、特征等)、说明(时间、处所、情况等)",前者主宾语是相应的,存在同一或类属关系;

后者则是不相应的，不存在同一或类属关系。

（2）明确"是+谓词性结构"的使用条件

"不该用而用"偏误产生的一个主要原因即是表示"说明情况"、"解释（原因、目的等）"的"是+谓词性结构"的泛化，因此在教学活动中应使学生明确"是+谓词性结构"的使用条件。参照刘月华等（2001），根据我们的理解分析，其使用条件可归纳为以下几条：a. 说明情况，通常人做主语，宾语说明主语的情况，如"我们是无家可归了"；b. 解释目的，"是"后常常加"为了……"，同时要求做主语的短语是主动的、动作性强的动词性短语；c. 解释原因，"是"后常加"因为""由于"，如果不加，则上下文必须能显示这句话是解释原因的；口语中也常常省略"因为""由于"；d. "是……不是……"对举，带有申辩的口气。

（3）注意句式的区分

在"是"字句的教学中，要注意将"是"字句和由表强调的"是"构成的句子、"是……的"句、"在"字句、"有"字句、形容词谓语句、一般动词谓语句等进行比较。

"是"字句中"是"是动词，表示判断，起连接主宾语的作用；表强调的"是"是副词，起肯定、修饰动词或形容词的作用。一般动词谓语句是客观的叙述，句中的动词对其后的宾语有限制作用；而"是"字句对宾语没有限制作用。"是"字句与"在"字句和"有"字句的联系与差异在"偏误原因探析"部分已有说明，这里不再重复。

"是……的"（一）使用的条件很明确，在表达上与"是"字句没有交叉。而"用来表示说话人对主语的评议、叙述或描写（刘月华等，2001）"的"是……的"（二）与b类"是"字句容易发生混淆。两者的区别是：首先b类"是"字句只用于描写、说明，不能用于评议；其次"是……的"（二）用于叙述、描写时全句往往带有一种想使听话人信服的肯定语气（刘月华等，2001），"是"字句则没有。

形容词谓语句有两种用法，即用于"描写"和表示"变化"，用于描写时，有两种情况：a. 单个形容词表示对比，如"他个子一般"，暗含一种与他人的比较；b. 不表示对比，形容词前面一般要加上表示程度的副词。而"是"字句用于"描写"时，宾语通常由名词或名词性短语、动词或动词性短语、句子充当，如"我们是人穷志不穷"，不用形容词充当。

六 结语

本章基于"HSK 动态作文语料库"（1.1 版）对"是"字句进行了偏误类型的归纳与统计，探讨了偏误产生的原因，对外国汉语学习者的正确句进行了语义类型归纳；通过对比分析，了解了非母语者与母语者在"是"字句使用方面的异同。在上述研究的基础上，给出了减少偏误、更好地习得"是"字句的教学策略。主要结论如下：

（1）"是"字句偏误表现为 3 大类 11 小类，三大类即该用而未用、不该用而用、内部偏误。其中，"是"字句内部偏误数占比最高，之后依次是不该用而用、该用而未用。小类的偏误数，"是"的偏误多于缺"是"偏误；"是"字句内部偏误的顺序是：定语偏误＞宾语偏误＞主语偏误＞其他偏误＞语序偏误＞状语偏误＞述语偏误。不同类型的"是"字句偏误情况各有其鲜明特点。

（2）"是"字句偏误产生的原因可归结为四方面：①"是"字句本身特点的制约，具体表现为 3 小点：a. 主宾关系复杂、严格，b. 句子结构丰富，c. "的"字短语复杂；②目的语规则泛化；③难易度和相似度的影响；④教材编排方面的不足。

（3）二语者与母语者在"是"字句使用上有共同点，即：二语者和母语者 9 类语义类型的使用率顺序基本一致，其中 a 类"是"字句的使用频率都是最高的，e 类次之，h、i 和 c 类使用率都不高，甚至没有使用。

（4）在偏误分析和对比分析的基础上，从本体研究、教材编写、教学组织三个方面具体提出了 7 条解决策略：①系统呈现"是"字句语法点；②将重要类型单独列为语法点；③适当增加重要类型的复现；④呈现语法点要注意丰富性；⑤加强"是"字句主、宾语语义关系的教学；⑥明确"是 + 谓词性结构"的使用条件；⑦注意不同句式的区分。

限于"HSK 动态作义语料库"的语料来源，本章对"是"字句的习得情况进行了断面的静态考察，而无法对习得过程中的种种变化进行追踪调查和整体分析。所提建议和策略为理论探讨，具体实施及效果还有待进一步的实验验证。

第十六章 "是……的"句（一）偏误研究[①]

一 引言

1.1 选题缘起

"是……的"句指其谓语是由"是……的"格式构成的句子，其中的"是……的"句（一）表示动作已在过去发生或完成，它要说明的不是动作本身，而是与动作有关的某一方面。（刘月华，1983：487）

该句式是现代汉语的一个特殊句式，是对外汉语教学的重点和难点之一。从教学角度看，外国人对该句式的习得情况尚不尽如人意，存在种种偏误现象，有的还比较突出。从研究角度看，学界对该句式的研究尚不够细致、深入，例如对不同类型的"是……的"句大多是放在一起进行研究，缺乏对"是……的"句（一）的专题研究。在偏误分析方面，对偏误类型的发现与归纳并不一致；研究数据由于样本数量的限制，所得结果是否可靠还有待验证。因此，本文以北京语言大学的"HSK 动态作文语料库"为语料来源，对外国人学习汉语"是……的"句（一）的偏误情况进行考察，试图对该句式的偏误类型、产生偏误的原因进行探讨，并提出相应的教学对策，希望能对该句式的教学有所帮助。

1.2 研究方法与语料来源

本文采用语料库方法对外国汉语学习者的"是……的"句（一）偏误现象进行定量考察，在进行偏误分析与对比研究的基础上，归纳偏误类型，发现学生最容易出现的偏误类别；通过对错误语料的深入分析，找出偏误产生的原因。本文认为外国汉语学习者对"是……的"句（一）语法知识的学习主要来自课堂

[①] 本章依据北京语言大学 2007 级语言学及应用语言学专业研究生苏文娟的硕士学位论文《基于 HSK 动态作文语料库的"是……的"句（一）偏误研究》加工整理。编者：张宝林。

教学，因此着重从教材与课堂教学方面进行研究，并针对偏误原因提出"是……的"句的教材编写建议，提出有助于改善该句式教学效果的课堂教学策略。

关于"是……的"句（一）的鉴别，本文根据其关键词语的性质和语义语用特征来判定其与"是……的"句（二）和以"的"字短语做宾语的"是"字句的区别：如果句尾"的"能标识句子所表述的事件是已发生的事件（表现为去掉"的"后句子具有未然性或不能成立），则为动态助词，该句为"是……的"句（一），例如"他是开车来的"；如果表示强调，"是"和"的"同时去掉或单省"是"句子仍然成立，则为语气助词，该句为"是……的"句（二），例如"像我这种一切超脱的人是不怕被围困的"；如果既不表示"已然义"，也不表示强调，而是构成"的"字短语表示某类人或某类物，那就是结构助词，该句为以"的"字短语做宾语的"是"字句，例如"他是卖鱼的"。

本文对偏误语料的判断，主要依据如下标准：学界主流观点，例如刘月华等（1983）对"是……的"句（一）使用规律的总结与归纳；上下文语境，在具体语境中考察、判断被调查者使用该句式的真正意图；笔者的语感和语法知识；18位对外汉语专业研究生的判断。本文将综合上述各方面的考虑，来判定"是……的"句（一）的偏误情况，力图得出比较客观的分析结果。

本文的偏误语料，主要来源于北京语言大学研制的"HSK 动态作文语料库"（1.1 版）。通过语料库的"错句检索"功能，共搜索出 2000 条"是……的"句偏误语料。排除其中的"是……的"句（二）的偏误语料 1582 例，以及原本正确而被标错的"是……的"句 12 例，以"的"字短语做宾语的"是"字句 96 例，其他"是"字句 16 例，共得到"是……的"句（一）的偏误语料 294 例。

本文所引正确例句除注明出处外，均来自当代文学作品和现实生活中的口语。

二 "是……的"句（一）的偏误类型

2.1 偏误类型与统计分析

根据本文的排查和统计，在"HSK 动态作文语料库"（1.1 版）中"是……的"句（一）的偏误句共有 294 例。其中该用而未用该句式的偏误（或称回避偏误，缺失句尾"的"，与"是"字句混淆）的 177 例，此类中单纯缺失"的"的 140 例，"的"与"了$_1$"混淆的 16 例，与一般动词谓语句混淆的 21 例；不该使用该句式而用了的偏误（或称泛化偏误）2 例；内部偏误（指该用也用了该句式，但句中存在种种错误）115 例，此类中缺失"是"的 108 例；缺失其他成分的 4 例，其中 2 例为"是……的"结构内部缺少动词，2 例为"是……的"结构内部状语缺少介词；语序偏误 3 例，都是状语位置的偏误。上述情况详见表 1。

表 1 "是……的"句（一）的偏误类型及数据表

序号	"是……的"句（一）偏误类型			数量	比例
1	该用而未用（回避，177 例，60.20%）	单纯缺失"的"（79.1%）		140	47.62%
		与"了₁"的混淆（9.04%）	有"是"，"的"误用为"了₁"	8	2.72%
			无"是"，"的"误用为"了₁"	8	2.72%
		误用为一般动词谓语句（"是"和"的"都缺失，11.86%）		21	7.14%
2	不该用而用（泛化，2 例，0.68%）	"是……的"多余（0.68%）		2	0.68%
3	内部错误（该用而用但有错，115 例，39.12%）	缺失"是"（93.91%）①		108	36.74%
		语序偏误（2.61%）		3	1.02%
		缺失其他成分（3.48%）	述语缺动词	2	0.68%
			状语缺介词	2	0.68%
总计	100%			294	100%

在所有的偏误类型当中，"是……的"结构不完整，特别是缺少"的"的偏误率是最高的，可见这个结构的完整性确实是一个难点。而谢福（2008）与张井荣（2009）均将缺少"的"列为缺省偏误。本文将单纯缺"的"、与"了₁"的混淆、与其他句式混淆列为该用未用（回避）类，主要是考虑到该句式中"的"不可省，学习者可能混淆了"是"字句与"是……的"句（一），或其他句式与"是……的"句（一）的区别而产生此类偏误，所以应属回避。而缺失"是"但有"的"的偏误，由于"是"在某些情况下确实可以省略，因而可以认为学习者已经在有意使用"是……的"句（一），只是因为不了解"是"的省略条件而造成偏误，故将此类偏误划归内部偏误。

根据赵淑华（1979）、吕必松（1982）、刘月华等（1983）、李临定（1986）、

---

① 缺失"是"指根据"是"的省略条件，并排除"是"省略正确的句子，得到的 108 例偏误句。

龙海平（2007）、谢福（2008）等人的研究成果，依据结构和语义，本文把"是……的"句（一）归纳为五种基本的下位句式：

F1. 主语＋是＋状语＋动词＋的，强调动作的时间、处所、方式、条件、目的、对象、工具等。例如：我是昨天来的。

F2. 主语＋是＋主谓短语＋的，主谓短语的主语是施事，是强调的重点，全句主语是受事。主谓短语里的谓语一般是不带宾语的动词，位于句首的名词或名词短语就是这个动词的受事，通常是话题。对比焦点是主谓短语中的主语。例如：信是谁寄来的？

F3. （是）＋主谓短语＋的＋（宾语），"是"可以省略，"的"后的宾语也可省略，对比焦点是全句的主语。F2 将句首作为主语的受事移到"的"后，即转换成 F3。例如：（是）谁寄来的（信）？

F4. 主语＋是＋动词＋（宾语＋重复动词）＋的，强调动作、行为是产生某种结果的原因，主语是该动作行为的结果。对比焦点是"是……的"中间部分，是作为原因被强调的，全句主语是这一原因引起的结果。例如：你睡不着是盼开钻盼的。

F5. 主语＋是＋动词＋的＋宾语，强调动作的受事即宾语。例如：我是去的大连（，不是上海）。

本文按"是……的"句（一）的不同下位句式对其偏误类型进行分类，得到表 2。

表 2　"是……的"句（一）偏误类型的下位分类表

偏误类型	偏误数量	F1：主语＋是＋状语＋动词＋的	F2：主语＋是＋主谓短语＋的	F3：（是）＋主谓短语＋的＋（宾语）	F4：主语＋是＋动词＋（宾语＋重复动词）＋的	总计
1. 该用而没用	缺失"的"	129	11	——	——	140
	与"了₁"混淆	13	3	——	——	16
	误用为其他一般动词谓语句	20	——	1	——	21

续表

偏误类型 \ 偏误数量		"是……的"四种基本句式				总计
		F1：主语+是+状语+动词+的	F2：主语+是+主谓短语+的	F3：（是）+主谓短语+的+（宾语）	F4：主语+是+动词+（宾语+重复动词）+的	
2. 内部偏误	缺失"是"	97	8	3	——	108
	语序	3	——	——	——	3
	内部结构缺成分	2	1	——	1	4
总计	6种偏误表现	264	23	4	1	292①

谢福（2008）研究发现，在中国人自然语料中和暨南大学留学生中介语语料库中，F1的使用率是最高的，F2的出现频率也相当高，F3则相对很少出现，F4相当少，在留学生语料中甚至没有出现。邢红兵、张旺熹（2005）的统计也表明，F1出现最多，F4使用中频率相当低。谢福（2008）指出F5在中国人的自然语料和各种大纲中都没有涉及到，本文在HSK动态作文语料库中也没有发现该类句式，这说明即使是中国人也基本不使用该句式，对外国学习者来说尤难习得。

从表2的情况看，各种下位句式的偏误类型数量与总偏误类型数量是成正比的，回避偏误中的缺失"的"与内部偏误中的缺失"是"为两类主要偏误。偏误的种类与数量也从另一个方面体现出学生对各种"是……的"句（一）的使用情况：F1＞F2＞F3＞F4。

2.2　偏误分析

2.2.1　单纯缺失"的"（140句）

（1）青少年是如何学抽烟（　）呢？

（2）我和他是在大学二年级的时候相识（　），目前交往已经两年多了。

（3）我是七八年进了日本的一所短期大学开始学汉语（　），那个时候正好是在几次"日中友好热潮"中，我就很高兴地学习汉语。

（4）例如多家大型旅游公司合办拉促销，宣传海报及报章稿件，都是经过

---

① 因其太少，本表忽略了不该用而用的2个例子。

我一手策划，达到极佳的效果（　　）。

（5）你们想想，看这样的结果是由什么来引起（　　）呢，是烟。

（6）我从一开始是把汉语当作是第二语言来学习（　　），所以经历了许多的苦与乐。

上述偏误句都是单纯缺"的"，只要加上"的"就是正确的"是……的"句。这类偏误表明学习者还没有"是……的"句完整的结构概念，处于学习该句式的最初阶段。

2.2.2　有"是"，"的"误用为"了₁"① （8句）

（7）我是在韩国的忠北大学毕业了，我本来的专业该校的中文系。

（8）我是从高一开始抽了烟。

（9）虽然我是在国外长大了，我还是想回报祖国，在中国立业。

（10）母亲的姐姐是母亲十一岁时去世了。

（11）我是1992年到上海来了，已经三年了。

（12）所以噪音对人体健康的危害是我们早就知道了。

学界一向认为，"了"是外国人学习汉语的最大难点之一，学生常常认为"了"表示过去。（参见吕必松，1992：110；刘珣，2000：366；赵金铭，2006；吕文华，2010）"是……的"句中的动态助词"的"作为"已然义"的载体，和学生认为"了"表示过去的看法完全吻合，因而出现以"了"代"的"的偏误也就非常容易理解了。显而易见，不了解"了"与"的"的区别和没有掌握"是……的"句的完整结构，都是导致此种偏误的重要原因。

2.2.3　无"是"，"的"误用为"了₁"（8句）

（13）其实我（　　）在日本女子中学毕业了。

（14）这次我们（　　）乘坐飞机去西藏了。

（15）我的父亲原来（　　）从农村搬到这大城市来了。

（16）他（　　）这样告诉我了。

这几个句子要说明的并不是"毕业、去西藏、搬家、告诉"这些动作本身，而是从哪儿毕业、怎么去的西藏、从哪儿搬来的、怎样告诉的，表达这样的语义不能用"了"字句，而必须用"是……的"句（一）。这样的偏误和学生对"了"表示过去的误解有关，更重要的则是对"是……的"句（一）的句式义缺

---

① 这里的"了₁"，其实很多位于句尾，属"了₁₊₂"的用法。

乏准确的把握。

2.2.4 误用为一般动词谓语句（20句）

（17）刚从大学毕业，（　）在一家分析仪器厂开始工作时认识她（　）。

（18）精美服装公司季翔先生：我（　）看到贵公司发的招聘启事而写这封求职信（　）。

（19）（　）去年九月来北京（　），已经来了七个月了。

（20）还有现在的社会上有很多独生子女，他们（　）从小在父母的保护里长大（　）。

这几个句子要表达的同样不是动作本身，而是认识时的情况、写求职信的起因、来北京的时间、长大的环境，表达这样的语义必须用"是……的"句（一）。出现这样的偏误是对"是……的"句（一）的句式义缺乏了解。

2.2.5 "是……的"多余（2句）

（21）这是我们第一次在中国过节日的。

（22）我最难忘的假期的回忆是去年暑假一个人去加拿大的。

这两个句子所要表达的原意是对主语所代表的事物加以判断，主语和宾语所代表的事物之间存在同一或类属关系。表达这样的语义，应该用表示判断的"是"字句，而不能用强调和动作相关的某种情况的"是……的"句（一）。此类偏误表明学生虽然掌握了"是……的"句的结构形式，但对两种句式的句式义还缺乏足够的了解与分辨能力。

2.2.6 缺失"是"（仅指偏误语料）（108）

（23）因为我在韩国学是学过，可是，不（　）专门学的……

（24）我还记得那里的房子差不多都（　）用干的草和泥做的。

（25）第一阶段的思维完全（　）按照这个基本活动来发展的。

（26）我想这样的关系一定（　）通过长时间才出现的。

（27）其实，那个朋友（　）我在中国认识的。

在"是……的"句（一）中，"的"是已然义的载体，没有"的"就无法表达这种已然义，因此缺失"的"的句子一定是错误的。然而，"是"在一定情况下却可以省略，缺省"是"但有"的"的句子不一定错误。当然，"是"的省略是有条件的。下列三种情况下"是"一般不省：当主语是"这"、"那"时；当对比焦点为一种行为或情况，而这一行为或情况是引起某种结果的原因时；否定式中的"是"不能省。（刘月华等，1983：490－491）当主语为施事论元、经事论元、感事论元、主事论元、致事论元时,"是"表现出可省性倾向;而当主语是受事论元、结果论元、对象论元、系事论元、工具论元等客体论元时,"是"表现出不可省倾向性。(易平平,2009)主语在语义上为全句主要动词的受事时,"是"基本不可省;如果省略"是"会成为非常规表达,口语中经常借助停顿、重音或对举等手段使其具备可接受性。此外,当"是"前有范围副词、语气副词或者频率副词等修饰时,"是"也不能省略。(马学良、史有为,1982)

这样看来,例(23)是"是……的"句(一)的否定句,(24)-(26)分别有"差不多都"、"完全"、"一定"等副词修饰,(27)主语"那个朋友"是受事论元,在这些情况下,"是"都不能省略。

2.2.7 "是"的位置错误(3句)

(28)这<u>是</u>大概五年前美国的专家发表的。
(29)( )这样我们的祖先把这个社会发展起来的。
(30)我成长的时候也( )老年人这样说的。

"是"起标志信息焦点的作用,应放在被强调的成分之前。例(28)要强调的是时间,而非推测的语气,故"五年前"应在"是"之后,副词状语"大概"表示全句的推测语气,应移至"是"的前面。例(29)、(30)本来也可以视为缺"是"的偏误,但即使加上"是"仍然存在位置错误。这实际上是两种偏误的叠加现象,为了简洁起见,将其归在位置偏误中了。正确的位置应该是"我们的祖先是这样把这个社会发展起来的""我长大的时候老年人也是这样说的"。

2.2.8 内部成分结构错误:缺述语动词(2句)

(31)他觉得,他得癌症的原因是抽烟( )的,所以制造这个烟的公司应该负责任。
(32)他以为在脸上涂粉的行为是妓女才会这样( )的。

例(31)是强调原因的F4句式,"是……的"中间应用重动结构,但原句漏掉了应重复的第二个动词"抽",造成偏误。例(32)是强调施事的F2句式,缺少动作述语,"是……的"中间是主谓结构,但这个主谓结构的谓语部分缺失了动词"做",因而是偏误句。

2.2.9 内部成分结构错误:状语部分缺介词(2句)

(33)我认为,惩罚吸烟的措施本来不是政府决定的,而是( )每个人的道德观念来决定实行的。
(34)( )同学的电话才知道的。

例（33）中"是……的"格式没有任何问题，但位于其中的"由……来做什么"是固定格式，原句中缺少介词"由"，故而错误。例（34）本意是要强调得知某信息的方式，是通过电话得知的，因此需加上介词"通过"构成介词短语作"知道"的状语；同时该句的主语"这件事"或"这个消息"之类是对象论元，属客体论元的范畴，一般是不可以省略的。

"HSK 动态作文语料库"的语料来源于参加高等汉语水平考试的外国汉语学习者的作文答卷，因此，本文的考察结果反映的是中高级水平学生使用"是……的"句（一）的偏误情况。其中，该用"是……的"句（一）而没有使用的回避偏误占总偏误数的六成以上，尤其是单纯缺"的"的偏误，所占比例接近四成，是最大的偏误类型。第二大偏误类型是"是……的"句（一）的内部偏误，偏误率接近总偏误数的四成，其中缺失"是"的偏误占 36.73% 以上。由此可见，中高级阶段学生的"是……的"句（一）偏误主要集中在该用而未用和内部偏误两个方面，不该用而用的泛化情况则很少，甚至可以忽略不计。

联系其他相关研究来看，谢福（2008）的研究发现，高级阶段的学生的主要偏误类型有缺省偏误；张井荣（2009）发现在"是……的"句（一）所有偏误小类中，"是……的"结构不完整，特别是少"的"的偏误率最高。本文对学生偏误的考察结果与这两位学者的发现基本一致。只是本文把所谓"缺失'的'"的情况视为该用而未用的回避偏误，因为"的"的缺失反映出学生对"是……的"句（一）的句式结构尚未把握，缺乏对该句式的整体认知。将其视为回避偏误，能够更加准确地揭示学生对该句式的习得情况。这反映了本文对学生偏误性质的认识与上述两项研究是存在本质差异的。

三 偏误产生的原因

3.1 目的语知识不足

由上文的"偏误类型及数据表"（即表1）和"偏误分析"可知，"是……的"格式中单纯缺"的"是该句式最大的偏误，这类偏误表明学习者缺乏"是……的"句的语法知识，还没有形成该句式完整的结构概念。但"HSK 动态作文语料库"所收集的都是中高级阶段汉语学习者产出的汉语语料，中高级阶段的学生没有掌握该句式的基本结构概念又实在令人难以理解。这使我们联想到教学环节，教师是如何讲解，教材中又是如何处理该句式的呢？后文将对此问题进行探讨。

对外汉语教学到了中高级阶段，有关语用限制条件的教学非常重要。如果外国学习者对"是……的"句（一）的语用规则不清楚，就会因为对焦点内容的误解造成"是"的位置偏误。参见上文 2.2.7）。

3.2 目的语知识的负迁移

James（1998）将偏误产生的具体原因大体上分为三类：Interlingual error（语际偏误）、Intralingual error（语内偏误）、Induce error（诱导偏误）。语际偏误由母语影响所致，语内偏误是由目标语言本身引起的。王珊（1996）认为在初级阶段，应该更注重学生的母语规则迁移，中级阶段应更注重目的语规则的泛化，高级阶段则更要加强语用方面的教学。陆俭明（2005）指出："他们（外国学习者）把老师和课本上所讲授的汉语知识和相关的规则都视为金科玉律，并且能动地按老师和课本上讲的去运用，可是一用就出错。对于他们在写作、说话中出现的语法、词汇方面的毛病和错误，大多不能责怪学生学得不好，因为这些错误大多是由目的语知识的负迁移造成的。"张井荣（2009）认为，目的语知识的负迁移经常导致印尼学生对"是……的"格式的随意省略，以及"是……的"结构的泛化等偏误。

在本文的研究中，"是……的"格式缺"是"是第二大偏误类型。学生在学习"是……的"句（一）的过程中，了解到"是"可以省略，但未能掌握省略"是"的相关条件，因而把这一规则过度泛化了，导致了"是"的随意省略。

由于学习与交际策略的影响，学生习得一种句型后，会有意识地加以运用，当超过该句式的使用范围过于宽泛地使用该句式时，就会造成目的语规则泛化的偏误。"我们搬家是星期天的"即属此类。

3.3 教材与教师因素的影响

Stenson（1983）用诱导偏误一词来指"更多的是由课堂因素而非学习者本身导致的语言偏误"。诱导偏误是由外部因素引起的，James（1998）将这些因素大致分为了如下几类：①教材诱导的偏误（Materials - induced error）；②教师话语诱导的偏误（Teacher - talk induced error）；③练习诱导的偏误（Exercise - based induced error）；④教学诱导的偏误（Errors induced by pedagogical priorities）；⑤词典、语法指导书籍等辅助材料诱导的偏误（Look - up errors）。

谢福（2008）对《基础汉语课本》（1980）、《实用汉语课本》（1986）、《汉语教程》（1999）、《初级汉语课本》（2003 年）、《实用视听华语》（2005）、《桥梁——实用汉语中级教程（上）》（1996）等六套教材进行了考察，发现这些教材对"是……的"句语法项目的处理存在问题：对该句式的界定与教学步骤不一致；语法说明只对其句法规则进行描述，没有对使用该句式的语用规则做准确的表述；语法说明的例句皆为单句形式，缺乏上下文语境。

张井荣（2009）对暨南大学华文学院的20位对外汉语教师"是……的"句的教学情况进行了统计，结果见下面表3。

表3 教师有关"是……的"句的教学情况表

问题 \ 数目和比例	有	比例	较少	比例	没有	比例
是否发现过学习者"是……的"结构的偏误	20	100%	0	0	0	0
有没有讲过"是……的"结构	12	60%	7	35%	1	5%
有没有针对"是……的"结构的偏误进行过专门讲解	2	10%	4	20%	14	70%
有没有给学习者强调过"是……的"结构中"的"能否省略	3	15%	6	30%	11	55%

被调查的每位对外汉语教师都发现了学习者习得"是……的"结构的偏误，但极少有教师对此进行专门讲解，也很少有人涉及到"的"和"是"的省略问题。这样看来，教材与教师两个因素对学生在该句式上的偏误确实负有不可推卸的责任。

四 教材对"是……的"句（一）的处理

学生对汉语语法知识的学习主要来自课堂教学，北京语言大学是汉语国际教育的重要基地，编写并出版了大量在学界有广泛影响的汉语教材。因此本文试图通过对该校三大对外汉语教学学院现行汉语教材进行横向与纵向的分析研究，考察教材对"是……的"句（一）语法点的处理情况，以发现学生产生"是……的"句（一）偏误与教学之间的联系。

4.1 对北语三大学院现行教材的考察

4.1.1 教学对象与教材

汉语学院面向海外留学生进行汉语本科学历教育。该院所使用的汉语综合课教材为《汉语教程》，属对外汉语本科教材系列语言技能类。

汉语进修学院负责非学历教育的汉语进修教育，学生的学习期限为 1-3 年不等。其现行教材为《成功之路》。该教材全套 20 册，按进阶式水平序列分别设计为《入门篇》、《起步篇》、《顺利篇》、《进步篇》、《提高篇》、《跨越篇》、《冲刺篇》、《成功篇》等八个阶段。其中《入门篇》为 1 册，《进步篇》综合课本为 3 册，《听和说》、《读和写》各 2 册，其余各篇均为 2 册。

汉语速成学院以半年以内的短期教学为主，不同的学习周期有不同的汉语综合课教材。十二周班和二十周班使用的是《速成汉语初级教程》；四周班使用的是《汉语会话 301 句》；特殊班（周期更短、人数较少）使用的是《说汉语》。

4.1.2 不同教材对"是……的"句（一）的编排

4.1.2.1 《汉语教程》

"是……的"句（一）出现在第二册（上，一年级教材）第四十三课，题目为"我是跟旅游团一起来的"。在 95 句（包括单句和复句中的分句）课文中出现该句式共计 16 句，其中完整句只有 4 句；省略主语的有 5 句，例如"是来学习的吗？"省略"是"的有 1 句，"我十岁才到的美国"；同时省略主语和"是"的 6 句，例如"一个人来的吗？"都是 F1 句式，没有出现其他下位句式。在第四十五课第二段的 28 句课文中出现"是……的"句（一）3 句。其中，F1 出现 2 句，1 句省略主语："是坐公共汽车来的吗？"1 句省略主语和"是"："几点从家里出来的？"F2 出现 1 句，为完整句："今天的事故就是一辆自行车引起的"。上述情况归纳为表 4。

表 4 《汉语教程》第二册（上）中的"是……的"句（一）情况表

句式 \ 类型和数据	第四十三课 完整句	第四十三课 省略主语	第四十三课 省略"是"	第四十三课 省略主语和"是"	第四十五课 完整句	第四十五课 省略主语	第四十五课 省略主语和"是"
F1 主语+是+状语+动词+的+（宾语）	4	5	1	6	0	2	1
F2 主语+是+主谓结构+的	0	0	0	0	1	0	0

在两课合计 20 个"是……的"句（一）中，完整句只有 5 个，省略句则有 15 个，占绝对多数；这显然是对话体的课文形式决定的。在省略句中，省略"是"的仅有 1 句，省略主语和同时省略主语和"是"的持平，皆为 7 句；省略"是"和同时省略主语和"是"的 8 个句子的主语都是施事论元，这和易平平（2009）关于主语为主体论元时"是"可省、主语是客体论元时"是"不可省的

发现是完全吻合的。

4.1.2.2 《成功之路·顺利篇》(第一册)

该教材在一年级下学期使用，一共12篇课文，第12课课文题为"这些照片是在哪儿拍的"，首次出现"是……的"句（一）。第一篇10句，第二篇1句；另外课文前后的问题中出现7句，第一篇6句，第二篇1句。其中F1句式有16句，省略"是"的只有1句；F2句式出现2句，即："那些照片是谁拍的?"和"是我拍的"。上述情况归纳为表5。

表5 《顺利篇》(第一册) 中的"是……的"句 (一) 情况表

类型和数据 句式	第十二课第一篇课文				第十二课第二篇课文		
	完整句	省略主语	省略"是"	省略主语和"是"	完整句	省略"是"	省略主语和"是"
F1 主语+是+状语+动词+的+（宾语）	13	0	1	0	2	0	0
F2 主语+是+主谓结构+的	0	1	0	1	0	0	0

4.1.2.3 汉语速成学院的3种教材

《速成汉语初级教程》（综合课本2），"是……的"句（一）出现在第三十四课"戒烟"中，在42句（包括单句和复句中的分句）课文中，有F1句式2例，"你是什么时候到家的?""这盒儿烟是什么时候送你的?"F3句式2例，"这不是我买的烟""是朋友送的喜烟"。合计4句。

《汉语会话301句》共四十课，"是……的"句（一）被编排在第十八课"迎接（一）路上辛苦了"。课文中仅出现F2句式1例："是她告诉我的"。

《说汉语》（上）一共分为8个单元，"是……的"句（一）出现在"交通"单元的第七课"好漂亮的自行车"中。课文中出现F1句式1句："什么时候买的?"F2句式1句："一定是她告诉你的"。

上述3种教材共有"是……的"句（一）7句，其中F1句式3句，F2句式1句，F3句式3句。该句式的出现情况可以归纳为下面表6。

表6　3种教材中的"是……的"句（一）情况表

句式＼类型和数据	第三十四课 完整句	第十八课 省略主语	第七课 省略"是"	省略主语和"是"
F1 主语+是+状语+动词+的+（宾语）	2	0	0	1
F2 主语+是+主谓结构+的	0	2	0	0
F3 是+主谓短语+的	1	1	0	0

上述五种教材中该句式的出现情况可以归纳为下面表7。

表7　5种教材中的"是……的"句（一）情况表

句式＼类型和数据	完整句	省略主语	省略"是"	省略主语和"是"	合计
F1 主语+是+状语+动词+的+（宾语）	21	7	2	8	38；88.61%
F2 主语+是+主谓结构+的	1	3	1	1	6；13.04%
F3 是+主谓短语+的	1	1	0	0	2（4.35%）
合计	23；50%	11；23.91%	3；6.52%	9；19.57%	46；100%

4.1.3　不同教材对该句式的语法说明

《汉语教程》的说明包括3点内容。①汉语用"是……的"强调已经发生或完成动作的时间、地点、方式、目的、对象等。②在肯定句中，"是"可以省略。否定句"是"不能省略。③动词如果有名词作宾语时，宾语常常放在"的"后边。

这3点内容确实是该句式使用中的重要问题，介绍也非常简明，但并不充分。例如"是"在肯定句的省略并非随意，而是有条件的；教材的笼统说明会诱导偏误的产生。此外，也没有对"的"与宾语不同位置的对比说明。

《成功之路·顺利篇》（第一册）的说明包括5点内容：①"是……的"这个句式常用来表达对一个已经发生了的动作的相关信息进行强调，比如时间、地点、方式、对象、目的等。②"是"要放在需要强调和说明的部分之前，"的"一般放在句尾。③如果"是……的"中的动词后面带有宾语，宾语是名词时，可以放在"的"的后面，也可以放在"的"的前面。但如果宾语是代词时，一般放在"的"的前面。④"是……的"的否定形式为"不是……的"。⑤在肯定句中，"是"可以省略，否定句中"是"不能省略。

相对于《汉语教程》，《成功之路·顺利篇》（第一册）增补了新的内容，例如"是"的位置、否定形式等；说明也更加详尽、准确。但关于"是"的省略问题同样未说清楚。

《速成汉语初级教程》（综合课本2）除说明以时间、处所、方式等为参照给已然性事件定位时要用该句式之外，还提到该句式有多种下位格式，其中最基本的是：主语＋是（＋状语）＋述语（＋补语）（＋宾语）＋的。但没有对"是"的省略和"的"与宾语的位置做出解释。

《汉语会话301句》的语法注释包括：①"是……的"句（一）用来强调说明已经发生的动作的时间、地点、方式等。②"是"放在被强调说明的部分之前，有时可以省略。"的"放在句尾。③该句式有时也可强调动作的施事。注释对"是"和"的"的位置做了强调，特别是增加了F2或F3句式的说明。但仍然没有说明"是"的隐现条件，以及"的"的语序不同的情况。

《说汉语》（上）的语法注释包括《汉语教程》的第一、二点和《顺利篇》的第三点。存在的问题也与《顺利篇》相同。

4.1.4 不同教材的练习安排

《汉语教程》的练习题有：①替换练习，5组；②按照例句做会话练习，5组；③根据实际情况回答问题，8句；④根据上下句补齐句子，3组；⑤改错，8句；⑥交际会话，1题。其中大多数为对F1句式中的时间状语、地点状语的替换练习。"改错题"为该教材练习部分的亮点，其中涉及"的"的缺失、"了$_1$"的误用、谓语动词的省略等，与本文归纳的学生"是……的"句（一）的偏误类型密切相关。

《成功之路·顺利篇》（第一册）的练习有：①根据表中的内容，用"是……的"格式说句子。共五组练习，主要是针对时间、地点、方式、对象等的操练。该练习的亮点是，每组练习前都给出了一个含有预设信息的带"了$_1$"的句子，有助于学生了解"了$_1$"与"是……的"的区别。②回答问题，共10道问答题，主要是针对动作发生的时间、地点、方式、对象、目的、施事等的提问。复练课中的练习有：③填空。④复述。⑤口语会话。

《速成汉语初级教程》（综合课本2）的练习有：①句型替换，包括八组谓语动词和时间状语的替换练习，八组地点状语和对象的替换练习，七组地点宾语和动作方式的替换练习。②回答问题，含有10个针对时间、地点、对象、方式等的问答练习。③模仿练习，有1例对F1句式和1例对F2句式的练习。

《汉语会话301句》的练习有：①替换练习，F3中主语和宾语的2组替换练习。②扩展练习，F1句式的2个句子。③按照实际情况回答问题。

《说汉语》（上）的练习有：①回答问题，是对F1的状语的练习；用指定词语回答问题,练习了"是"与副词状语的位置。②根据指定内容,用给出的词语进行对话。③会话中可以出现的句子,除 F1 的状语,也涉及到对 F2 的主语的练习。④选择恰当的词语填空。

上述练习方式可以归纳为表 8。

表 8 不同教材中的"是……的"句(一)练习方式表

序号	练习形式	汉语教程	顺利篇	速成汉语初级教程	汉语会话301句	说汉语
1	替换练习/句型替换	√	-	√	√	-
2	按照例句做会话练习	√	-	-	-	-
3	回答问题	√	√	√	√	√
4	根据上下句补齐句子	√	-	-	-	-
5	交际会话	√	-	-	-	-
6	根据表中的内容,用该句式说句子	-	√	-	-	-
7	填空	-	√	-	-	√
8	复述	-	√	-	-	-
9	口语会话	-	√	-	-	-
10	模仿练习	-	-	√	-	-
11	扩展练习	-	-	√	-	-
12	根据指定内容,用给出的词语进行对话	-	-	-	-	√
13	会话中可以出现的句子	-	-	-	-	√

4.1.5 对几种教材的综合评价

4.1.5.1 关于"是……的"句(一)的下位类型

把本文的研究和谢福(2008)的研究相比较,可以得到表 9。

表 9 教材和母语者语料中各类"是……的"句(一)比例表

	本文	谢福
F1 主语+是+状语+动词+的+(宾语)	84%	36.46%
F2 主语+是+主谓结构+的	9%	15.67%
F3 是+主语+动词+的+(宾语)	7%	8.05%
F4 主语+是+动词+的+(宾语+重复动词)+的	0	0.42%
F5. 主语+是+动词+的+宾语	0	0

注:谢福(2008)的语料来源为《王朔文集》(1、2 部)及《编辑部的故事》。

从表9来看，教材和母语者语料中"是……的"句（一）各下位句式所占百分比趋减，整体趋向是一致的。但是，教材过分集中于F1句式，且没有F4句式。数据分布显然不够合理。

4.1.5.2 关于语法说明

综合来看，教材中的语法说明包括了该句式的主要用法，例如用该句式强调已经发生或完成动作的某方面情况，肯定句中"是"可以省略，否定句"是"不能省略，等等。一般来说，这些介绍也比较简明。存在的问题主要有两点，一是说明的内容多寡不均，难以对该句式形成全面认识。例如《顺利篇》介绍了5点内容，其他教材的介绍则相对较少。二是解释不充分。例如对"是……的"格式的整体性没有强调，特别是对其中的"的"与"了"的区别未予强调；"是"在肯定句中固然可以省略，但却是有条件的，教材不交代这些条件会诱导偏误的产生。此外，也没有对"的"与宾语不同位置的对比说明。

4.1.5.3 关于练习

虽然练习形式丰富，多达13种，但教材中普遍采用的只有第3项"回答问题"，5种教材都采用了。其他练习形式除第1项"替换练习"有3种教材采用、第7项"填空"有2种教材采用外，其他练习均只有1种教材采用。《汉语教程》、《成功之路·顺利篇》都有5项练习，其他教材只有3项。此外，练习主要是针对F1句式进行时间、地点、方式、对象等的训练；对F2、F3则很少涉及。

4.1.5.4 关于教材

谢福（2008）认为，教材对"是……的"句的教学步骤、范围不一致；语法说明多只对其句法规则进行描述，没有对使用"是……的"句的语境、语用作准确的表述；语法说明的例句全部都是单句形式，缺乏上下文语境。本文认为，教学步骤难求统一，但同意其其他观点。

五 教学对策

5.1 教材编写建议

5.1.1 突出"是……的"（一）的基本下位类型，兼顾其他类型

F1是"是……的"句（一）的最基本类型，在教学中无疑应详加解说，反复练习，尽最大努力让学生理解、掌握。F2在母语者语料中也有比较高的使用

率，F3 虽然使用率不是很高，但和 F2 存在转换关系，这些在教材中呈现不足，应予以适度加强。即便是母语者也很少使用的 F4、F5，虽然不是教学重点，但教材中也可以有所呈现，以使学生对"是……的"句（一）有比较全面的了解。

5.1.2 说明"是"的位置与隐现规律

"是"起标记语义焦点的作用，表示其后面的内容是要强调、突出的部分。"是"可以省略，但并非任意省略，而是有其内在规律的。教材中要特别指出这种规律，特别是不可省略的情况。当主语是"这""那"时；对比焦点是一种行为或情况，而这种行为或情况是引起某种结果的原因时；否定句；当主语为主要动词的宾语时；当"是"前有副词修饰或状语和动词加长时；全句主语为客体论元时；"是"均不可省略。

5.1.3 突出"的"与"了"的比较

二者的共同点是都可以表示动作已经完成或实现。主要的不同点为：①"的"表示过去完成，而"了"表示的完成与具体时间没有必然联系；②"的"用于"是……的"格式中，"了"则没有这种强制性搭配要求；③带"了"的句式表示动作或事件转化过程的全新传信，带"是……的"的句子是对已知事件局部点的传信。

5.2 课堂教学建议

5.2.1 加强构式语块教学

"是……的"句（一）表示对比焦点，强调和动作相关的某一方面情况的语义不是"是"带来的，也不是"的"带来的，而是"是……的"格式带来的，因此"是……的"是一个构式，有其独特的表达功能与作用。在教学中应将其作为一个语块进行整体教学，强调其不可分离性，使学生牢记其整体结构特征，从而有效避免单纯缺失"的"这个习得中的最大偏误。

5.2.2 借助情境语篇，突出语用教学

谢福（2008）认为该用而未用，不该用而用皆为语用偏误。本文对学生偏误的考察也表明，语用偏误是较为严重的偏误类型。

借助情境教学，就是给学生设定使用某句式的特定语境进行教学，这种情景可以是真实的，也可以是虚拟的。例如可以利用学生假期旅游归来，通过关于旅

游时间、地点、交通工具、同伴、风景照片等的一系列问题，进行"是……的"句（一）的教学。通过这样的情景对话，学生可以清晰地看到强调的焦点都在"是"后，进而掌握该句式突出对比焦点的语用功能。

强调以语篇为基础的"是……的"句教学，要把该句式尽量放在一个相对完整的话语片段中加以呈现，使学生从语篇的角度了解"是……的"结构的使用与主题、述题的关系及在话语连贯中的作用。例如："汤姆上周去云南旅行了，一个人去的。他带回来的那个葫芦丝，是一个白族姑娘送给他的。"这个语篇不但展现了"是……的"句（一）的 1 个 F1 例句和 1 个 F2 例句，而且"上周"预设了两个例句的"已然义"；同时还表明了主语为施事论元（汤姆）时，"是"可以省略，主语为受事论元（葫芦丝）时，"是"不可省略。

5.2.3 加强句型对比教学

首先，"是……的"句（一）和"是……的"句（二）以及以"的"字短语为宾语的"是"字句，相互之间既有联系，更有不同的句式义和表达功能。这是构式多义性的表现，也是构式本身与进入构式的不同成分之间互相整合的结果。在教学中，应从不同的表达功能、"是"与"的"的不同位置、性质和作用、否定词的位置、句式类型等角度对三者加以对比分析，使学生切实了解并掌握三者的区别。例如作替换练习时，带"是……的"结构的句子要替换"是……的"中间的成分，而不能连"的"一起替换。而"的"字作宾语的"是"字句要替换整个"的"字结构，而不能只替换"是"和"的"中间的成分。其次，还应对"是……的"句（一）的 5 种下位分类的结构与功能进行对比，以便于学生全面了解该句式，增加使用各种下位类型的"是……的"句（一）的丰富性。

六 结语

本文经研究发现，外国人学习汉语"是……的"句（一）的两个最大偏误，一是缺失"的"，二是不恰当地省略"是"。造成偏误的主要原因，是目的语知识不足与泛化，以及教材与教学的影响。本文认为，突出"是……的"句（一）结构与功能的整体性，说明"是"的隐现条件，是改进该句式教学的最重要措施。

本文期待教学领域能够了解外国人学习"是……的"句（一）的偏误情况和造成偏误的种种原因，编写更有针对性的教材，采取切实有效的教学方法，以提高该句式的教学效果。

第十七章 "是……的"句（二）习得情况考察[①]

一 引言

  对外汉语教学领域非常重视"是……的"的教学，也特别重视与之相关的理论研究。而在该句式的教学与研究中，也确实还存在一些问题。例如学界普遍认为，除一部分以"这""那"做主语的和表示双重否定的句子以外，一般可以把"是"和"的"同时省略或只省略"是"，句子仍然可以成立，基本意思不变，只是在语气上有所减弱。（赵淑华，1979；吕必松，1982；刘月华等，2001）。但李海燕（2006）的统计分析表明，在实际语篇中，"是……的"句（二）除了句中有"会、要"等词以外，省略"是"的情况非常少见，低于10%。以此看来，在"是……的"句（二）中，不省略"是"才是常态。又如"是……的"句（二）表示强调语气是学界的一般看法，但也有研究认为，用"是……的"时，语气肯定，口气委婉缓和，有说理的意味，目的是要人相信；不用"是……的"时，语气较强，有时显得简洁、直爽。（刘月华等，2001）对这些看似矛盾的观点，学界尚未做出明确的解释。
  在习得研究方面，施家炜（1998）考察了"S + 是 + 时间词 + V（O） + 的"和"S + 是 + Adj（词组） + 的"的习得顺序，认为前者比后者先习得。该项研究开了"是……的"习得顺序研究的先河，但对"是……的"句众多的下位句式没有涉及。对"是……的"句（二）的偏误分析多采用中介语语料库和调查问卷的方法，探究"是……的"句（二）的偏误类型及成因，但所依据的样本数量、语料规模相对较小，对偏误的考察多着眼于句子结构缺"的"、缺"是"，分析角度较为单一，对偏误原因的认识也还不够深入。（参见刘丽宁，2003；张井荣，2009；谢福，2008）至今还没有针对"是……的"（二）进行的专题研究。

[①] 本章依据北京语言大学2008级课程与教学论专业研究生王芳的硕士学位论文《基于"HSK动态作文语料库"的外国学生"是……的"句（二）习得情况分析》加工整理。编者：张宝林。

本文以"HSK 动态作文语料库"（1.1 版）为语料来源，对外国人习得"是……的"句（二）过程中出现的偏误现象进行研究。然后采用测试的方法，得到外国留学生和汉语母语者对"是……的"句（二）的习得情况。通过对比，对该句式的习得情况进行分析与判断，试图发现一些习得规律，为该句式的教学提供参考。

二 "是……的"句（二）的偏误类型

2.1 偏误语料的检索与整理

在"HSK 动态作文语料库"（1.1 版）中，通过错句检索，剔除因技术问题造成的重复，共得到带"是……的"的句子 2000 句。排除混在其中的"是……的"句（一）和"是+的字短语"的是字句，以及其他一些与"是……的"无关的错句（双重否定句的错误，形容词重叠出错等），最终得到"是……的"句（二）的偏误句 997 句。

本文把"是……的"句（二）的偏误句分为不该用而用、该用而未用、可用而用时出错、其他偏误 4 类。对每类偏误又根据"是……的"中间成分的不同，从"主语+是+形容词性词语+的""主语+是+动词性词语+的""主语+是+固定结构+的"等 3 个下位结构类型进行考察。

为保证语料的真实性，本文尽可能保持语料的本来面貌，只将句中的错字改为正确字。而与"是……的"（二）无关的其他偏误不予处理。

2.2 不该用而用

该类偏误指不该用"是……的"句（二）而使用了该句式。数量较少，仅有 32 句。其下位类型有两类：第 1 类，该用"是"字句而误用"是……的"句（二）。根据"是……的"中间成分性质的不同又可分为 3 类：中间成分为形容词性词语的，有 2 句，即下面例（1）（2）；中间成分为动词性词语的，有 8 句，如例（3）（4）；中间成分为固定结构（包括成语、习语和一些常用的固定表达）的，只有 1 句，即例（5）。第 2 类，该用一般形容词谓语句或动词谓语句而误用"是……的"句（二）。根据"是……的"中间成分性质的不同分为 2 类：中间成分为形容词性词语的，有 4 句，如例（6）（7）；中间成分为动词性词语的，有 17 句，如例（8）（9）。（例句中有问题的部分加下划线）

（1）回想起来似乎童年的日子<u>是多么幸福的</u>。
（2）这本书使我了解到人生的道路<u>是那么坎坷的</u>，……
（3）我来中国已经过了四年了，<u>来中国的目标就是学习汉语的</u>。
（4）再说，学习汉语时最难的问题就是记住汉字的。
（5）既能学料理，又能学汉语，<u>真是一举两得的</u>。
（6）我每天得练习写字，预习新课、复习学过的东西，起码天天用两个小时，<u>但我的成绩还是不好的</u>，使我想放弃。
（7）我当翻译以后才发现了以前跟中国人用汉语交流时我的语言理解<u>是太马马虎虎的</u>。
（8）那，挫折<u>是能不能避免的</u>？
（9）后来大部分人都<u>是戒烟的</u>。

例（1）－（5）的主语"童年的日子""人生的道路""最难的问题"等和"多么幸福""那么坎坷""记住汉字"之间存在同一或类属关系，"是"使这种关系得以建立，为动词。因而全句是"是"字句，而与表示某种语气的"是……的"句（二）无关，"的"需删除。

例（6）中的"还是"为副词，表示某种现象继续存在；"不好"即继续存在的现象，结构上是形容词短语作谓语，全句为形容词谓语句；助词"的"多余。这与吴颖（2010）所说表示一种反预期语义的"还+'是……的'"、全句为"是……的"句（二）的情况不同。例（7）中的副词"太"表示程度过分，可以与语气助词"了"构成"太……了"结构，强调说话人的某种主观看法。虽然"是……的"句也可以表示强调，但其语用意义是说话人认为某个事实可能会被误会或者被忽视时，用"是……的"进行申辩或提醒听话人注意。（李海燕，2006）这里则是直接表达说话人的看法，故不宜使用"是……的"句（二）。例（8）中"是……的"格式所表示的肯定的语气，与正反疑问句的构成形式"能不能"相矛盾（刘月华等，2001），只能用其中一种形式。例（9）要表达"后来"的一种不同于以往的情况，需用语气助词"了"表示变化，而不应用表达静态肯定的"是……的"格式。

2.3 该用而未用

该类偏误指应该使用"是……的"句（二）而未使用的偏误现象，只有4句。例如：

（10）中国的面积是世界上最大的，人口最多，也是发展中国家最大的国家。
（11）我相信通过这件事，法律对，不违法，这是有情，但我们也要实现也要求。

例（10）提到中国的"面积""人口"，第一个分句使用"是……的"句（二），第二个分句却未使用，不符合语篇结构上的一致性要求。例（11）的第二分句是单独的性质形容词做谓语，这种用法的形容词带有比较、对照之义，与前后语境所表示的整体意义不符，改为"法律是对的"，取消了比较义。

2.3 可用而用时出错

所谓"可用"的意思是"可以用也可以不用"。这类偏误是在可以使用"是……的"句（二）的情况下使用了该句式，但句中存在种种不当之处。此类偏误数量最多，共有931句。

2.3.1 "主语+是……+（的）"偏误

此类偏误属"是……的"格式缺"的"，"是……的"句（二）中此类偏误是最多的，共计549例。根据"是……的"中间成分性质的不同分为3类：中间成分为形容词性词语的，有241句，如例（12）-（14）；中间成分为动词性词语的，有280句，如例（15）-（17）；中间成分为固定结构的有28句，如例（18）、（19）。

(12) 孩子们虽然交朋友很简单，<u>不过跟朋友离开是非常难受</u>。

(13) 我觉得绿色食品和不挨饿<u>是同样重要</u>。

(14) 我自己<u>是挺别扭</u>。

(15) 当然，我能够健康地长大，<u>是离不开父母的爱和关怀</u>。

(16) 开始的时候，<u>我是非常讨厌他</u>，因为他整天迫着我做功课。

(17) 的确不错，只要我们能有计划的分工合作。<u>是能办好事，治理好国家，人民生活得好</u>。安居乐业。

(18) 所以我认为，怎样去进行有效阅读<u>是因人而异</u>。

(19) 或许在别人的眼里他为我所做的一切<u>是微不足道</u>，但对我，却影响它很大。

"是"和形容词连用有两种潜在的功能：其一，"是"为关系动词，表示判断，整个句子是典型的判断句。比如"成功的基础是勤奋"、"这是鲁莽，不是勇敢"。（吕叔湘，1980；范晓，1998）其二，"是"是表强调的语气副词，有"的确、实在"的意思，是对前文已知信息的再次确认，在口语中要重读。而在上述各例中，"是"明显不表示判断；考察上下文，也不是对前文的再次肯定。

如前所述，这类偏误出现在可用可不用"是……的"句的语境中，用之可以带有一定的语气意义，不用也不影响基本语义的表达。从前者的角度看，应属"是……的"句（二）中缺少"的"的偏误，加上"的"即正确句；从后者的角度看，"是"是一个多余的成分，将其去掉就成为正确的形容词谓语句或动词谓语句。本文认为，"是……的"句在有"是"的情况下，绝对不能单独省略"的"。因此将上述偏误视为缺"的"的偏误。

有些句子也属此类，但具体情况有所不同，即还存在增减副词、助词、能愿动词，以及语序的问题。例如：

(20) 吸烟对个人健康的坏处是已经很明显。
(21) 另外，城市的气氛是跟乡村完全不一样了。
(22) 但是现在情况变了，吃什么健康是对现代人来说最重要。
(23) 我们地球上的人类是风雨同舟。
(24) 而遇到了挫折后，产生的结果都是五花八门。

"是……的"句（二）表达一种主观评价，强调事物、事件的静态属性，不能表示动作或性质状态的变化。例（20）的语境是阐述吸烟的坏处，意在告诫人们不要吸烟。从"是……的"句（二）的角度看，"吸烟对个人健康的坏处"并没有从不明显到明显的变化。而副词"已经"却表示动作或性质状态发生了变化，其重要表征之一就是"已经"经常和句尾助词"了"同现。因此，若用"是……的"句（二），需将"已经"删除。例（21）中，句尾"了"表示城市的气氛跟乡村从一样变为不一样，但这不符合文中作者的原意，所以首先要去掉"了"，然后加上"的"，使之成为"是……的"句（二）；或去掉"是"，使其变为一般的描写句。例（22）在用于"是……的"句（二）时，除需加"的"之外，还需将"对现代人来说"移到"是……的"格式之前，因为句子强调的是"最重要"，而非对谁而言。例（23）除加"的"之外，还应加能愿动词"应该"。例（24）除加"的"之外，还应去掉范围副词"都"。

2.3.2 "主语+（是）……+的"的偏误

此类偏误属"是……的"格式缺"是"，"是……的"句（二）中此类偏误也很多，共有 382 例。根据"是……的"中间成分性质的不同分为 3 类：中间成分为形容词性词语的，有 121 句，如例（25）-（27）；中间成分为动词性词语的，有 231 句，如例（28）(29)；中间成分为固定结构的有 30 句，如例（30）(31)。

(25) 世界上凡事都一样，我们一定不要先做再想，要先想再做才对的。
(26) 我发现了中国人非常友好的，非常热情，也特别愿意考虑别人。
(27) 环境污染，其中噪音污染很厉害的生活当中。
(28) 虽然这个妻子没有恢复的可能性，可是冷淡地说一直治疗她也没有用的。

(29) 虽然自杀也是个很大罪恶，但这样情况下<u>可以原谅</u>的。
(30) 城市生活，乡村生活都"<u>有利有弊</u>"的。
(31) 我认为这个规定<u>理所当然</u>的，而且在现在情况下<u>必不可少</u>的。

以上偏误句的实质为"是……的"句（二）中"是"的省略问题，即在哪些情况下必须保留"是"。易平平（2009）认为，在口语中，在"挺、够、怪、蛮+形容词/心理动词"或"会+动词结构"进入"是……的"时，"是"倾向于省略；而当单个词进入，或者在涉及事件的句子里，客体论元作主语时，"是"倾向于保留；当"最+形容词/动词结构"进入"是……的"时，"是"绝对不可以单独省略。这样看来，例（25）是单个形容词进入"是……的"；例（26）、（27）虽然是偏正结构，但并不符合"挺、够、怪、蛮+形容词/心理动词"进入"是……的"的省略条件；例（28）-（31）都不符合"会+动词结构"进入"是……的"的省略条件，所以"是"不宜省略。例（27）另有语序问题，即"生活当中"应前加介词"在"，并移到"噪音污染"之后。

2.4 其他偏误

此类偏误有两类，一类是虽然在应该或必须使用"是……的"句（二）的情况下使用了"是……的"句（二），但结构不完整，即缺失"的"或"是"；有7句。根据"是……的"中间成分性质的不同，可分3类：①中间为形容词性词语，缺"的"缺"是"各1句；②中间为动词性词语，有4句，缺"的"缺"是"各2句；③中间为固定结构，只有缺"的"1句。另一类偏误，"是……的"格式本身没问题，但某些词语的语序不当，有22句。根据"是……的"中间成分性质的不同，可分2类：①中间为形容词性词语，有11句；②中间为动词性词语，也有11句。例如：

(32) 我初中是男女混合的学校毕业（　），高中是男子学校毕业的，却都是挺有趣，都对我好处。
(33) 长大了以后，跟母亲常常吵加，可是我知道母亲还是爱我（　）。
(34) 总括而言，我认为男女分班不是最好的教育方式，过去几十年来，采纳的男女混合式教育都没出现太大的问题，还是值得继续延用（　）。
(35) 世间事并不是一帆风顺（　）。
(36) 但我认为这样的理解是不全面的，（　）片面的。
(37) 因为我觉得他这样的办法才是适合于人道主义的，而且（　）忠于职业精神的。

(38) 这篇文章是反映出了我们所生活的现实社会的，而且（ ）富有哲学性的。
(39) 在这样的世界上，只顾于国内是对几乎所有的企业来说很不利的。
(40) 这是当然有理由的。
(41) 我以为我们面临的这个问题是用高科技可以解决的。
(42) 因此控制抽烟场所不是过分的。
(43) 但是还是抽烟的青少年也不少而且不是会保持市容整洁的。

如前所述，"是……的"句（二）在有"是"的情况下不可以省略"的"，例（32）-（35）均违反了此项规则，因而都是偏误句，应该在例句末尾的括号处加"的"。例（36）-（38）由于语篇中前后句结构一致性的要求，应该使用同样的句式结构，故应在例句中间的括号处加"是"。例（39）-（41）要强调的焦点分别是"很不利""有道理"和"可以解决"，而非"对所有的企业来说""当然"和"用高科技"，故应将后者移到"是"前。"是……的"句（二）的否定形式，否定词应在"是"后，这是两种"是……的"句的重要区别之一。因此，例（42）（43）的否定词"不"应移至"是"的后面。

2.5 小结

上面从四大类偏误类型、三种句子结构的角度对"是……的"句（二）的偏误情况进行了考察与分析。为了更直观地总体呈现不同的偏误类型，特将上述考察与分析的结果归纳为表1。

表1 "是……的"（二）偏误类型

偏误类型	"是……的"中的词语性质	形容词性词语	动词性词语	固定结构	总计	在偏误总数中所占比例（%）
不该用而用：32	该用是字句	2	8	1	11	3.2%
	该用一般的形容词谓语句或动词谓语句	4	17	——	21	
该用而未用：5	——	5	0	0	5	0.5%
可用而可但有错：931	主语+是+……+（ ）	241	280	28	549	93.4%
	主语+（ ）……+的	121	231	30	382	
其他偏误：29	——	13	15	1	29	2.9%
总计：997		386	551	60	997	100%
在偏误总数中所占比例	——	38.7%	55.3%	6.0%	——	100%

横向看表1，"可用而用时出错"是主要的偏误类型，所占比例高达93.4%。其中"是……的"格式缺"的"占59%，缺"是"占41%。其他3种偏误所占比例虽然都很小，但也反映出学生对"是……的"句（二）的语用条件存在认识不清楚的状况；对"是"在句中的位置，或者说对该句式中的副词、介词短语的位置、"是……的"句（二）与"是……的"句（一）否定形式的区别的认识还存在一定程度的混淆。

纵向看表1，"是……的"格式中间为动词性词语的偏误句多达551例，占总偏误数的55.3%，是主要的偏误类型。"是……的"格式中间为形容词性词语的偏误句为386例，占总偏误数的38.7%，是居于第二位的偏误类型。而"是……的"中间是固定结构的偏误最少，只占6.0%。这类偏误虽少，但涉及到学生对汉语成语、习语的习得，值得做专门的研究。

三　偏误原因探析

3.1　从偏误类型与习得的角度看

3.1.1　目的语知识不足

从上面一节可以看到，在各类"是……的"句（二）的偏误中，"可用而用时出错"是主要的偏误类型，所占比例高达93.4%。其中"是……的"格式缺"的"占59%，缺"是"占41%，相对来说，前者的偏误更严重。

在"是……的"句（二）中，"是……的"格式是一个整体，可以同时出现，也可以同时省略。"是"相对自由，在某些情况下可以省略；"的"则完全不自由，具有极强的黏附性，在任何情况下都不能省略。学生对这一特征认识不足，未将"是……的"格式作为一个整体加以把握，是造成缺"的"偏误的主要原因；对省略"是"的规则认识不清，是造成缺"是"偏误的主要原因。

3.1.2　学习策略的影响

第二语言学习者倾向于使用"主题—述题"结构。不管外语学习者的本族语是哪种语言，也不管他学的是什么外语，都要经历一个使用"主题—述题"结构的阶段。（王初明，1990）而"主语+是+主谓/动词短语"就是比较清晰的"主题—述题"句，"是"只起桥梁连接作用。（谢福，2008）这种句型结构清晰，非常有利于边思考边表达，例如"减少订货的原因是销售量减少了""这次能够来也是费尽千辛万苦"。这样的句子使用多了以后，主语后面加"是"逐渐"化石化"。遇到"是……的"句（二）时，缺"的"偏误就会出现，例如"……现在要改变这个情况是很困难"。

3.2 从语法本体研究角度看

3.2.1 对"是……的"句认识不足，重视不够，研究不够

在现代汉语语法本体研究中，学界几乎从未将"是……的"句看作一个独立的研究对象，也很少把"是……的"句作为一个独立句式加以研究，更缺乏深入的研究与解释。以几部颇具影响的大学中文系的《现代汉语》教材为例，有的不予涉及，完全忽视，例如胡裕树主编（1981），黄伯荣、廖旭东主编（2002）；有的虽然没有专门研究，但在例句和练习中有所涉及，例如邢福义主编（1991：329、356）、北京大学中文系现代汉语教研室（1993：298、308、312）；有的则是将其作为一个独立句式，例如北京大学中文系现代汉语教研室（2003：253）。可惜也只是举了"是……的"句（一）和"是……的"句（二）各一个例句，并未做详细解释。由此看来，语言本体研究并未给对外汉语教学提供可资借鉴的研究成果。即使是对外汉语教学领域，虽然历来重视该句式的教学与相关研究，但也存在着不同的意见和做法，例如有的对外汉语语法教材的特殊句式中就不含"是……的"句。（参见齐沪扬主编，2005）。

3.2.2 "是……的"句（二）的语用功能尚未得到深入研究

刘月华等（1983：491）指出："是……的"句（二）"有时表示强调、肯定或态度坚决，有时表示口气的缓和或委婉"；在该书增订版（2001：771、774）中则不再提"强调"和"态度坚决"，而改称"肯定语气"；在论及"是"和"的"的省略问题时，则表示"用'是……的'时语气肯定，口气委婉缓和，有说理的意味，目的是要人相信，不用'是……的'时语气较强，有时显得简洁、直爽"。存在的问题是，该句式究竟表示肯定、强调，还是表示委婉和缓？何时表示肯定、强调？何时表示委婉、和缓？"语气肯定"和"口气委婉缓和"到底是什么关系？是不是任何句子都可以加上"是……的"来表达强调或委婉的语气？"是……的"句（二）的使用条件究竟是什么？这些问题尚未见到有很强的规律性的描述和清晰的解释，还需要深入研究。

3.2.3 "是"的隐现问题尚未得到解决

学界的主流观点一向认为"是"大多可以省略，李海燕（2006）的研究则表明，在实际的语篇中，"是……的"（二）除了句中有"会、要"等词以外，省略"是"的情况非常少见，低于10%。但是为什么绝大部分的句子都不能省略"是"？该研究并未在理论上予以解释。易平平（2009）对此有所探索，也得到一些倾向性的意见，但解释性与概括力并不强。

3.2.4 缺乏对"是……的"句（二）与其相关句式的比较研究

"是……的"句（二）的某些偏误形式从句子结构上看，与汉语某些其他句式存在密切关系。例如"是……的"句（二）缺"的"的偏误句与汉语形容词作宾语的"是"字句形式上相同，又可以视为形容词谓语句多"是"的偏误。要把"是……的"句（二）与"是"字句、形容词谓语句的结构和语义说清楚，句式间的对比分析是必不可少的。从本体研究的情况看，目前确实缺少这种对比研究。

四　测试：留学生与母语者的对比分析

"HSK动态作文语料库"只做了偏误标注，很适合偏误分析，从中可以看到外国汉语学习者在学习"是……的"句（二）时存在哪些偏误，但无法依据该库了解学习者究竟学到了什么，与母语者相比有哪些差异。为了弥补这一缺陷，本文采用测试的方法，来考察中外学生对"是……的"句（二）的认知情况与应用情况，以期发现二者的不同特点。

4.1 测试目的

（1）考察在没有外界干扰和"是……的"形式提示的情况下，留学生对"是……的"句（二）及相关句式的使用情况。

（2）考察在外界有"是""的"或"是……的"这些形式提示和干扰时，留学生对"是……的"句（二）及相关句式的使用情况。

（3）将上述结果加以比较，看留学生在习得"是……的"句（二）及相关句式时有何特点。

（4）将上述结果与母语者对比，发现相同与不同之处。

4.2 试卷的设计

试卷包括两个大题，25 个小题。第一大题共 4 个小题，要求根据给出的形容词性词语或动词性词语完成句子，考察学生在没有外界干扰和暗示的前提下，对"是……的"句（二）、"是"字句、一般的形容词和动词谓语句的使用情况。第二大题共 21 个小题，要求判断正误并改错，考察学生在有一定外界干扰和暗示的情况下对上述句式的辨析和应用能力。

为了避免被试因问卷试题所测知识点相同而猜测到测试意图，做出带有规律性的判断和修改，我们设计了四个干扰项，分别是"有"字句、"使"字句、"被"字句、状态形容词做谓语加"的"后缀的正确或偏误表达。

为了保证测试的信度和效度，我们对无关因素进行了控制。比如，控制字词的难度，不因难字难词影响学生对题目的理解，尽可能使学生专注于语法判断；测试题大多根据"HSK 动态作文语料库"中的偏误语料修改而来，以保证测试语料和实际偏误语料的一致性。

4.3 测试对象

留学生：汉语相关专业本科三年级以上的汉语学习者。这些被试均为高级阶段的汉语学习者，具有较高的汉语水平和一定的汉语语法基础，与语料库中的语料来自参加高等汉语水平考试的汉语学习者的情况相近。

母语者：有一定汉语语法基础的中国大学生，专业包括文学、历史、金融、语言、数学、计算机等学科。

4.4 测试过程

正式调查前，对 10 名留学生和 5 名中国学生进行了预测，对不合适的题目进行了几次修改。

共向留学生发放试卷 40 份，收回有效试卷 29 份。其中本科生 11 人，硕士研究生 16 人，博士研究生 2 人。

对汉语母语者的调查，由本人实施一对一的测试，获取有效试卷 30 份。

4.5 数据统计与分析

4.5.1 "完成句子"的测试结果分析

本部分有 4 个题目，要求根据前面分句或上半句，用给出的词语造句；目的是考察留学生对"是……的"句(二)和相关句式的应用情况。为了使统计结果具有可比性,将原始数据换算成了百分比。分析结果详见表2。

表2 "完成句子"的统计数据

测试结果与统计数据 测试题	使用"是"字句(%)		使用"是……的"句(二)(%)		使用形容词/动词谓语句(%)		其他(%)	
	留学生	母语者	留学生	母语者	留学生	母语者	留学生	母语者
(1) 那时候应该培养孩子不怕困难、不怕挫折,应该培养他们百折不挠的精神,这_____(重要)	31.0	——	51.7(其中省"是"6.7)	——	36.7	13.8	63.3	3.4	——
(2) 因此,如果因感情出现问题而离婚,这_____(理解)	13.8	——	55.2(其中省"是"25.0)	56.7	27.6	40	3.4	3.4
(3) 我认为学汉语最难的_____(写汉字)	93.1	96.7					6.9	3.4
(4) 令我惊奇的是这件衣服穿在她身上_____(那么合适)	20.6	76.7	*3.4	——	65.5	23.3	10.3	——

从表2的统计结果可见:

总体来看,把留学生在4个题目上的所有正确率相加(包括"其他"选项),再除以4,得到的平均正确率为79.95%。应该说,总的习得情况还是比较好的。

从句(1)、句(2)的答题结果看,当母语者选择形容词谓语句和动词谓语句式时,有13%-31%的留学生选择了"是"字句;当母语者在形容词谓语句或动词谓语句式和"是……的"句之间做出相应选择时,留学生却更多地做出了与母语者相反的选择。这表明相当一部分留学生还不能在"是"字句、"是……的"句(二)、形容词谓语句或动词谓语句之间做出正确的选择,这部分学生对这几种句式的认识还存在问题。而且在一定程度上存在对"是"字句的使用偏好，这证明了上一节中对留学生偏误原因中学习策略的推测。

从句（3）的答题结果看，留学生对"是"字句的掌握情况非常好，和母语者的表现大致相同。

从句（4）的答题结果看，当大多数母语者选择"是"字句时，只有20%左右的留学生做出了相同的选择，大多数人则选择了形容词谓语句和动词谓语句。这表明留学生对汉语句式的语感较弱，尚不能从多项正确答案中选出最佳答案。

从句（1）、句（2）的答题结果看，那些选用"是……的"句（二）却又省略"是"的学生，对该句式中"是"的省略条件缺乏足够的认识，母语者则不存在这一问题。

4.5.2　判断正误并改正的测试结果分析

4.5.2.1 可用可不用"是……的"句（二）的测试结果分析

本部分一共7个小题，其中的6个偏误句结合语境来看，既可以改为"是……的"句（二），也可以改为一般的动词或形容词谓语句；正确句1例。测试目的是考察对于此类偏误句，留学生的接受度如何；如果不接受，倾向于使用"是……的"句（二）还是一般的形容词谓语句或动词谓语句。答题结果归纳为表3（原始数据换算成了百分比）。

表3　可用可不用"是……的"句（二）的句子的统计数据

测试结果与统计数据 / 测试题	可接受度①（%）留学生	可接受度①（%）母语者	改为形谓句/动谓句②（%）留学生	改为形谓句/动谓句②（%）母语者	改为"是…的"句（二）③（%）留学生	改为"是…的"句（二）③（%）母语者	改为其他（%）留学生	改为其他（%）母语者
（1）*在我国，长期以来都是男女混合教育，现在要改变这个情况是很困难。	24.1	13.3	21.7	53.8	78.3	46.2	——	——

---

① 是指认为此句正确的人数比例。对此句除涉及"是……的"句（二）以外地方的修改忽略不计。
② 这里比例的分母是对涉及"是……的"（二）句式偏误之处进行修改的句子数量。
③ 比例的解释同2。

续表

测试结果与统计数据 / 测试题	可接受度①（%）留学生	可接受度①（%）母语者	改为形谓句/动谓句②（%）留学生	改为形谓句/动谓句②（%）母语者	改为"是…的"句（二）③（%）留学生	改为"是…的"句（二）③（%）母语者	改为其他（%）留学生	改为其他（%）母语者
(2) *世界上凡事都一样，我们一定不要先做再想，要先想再做才对的。	55.2	10	46.2	77.8	46.2	11.1	7.7	11.1
(3) *当个好导游并不容易，因为导游的任务很重大的，比如导游要负责游客的安全。	51.7	23.3	66.7	73.9	33.3	26.1	——	——
(4) *的确不错，只要我们能有计划地分工合作，是能办好事，治理好国家，发展好经济。	41.4	10	只要……就/一定/才 76.5	18.5	23.5	81.5	——	——
(5) *开始的时候，我是非常讨厌他，因为他整天逼着我做功课。	48.3	30	73.3	85.7	26.7	14.3	——	——
(6) *虽然自杀也是个很大的罪恶，但在这种情况下可以原谅的。	62.1	23.3	18.2	21.7	81.8	78.3	——	——
(7) 当然，我能够健康地长大，是离不开父母的爱和关怀的。	89.7	90	33.3	66.7	改为"是"字句 66.7	去掉"是" 33.3	——	——

① 是指认为此句正确的人数比例。对此句除涉及"是……的"句（二）以外地方的修改忽略不计。
② 这里比例的分母是对涉及"是……的"（二）句式偏误之处进行修改的句子数量。
③ 比例的解释同2。

依据表3，可以得出以下结论：

对6个偏误句，留学生和母语者都有部分人认同①，但留学生显著多于母语者，而且比例悬殊：留学生大多超过母语者1倍以上，甚至是母语者的4倍、5倍。对正确句的认同度则都非常高，与母语者没有显著差异。

从句（2）、（3）、（6）的情况看，半数以上留学生（51%–62%，平均56.3%）对缺"是"但有"的"的结构表示认同；母语者较少认同（10%–23%，平均18.87%）。

从句（1）、（4）、（5）的情况看，三分之一以上的留学生（24%–48%，平均37.9%）对有"是"但缺"的"的结构表示认同；母语者较少认同（10%–30%，平均17.77%）。

在对偏误句的修改方面，留学生和母语者呈现显著差异：前者更多地改为"是……的"句（二），后者更多地改为形容词谓语句或动词谓语句。但句（4）、（6）情况相反：句（4）因为受到"只要……就……"复句形式的影响，留学生更多地选用了动词谓语句，而母语者则不受"只要……就……"的影响，更多地选择了"是……的"句（二）；句（6）是用转折复句表达自己的看法，是在承认一种共识的前提下，指出其中的可理解成分，语气自然比较委婉，更适合采用"是……的"句（二）。这同样表明留学生尚不能从多于一项的正确答案中选出最佳答案。

从修改句子的情况看，母语者对句式的掌握更灵活，修改更简洁。留学生在灵活性和简洁性方面则相对较弱。

4.5.2.2 不该用而用"是……的"句（二）的测试结果分析

本部分的题目共6句，其中有5句是误带"是……的"句（二）的偏误句。目的是考察对不该用"是……的"句（二）而使用的偏误句，留学生的接受度如何，以及是否能改为正确的形式。第6句是与第5句相关的一个比较句式，考察在"是……的"句（二）有"还是"出现时，学生的掌握情况。答题结果归纳为表4（原始数据换算为百分比）。

---

① 关于母语者对偏误句的认同问题，应从本体研究的角度进行探讨，本章不予讨论。

表4 不该用而用"是……的"句（二）的统计数据

测试结果与统计数据 / 测试题	可接受度（%）留学生	可接受度（%）母语者	改为形容词/动词谓语句（%）留学生	改为形容词/动词谓语句（%）母语者	改为"是"字句（%）留学生	改为"是"字句（%）母语者	改为其他（%）留学生	改为其他（%）母语者
（1）*我来中国已经四年了，来中国的目的就是学习汉语的。	48.3	10	——	——	100	100	——	——
（2）*以前，办公室里空气很差，因为很多人吸烟，后来大部分人都是戒烟的，空气才变得好起来。	37.9	3.4	77.8	93.1	22.2	6.9	——	——
（3）*挫折是能不能避免的？	31.0	6.7	挫折能不能/能否避免？ 50	53.6	"是……的"句（二）的是非问 10	35.7	未改对 40	10.7
（4）*这本书使我认识到人生的道路是那么坎坷的，使我想到，我是何等地幸福。	75.9	16.7	——	——	85.7	100	14.3	——
（5）*我每天最少花两个小时预习新课，复习学过的东西，但我的成绩还是不好的，这使我想放弃。	48.3	10	100	100	——	——	——	——
（6）这个想法还是不错的，所以我希望大家再好好考虑一下。	75.9	100	改为"是不错的" 42.9 "不错" 14.3	——	*改为"还是不错" 28.6 "还是不好的" 14.3	——	——	——

从表4可见：

留学生对句（3）"是……的"句（二）用于正反疑问句、句（2）表示动态变化的句子用上"是……的"结构的认同度相对较低，为31%和37.9%。说明大部分人对这两点认识清楚，都能做出正确的判断。

句（1）和（5）分别考察动词短语做宾语的"是"字句、形容词谓语句与"是……的"中间是形容词短语的"是……的"句（二）的混淆问题。留学生对二者的接受度相同，都是48.3%，表明近半数留学生无法对相关句式做出正确判断。但是，一旦能发现偏误，学生都能达到100%的修改正确率。

因为副词"还是"的多义性，在表达不同的语义时，句末有时有"的"，有时无"的"。句（5）和（6）是对此知识点的考察，从数据来看，学生对这两种表达有一定的区分能力，但是对"还是+形容词"的表达还有将近一半人不能正确掌握。

需要注意的是句（4），这个偏误句留学生接受度高达75.9%，而母语者只有16.7%，表明大多数留学生对形容词性词语做宾语的"是"字句和中间成分为形容词性词语的"是……的"句（二）还没有清楚的认识。

总起来看，对上述泛化句的认可度，留学生平均为48.28%，母语者平均为9.36%。

4.5.2.3 "是……的"句（二）相关句式的测试结果分析

本部分共4题，考察留学生对与"是……的"句（二）形式相关的宾语是形容词或动词短语的"是"字句、句中有重读的副词"是"表强调的形容词和动词谓语句的辨析情况。答题结果归纳为表5（原始数据换算为百分比）。

表5 "是……的"句（二）相关句式句子的统计数据

测试题	可接受度（%）留学生	可接受度（%）母语者	改后句子形式（%）留学生	改后句子形式（%）母语者
（1）成功的基础是勤奋。	89.7	96.7	"是……的"句33.3 其他66.7	勤奋是成功的基础。100
（2）他最喜欢的是当运动员。	96.6	96.6	名词为宾语的"是"字句 100	100
（3）"听说他走了，我怎么一点都不知道啊？""没错，他是走了。"	69.0	100	去掉"是"或将"是"改为"已经"100	——

续表

测试结果与统计数据 测试题	可接受度（%） 留学生	可接受度（%） 母语者	改后句子形式（%） 留学生	改后句子形式（%） 母语者
（4）小金说："无论如何，这些人太穷了！"小石说："丶是太穷了。"	72.4	100	去掉"是"或改为其他表达 100	——

从表 5 可以看出：

根据句（2），留学生对动词性词语做宾语的"是"字句有非常高的识别度，所占比例和母语者相同；甚至修改者的选择也和母语者相同。

从句（1）来看，约有 10% 的留学生还没有掌握谓词性词语做宾语的"是"字句；从其修改情况看，与"是……的"句密切相关。

句（3）、（4）表明，有三成左右的留学生对"是"在形容词谓语句和动词谓语句中重读表强调的用法尚未习得。

4.6 小结

本节采用测试的方法，分别对留学生和汉语母语者输出"是……的"句（二）及相关句式的情况进行了调查。总体上看，中高级水平的留学生对以上句式习得情况较好，同时还存在不少问题。主要的问题有：

（1）从几种测试题的综合答题结果看，留学生对"主语+（ ）+形容词/动词短语+的"（即缺"是"）的认可度较高（平均 56.3%），这与根据语料库所做的偏误研究的结果是一致的。而大多数母语者（约占 70%）认为这种结构是错误表达，这与学界主流看法及多数现有对外汉语教学教材的意见相左：学界和教材一般认为大多数情况下"是"可以省略。

（2）留学生对"主语+是+形容词/动词短语+（ ）"（即缺"的"）的认可度也较高（平均 37.9%），这与根据语料库所做的偏误研究的结果在总趋势上也是一致的。而大多数母语者（约占 70%）认为这种结构是错误表达。

（3）大多数留学生（75.9%）认为"主语+是+那么+形容词+的"是正确表达，与汉语母语者的看法大相径庭。这表明留学生对形容词性词语做宾语的"是"字句和中间成分为形容词性词语的"是……的"句（二）的区别认识不足；泛化也是留学生习得该句式的重要问题之一。

（4）正确的"还是+形容词短语+的"结构，大多数留学生（75.9%）可以正确判断；但是因为"还是"的多义性，对于应该使用"还是+形容词短语"

的偏误结构"还是+形容词短语+的",接近一半(48.3%)的学生判断错误。笔者对留学生随机进行了访谈,他们表示自己只是凭语感判断,在课堂学习中没有接触过这一语法点。吴颖(2010)的研究也表明,其所调查的《博雅汉语》高级阶段教材课文和练习中出现过的"还是……的",并没有被作为一个语法点教给学生。对与"是……的"(二)相关的近似句式,教学中还未完全注意到。

(5)在偏误结构"只要……,是……"中,81.5%的母语者采用"只要……,是……的"结构,但是留学生大多(76.5%)使用"只要……就/一定……"这样的关联结构。这一方面说明留学生对汉语句式的选择缺乏灵活性与多样性,同时也为今后在更大的篇章语段中进行"是……的"句(二)习得研究提供了一些线索。

(6)留学生对"是"字句存在使用偏好,会影响到对"主语+是+形容词/动词短语+(的)"这种偏误句的判断。

五 相关建议

5.1 本体研究方面

就"是……的"句(二)来说,本体研究需加强的内容有:

(1)语用研究。需要搞清楚什么情况下一定要用"是……的"句(二),什么情况下一定不能用"是……的"句(二)。

(2)"是"的省略条件。在什么样的语言环境中可以省略?什么时候不能省略?教学中只是用"'是'一般都可以省略"进行说明,对留学生并无指导意义,反而还会造成误导。

(3)句式对比。加强"是……的"句(二)与相关句式,例如以形容词性或动词性词语做宾语的"是"字句,"是"重读表强调的动词、形容词谓语句的比较研究和教学。

5.2 教学方面

(1)加强相关句式的比较、辨析

"是……的"句(二)在表达功能上与形容词谓语句和动词谓语句存在相似性,在形式上又与"是"字句有相同点,学习者对"不同但相似的刺激往往以同样的方式做出反应",可能产生"过度泛化"。(转引自李大忠,1999)为了避免此种情况引起的偏误,在一定的教学阶段之后,教师应该对相似语法现象进行比较和辨别,深入挖掘它们之间在语义、语用、句法功能等方面的不同之处,从而减少对目的语规则的泛化。这里试举几例说明:

在教了"主语+是+形容词短语+的"之后,通过联想和对比,指导留学生学习"主语+还是+形容词短语+的"的形式,复习"主语+还是+形容词短语"句式,可以增强教学效果。比较:

(44) 这个办法是很不错的,考虑到了我们公司的实际情况。

(45) 这个主意还是很不错的,所以希望大家再好好考虑考虑。

句(44)是对"这个办法"的较高程度的评价,句(45)表示"反预期"的语法意义,即说话人针对语境里被谈及的某一事物或事态提出一种与他自己或受话人的预期、先设不一致或相反的主张、信念或观点。(吴颖,2010)句(45)中,说话人或受话人原本有一种"这个主意"不怎么样的心理预期,但经过思考或调查,发现这个主意不错,与原来的预期不一致。"还是+形容词短语+的"之所以具有"反预期"的语义,是因为句中的副词"还是"。再比较:

在教学了"她是很聪明的"、"要处理好这个问题是非常不容易的"等句子后,引导学生归纳出"主语+是+程度副词+形容词+的"这一语法形式。同时,教师要特别指出,程度副词"多么"、"太"不能进入该结构。

(2) 加强语块教学,培养汉语语感

语块教学对培养汉语语感有很大作用。语块是由两个或两个以上词构成的、连续的或不连续的序列,整体储存在记忆中,使用时整体提取,是一种预制的语言单位。(钱旭菁,2008)语块具有可以整体学习、记忆的特点,稍加修改或填充就可以直接使用。作为汉语特有结构之一的"是……的"句(二)也可以看作一个涉及句子组构的语块,教学中可将该语块的结构特征、功能特点和可以填充的成分作为一个整体习得,突出该结构的整体性特征。通过充分练习,增强记忆效果,形成汉语语感。

附　录

调查问卷

各位同学好！感谢您在百忙中抽出时间做这份问卷。这份问卷旨在调查留学生对汉语语法的掌握情况，从而改进我们的教学。谢谢您的合作！

第一部分　个人简况

国籍：_____　母语：_____语　性别：男○　女○　专业：汉语○　其他_____

如果是汉语专业，请选择：本科○　硕士研究生○　博士研究生○

是否参加过 HSK（高等）考试：是○　否○　HSK 证书级别：_____

第二部分　调查问卷

一、用括号里的词完成句子。

Complete the sentences with the words in brackets.

1. 那时候应该教育孩子不怕困难、不怕挫折，应该培养他们百折不挠的精神，这_____。（重要）

2. 因此，如果因感情出现问题而离婚，这_____。（理解）

3. 我认为学汉语最难的_____。（写汉字）

4. 令我惊奇的是这件衣服穿在她身上_____。（那么合适）

二、判断句子的正误，对的划"√"，错的划"×"。并将错误的句子改为正确的，可以在原句上改。

True or false statements: mark "√" after the right sentences, and "×" after the wrongs. Then correct the wrong sentences into right sentence patterns. The original sentences can be changed.

1. 在我国，长期以来都是男女混合教育，现在要改变这个情况是很难。（ ）
2. 本人有信心将公司的工作做好，使游客满意。（ ）
3. 世界上凡事都一样，我们一定不要先做再想，要先想再做才对的。（ ）
4. 成功的基础是勤奋。（ ）
5. 一天傍晚，天阴沉沉的，北风越刮越大。（ ）
6. 的确不错，只要我们能有计划地分工合作，是能办好事，治理好国家，发展好经济。（ ）
7. 当个好导游并不容易，因为导游的任务很重大的，比如导游要负责游客的安全。（ ）
8. 开始的时候，我是非常讨厌他，因为他整天逼着我做功课。（ ）
9. "听说他走了，我怎么一点都不知道啊？""没错，他是走了。"（ ）
10. 虽然自杀也是很大的罪恶，但在这种情况下可以原谅的。（ ）
11. 他最喜欢的是当运动员。（ ）
12. 挫折是能不能避免的？（ ）
13. 我北大毕业以后，被分配到北京的一家啤酒厂工作。（ ）
14. 当然，我能够健康地长大，是离不开父母的爱和关怀的。（ ）
15. 我来中国已经四年了，来中国的目的就是学习汉语的。（ ）
16. 这本书使我认识到人生的道路是那么坎坷的，使我想到，我是何等地幸福。（ ）
17. 我每天最少花两个小时预习新课，复习学过的东西，但我的成绩还是不好的，这使我想放弃。（ ）
18. 以前，办公室里空气很差，因为很多人吸烟，后来大部分人都是戒烟的，空气才变好了。（ ）
19. 无论在中国还是在美国，父母与孩子之间都拥有代沟问题。（ ）
20. 小金说："无论如何，这些人太穷了！"小石说："是太穷了。"（ ）
21. 这个想法还是不错的，所以我希望大家再好好考虑一下。（ ）

第十八章 双宾结构偏误研究[①]

一 引言

双宾结构是现代汉语中一种基本的语言结构形式，许多学者从不同方面、多个角度对其进行了分析和研究。由于各自的理论体系、研究方法不同，以及双宾结构本身的复杂性，至今学界对双宾结构还存在很多争议。也有学者从对外汉语教学角度对汉英双宾结构进行对比分析，但双宾结构习得方面的研究还很少，而且由于研究样本的局限，导致研究结论的普遍性和说服力不强。

本章依据"HSK 动态作文语料库"（1.1 版），对外国汉语学习者的给予类双宾结构的偏误情况进行具体而全面的分析，探讨产生偏误的原因，并提出应对策略，希望能给双宾结构的第二语言教学提供参考和帮助。

典型的双宾结构可分两大类：给予类和索取类。从 HSK 动态作文语料库中外国学习者使用双宾结构的情况来看，绝大部分是"给予类"双宾结构，所以本文的研究对象仅限于"给予类"双宾结构偏误。

二 双宾结构偏误类型及统计分析

首先依据"HSK 动态作文语料库"，对双宾语句进行了穷尽性搜索，并采用人工筛查的方法，先从含有给予类双宾动词的 8 186 条语料中，筛选出 1 456 条双宾结构语料，再逐条对语料进行分析，最终得到偏误句 465 例，偏误率为 31.9%，可以分为三大类偏误：泛化、回避、内部偏误。

[①] 本章依据北京语言大学 2006 级汉语言文字学专业研究生周岚钊的硕士学位论文《基于 HSK 动态作文语料库的留学生双宾结构偏误研究》加工整理。编者：栾育青。

2.1　泛化

泛化偏误指不该用双宾结构而用了的中介语现象，此类偏误共有 329 条语料，在总偏误句中所占比例为 70.75%，主要情况有四种。

2.1.1　该用"给 + NP1 + V + NP2"而误用"给 + NP1 + NP2"

这种偏误共有 275 条语料，占泛化偏误的 83.59%。

（1）吸烟给人们身体不好影响。
（2）你们可不可以给他个电话，顺便告诉他我很想他。
（3）第二个是虽然用化肥和农药会提高产量，会给农民直接的利益，可是看后来，化肥和农药的使用把良好的农地会变成不好的土地。

以上例句（1）-（3）都是因为缺少了谓语动词，错把介词"给"当成了双宾动词来用。"给 + NP1 + V + NP2"结构中的介词"给"和"给 + NP1 + NP2"中的动词"给"是不一样的，双宾语结构中的"给"是一个典型的给予义动词，意思是通过动作"给"使 NP1 得到某种东西，动词后的名词性成分是给予物的接受者；而"给 + NP1 + V + NP2"结构中介词"给"的作用是引进动作行为的交付对象、服务对象、受损对象、指向对象等，必须和后面的名词结合做状语用来修饰后面的谓语动词。因此句中还一定要出现表示相关动作的谓语动词"造成""打""带来"等，句子的意义才完整。

2.1.2　该用"给 + NP1 + V + NP2"而用成了"V 给 + NP1 + NP2"

这种偏误共有 43 例，占泛化偏误的 13.06%。

（4）有一位女医生为了答应病人的要求，打给病人毒品。
（5）她每天做给我晚饭。
（6）每天在家里见面谈话，但很少写给你们信。
（7）妈，爸，回信的时候讲给我印尼发生了什么？

"V 给 + NP1 + NP2"类双宾结构强调到达的终点，转移和到达是一个统一的过程（沈家煊，1999），其中"给"的作用是体现"给予"的语义。当需要介引受益或者受损的对象、信息传递的方向、服务对象的时候，"给"字介引结构应该放在谓语动词的前面，而不是把"给"放于谓语动词之后介引传递交付的对象，例句中"做给我晚饭"、"打给病人毒品"中的"我"和"病人"都是动作受益或受损的对象，这些对象应该由介词"给"引介置于谓语动词"打""做""写""讲"之前做状语，而不是放在"V 给"后做间接宾语。

2.1.3 该用动宾结构"V + NP"而误用"给 + NP1 + NP2"

此类偏误共 9 例，占泛化偏误 2.74%。

（8）还有，我成家立业以后，他给我教育，一个家庭应该和睦。
（9）到现在我给您们对不起。
（10）我跟他见面的时候，他总是给我批评，指我的缺点，他是对我很好的人。
（11）现在我们应该给你们好好照顾。

例句（8）－（11）由于对"给"的用法缺乏认识，把单宾句写成了双宾句。"教育""对不起""批评""照顾"都不能做谓语动词"给"的直接宾语，而应该把这些词提前做谓语，把双宾结构变成单宾结构。

2.1.4 该用"把"字句而误用"给 + NP1 + NP2"

此类偏误共有 2 例，占泛化偏误 0.61%。

（12）晚上学校门口服务台的师傅给它我们准备好的菜。
（13）但我出生以后，她想拜托给我她的希望。

汉语的动词谓语句中，如果后面的宾语成分太复杂的话，为了保持句子的平衡，就需要用"把"将谓语动词的宾语提到动词前面。上面的例句还有语序问题，例如"把她的希望拜托给我"。

2.2 回避

回避偏误指该用双宾结构而没用的中介语现象，此类偏误共有 56 例，在总偏误中所占比例为 12.04%，主要情况有三种：

2.2.1 该用双宾句而误用"给 + NP1 + V + NP2"

这类偏误共有 30 例，占回避偏误的 53.57%。

（14）对了，给你们告诉一个好消息，这次考试我是第九名，而进入到快班了。
（15）他们不但给我们教泰国话，而且招待我们到他们的家里吃饭。
（16）我狂完以后又去了一趟刚才给我卖一个钱包的那个小姐的地方。

这些句子都是误用了"给 + NP1 + V + NP2"结构，此类偏误集中在动词为"卖""送"和"教"的句子上。朱德熙（1979）指出"NPs + 给 + NP1 + V + NP2"句式里出现的动词主要是 Vb（取得类动词）和 Vc（不表示给予也不表示取得），而绝大多数 Va（给予类动词）都不在这个句式中出现，像"教""卖""告诉""还"这些 Va 类动词不能出现在"NPs + 给 + NP1 + V + NP2"这样的句式中。"教""卖""告诉""还"这类动词能带双宾语，而且表给予义时必须用于双宾语句式。

我们统计了几个主要双宾动词在"HSK 动态作文语料库"中的使用情况，发现双宾动词中外国学习者使用频率最高的三个双宾动词依次是：告诉（42.98%）、教（38%）、给（29.96%），使用偏误率最高的几个动词依次是：交（100%）、卖（100%）、给（25.45%）、教（13.24%）、告诉（12.12%）。"交"和"卖"的使用率非常低，我们认为偏误率高的双宾动词还是"给""教""告诉"。这三个双宾动词是留学生双宾结构习得的难点，应该引起我们的充分重视。

言语行为类动词如"说""讲""谈""介绍"，常常指语言或说话方面的行为，这些词都不能带双宾语，而需要由介词引出动作的对象，也就是应用于"给 + NP1 + V + NP2"结构。

2.2.2 该用双宾语句却用了"向/对/让 + NP1 + V + NP2"

这类偏误共有 19 例，占回避偏误的 33.92%。

(17) 他今年六十岁了，身体健康，现在也在许多方面<u>向我教很多事情</u>。
(18) 他<u>对这个和尚告诉了以前的事</u>。
(19) 我想政府<u>对农业者给一定的生活费</u>，要是没有这样的话，就农业者不得不都生产绿色食品。

"向"一般是引出动作行为的指向对象、动作行为的方向等。"对"可以引出动作行为的对待对象和针对对象，当引出对待对象时，后面的谓语动词多为抽象的行为动词和心理动词，如："对……很热情"、"对……感兴趣"、"对……很满意"；而引出涉及对象时，后面的动词多是表示存在、消失、判断的抽象动词（比如"有、产生、引起"等）。"告诉""给""教"都能直接带双宾语，在例句中不需要介词介引。

2.2.3 该用双宾语句却用了单宾语句

此类偏误有 7 例，占回避偏误的 12.5%。

(20) 最后，我热切地等待贵公司<u>给我的回音</u>。
(21) 为了我考上好大学，为了我的健康，爸爸、妈妈<u>给我的那么大的爱情和关心</u>，我永远不会忘记的。
(22) 从这小小的故事当中，可以<u>告诉我的很多的道理</u>：每个人都有义务把每一件事做好。

双宾语结构是一个谓语动词后接一个间接宾语和一个直接宾语,间接宾语在前,直接宾语在后,在直接宾语和间接宾语中间不能插入表示领属关系的标记"的"。如果在间接宾语和直接宾语中间加一个助词"的",间接宾语就变成了直接宾语的定语,这样双宾语就成为单宾语了。所以应该把这些例句中的助词"的"去掉。

2.3 内部偏误

内部偏误包括遗漏、误用、错序和误加。共有偏误句 80 例,占总偏误的 17.2%。

2.3.1 遗漏

遗漏偏误是指由于在句子中遗漏了某个或几个成分导致的偏误。遗漏偏误共有 39 条,占内部偏误的 48.75%。这类偏误有三种情况:

2.3.1.1 间接宾语遗漏

间接宾语遗漏有 32 例,在遗漏偏误中占 82.05%。

(23) 以后你们有空的话,给我写信告诉( )那里的情况。

(24) 我们商量商量,我们决定:第一,我们找一个个同学提醒( )这件事情,我们尽量干净用厕所。

(25) 前几天的 5 月 8 号是父母节,那天我忙得要命,没办法送给( )礼物了。

(26) 老师让我交给( )十块钱,已经用完了。

"告诉""通知""提醒"这类表示传递言语信息的动词都可以带双宾语,直接宾语可以省略不说,或放在句首,但间接宾语不能缺省。例句(23)和(24)都错在只有直接宾语,缺少了间接宾语。另外,"V 给"双宾结构特别强调到达的终点,转达和达到是一个统一的过程,句法上要求"V 给"后面的间接宾语也不能缺省。例句(25)和(26)中"送给"和"交给"后边应该出现间接宾语。

2.3.1.2 直接宾语遗漏

直接宾语遗漏的语料有 6 例,在遗漏偏误中占 15.38%。如:

(27) 因为他给我这么宝贵的( )。

(28) 学校的老师教我们读、写等学习方面( )而已。

(29) 我认为这个故事告诉我们人性的( ),给我们一种警告。

这类偏误的句子中谓语动词"给"后面的直接宾语都只有定语，少了中心语，这就导致了直接宾语不完整，例句（27）-（29）中的直接宾语应该分别加上中心语"机会""知识""黑暗面"。

2.3.1.3 主语遗漏

主语遗漏的语料只有 1 例，占遗漏偏误的 2.56%。例句 30 缺少了主语"你们"。

（30）虽然我家的经济情况很不好，但是（　）给我上大学的机会。

2.3.2 误用

误用是指在某个句法位置上用了一个不该用的语言单位。这类偏误语料一共有 31 条，占总偏误的 7.47%，误用有三种情况。

2.3.2.1 直接宾语的误用

直接宾语的误用情况主要是将直接宾语用成了动词，这类偏误共有 15 例，占误用偏误的 46.87%。

（31）家能够给我们温暖的感觉，给我们盼望，给我们甜蜜温暖。

（32）我有什么问题，总是告诉她，她也总是给我帮忙。

（33）我想我们先尽量想办法来给他们吃，让他们吃饱。

例句中谓语动词都是"给"，直接宾语位置上的"盼望""吃""帮忙"等都是动词，不能做双宾动词"给"的直接宾语，但如果把这些词分别换成与它们词性不同但意思相近的词"希望""帮助""吃的东西"，双宾句就能够成立。

2.3.2.2 双宾动词的误用

共有 14 例，占误用偏误的 43.75%，主要有两种情况：

该用动词"给"而误用了其他介词或动词，共有 5 例。

（34）我们不保持以前的好的东西，那么我们对我们的后孙什么呢。

（35）虽然我对你的态度不礼貌，可以你总是对我温暖。

（36）一定要让孩子考虑的时间。

（37）就因为懂对方，所以会时不时制造些浪漫，让对方一个惊喜。

介词"对"和动词"让"都不能带双宾语，例句（34）—（37）中的"对"或"让"应改成动词"给"。

动词本身使用不当，共有 9 例。

（38）我对导游这一工作深感兴趣，故而写信申请，希望您能给以我一个机会。

（39）我没有说过你们跟这事有关我的想法。

例句（38）谓语动词"给以"应改成"给"，例句（39）的谓语动词"说"

应改成"告诉"。

2.3.2.3 间接宾语的误用

共有 2 例，占误用偏误的 6.25%。

(40) 这就能更给对面精神上的支持和行动上的鼓励。

"对面"作名词时表示方位，而句中"给"的后边应该是动作给予的对象，应该是人，所以应该改为"对方"。

2.3.3 错序

错序偏误指的是由于句中的某个或某几个成分放错了位置造成的偏误。共有 9 例，占总偏误的 2.1%。

2.3.3.1 否定形式错序。共 4 例，占错序偏误的 44.44%。

(41) 可是，那个日子我给您们没有什么礼物。

(42) 不过我呢，作为老小给家人却没有帮助，真不好意思。

例句（41）和（42）都错把否定副词"没有"放到了直接宾语的前边，应把否定词放在动词"给"之前。

2.3.3.2 直接宾语错序。有 4 例，占错序偏误的 44.44%。

(43) 对了，我忘了一个消息告诉给你们。

(44) 其次每个月送钱不吃饭的国家。

(45) 我已经寄给一点中药您。

在双宾语句中，直接宾语放在间接宾语后边。以上例句都错把直接宾语放在了间接宾语的前边。

2.3.3.3 间接宾语错序。只有 1 例，占错序偏误的 11.12%。

(46) 我饭店的服务员教日语。

间接宾语的位置应该在谓语动词后直接宾语前，所以例句（46）应该把"饭店的服务员"后置，放于动词"教"后面。

2.3.4 误加

误加偏误是指句子中多了不该出现的语言单位。这种偏误只有 1 例，占总偏误的 0.23%。

(47) 我教校内二百多名同学制卡片给父母的当儿，我没空给我爸妈你们做一张精美的卡片，于是，我写了这封信。

例句（47）是"我"给父母写的一封信中的一句话，其中的"我爸妈"和"你们"都是指代同一对象，所以用"你们"或"我爸妈"其一即可。

2.4 偏误小结

上述给予类双宾结构各类偏误类型及偏误的数量与比例可以归纳为下面表1。

表1　给予类双宾结构各类偏误数及偏误比例

大类	小类	偏误数	在该类偏误中的比例	在总偏误中的比例
泛化 占总偏误的 70.75%	"给+NP1+V+NP2"用成"给+NP1+NP2"	275	83.59%	59.14%
	"给+NP1+V+NP2"用成"V给+NP1+NP2"	43	13.06%	9.25%
	"V+NP2"用成"NP1+NP2"	9	2.74%	1.94%
	"把"字句用成双宾句	2	0.61%	0.43%
	小计	329	70.75%	
回避 占总偏误的 12.04%	该用双宾用成"给+NP1+V+NP2"	30	53.57%	6.45%
	该用双宾用成"向/对/让+NP1+V+NP2"	19	33.92%	4.09%
	该用双宾用成了单宾	7	12.5%	1.51%
	小计	56	12.04%	
内部偏误 占总偏误的 17.2%	遗漏　直接宾语遗漏	6	7.5%	1.29%
	遗漏　间接宾语遗漏	32	40%	6.88%
	遗漏　主语遗漏	1	1.25%	0.215%
	误用　直接宾语的误用	15	18.75%	3.2%
	误用　双宾动词的误用	14	17.5%	3.01%
	误用　间接宾语的误用	2	2.5%	0.43%
	错序　否定词错序	4	5%	0.86%
	错序　直接宾语错序	4	5%	0.86%
	错序　间接宾语错序	1	1.25%	0.215%
	误加　间接宾语误加	1	1.25%	0.215%
	小计	80	17.2%	
	总计	465		

由上表可见，外国学习者汉语给予类双宾结构的各偏误类型偏误率由高到低

依次是：泛化＞内部偏误＞回避。其中泛化偏误比重明显高于其他，所以双宾结构的泛化偏误应该是研究和教学的重点。而泛化偏误的各小类偏误中又以"给＋NP1＋V＋NP2"用成双宾结构这类偏误最为严重，所以这一小类偏误也应该是研究和教学的重点。

三 双宾结构泛化偏误原因分析

Selinker（1972）把中介语的产生原因总结为：语言迁移、目的语规则的过度概括、训练造成的迁移、学习者的学习策略和交际策略。鲁健骥（1994）认为中介语的产生原因是：母语的负迁移、所学的有限的目的语知识的干扰、本族或外族文化因素的干扰、学习或交际方式等的影响、教师或教材对目的语语言现象的不恰当或不充分的讲解或训练。张宝林（2010）将"把"字句泛化的原因总结为四种：学习策略（目的语规则泛化）、教学上的过度诱导、本体研究的不足以及教材的误导。根据前面的统计，我们知道留学生的双宾结构偏误以泛化偏误最为严重，占了整个偏误的70.75%，究竟是哪些原因造成了双宾结构的泛化偏误呢？

3.1 本体研究的不足

泛化偏误中出现最多的是对最典型的给予义双宾结构"NPs＋给＋NP1＋NP2"的泛化。给予义双宾结构看似简单，但其实整个结构对于出现于每个句法位置的成分却是有要求的。我们发现语料库中很多学生造的"给"字双宾语句不成立，都是因为句中的NP2有问题。NP2符合什么条件才能进入"NPs＋给＋NP1＋NP2"？

学者们通常认同"NPs＋给＋NP1＋NP2"是给予义最典型的表达式，在典型的"NPS＋给＋NP1＋NP2"结构中，"NPS"和"NP1"通常是由［＋生命性］语义属性的名词充当，"NP2"通常是由［＋具体性］语义属性的名词充当（延俊荣、潘文，2006）。所以像"我给她一本书"这样的句子是典型的给予义双宾结构。但其实在现代汉语中有很多非典型的情况存在，根据延俊荣和潘文对受限语料的统计，发现非典型的"NPs"（"NPs"［－生命性］）和非典型的"NP2"（"NP2"［－具体性］）在此类双宾结构中所占比重非常大。延俊荣和潘文（2006）用隐喻和转喻理论讨论了"给＋NP1＋NP2"结构中非典型性参与者的建构问题，解释了"我给他书"（"书"是典型参与者）和"我给他快乐"

("快乐"是非典型参与者)之间的建构关系,它们的共同点是"S 使 NP1 拥有",可以拥有某个具体事物(如"书"),也可以拥有某种状态(如"快乐")。但是这一理论还是无法解释:同样是非典型参与者,同样是表抽象事物的名词,为什么"我给他快乐"能说,而"我们应该给孩子良好的习惯"却不能说呢?为什么"给我很大的帮助"可以说,而"给我很大的麻烦"却不能说呢?到底什么样的 NP2 可以进入"NPs + 给 + NP1 + NP2",什么样的 NP2 不可以进入"NPs + 给 + NP1 + NP2"?这个问题还是没有得到很好的解释。目前我们本体研究对这个问题还没有一个有合理的解释,还需要大家深入研究。

由此可见,本体研究中对给予义双宾结构研究不足,对进入这个结构的各个成分的特征没有很好的解释说明,在二语教学课堂上教师也势必对这些语言现象解释不清。

3.2 语际干扰

语际干扰是指母语的负迁移。有人认为越到高级阶段,语际干扰的可能就越少。那对于双宾结构的偏误分析,我们应不应该考虑此项原因呢?我们认为即使高级阶段的学生在使用目的语的过程中,语际干扰的情况仍然存在,即使不是造成偏误的最主要的原因,但也不能完全忽视。我们来看看语际的干扰是如何造成双宾结构的泛化的。

(9) 到现在我给您们对不起。
(10) 我跟他见面的时候,他总是给我批评,指我的缺点,他是对我很好的人。

在韩语中这样的句子是正确的,但在汉语中这样的句子是错误的。如果把韩语的这种语法规则用到汉语中来就会产生错误。

另外,虽然留学生的母语不尽相同,但他们在学习汉语之前,一般还学习过其他外语,主要是英语。据了解,在日本、韩国,英语作为第一外语在中学就开始作为主要科目学习。欧美其他非英语国家更是重视英语的教学,所以英语学习经验对汉语学习的影响在一定程度上是存在的。有些动词比如"write""leave""bring""make"在英语里面可以带双宾语,而在汉语里跟它们词义对应的动词"写""留""带""做"却不能带双宾语,以英语为母语或者第一外语为英语的学生,很有可能受英语的影响,仿照英语,让这些词义对应的汉语动词也带上双宾语,造成语法错误。如例句:

(5) 她每天做给我晚饭。
(6) 每天在家里面谈话,但很少写给你们信。

3.3 目的语规则泛化或掌握不足

许多研究表明,语言迁移形成的中介语规则只占 30% 左右,大量的中介语现象是由于目的语规则的泛化造成的。这种目的语规则不带有母语特征,而且不同母语背景的第二语言学习者会出现相同的泛化现象。产生这种现象的原因有二:第一,学生在习得过程中,运用以前学过的规则来解决处理新情境中的新情况;第二,学生在学习某一特定规则时,并不是遵循母语的语法规则,而是他们已知的目的语规则,试图按照先前学过的目的语规则创造自己的语法(王建勤,1997:142)。如果将一条目的语规则随便类推,就会出现偏误。

例如留学生在应使用"NPs + 给 + NP1 + V + NP2"句式时因缺少了主要的谓语动词,把介词"给"误用成了动词"给",这样就使句子变成了"NPs + 给 + NP1 + NP2",即"给"字双宾语句。这种偏误的偏误率很高,占泛化偏误的83.59%,占总偏误数的59.14%。例如:

(48)女人抽烟,她生孩子的时候,会给孩子很严重的影响。
(49)第二,男女分班教育给孩子封建思想。

在这些句子中,"给"本来应该作为介词,引介宾语来做句子的状语修饰谓语动词,但留学生在表达的过程中都省略了谓语动词,把"给"当成双宾动词使用了,在"给"的后边带两个宾语构成了双宾语结构,从而形成了双宾语结构的泛化。我们分析这是学生不清楚动词"给"和介词"给"的区别和联系所致。

因为学生在刚学习汉语不久就学到了"给"作动词的用法,动词"给"的"给予"意义比较容易习得,而且学生大都知道"给"作动词表示给予义时应使用双宾语句式,这种语序对学生来说比较容易掌握。而当学生学习"给"作为介词时构成"给"字句的用法时,就需要用其他语序生成句子,也就是涉及动宾语序的重排,学生在输出这种"给"字句时需要重新安排动宾语序及整个句子的语序,而且还涉及"给"在动词前还是动词后的问题。所以对学生来说,"给"作为动词比较容易习得,相比之下,"给"作为介词就难掌握一些。总的来说,"给"作为动词使用时,意义比较实在,学生也都知道"给"后边应该带双宾语,所以难度不大。而在"NPs + 给 + NP1 + V + NP2"句式中"给"从一个实义动词虚化为一个引进与事宾语的介词,"给"原来的给予义减弱了,而句子的语义重心落在后边的动词上。学生在使用"NPs + 给 + NP1 + V + NP2"句式时既要改变语序,又要选择正确的动词,因此难度相对增加。学生还是倾向于选择语法形式比较简单的双宾语句(栾育青,2010)。

泛化偏误中还有一类是该用"给+NP1+V+NP2"而用成了双宾语句"V给+NP1+NP2"。如例句：

（4）有一位女医者为了答应病人的要求，打给病人毒品。

（5）她每天做给我晚饭。

（7）妈，爸，回信的时候讲给我印尼发生了什么？

偏误主要是由于学生不清楚两种句式各自适用的动词类别造成的。朱德熙（1979）指出"NPs+给+NP1+V+NP2"句式里出现的动词主要是Vb（取得类动词）和Vc（不表示给予也不表示取得），而绝大多数Va（给予类动词）都不在这个句式中出现，像"教""提醒""还""卖"这些Va类动词不能出现在"NPS+给+N1+V+N2"这样的句式中。

朱德熙（1979）认为能够进入"NPS+V+给+NP1+NP2"这种格式的动词都包含一个共同的语义成分——给予，即存在着"与者"a与"受者"b，存在着与者所与和受者所受之物c。a主动地使c由a转移至b，这类动词是必须是"右移"的。这类动词又可以分为两类，第一类如果"给予"的语义成分是词本身固有并始终伴随着其他语义成分一起出现的动词，便是给予义强的词。这类动词用于双宾句，"给"字可以出现也可以不出现。另外一类"给予"的语义成分不是词本身固有的，而是通过句式或词义引申而获得的，便是给予义弱的词，这类词进入双宾语结构时，"给"字必须出现。前者如"送""卖"，后者如"写""留""寄"。留学生在学习双宾语结构的时候如果没有很好地掌握这条语法规则，不知道哪类动词能进入"NPs+V+给+NP1+NP2"，就会出现上边的偏误。

"做""打""讲"都不是给予类动词，不表示给予，这样的一些动词都不能进入"NPs+V+给+NP1+NP2"结构，学生出现这些偏误，是因为对双宾结构的规则了解不够，学习了该结构的一个规则，就把它扩大到了其他的范围。

3.4 缩减策略的影响

王建勤（1997）曾指出："学习者面对大量的目的语输入，一时不能完全消化吸收，便将其简化为一种简单的系统。这是学习者普遍采用的一种学习策略。"特别是当学习者把注意力放在表达内容而不是语言形式上时，这种简化情形更突出。所以学习策略也是留学生产生偏误的一个重要原因。学习策略中的缩减策略，即是指放弃、简化某一语言形式或某话题，主要表现为缩减句子成分。如：

（50）给老人安乐死。

（51）我经常给您一些麻烦，我知道得很清楚。

（52）这可以说是一种社会问题，因为吸烟给个人和社会不好的影响。

前面说过，这些句子错误的原因是句子中的谓语动词缺失了，错把介词"给"当动词"给"使用了，句子中应该分别加上动词"实施""添""造成"。从表面上看是谓语动词的缺失，但我们深入地探究一下，为什么学生会常常漏掉这些谓语动词呢？这可能是受学习策略的影响。学生在表达的过程中，不知道该用什么词来表达，便采取了简化的策略。

3.5 教材因素的影响

本文调查了几本目前常用的汉语教材《速成汉语初级教程》《汉语教程》《新实用汉语课本》，其中《速成汉语初级教程》没有专门讲解双宾结构，《汉语教程》和《新实用汉语课本》对双宾结构语法现象做了介绍。这两本教材对汉语双宾结构的介绍大致相同，都提出了几个常用的双宾动词"教""送""给""告诉""借""还""问"，但教材上除了在语法讲解的时候给出一些例句以外，在教材的其他课文中却很少以双宾结构形式出现。以《汉语教程》为例，本文对其一、二册的语法讲解中出现的 8 个双宾动词进行了统计，归纳为下面表 2。

表 2 双宾动词在《汉语教程》第一二册中的使用情况

双宾动词	总例数	用双宾例数	例句	使用率
教	14	9	他教我们听力和阅读。	64%
送	10	2	他送了我一些很漂亮的生日礼物。	20%
给	16	8	给你一本书。	50%
告诉	12	1	告诉你一个办法。	8%
借	8	1	借给他钱。	12%
问	22	1	我问老师一个问题。	4%
找	10	5	找你钱。	50%
交	1	0	无	0%

根据统计我们发现，在汉语教材中，双宾动词的出现频率不高，除了用"给"和"教"的双宾结构使用率稍微高一些以外，别的双宾动词的使用率都很低。并且教材中除了"借"涉及"V 给"双宾结构以外，课本中没有再出现"V 给"双宾结构，就更别提能进入这个结构的其他动词了。双宾结构的习得起点是双宾动词"给"，"给"字双宾结构的教学至关重要，但教材对于双宾结构的注释大多比较简单，"给 + NP1 + NP2"结构的举例也大多也比较简单和重复。

与"给 + NP1 + NP2"相关的"NPS + 给 + NP1 + V + NP2"也是很重要的一个语法点，仍以《汉语教程》为例，"NPS + 给 + NP1 + V + NP2"在教材中出现

了 42 例，明显高于动词"给"的双宾语句 16 例。但我们发现在所调查的三种教材中都没有对"给"字介词结构做状语这一甲级语法点进行语法讲解和练习，而这一语法点出现的次数却又明显多于双宾结构，这不能不说是教材编排上的不足。

3.6 教学因素的影响

鲁健骥（1994）认为，讲解和训练的失误是造成语法偏误形成的重要原因。刘珣（2007）谈到偏误时也指出："教师不够严密的解释和引导、甚至不正确的示范也容易导致学生偏误的形成"。为了解教师对双宾结构的教学情况，我们对 20 名高级班汉语老师进行了问卷调查，调查结果如下面表 3。

表 3　高级班汉语老师讲解双宾结构和"给"字句的调查

问题	有	比例	没有	比例
是否发现过留学生双宾结构的偏误	20	100%	0	0%
有没有详细讲解过进入"NPS + 给 + NP1 + NP2"结构的各成分的特点	2	10%	18	90%
是否比较过介词"给"与动词"给"的差别	4	20%	16	80%
是否专门讲解过"V + 给 + NP1 + NP2"结构	0	0%	20	100%

从调查结果中我们发现大多数老师对于双宾结构和相关"给"字句的教学重视不够，在教学过程中没有比较过介词"给"与动词"给"的联系和区别，没有在授课过程中告诉过学生具体什么样的成分能够进入"NPS + 给 + NP1 + NP2"，也没有比较过该结构和其他相关"给"字句有什么不同。如果老师在授课过程中没有很好地向学生区分相似的结构形式，学生也就难免在使用过程出现混用的情况了。

3.7 语言环境的影响

在双宾结构的泛化偏误中我们发现有这样一种偏误，如例句：

(53) 你们可不可以给他个电话，顺便告诉他我很想他。

这类偏误是把介词"给"做状语的句子省略了谓语动词，把"给"当成了动词来用，但是在现实生活中，我们会经常发现汉语母语者经常会这样使用，"我给你电话"，在表达的时候句子的语义不是给予对方一个电话，而是给对方打电话。母语为汉语的人对于类似的句子的使用，无形中就会给留学生造成理解上的误区，让他们以为在这样的句子中谓语动词是可以省略的，从而出现偏误。

给予类双宾结构的偏误中泛化偏误是最严重的,以上我们分析了造成泛化偏误的七种因素,而泛化偏误的产生往往是多种因素混合作用的结果。

四 教学建议

4.1 加强本体方面的研究

从第三部分"留学生双宾结构的偏误原因分析"中,我们发现双宾结构相关本体研究上的不足是造成学生在使用时出现偏误的原因之一。陆俭明(2006)提出"对外汉语教学的实际需要和学生提出或出现的问题迫使我们对汉语的研究要进一步细化"。所以要解决留学生使用双宾结构出现的偏误问题,加强本体研究是十分必要的。本体研究中我们应该首先对于双宾结构的判定标准达成共识,并应该对进入该结构的各成分的范围有明确的划分及解释,即什么样的成分能进入,什么样的成分不能进入。

4.2 重视给予类双宾语句与其他相近句式的辨析

我们发现在双宾结构的偏误中,有几类结构的相互混用占了很高的比例,这几种结构包括:"给 + NP1 + NP2" "给 + NP1 + V + NP2" "V + NP2 + 给 + NP1" "V + 给 + NP1 + NP2"。要正确使用"给"字双宾结构,首先应该弄清它与其他三种结构之间的联系与区别。老师在讲解"给"字双宾结构的时候,除了讲清楚"给"字双宾结构本身的形式、意义和功能外,还应该将它与"给"字句进行对比,使学生区别"给"字双宾结构和"给"字句所表示的不同语义、句法上的限制以及各句式适用的动词类别的不同等,只有分清了它们各自的句法、语义、语用环境才能减少句式混用的情况。

4.3 提高双宾语句的教学地位

在现行的教材中,对于双宾结构的介绍都是简单的几句话陈述,举例简单重复,并且出现的双宾结构也只是典型的给予类双宾句,其他类型的双宾结构也被忽略了,而即便是给出的典型的例子在教材中出现频率也不高,课文中可以使用双宾结构的地方,很多时候都用了诸如"把"字句等其他句式替代。这些情况造成学生对该句式缺乏整体把握。针对这种现状,我们认为教材注释和教师讲解应该更详细具体一些,可以从结构和功能两个角度并用的方式来安排双宾结构的教学。可以先从结构的角度给学生一个完整的双宾结构概念，然后设计出各种语境让学生体会和习得双宾结构的特点。我们既要重视双宾结构在结构上的形式特点，更要从功能的角度明确双宾结构的作用和语义。

除此之外，还要加强练习。认知心理学把知识分为陈述性知识和程序性知识两类。教材中的语法解释属于陈述性知识，它是静态的，被激活时需要较长的时间。而学生在语法规则的指导下，逐渐掌握某种产生句子的系列程序，则属于程序性知识，它是动态的。经过多次练习、操作可达到自动化的程度。某一结构习得的过程实际上就是建立程序性知识并储存起来供以后使用的过程，这一过程必须依赖大量的有助于程序建立的练习。我们可以针对留学生双宾结构的偏误类型，在教材的设计和教学的过程中适当编排一些练习，如完成句子、句式转换、改错等，来落实这一过程。

4.4 分阶段、逐级递进展开教学

双宾结构无论是从形式到意义还是到功能，都不是单一的。在教学中我们不能盲目地一股脑儿地教给学生，应该区分难易，有主有次，按照学生的习得顺序分阶段、逐级递进展开教学。比如对"V给"双宾语句的讲解和练习，建议安排在学生学习了基本给予类双宾语句之后，因为"V给"双宾语句和基本给予类双宾语句在语义和句法上有很多相似之处。从结构上来看，"V给"双宾语句只比双宾语句多了一个"给"。"V给"双宾语句中有的动词后边的"给"必须出现，而有的动词后边的"给"可以省略，教师在教学中应加以说明。例如："他卖（给）我一本书"中的"给"可以出现，也可以不出现，而"他留给我一些钱"中的"给"必须出现。因此教学顺序是学完基本给予类双宾语句之后再学"V给"句式，教师也可以对比着讲"V给"句式和双宾语句。另外，在双宾结构教学过程中，最先教必须用双宾结构表达的形式，让学生树立双宾结构不是可有可无的概念，等他们掌握了这些形式以后，再教跟双宾结构可以互换的形式，也就是双宾结构可用可不用的情况。这样的教学顺序更有助于学生对双宾语句的习得。

4.5 适当进行双宾语句的汉外对比

前面说到，学生的母语可能对双宾语句的使用产生负迁移。例如动词"写""留""做"在英语中可带双宾语，学生误以为它们在汉语中也可以带双宾语，因而造成偏误。汉语取得类双宾语句的语义，在英语中也不能简单地用双宾语句来表达。所以在教学中需要进行双宾语句的汉外对比。教师从一开始教双宾语句

就要让学生明白：汉语和其他语言（例如英语）的双宾语句不是对等的，二者存在不少差异，再给学生举几个简单明了的例句进行对比，如在英语和汉语中"买"和"卖"构成的双宾语句的不同，给学生留下深刻印象。通过汉外对比，可以让学生认清受母语影响而产生偏误的根源所在，从而避免母语的干扰，减少偏误。

第十九章 "有"字句偏误研究[①]

一 引言

  学界对"有"字句的研究时间已久，成果颇丰，但对"有"字的词性、"有"字句语义的认识及其范围等仍存在分歧；相关成果也未能很好地应用于对外汉语教学；外国汉语学习者的很多偏误也没有得到足够的重视和有效纠正。本章依托北京语言大学"HSK 动态作文语料库"（1.1 版）的第一手资料，基于三个平面、句式语法、中介语和语义模块等理论，采用偏误分析、定量分析、对比分析等方法，对外国人运用汉语"有"字句的基本情况进行考察，从句法、语义、语用等方面分析和归纳偏误类型，探讨偏误产生的原因，为"有"字句的教学提供依据和参考。

  学界对"有"字句的范围界定持两种观点：一种是狭义的"有"字句，指以"有"（包括和"有"对立的"没有"、"没"）为谓语或谓语中心语的句子。例如：

  （1）人人都有两只手。
  （2）我有一辆摩托车。
  （3）他说："我还没有家，你这里就是我的家。"

  另一种是广义的"有"字句，即含有"有"的句子，而不论"有"是否作谓语或谓语中心语。例如：

  （4）这个人有点糊涂。
  （5）我们当中，有些是北京人，有些是上海人。
  （6）我们这些新兵，有的是工人，有的是社员。

[①] 本章依据北京语言大学 2009 级汉语言文字学专业研究生周昀的硕士学位论文《基于"HSK 动态作文语料库"的"有"字句偏误研究》、2007 级语言学及应用语言学专业研究生张颖《基于"HSK 动态作文语料库"的韩国学习者"有"字句习得研究》加工整理而成。编者：商玥。

吕叔湘（1942）、黎锦熙（1924、1957）、刘世儒（1957）等都赞同广义的"有"字句这一观点。易正中（1994）则属狭义的"有"字句。

本章研究狭义的"有"字句。

二 "有"字句偏误类型分析

2.1 语料收集与统计

我们首先对从"HSK 动态作文语料库"中搜索出的 17 382 个"有"字句进行甄别，其中存在偏误的 498 句，偏误率为 2.87%。在这 498 句中，肯定形式"有"字句 450 句，偏误率为 90.36%；否定形式"有"字句 48 句，偏误率为 9.64%。

2.2 "有"字句的偏误类型

2.2.1 肯定形式"有"字句偏误类型

根据偏误的性质，我们把肯定式"有"字偏误句分为四种类型：①"有"字句的遗漏偏误；②"有"字句的误加偏误；③"有"字句的误代偏误；④"有"字句的其他偏误。

2.2.1.1 遗漏偏误

"遗漏偏误"指由于在词语或句子中遗漏了某个或某几个成分导致的偏误。肯定式"有"字句的遗漏偏误共 338 句，占总偏误数的 66.54%。主要有以下几种情况：

第一，体词性的简单"有"字句"N（P）1 + 有 + N（P）2"结构中"有"的遗漏，这类偏误共有 303 句，占遗漏偏误的 89.64%，是遗漏偏误中偏误率最高的一类。具体表现是：

1. "N（P）1 + 有 + N（P）2"结构中"有"的遗漏，共 94 句，在遗漏偏误中占 27.81%，也是体词性的简单"有"字句偏误率最高的，例如：

（7）因为贵公司（　　）很多国外旅游客。

（8）我们每个人（　　）不同的性格。

"N（P）1 + 有 + N（P）2"结构是"有"字句最典型的句式结构，例（7）

宾语"很多国外旅游客"所代表的事物与主语"贵公司"所代表的事物有某种关系，句子缺少联系两者的谓语动词，需要在主语后加上动词"有"，表示领有的意义。例（8）中宾语"不同的性格"表示的事物是主语"每个人"所表示事物的一部分，同样缺少联系两者的谓语动词，应当在主语后加上动词"有"，表示领属的意义。

2."N（P）1+介宾短语+有+N（P）2"结构中"有"的遗漏，共计58句，在遗漏偏误中占17.16%。例如：

（9）所以他们总是对我（　）诸多不满。

与"N（P）1+有+N（P）2"结构相比，"N（P）1+介宾短语+有+N（P）2"结构多了一个介宾短语，例（9）中宾语与主语之间的关系是表示领属的意义，"诸多不满"是名词性短语，不能与"对"引导的介宾短语直接连用，需要加上动词"有"。

3. N（P）1省略式，"有+N（P）2"结构中"有"的遗漏，共计55句，在遗漏偏误中占16.27%。例如：

（10）在这封信内（　）我的成绩表。

对于这类结构，学者们意见不一，我们赞同黎锦熙（1924）、高耀墀（1957）等的观点，认为"有"前表方位的介宾短语是状语而不是主语，属于无主"有"字句。例（10）中的宾语成分与状语成分之间是一种存在关系，句中缺少表"存在"的谓语动词，应在状语后加上动词"有"。

4."N（P）1+能愿动词+有+N（P）2"结构中"有"的遗漏，共计29句，在遗漏偏误中占8.58%。例如：

（11）广告设计部门是应该（　）三年以上实务经验。

（12）两个人打水的时候，我们可以（　）两种选择。

能愿动词是用在动词、形容词前表示客观的可能性、必要性和人的主观意愿的。例（11）（12）的共同特点是，句中能愿动词"应该"和"可以"不能满足句子整体语义上的要求，并不是句子真正的谓语动词，应加上真正的谓语动词"有"。

5."N（P）1+有+疑问代词/数量短语"结构中"有"的遗漏，共5句，在遗漏偏误中占1.48%。例如：

（13）可是会用电脑的父母们究竟（　）多少呢？

（14）参加这个旅游活动的人（　）一百个左右。

这类结构中，"N（P）2"不是由名词或名词短语充当，而是由疑问代词和数量短语充当，表示疑问或估量的意义。例（13）中"有"后宾语由疑问代词

"多少"充当，表疑问义。例（14）中"有"后的宾语由数量短语"一百个"充当，表示估量义。

6. "V（P）+有+N（P）"结构中"有"的遗漏，共计17句，在遗漏偏误中占5.03%。例如：

（15）这样讨论（　）什么意义。

这类结构的主语部分由动词性短语充当。例（15）句中，主语部分是状中短语"这样讨论"，宾语部分"什么意义"表疑问、反问，句子缺少联系二者的谓语动词，应加上表存在义的动词"有"。

7. "V（P）+能愿动词+有+N（P）"结构中"有"的遗漏，共7句，在遗漏偏误中占2.07%。例如：

（16）在日本如果选择安乐死，应该要（　）本人的同意。

"V（P）+能愿动词+有+N（P）"结构与"V（P）+有+N（P）"结构类似，只是前者多了能愿动词"要"。能愿动词是用在动词、形容词前边表示客观的可能性、必要性和人的主观意愿的，例（16）中只出现了能愿动词，缺少真正的谓语中心语，应加上动词"有"。

8. "V（P）+介宾短语+有+N（P）"结构中"有"的遗漏。共计38句，在遗漏偏误中占11.24%。例如：

（17）我们感觉到跟妈妈（　）代沟。

"V（P）+介宾短语+有+N（P）"这种结构相比"V（P）+有+N（P）"结构，句中出现了表关涉对象的介宾短语。例（17）中主语"我们"和宾语"代沟"形成存在关系，"跟妈妈"是表示关涉对象的介宾短语，句中缺少表存在意义的动词"有"。

第二，复杂的"有"字句句式

9. "N（P）1+有+疑问代词/数量短语+A（P）"结构中"有"的遗漏，只有1句，在遗漏偏误中占0.30%。例如：

（18）我（　）什么不好，有这样的规定吗？

这类结构中的宾语部分由形容词短语"不好"充当。

第三，"有"字结构做定语成分时"有"的遗漏。共计16句，占遗漏偏误的5.73%。主要有以下几种情况：

10. "N（P）1+V+（有+N（P）2）+N（P）3"结构中"有"的遗漏。共计7句，在遗漏偏误中占2.07%。例如：

（19）李文是个很（　）学问的人。

例（19）全句的谓语动词为"是"，"学问"不能做"人"的定语，而应加上"有"。这个例子是句子中已经出现谓语动词，遗漏了作定语的"有"字结构中的"有"。

11. "N（P）1 + V +（对 + N（P）2 + 有 + N（P）3）+ N（P）4"结构中"有"的遗漏。共9句，在遗漏偏误中占2.66%。例如：

（20）父母当然是对一个孩子（　）最重要影响的人。

这类结构实质上与上类结构一致，只是句子中的成分更为复杂。例（21）中谓语中心语为"是"，修饰宾语"人"的定语成分中含有引出关涉对象的介宾短语，应加上"有"将关涉对象"一个孩子"和"最重要影响"联系起来。

第四，"有"字结构做宾语成分时"有"的遗漏。共9句，占遗漏偏误的2.66%。主要有以下几种情况：

12. "是"字句中"有"的遗漏。共4句，在遗漏偏误中占1.18%。例如：

（21）现代化的机器是（　）很重要的作用。

例（21）属于"是"字句，动词"是"在句中起肯定、强调的意义，但宾语成分"作用"与主语成分"机器"在"是"字句的语义层面上不能搭配，应该加上动词"有"，表示存在义。

13. "是……的"句中"有"的遗漏。共5句，在遗漏偏误中占1.48%。例如：

（22）人类对化肥的发现无疑是（　）好处的。

"是……的"在句中起强调作用，但"是"并非句子的谓语动词，其谓语中心还是"有"字。例（23）缺少表示领有义或存在义的谓语动词，应加上动词"有"。

第五，"有"字句构成成分的遗漏。这类偏误不是针对"有"字本身，而是针对"有"字句的句子组成成分，共9句，占遗漏偏误的2.67%。主要有以下两种情况：

14. "有"字句中宾语中心语的遗漏。共7句，在遗漏偏误中占2.07%。例如：

（23）中国俗话中有"天下无难事，只怕有心人"的（　），我有把握，请您放心。

例（23）修饰宾语中心语的定语比较长，缺失了宾语中心语"说法"。

15. "N（P）1/V（P）+ 介词 + N（P）2 + 有 + N（P）3"结构"有"字句中，状语构成成分的遗漏。共2句，在遗漏偏误中占0.60%。例如：

（24）农作物受到化学污染，吃完（　）人会有害处。

上例是在动作对象的前面遗漏了表示动作对象的介词"对"，应该改为"吃完对人会有害处"。

2.2.1.2 误加偏误

"误加偏误"是指在某些语法形式中，通常情况下不能使用的某个成分被用于语法形式中导致的偏误。这类偏误共出现 59 句，占总偏误数的 13.11%。主要表现为以下几类：

A. "有"的误加。共计 47 句，占误加偏误的 79.66%。主要有以下几种：

1. 谓语动词前误加"有"。共计 41 句，在误加偏误中占 69.49%，是该类中偏误率最高的一类。例如：

(25) 每回学校假期，父亲若<u>有</u>带学生出游，也必会让我与哥哥同去。

(26) 最后他们<u>有</u>怀疑第三个和尚偷偷地喝大水桶里的水。

现代汉语中，"有"属于"准谓宾动词"，虽然宾语可以由动词充当，但宾语只能是某些双音节动词或者偏正结构。如果接偏正结构，这种偏正结构内部的修饰语也只能是体词或形容词，而不能是副词。比如，可以说"有影响、有准备、有计划、有调查"等，却不能说"有看、有写、有反对、有同意"等；可以说"有深远的影响、有周密的计划"却不能说"有在准备、有很调查"等。在上述（25）（26）中，动词"带"和"怀疑"前都不能加"有"，动词前的"有"应该去掉。

2. 状语成分前误加"有"。共 6 句，在误加偏误中占 10.17%。例如：

(27) 他都一直默默站在我的身后，只要稍有不妥，他就<u>有</u>及时地扶我一把。

例（27）句中状语"及时地"是对中心语加以描写或形容，在语法结构上是修饰谓语性成分，整句的谓语中心语是"扶"，状语前的动词"有"应去掉。

B. 谓语动词后误加"有"。共 4 句，在误加偏误中占 6.78%。例如：

(28) 我现在的中文，虽不算太好，但也获得<u>有</u>一点儿成绩吧。

例（28）中已经出现了谓语动词"获得"，后面不能重复出现动词"有"，应去掉。

C. 不确指成分前误加"有"。共 8 句，在误加偏误中占 13.56%。例如：

(29) 我来中国之前，在东京<u>有</u>一个汉语学校学了两年汉语。

例（29）"一个"表示不确指的地方，这个短语本身语义已经很完整，加上"有"则会导致结构和语义杂糅，应把"有"去掉。

2.2.1.3 误代偏误

"误代偏误"是用不合适的词语或句法成分代替正确的词语或句法成分的一种偏误。该类偏误句共有 43 句，占总偏误数的 9.56%，有以下几类：

A. "有"误代为"是"。共计 18 句，在该类偏误中占 41.86%。例如：

(30) 每个阶段都是一些痛苦，但任何人都无法摆脱这一苦难。

"是"和"有"虽然都可以表示存在义，但用"是"表存在时，主语一般为处所词语，而此句主语为普通名词，动词应改为"有"。

B. "有"误代为"给"。共5句，在该类偏误中占11.63%。例如：

(31) 对社会给不良的影响。

(32) 对孩子给坏影响。

动词"给"表示"使对方遭受"之意，一般情况下一定带有双宾语。"有"误代为"给"共5句，有4句是母语为日语者出现的偏误。日语中，"给"和"有"都由"に"来表示，"に"在日语中表示的意义较多也较虚，故母语为日语者使用上易产生混淆。

C. "有"误代为"要"。共3句，在该类偏误中占6.98%。例如：

(33) 如果我们都要向对方学的精神的话，代沟是没什么大不了的问题。

动词"要"后面若带宾语，表示"希望得到或请求"的意思。例（33）中，"精神"不能与"要"搭配，通常说"具有/有某种精神"，表领有之意，改为"有"合适。

D. "有"误代为"受到"。共8句，在该类偏误中占18.60%。例如：

(34) 我以为他们的生活肯定很无聊闷闷不乐，而且因为生活不方便可能受到很多苦恼。

例（34）中的宾语"苦恼"不能与"受到"搭配使用，改为动词"有"则可。

E. "有"误代为"用"。共2句，在该类偏误中占4.65%。例如：

(35) 吸烟者用吸烟权利，我则有呼吸新鲜空气的权利。

动词"用"表示的是"使用"之意，在例句（35）中，谓语动词表示的是领有和存在的意义，故动词"用"应改为"有"。

F. "有"误代为"有所"。这种偏误只1句，占此类偏误的2.32%。例如：

(36) 虽然一些国家让香烟公司专门缴纳"香烟税"而这笔大钱对这些国家的经济有所好处但是吸烟对人体健康有很大的坏处。

"有"字句结构中，"有"后附着助词"所"，作用是将动词转化为名词，因此"所"后应接动词性或形容性成分。例（36）中"有所"后接名词"好处"，应将"有所"改为"有"。

G. "有"误代为其他动词。共4句，在该类偏误中占9.30%。例如：

(37) 总之，我们在生活当中，应该含着自己独特的风格。

例（37）中的谓语动词是要表示领属之意，动词"含着"表示的是一个具体动作，用在句中不合适，应改为动词"有"。

H. 该用其他动词而误代为"有"。共 2 句,占此类偏误的 4.65%。例如:

(38) 大报刊通常都有请学者专人写一些书评,这些都大致上错不到哪去。

该句中的"请"表示一种常见行为,是客观叙述,而"有请"则是当面表达的一种客套。词义不合,应用"请"。

2.2.1.4 其他偏误

有一部分偏误句很难归入以上三类,另列一类进行描写。主要有三种情况:

A. "有"字的错序偏误。这类偏误共 3 句,占此类偏误的 30.00%。例如:

(39) 对于您公司的招聘启事,我有很多兴趣应征以上的职位。

例(39)表达的是"对应征非常有兴趣"之意,"有"不能放在"很多兴趣"之前,而应改为"很有兴趣"。

B. 分析过程中发现,语料库中少数标记为错句的,用"有"和不用"有"时意义不同,认定为错句不太合适。这种情况共 3 句,在该类偏误中占 30.00%。例如:

(40) 我家是个卖药的商店。

例(40)被认为是"有"误代为"是",但用"是"时,表示"我的家等同于卖药的商店"之意;用"有"时,表示"我的家拥有一个卖药的商店"之意,如此理解,这句话是成立的。

C. 有一些句子可能并不属于偏误范畴,而是学习者的失误造成的。失误与偏误不同,失误是指口误、笔误等语言运用上的偶然错误,没有系统性规律。失误句共 4 句,在该类偏误中占 40.00%。例如:

(41) 在这里我毫不犹豫地说吸烟是(有)百害而无一利。

例(41)中"有"的遗漏出现在习语"有百害而无一利"中,这种情况出现的遗漏难以说明偏误原因,可能只是笔误。

以上是对"HSK 动态作文语料库"中肯定形式"有"字句的偏误进行的分类,为了更加直观、清楚地显示偏误概率,列表统计如下:

表1 肯定形式"有"字句偏误类型偏误率表

偏误类型（大类）	小类		数量	在该类偏误中的比例（%）	在所有偏误中的比例（%）
遗漏偏误（338）总偏误率67.87%	体词性简单"有"字句中"有"的遗漏（303）	"N（P）1+ 有 +N（P）2"结构中"有"的遗漏	94	27.81	18.88
		"N（P）1+ 介宾短语 + 有 +N（P）2"结构中"有"的遗漏	58	17.16	11.65
		N（P）1省略，"有 +N（P）2"结构中"有"的遗漏	55	16.27	11.04
		"N（P）1+ 能愿动词 + 有 +N（P）2"结构中"有"的遗漏	29	8.58	5.82
		"N（P）1+ 有 + 疑问代词/数量短语"结构中"有"的遗漏	5	1.48	1.00
		"V（P）+ 有 +N（P）"结构中"有"的遗漏	17	5.03	3.41
		"V（P）+ 能愿动词 + 有 +N（P）"结构中"有"的遗漏	7	2.07	1.41
		"V（P）+ 介宾短语 + 有 +N（P）"结构中"有"的遗漏	38	11.24	7.63
	复杂的"有"字句式"N（P）1+ 有 +N（P）2+Adj./V."结构中"有"的遗漏（1）	"N（P）1+ 有 + 疑问代词/数量短语+Adj."结构中"有"的遗漏	1	0.30	0.20
	"有"字结构做定语成分时"有"的遗漏（16）	"N（P）1+V+（有 +N（P）2）+N（P）3"结构中"有"的遗漏	7	2.07	1.41
		"N（P）1+V+（跟 +N（P）2+ 有 +N（P）3）+N（P）4"结构中"有"的遗漏	9	2.66	1.81
	"有"字结构做宾语成分时"有"的遗漏（9）	"是"字句中"有"的遗漏	4	1.18	0.80
		"是…的"句中"有"的遗漏	5	1.48	1.00
	"有"字句构成成分的遗漏（9）	"有"字句中宾语中心语的遗漏	7	2.07	1.41
		"N（P）1/V（P）+ 介词 +N（P）2+ 有 +N（P）3"结构"有"字句中状语构成成分的遗漏	2	0.60	0.41

续表

偏误类型（大类）	小类	数量	在该类偏误中的比例（%）	在所有偏误中的比例（%）
误加偏误（59）总偏误率11.85%	谓语动词前"有"的误加（47） 谓语动词前误加"有"	41	69.49	8.23
	谓语动词前状语成分前误加"有"	6	10.17	1.20
	谓语动词后"有"的误加	4	6.78	0.80
	不确指成分前"有"的误加	8	13.56	1.61
误代偏误（43）总偏误率8.64%	"有"误代为"是"	18	41.86	3.61
	"有"误代为"给"	5	11.63	1.00
	"有"误代为"要"	3	6.98	0.60
	"有"误代为"受到"	8	18.60	1.61
	"有"误代为"用"	2	4.65	0.41
	"有"误代为"有所"	1	2.33	0.20
	"有"误代为其他动词	4	9.30	0.80
	该用其他动词而误代为"有"	2	4.65	0.41
其他（10）总偏误率2%	错序偏误	3	30.00	0.60
	意义不确定句	3	30.00	0.60
	失误句	4	40.00	0.80

2.2.2 否定形式"有"字句偏误类型

否定形式"有"字句的偏误类型不像肯定形式"有"字句那么复杂，主要表现为"没有"与"没、无、不、不是"等词的误代，具体有以下几种情况。

2.2.2.1 "没有"误代为"没"，共8句，在误代偏误中占16.67%。例如：

（42）可是因为爱情没很清楚的定义，所以这个问题今天还存在。

"没"和"没有"的意义基本一样，区别在于"没"多用于口语，"没有"多用于书面语。例（42）是"HSK动态作文语料库"中提取的语料，是书面语体,应将"没"改为"没有"。

2.2.2.2 "没有"误代为"无",共4句,在误代偏误中占8.33%。例如:

(43) 对身体健康来说,<u>无</u>什么可以跟"绿色食品"相比。

"无"也能表"没有"之意,但它的文言意味较重。例(43)是"HSK动态作文语料库"中提取的语料,是现代书面语体,应将"无"为"没有"。

2.2.2.3 "没有"误代为"不",共计17句,在误代偏误中占35.42%。例如:

(44) 倘若发达国家<u>不</u>帮助贫困的人们的自豪感,我觉得将来人类没有希望。

副词"不"可以用在动词、形容词或个别副词前表否定,但不能用在名词前。例(44)中"帮助贫困的人们的自豪感"是名词性短语,需有动词搭配,应将"不"改为动词"没有"。

2.2.2.4 "没有"误代为"不是",共6句,在误代偏误中占12.50%。例如:

(45) 我认为文章里的丈夫做的并<u>不是</u>错,是因为在妻子的要求下不得不进行的。

"不是"是动词"是"的否定形式,是对现在情况的否定。例(45)句中"丈夫做的"是以前的事,对过去的否定应用"没有",应把"不是"改为动词"没有"。

2.2.2.5 该用其他动词而误用了"没有",共计13句,在该类偏误中占27.08%。例如:

(46) 但现在社会,对自己的行为<u>没有</u>责任的父母太多。

例(46)句是对"现在"的情况进行否定,"负责任"是固定搭配,应该把"没有"改为"不负"。

以上是对"HSK动态作文语料库"中否定形式"有"字句偏误进行的分析,为了更加直观、清楚地显示偏误概率,本文将相关数据统计列表如下:

表2 否定形式"有"字句偏误类型偏误率表

偏误类型	数量	在该类偏误中的比例(%)	在所有偏误中的比例(%)
"没有"误代为"没"	8	16.67	1.61
"没有"误代为"无"	4	8.33	0.80

续表

偏误类型	数量	在该类偏误中的比例（%）	在所有偏误中的比例（%）
"没有"误代为"不"	17	35.42	3.41
"没有"误代为"不是"	6	12.50	1.20
该用其他动词而误用为"没有"	13	27.08	2.61
总计	48	100	9.63

三 偏误原因分析

通过前文对语料的归纳与分析，结合偏误者的母语背景和汉语"有"字句的具体特点，我们分别从句式本身、学习者以及教材和教学三方面对"有"字句偏误产生的原因进行解释。

3.1 句式本身的原因

"有"字句是现代汉语的一个重要而且特殊的句式，其表义功能的多样性和句法结构的复杂性给非母语者学习带来了不便。

3.1.1 "有"字句语法意义的特殊性与复杂性

"有"字是现代汉语中用法比较特殊的动词，它虽然是动词，但并不表示行为、动作。学界公认"有"字句能够表存在、领属和领有三种基本意义；随着分析研究的深入，我们发现"有"字句还能表估量、比较、列举、包含等意义。这就给学习者全面、完整地掌握"有"字句语义增加了难度。例如：

（40）我家是个卖药的商店。

"有"和"是"都能表示存在，但是二者有区别："有"表示某一空间存在着某一或某些物体；而"是"表示某物体占据了某一空间，该物体在那个空间是唯一的。例（40）用"是"时，"我的家"与"卖药的商店"是等同性关系；用"有"时，"我的家"与"卖药的商店"是领属关系。

（47）如果你是孩子的爸爸，你具有怎么样的想法。

"有"表示领有、具有，包含"具有"的意义，但两者用法存在细微差别："有"多用于口语中，"具有"多用于书面语中。

3.1.2 "有"字句句法结构的复杂性与特殊性

语法意义的特殊性决定了"有"不同于其他动词的特征，有特殊意义的"有"字可以组成不同的句子结构，表达多种语义关系。例如：

（19）李文是个很（　　）学问的人。

"有+N（P）"这种结构可以由"很"等程度副词修饰，表示评价意义。这种"有"与某些名词构成的特殊短语，意义虚化，具有形容词的性质，例（19）就属于这种情况。"很"是一个程度副词，后面一般不跟名词，但是在一些新兴的语法现象中，"很"的后面也出现了名词的形式，例如"很中国""很绅士"等短语，这类短语都包含一种描述性的语义特征。但是这种情况在汉语中只是比较特殊的现象，能加在"很"后的名词非常有限，且又比较口语化，所以在表达评价意义时，要使用"有+N（P）"结构，不能遗漏动词"有"。再如：

（24）农作物受到化学污染，吃完（　　）人会有害处。

此例属于简单的"有"字句结构"N（P）1/V（P）+介词N（P）2+有+N（P）3"，"N（P）1/V（P）"是一般施动者，"N（P）2"一般是受动者，"N（P）3"一般是具体的动作行为和相关事物，介词一般是"跟、对"等，"介词+N（P）2"在句中作状语引介施动对象。例（24）正是遗漏了引出施动对象的介词。

总之，由于"有"字句句式结构的特殊性和复杂性，偏误既会表现在动词"有"的遗漏上，也会表现在"有"字句的其他构成成分上。

3.2 学习者的原因

第二语言学习者大部分都是成年人或是已经掌握了第一语言，他们在习得第一语言时已经形成了完整的语言系统，这种语言系统会影响学习者对新语言的学习。

3.2.1 母语负迁移的影响

学习者在不熟悉目的语规则的情况下，只能依赖母语知识，因而在第二语言学习的初、中级阶段，母语的干扰比较大。下面我们以韩国学习者使用"有"字句的情况为例，具体分析由于母语负迁移造成的偏误。

3.2.1.1 词语用法不对等造成的偏误

学习者在使用目的语过程中，常常将母语直接翻译成目的语，但是，有些词语在韩语中可以搭配，在汉语中却不能搭配。

（48）一般流行歌曲不仅跟着唱很容易，而且歌词让人感到同感。

句中划线部分用韩语表达是"동감을（同感）느끼다（感到）"（感到同感），也就是说，韩语中"感到同感"是符合语法规则的，但汉语中"感到"和"同感"不能搭配，一般说"有同感"。

3.2.1.2　词性的不对等造成的偏误

汉语中有些词同时具有两种词性，韩语中对应的意义却要用两个词来表达，学习者不了解汉语中那个词的使用情况，常常发生偏误。例如：

（49）在面对奶酪丢失时，四个角色（　　）不同反应。

"反应"对应着韩语的반응（名词）、반응하다（动词），学习者用汉语的"反应"来替换韩语的两个词时，句法位置、语法规则方面常常搞错。另外，有些词在汉语中只有一个词性，学习者误会它是和"反应"这类词一样的词，也会造成偏误。例如：

（50）对这件事情我很（有）同感。

韩语中有동감（同感，名词）和동감하다（同感，动词），但汉语中"同感"只有名词词性。表达动词的意思时，应该说"有同感"。

3.2.1.3　词语意义的不对等造成的偏误

表达同一类意义的句型，如果恰好在结构上也相似，学习者就很容易把其中的一个或几个语法项目相混淆。

（51）那本书是以前的有一个和尚写的。

例（51）就是误认为表存在的"有"有不确指的意思而造成的偏误。

我们对5个HSK成绩九级以上的韩国学习者，即达到高等水平的学习者，进行了调查，请他们将下面这句话翻译成汉语。

韩语：너는 나를 싫어하지만, 어떤 사람을 나를 좋아해.

直译：你　我　不喜欢，某　人　我　喜欢。

汉语：你不喜欢我，有人喜欢我。5个人的翻译都是"你不喜欢我，有人喜欢我"。

进一步调查发现，5个韩国学习者都认为汉语中的"有"跟母语中的어떤（"某"的意思）是一样的，而且汉语词典中也解释说"有"有"什么、某"的意思，因此自然地把"有"和어떤等同了。实际上，"有"这种近似"某"的意义是由于这个句子中的"人"是不确定的具体某一个人，或者大家都知道、没必要指出的人，抑或是一种语用上的隐讳用法，是不方便具体指出的人。"有"的意义还是表存在，指的是存在这样的"人"。比如上面那句"你不喜欢我，有人喜欢我"，我们在说这句话的时候，会自然地把句重音放在"有"的上面，强调存在这样一个人。学习者不了解这种情况，直接把"有"当成"某"来使用，

于是造成了偏误。

（47）如果你是这爸爸的孩子，你具有怎么样的想法？
너는 어떤 생각을 가지고 있니？（韩语）
你 什么 想法 具备 有（直译）

汉语中也有"具有"这个词，因此学习者直接把句子的谓语动词翻译成"具有"（가지고 있니）了。"具有"和"有"是近义词，但二者意义和用法都有细微差别。《现代汉语词典》（第五版）解释"具有"的意思是"有（多用于抽象事物）"。"想法"是一个表示抽象概念的词，我们可以说"具有新奇的想法"，因此二者的搭配没有问题。但是，"具有"还有一个特点就是常常用于书面语中。这句话口语的特点比较明显，因此从语用的角度看，用"有"较"具有"合适。

3.2.2 目的语知识泛化的影响

"泛化"也称过度概括，是指学习者把所学的有限、不充分的目的语知识，不适当地类推、套用到目的语中新的语言现象上造成的偏误。

在现代汉语中，动词"有"的宾语一般应为名词，只有少数双音节动词可以做"有"的宾语，而且有诸多限制。朱德熙（1982）把"有"归为准谓宾动词，指出"有"能带名词宾语，也能带动词宾语，可是能带的动词宾语是有限制的，只能带名动词，即某些双音节动词或者偏正结构。比如，可以说"有影响、有准备、有周密计划、有深入调查"等，却不能说"有看、有写、有反对、有同意"等。

学习者频繁使用"有+动词"句式，部分原因是将"有"字句规则过度概括。

（26）最后他们<u>有</u>怀疑第三个和尚偷偷地喝大水桶里的水。

例（26）要表达的是"完成体"的肯定，"有"在一定程度上类似于"完成体标记"。虽然"有+动词"这一用法日趋常见，但并未完全进入汉语普通话的语法规则中，因此我们把这类句子仍归为偏误句，句中"有"应该去掉。

3.2.3 对目的语句法规则的掌握不足

根据"有"字句偏误率的统计，在肯定形式"有"字句中，不考虑"有"字结构做句子成分的情况，"有"字作谓语动词的遗漏偏误率可达89.64%，这说明学习者对于句子的构成规则掌握不足，容易遗漏句子的谓语部分。

（7）因为贵公司（　）很多国外旅游客。

谓语的作用是对主语进行叙述、描写或判断，是句法结构和语义解释的核心，它和前后的主语、状语、补语、宾语都可以发生语法、语义联系，没有谓语，句子就散了架，因此认准谓语或谓语中心语，以及它跟前后成分的结构关系和意义关系，十分重要。例（7）结构比较简单，遗漏了句子的谓语中心语。由此可见，学习者对于句子句法结构规则的掌握存在问题，这是导致"有"字句出现遗漏偏误的一个重要原因。

3.2.4 对汉语典型句式的掌握不足

汉语典型句式不少。初中级阶段的学习者常常混淆不同的句式。具体表现：

第一，"有"字句与"是"字句的混淆。"有"字句与"是"字句具有部分相同的语法意义，丁声树（1999）认为，"有"的基本语义是领有，领有关系是实实在在的，有就有，没有就没有，不会像"是"字句这样突出一个方面，同时淡化其他方面。如果只考虑存在的意义，"是"字句也可以说是一种"有"字句。"是"字包含"有"的意思，可是不仅仅是"有"的意思。

（30）每个阶段都是一些痛苦，但任何人都无法摆脱这一苦难。

例（30）将"有"误代为"是"。学习者对同时表示领有意义的两个动词"有"和"是"难以区分，导致偏误的产生。

第二，"是……的"句与"有"字句的混淆。

"是……的"句由语气副词"是"加上语气助词"的"构成，"是"与"的"都是语气词，具有强调、肯定、委婉缓和等语气。

（52）和性格不同的人做朋友也是很多好处的。

句中"是……的"是用来表示强调的，并非句中谓语动词，学习者误用作谓语动词而遗漏了真正的谓语动词"有"。

3.3 教材和教学的原因

3.3.1 教材编写中存在的问题

"有"字句教学在汉语国际教育中占有重要地位，是汉语学习者所学语法内容中最基本、最重要的句式之一。但是在一些教材中，"有"字句教学内容的编写存在一些问题。

第一，"有"字句语义内容编写方面的问题。

我们选取对外汉语精读教材《博雅汉语》和《新实用汉语课本》，整理归纳出关于"有"字句语义内容的编排情况：《博雅汉语》没有出现发生义、变化义和比较义的内容，《新实用汉语课本》中包括义、列举义、发生义、变化义和比较义都没有涉及。这种编写不利于学习者全面掌握"有"字句的语法意义,一方面有可能造成与表达相同或相近义句式的混淆,另一方面也会对学习者的学习和理解造成困扰,影响学习者运用"有"字句的正确率。

另外,否定形式的"有"字句仅在《新实用汉语课本》第三册中出现了一次,在《博雅汉语》中没有出现,可见教材对其不够重视,这样既不利于学习者全面掌握"有"字句,也会误导学习者对"有"字句的认识。

第二,"有"字句复杂结构编写方面的问题。

根据对《新实用汉语课本》的考察,课本中对常用形式"N(P)1/V(P)+介词+N(P)2+有+N(P)3"的使用情况仅为10例,而该类结构的偏误率达到总偏误率的18.9%。与偏误率相比,该类结构在教材中的出现频率较低,可见教材对该结构的内容编排不足,这也是导致学习者偏误产生的原因之一。

3.3.2 教学环节中存在的问题

教学活动中,教师基本上都是按照教材的内容进行讲解。教材内容本身存在不足,教师的讲解势必会受到影响。由此造成学习者对"有"字句知识了解不全面,使用时常常出现语法或结构上的偏误。从本文的偏误分析中也可以看出,有相当一部分偏误并不是出现在基本义和基本结构上,而是出现在否定形式和一些常用形式中。

四 教学策略与建议

通过对"有"字句偏误产生原因的探析,针对汉语作为第二语言教学的实际情况,我们提出了以下教学策略与建议。

4.1 改善课堂教学设计

4.1.1 "有"字句句式的语义模块教学

语义模块是语义学中的一个理论。根据语义模块理论,教师应使所授知识尽量模块化,把看似复杂的知识总结成规则或特点以便于学生接受和理解,并把这些规则和特点清晰化、明确化,使学习者的语言模块充实起来,有利于引导学习者根据语言模块进行"有"字句的学习。

由上文"有"字句偏误类型分析可知,学习者在简单结构的"有"字句使用上偏误最多，针对"有"字句的简单结构"N_1 + 有 + N_2"，我们可以将其分为三个模块，"N_1"是第一模块，是句子陈述的对象，代表已知信息，是主题；"有"是第二模块，是句子的谓语中心词；"N_2"是第三模块，对陈述对象的表述，代表新信息，是述题，也是全句的表达中心和焦点。

根据"N_2"对"N_1"的表述情况，张豫峰（1999）将"有"字句的简单结构分为四种类型。①叙述类，反映事物的运动和变化。"N_1"常由名词性词语充当，"N_2"多为动词性词语，例如：这篇文章有删改。②描写类，反映事物的性质或状态。"N_2"常为形容词性短语，例如：这孩子已经有我那么高了。③解释类，对主题加以解释或判断。"N_2"常为名词性或形容词性短语：后院有两棵枣树。④评议类，对主题做出主观评议。"有"前常附加副词或形容词等评议性词语，例如：小王果然有惊人的胆量。

教师可根据模块所指的不同，将"有"字句基本式不同语义类型的规则清晰地展现在学习者眼前，以助其更好地理解、掌握"有"字句。

4.1.2 "有"字句句型句式的整体练习

由对"有"字句偏误类型的分析可以看出，"有"字句出现偏误的句式结构不只局限于"有"字句的基本结构"N（P）1 + 有 + N（P）2"，很多偏误还出现在变式句上。我们应该从简单结构出发，逐渐引导出变式结构。对这些结构的习得，要注重整体性，过于细化句子结构内部成分会加重学习者的识记负担，影响学习效果。

另外，对一些常用形式，例如"对……有影响"、"对……有兴趣"等，也要注意教学的整体性，形成一种固定化的使用习惯。

4.2 合理安排教材内容

第二语言学习者在习得过程中会受到语言习得机制的制约，对于语言中某个语法项目的学习会遵从一定的习得顺序。语法点合理的教学顺序有助于学习者更好地掌握语法项目。

母语者使用"有"字句频率非常高，尤其是表示估量义、发生义、出现义、评价义和比较义的"有"字句，但是现行教学大纲将这些意义的"有"字句作为有难度的语法点进行处理，会使得学习者产生畏惧心理，诱发其回避行为，从而给语言习得带来消极影响。周小兵（2004）提出，对外汉语语法项目的选取必须考虑使用频率、交际需求、体现汉语总体特征、学习难度。语法项目的排序要遵循5个原则：由易到难；从交际出发；参照使用频率；相关语法组成序列；复杂语法点分阶段教学。

为了使学习者能全面掌握"有"字句的语法点，依据上述 5 个原则，我们建议将"有"字句的各个下位句式均匀地分布在各个教学阶段。

初级阶段，侧重存在义、领有义、领属义等基本意义的教学。采取单句教学，重点掌握语法结构形式，结合语境加强训练。

中级阶段，侧重估量义、评价义、发生义或出现义等语义的句式教学。随着汉语水平的提高，逐渐增多各类句式的运用，强调"有"字句与"是"字句、"是……的"句的异同，同时加强常见形式的训练。如："对……有影响"、"对……有兴趣"等。

高级阶段，侧重比较义的句式教学。正确掌握句式，反复训练，有意区分"有"字句与"比"字句、"像…一样"等比较句之间的异同。

4.3 提高教师自身素质

对外汉语教师有必要对学习者的母语及其所承载的文化有所了解。这样，教师在教学中才能够有意识地进行一些必要的语言对比，向学习者揭示母语与目的语之间的异同。让学习者产生一种理性的语言输入，从而在语言输出时能够尽量避免来自母语的干扰，把语言的负迁移降低或排除。

目前，很多教师仍然依照比较陈旧的观点进行教学，有些观点已经不能全面解释某些语法现象。作为对外汉语教师，要时刻关注语法学界的新成果，及时更新观念。只有这样，才能提高教学质量。对于新的教学理论，对外汉语教师应该及时学习和了解，并把这些理论细化的规则应用到教学中，以提高汉语作为第二语言的教学效率。

五　结语

本文基于"HSK 动态作文语料库（1.1 版）"对"有"字句进行了偏误类型的归纳与统计，探讨了偏误原因，给出了减少偏误、更好习得"有"字句的解决策略。主要结论如下：

"有"字句偏误表现为两大类型：肯定形式的"有"字句偏误和否定形式的"有"字句偏误。肯定形式的"有"字句偏误主要有遗漏偏误、误加偏误、误代偏误和其他偏误。在具体的分析过程中，又在每个大类之下区分小类，分别考察其偏误情况。之后，对总结出的偏误类型做定量分析统计，得出如下数据：遗漏偏误占总偏误数的 66.54%，比例最高，之后依次是误加偏误、误代偏误和其他偏误。否定形式"有"字句的偏误类型较为简单，主要表现为"没有"与"没、无、不、不是"等词的误代。

"有"字句偏误产生的原因可归结为三方面：一是"有"字句本身特点的制约；二是学习者的原因；三是教材教学的原因。

在偏误分析和对比分析的基础上，本文从课堂教学设计、教材内容安排和教师自身素质三方面提出了相应的解决策略。

本研究的不足之处是：一、注重静态研究，缺乏动态研究。二、注重偏误分析，没有关注"有"字句的正确使用情况，缺乏对"有"字句的全面表现分析。三、所提出的策略多属于理论探讨，具体效果有待进一步验证。

第二十章 "不"和"没(有)"否定结构习得研究[①]

一 引言

1.1 选题缘起与价值

1.1.1 "不"和"没(有)"否定结构在汉语学习中的重要地位

作为现代汉语中使用频率最高的两个否定副词,"不"和"没(有)"一向被认为是基础汉语教学的重点,在《汉语水平等级标准与语法等级大纲》(刘英林主编,1996)中被划分到甲级语法大纲词类里的否定副词一项。《初级汉语口语》中用"不"来否定的否定句有551句,用"没"来否定的否定句有148句,说明学习者在课文里接触的否定句数量不少,否定结构在汉语学习中占有重要地位。然而,目前的教学大纲和教材并未对否定结构有一个系统性的编排和解释,对否定词,尤其是"不"和"没(有)"之间的区别没有详细的解释,对于汉语与学习者母语中的否定结构的异同也很少加以说明。本研究将对这些问题进行分析,其结果对汉语教学大纲和教材中否定结构的选取和编排有一定的借鉴价值。

1.1.2 "不"和"没(有)"否定结构是教学(包括对韩汉语教学)中的难点

作为现代汉语中最常用的否定形式,"不"和"没(有)"分别具有不同的出现语境和搭配规则,即使二者出现在相同语境中,所表示的语义也存在细微差别,因此"不"和"没(有)"不仅是基础汉语教学的重点,也是教学上的难点,即使是高级汉语水平的学习者在使用否定表达时依然存在障碍。

[①] 本章依据北京语言大学2006级课程与教学论专业研究生高亚云的硕士学位论文《基于HSK动态作文语料库的韩国留学生"不"和"没(有)"否定结构习得研究》加工整理,编者:施家炜。

不同语言使用不同的句法形式来表达否定,韩语与汉语存在类型差异,韩语母语背景学习者在学习汉语否定结构时也显示出较大困难。如:

问:你去过北京吗?

答:＊不去过。／＊没去过了。　　（正确回答:没(有)去过。）

表经验的"过"不能和"不"一起使用,而韩国学习者认为在表肯定的"去过"前直接加上否定词"不"就能构成否定,这正是受了韩国语否定结构的影响。那么,汉语否定结构中哪些结构学习者较易习得?哪些结构较难习得?有哪些偏误类型?学习者经历了怎样的一个习得过程?是否遵循一定的习得顺序?影响这种习得顺序的因素又是什么?研究清楚这些问题,不仅有助于深化我们对于否定结构习得的过程和内部机制的认识,对汉语否定范畴的课堂教学、大纲研制和教材编写都有着积极的意义。

1.2　研究现状

否定句作为汉语句式的三基式之一,是重要的表达范畴,从《国文法之研究》(金兆梓,1922)这第一部涉及汉语否定句本体研究的著作到现在,汉语否定句的本体研究已经历了90多年的历史,从理论到方法都取得了丰硕成果,研究的内容涉及语法、语义、语用等多个层面,如肯定和否定的关系、否定范畴和否定焦点、否定的程度、否定范畴和其他范畴的关系、否定词"不"和"没(有)"的比较研究、汉外否定词对比研究等。

国外的否定句习得研究,在研究内容上呈现出多样性,包括否定位置的习得阶段(Alessandra Tomaselli & Bonnie D. Schwartz,1990;Gisela Hakansson & Sheila Dooley Collberg,1994)、个别否定词的习得过程(Karin Stromswold & Kai Zimmermann,2000;Kenneth F. Drozd,2002)、否定疑问句的习得(Kazuko Hiramatsu,2003)、否定与动词类别的相关(Sarah Rule & Emma Marsden,2006)、否定量化句的习得(Silvia P. Gennari & Maryellen C. MacDonald,2006)等;在理论基础上,以语言原则参数理论为基础的研究成为否定句习得研究的主流(Alessandra Tomaselli & Bonnie D. Schwartz,1990;Jürgen M. Meisel,1997);在研究方法上,定量研究与定性研究齐头并进,以理论为导向的实证性研究占主要地位,但也不忽视定性研究如个案研究的开展(Sarah Rule & Emma Marsden,2006;Giuliano Bernini,2000);在研究语料上,重视口语语料的收集,用以考察学习者语言的动态发展;在研究取向上,重视对比研究,如成人L2与儿童L1习得之间的对比,不同母语背景的学习者习得同一语言否定结构的对比(Jürgen M. Meisel,1997;Giuliano Bernini,2000)等。

作为语言的一个基本范畴，否定句的习得研究不仅开展得较早，也可能是国外早期中介语研究中开展得最好的一个语法现象（Jürgen M. Meisel, 1997）。而在汉语否定句的习得研究中，我们并未看到应有的关注，尽管在汉语否定结构的偏误类型（郑青霞，2007）、偏误成因（李英，2004；袁毓林，2005a、2005b）、发展过程（王建勤，1997、1999；李英，2004；郑青霞，2007）等方面均已开展一定的研究，但相对于国外研究而言，国内否定句习得研究还相当不足，主要表现在：①研究起步晚，成果有限，从现有文献来看，王建勤（1997）是国内第一项针对否定句习得的研究；②在习得发展过程研究中，研究内容较为单一，还未形成一定规模；③仍处于"先研究后理论"阶段，以理论为导向的研究几乎没有；④多为语料库和问卷调查研究，缺乏实验研究和个案研究；⑤研究收集到的多为书面语料，未发现利用口语语料进行研究的文献。习得研究为数甚少，现有的研究关注的是英语和越南语背景学习者否定结构的习得过程，尚未有研究考察韩语背景学习者"不"和"没（有）"否定结构的习得顺序。⑥习得研究为数甚少，现有的研究关注的是英语和越南语背景学习者否定结构的习得过程，尚未有研究考察韩语背景学习者"不"和"没（有）"否定结构的习得顺序。

1.3 研究问题

本研究以韩语背景学习者为研究对象，采用语料库研究范式，综合运用偏误分析、表现分析等方法，选取"HSK 动态作文语料库"中包含"不"和"没（有）"否定结构的8847条语料，对13类"不"否定结构和9类"没（有）"否定结构的习得情况进行定量描写和定性分析，研究问题有二：

（1）韩国学习者在汉语"不"和"没（有）"否定结构上出现的语言偏误有哪些？母语对韩国学习者否定结构的习得是否产生干扰？

（2）韩国学习者汉语"不"和"没（有）"否定结构的习得是否存在一定的顺序？如果有，是何种顺序？影响否定结构习得顺序的因素有哪些？

1.4 语料来源与分类

1.4.1 语料来源与鉴别

本研究采用北京语言大学研制的"HSK 动态作文语料库"（1.1 版）作为语料来源。经穷尽式检索，从中选取母语为韩语的学习者语料中含有"不"的句子7337句，含有"没（有）"的句子5409句，共12746条语料，697082字。

我们逐条对语料进行鉴别：①本研究只考察"不"和"没（有）"作为否定

副词的否定结构,故首先对不属此类的语料进行了剔除,如:含"不"和"没(有)"的固定结构、"不"作为语素与其他语素组合、含"不"或"没(有)"的成语等。②1 条语料只分析 1 项否定结构,因此,1 条语料中若有多个包含"不"或"没(有)"的句子,则按否定结构出现的次数分化成相应的几条语料。③对语料进行正误鉴别,正误判断的依据是:相关语法资料和对外汉语教学用语法参考书、笔者语感及语法知识、多位对外汉语专业研究生的语感及语法知识验证。

语料甄别后,共得到含有"不"否定结构的句子 7389 句,含有"没(有)"的句子 1458 句,共 8847 条语料作为本研究的分析语料。

1.4.2 语料分类框架与依据

我们从学习者语料中概括出 13 类与"不"相关的否定结构,用字母 B 表示,9 类与"没(有)"相关的否定结构,用字母 M 表示,如表 1 所示。需要说明的是,对语料进行分类时,主要依据语料库中的学习者实际语言表现,兼顾汉语教学和习得中的重点难点,而不完全按照传统语法框架。分类兼及语义层面和语法层面。

表 1　本研究考察的"不"和"没(有)"否定结构分类框架

编号	类　型	例　示①
B1	不 + V/VP	我从小不爱说话。
B2	不 + A/AP	虽然我的工作经验不多,……
B3	不 + 介词结构 + V/VP	从我 15 岁时起,我爸爸不跟我们一起住,而｜就｜②住在外国,一年来两三次。
B4	可能补语否定式	坐在｜着｜一个长椅上聊,总是觉得有说不完的话。
B5	V 得不 + A	如母亲农事很忙,我也带着狗一起去帮助她,可是我做得不好,母亲常常不让我干活儿。
B6	不 + 兼语句	公司不让我带妻子和孩子过来一起生活,……
B7	不 X 不 + V/VP/A	所以我绝对不能不听他的话。
B8	X 不 X	我们怎么知道你来不来这儿?

---

① 例示均为语料库中所提取的正确语料。
② ｜｜内的部分是原始语料,｜｜前的词或短语是修改后的正确形式。

续表

编号	类 型	例 示
B9	双重或多重否定	我在北京没吃过一顿不好吃的菜。
B10	强调否定	我的父亲连一顿饭也不吃,在她的跟前看护了十五天。
B11	"不"与动态助词"着、了、过"同现	时间不早了,今天就写到这儿,祝全家人幸福健康长寿!
B12	跟/和……不一样	她的理想跟一般人完全不一样。
B13	不 + Pron	如果不这样的话,其后果可想而知的。
M1	没(有)+ V/VP	今年父母节就是五月八日,我没有准备礼物。
M2	没(有)+ A/AP	这样两{二}年,他虽然还没有完全好,可是最近自己可以吃饭。
M3	没(有)+介词结构 + V/VP	但是,我这么笨的孩子,一直没有对你们的恩德表示真正的感谢,有时觉得父母为孩子这样做是理所当然的。
M4	没(有)+兼语句	妈妈、你记不记得当我小学六年级时,学校开家长会,老师让我们叫{喊}家长来,那时,我就没让你来。
M5	特定结构:V 了(O)没(有)、V 过没(有)、V 没(有)V、有没有 VP 等	我们一般人不知道这些蔬菜或水果放了农药没有。 我一直担心你们有没有过好日子。
M6	双重或多重否定	我已经在北京生活两年半,没什么不方便的。
M7	强调否定	到现在我一次也没有好好地感谢爸妈。
M8	"没(有)"与动态助词"着、了、过"同现	爸爸、妈妈:爸爸,妈妈,我是你们的女儿××。很久没给你们写信了。
M9	没(有)+ N/Pron + A/VP	在城市生活虽然方便,但却没有乡村好。

1.5 研究方法

本研究采用横向研究方法,即通过统计韩国学习者语料中"不"和"没"否定结构的正确率顺序,揭示其习得顺序。严格意义上讲,我们统计出的是一个正确率顺序,但它蕴含了习得顺序,我们可透过学习者对否定结构的准确掌握程度来判断其是否习得各结构,间接得出否定结构的习得顺序。因此下文分析说明时均用"习得顺序"。

此外,本研究采用的语料来自韩国学习者参加 HSK 高等考试的作文,受语料限制，得出的是高级阶段韩国学习者的习得情况。施家炜（1998）发现，学习者22类句式在不同学时等级上的正确使用频次有显著差异，但22类句式在6个等级上的排序却是高度一致的，说明学时等级不影响习得顺序的客观存在，因此，本研究在一定程度上也能反映韩国学习者否定结构习得的整体情况。

在计算习得顺序时，我们运用正确使用相对频率法。这主要是为了解决语料分布不均，且有些句式样本容量小，无法进行等量随机抽样的问题，从而使数据具有可比性。该算法可建立在如下假设上：在语料库出现的语料中，句式的正确使用频次或正确使用相对频率越高，就越容易习得，越早习得（施家炜，1998）。方法是：某句式的正确使用相对频率=该句式的正确使用频次/该句式出现的频次之和。

二 汉语否定结构的习得情况

2.1 韩国学习者汉语否定结构的偏误类型与分布

2.1.1 "不"和"没（有）"否定结构的偏误类型与分布概况

在"HSK动态作文语料库"中，共有韩语母语背景者的含有"不"否定结构的句子7 389句，含有"没（有）"否定结构的句子1 458句，共8 847句。其中含有"不"否定结构的偏误1 024句，偏误率为13.86%；含有"没（有）"否定结构的偏误438句，偏误率为30.04%。

我们将偏误类型分为以下7类，即：误代、误加、遗漏、错序、语法条件、句式杂糅和混合类。

误代：指从两个或几个在意义和用法上相关的形式中选取了不适合特定语言环境的一个造成的偏误。

误加：指由在句子中使用了多余的成分引起的偏误。

遗漏：指由于在词语或句子中遗漏了某个或多个成分导致的偏误。

错序：指由于句中的某个或多个成分放错了位置造成的偏误。

语法条件：指由于对词类或句式的语法条件不了解或不清楚，出现了词类或句式错误使用的偏误，包含三种情况：①不该使用某个句式时使用了；②该用某种句式时没有使用，而是用已经熟悉、通常也是形式较简单、认知较容易的或错误的句式代替；③使用某句式或词类时，出现偏误。

句式杂糅：指一个句子中同时用了两种相近或相关的句式的偏误。

混合：指一个句子中同时出现了误代、误加、遗漏、错序等多种偏误。

"不"和"没（有）"否定结构的偏误类型、偏误频次、所占比例等详见下表。

表2 "不"和"没（有）"否定结构偏误类型与分布一览表

序号	偏误类型	"不"否定结构		"没（有）"否定结构	
		偏误频次	比 例	偏误频次	比 例
1	误代	452	44.14%	158	36.1%
2	误加	231	22.56%	71	16.2%
3	遗漏	94	9.18%	96	21.9%
4	错序	96	9.38%	50	11.4%
5	语法条件	63	6.15%	14	3.2%
6	句式杂糅	16	1.56%	14	3.2%
7	混合	72	7.03%	35	8.0%
合计		1024	100%	438	100%

为对比"没（有）"和"不"否定结构各类偏误的分布情况，我们绘制了两类否定结构偏误类型的分布对比图：

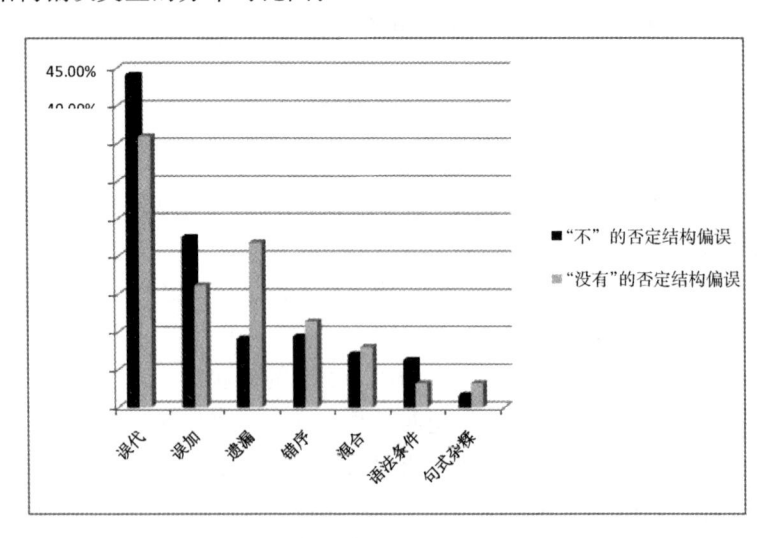

图1 "不"和"没（有）"否定结构偏误类型分布对比图

表2和图1的数据显示：（1）韩国学习者在习得否定结构时最易犯误代偏

误，误加和遗漏偏误次之，错序又次之，其他偏误类型数量都较少。（2）"不"和"没（有）"否定结构的偏误类型分布趋势大致相同，但"没（有）"否定结构误代、误加和语法条件三种偏误的比率低于"不"否定结构，而遗漏、错序、混合和句式杂糅的比例则高于"不"否定结构，尤其是遗漏偏误，是后者的两倍多。

2.1.2 "不"和"没（有）"否定结构的偏误类型分析

2.1.2.1 误代

A. 词语的误代（主要是否定词的误代）

（1）谁知道我的声调那么没准确啊！

"不 + A/AP"表对性质、状态的否定，带有主观色彩，而"没 + A/AP"则表对性质、状态发生的否定，带有客观色彩。例（1）要否定的是性质、状态本身，不是否定性质、状态的发生，故应用"不"否定。

（2）本人性格一向认真诚实，工作上从不犯过错误，而且本人比较平易近人，这点对于经常接待客人的旅游业来讲，是一种长处。

（3）虽然语言还不达到高的程度，但是在生活上没感觉到不方便。

吕叔湘指出："'不'用于主观意愿；'没有'用于客观的叙述"（吕叔湘，1980），这个观点得到了学界的一致认同（白荃，2000；聂仁发，2001；王立群，2006）。例（2）、（3）描述的都是客观现实，都应用"没（有）"来否定。

B. 语法形式的误代

（4）我连眼泪也不能流着。

　　→我连眼泪也流不出来。

（5）我的学校位于车道的岸边，所以天热的时候也打不开窗户。

　　→我的学校位于车道的旁边，所以天热的时候也不能打开窗户。

可能补语与能愿动词的误代是语法形式误代中出现率最高的。汉语可能补语表示主客观条件能否允许进行某种动作或实现某种结果和变化，能愿动词"能"和"可以"表示行为者有能力或有条件做某事，二者有相同之处，都可表示行为者的自身能力或条件允许与否，但二者也有区别，表示情理上允许或环境许可，或劝止某种动作行为发生时，只能用"不能 + 动"；而表示主客观条件不具备时，一般只用可能补语。

韩语对能力否定的表达方式与汉语存在差异是造成两种形式误用的另一原

因。跟汉语一样，韩语也有两个主要表示否定的副词"아니(안)"和"못"。"안"① 表示单纯否定和主观否定，"못"表示客观否定，包括能力否定、可能性否定、不及否定和禁止、委婉拒绝。因此在表示能力不足或客观条件不允许时常用"못"否定。表示能力否定时"못"可和汉语的"不会、不能"形成对应关系。此外，还有两种惯用语"ㄹ/을 수 줄 모르다"和"ㄹ/을 수 없다"，也可表达能力否定，如：

나는 말을 못탄다.　　　　我不会/不能骑马。
나는 말을 탈 줄 모른다.　　我不会骑马。
나는 말을 탈 수 없다.　　　我不能骑马。

在表示主语想实现谓语动词所表达的内容，但由于客观原因而未能实现时，"못"可与可能补语否定式对应，此时也能用"ㄹ/을수없다"来表达。如：

나는 택시를 타지 못하겠다.　我可能坐不上出租车了。

汉语的可能补语否定式和表示能力的能愿动词的否定式在韩语中合并成统一的表达法，即可用"못""ㄹ/을수없다"来表达能力否定和可能性否定。换言之，在韩语学习者意识中可能就没有"能力否定"和"可能性否定"的区别，他们将这两种否定归为一类。因此学习者在用汉语表达时就容易将母语的用法迁移到目的语中，使用同一种表达方式表达两种不同意义，而且常用能愿动词否定式代替可能补语否定式，而较少用后者代替前者。这是由于学习者对可能补语的表达不习惯，而且在教学中先出现能愿动词，后出现可能补语，他们自然地完全将能愿动词与韩语的"못"和"ㄹ/을수없다"划上等号，而在该用可能补语否定式时误用能愿动词否定。

2.1.2.2 误加

（6）但是我们不能不吃这些加工食品，因为"绿色食品"不很多。

这是一个形容词谓语句。形容词谓语句的肯定式中，形容词前要用一个意义弱化的"很"，如果不用"很"，则句子有比较的意味。但如果作谓语的形容词前受否定副词"不"修饰，就不再用"很"。教学中常常强调弱化的"很"的使用，而不太强调否定式应去掉"很"，因此学生误以为"很"总是跟着形容词，于是误加了程度副词"很"。这是由于对目的语使用规则没有完全掌握而过度泛化及教学因素产生的偏误。

（7）我一边吃饭一边看报子，我觉得这个行为非没有什么不对。

本句误加了否定词"非"，在该用双重否定的场合用了三重否定。这是由于

---

① 本文所用例句的韩语翻译均来自韩国语语法参考书，偏误语料均由母语为韩语、第二语言为汉语且汉语水平为高级的韩国人翻译，例句分析均依据韩国语语法参考书。

学习者对双重否定形式上为否定而实际上强调肯定的用法尚未习得。

2.1.2.3 遗漏

(8) 我觉得不喜欢听音乐的人世界上没有，只是不要听唱不太好的歌。

→我觉得世界上没有不喜欢听音乐的人，只有不听唱得不太好的歌的人。

→나는 세상에서 음악을 싫어하는 사람은 없다고 생각한다.단지부르기 좋지 않은 노래를 듣지 않을 뿐이다.

韩语中没有与状态补语否定式完全对应的形式。但在状态补语肯定式的表达中，韩语有表状态的词缀"게/게끔"和表状态形成的惯用型"지 않게 되다/지 않게하다"。但在实际语言运用中，汉语用状态补语表达的句子在韩语中可能不用上述两个表达方式，如例(8)。"唱得不太好"在该句中翻译成"부르기좋지않다"，其中"부르다"是动词"唱"的意思，"기"是一个使动词名词化的助词，"좋다"是"好"的意思，在句中可译为"好听"，"지 않다"表示否定。整个句子翻译下来就是"唱好听不"，但韩国学习者知道汉语否定形容词时应把否定词放在形容词前，因此将语序改为"唱不好听"，这样动词和补语之间就漏掉了助词"得"。这是由于韩语中没有与汉语完全对应的形式，学习者将母语的表达法稍加修改造成的偏误。

(9) 因为我在韩国学是学过，可是，<u>不专门学的</u>，所以接受上课时间的内容时，难以形容我的心情怎么样。

这是否定"是……的"结构的句子。汉语用"是……的"强调已发生或完成动作的时间、地点、方式、目的、施事和受事等，肯定句中，"是"常可省略，否定句中不能省略。

2.1.2.4 错序

(10) 但是如果，贵公司<u>一次都不给我机会</u>，那，我这一生怎么会有社会经验呢？

这是一个强调否定的句子，对韩国学习者来说，这个句式的意义非常清楚，但"……也/都不……""连……也/都不……"等固定格式内部各成分的位置比较复杂，因此无法正确地放置各种成分，这是学习者对目的语结构未完全习得造成的。

(11) 我从来给爸妈<u>没</u>有写过信。

本句是否定词与介词结构位置不当的偏误，结果是引起否定词"没（有）"否定范围和否定中心错误地转移。在该句中"没有"否定是"给爸妈写信"而不仅是"写信"。这是由于学习者母语中否定词的位置与汉语不一致造成的偏误。

2.1.2.5 句式杂糅

(12) 你们会<u>感到</u>每个都不一样的<u>感觉</u>。

"感到"一般不带体词性宾语，而是带谓词性宾语。例（12）中，学习者将"你们会感到每个都不一样"和"你们会有每个都不一样的感觉"两个句子杂糅在了一起。

（13）家里<u>有没有</u>受到影响<u>没有</u>呢？

本句将"家里有没有受到影响？"和"家里受到影响没有？"两个句式杂糅。

2.1.2.6 语法条件

（14）有时候，爷爷到孩子家来住几天的话，孩子不<u>听话爷爷</u>。

该句中"听话"是离合词，后面不能再带宾语，但中间可以插入其他成分。例（14）是学习者未完全习得离合词的一种表现。

（15）很久没有<u>学习了</u>英语，非常紧张，特别担心。

本句该用句末语气助词了$_2$但误用动态助词了$_1$。"时量短语＋没（有）＋V/VP＋了$_2$"表示的是"没（有）V"这个事件持续了一段时间，一直延续到现在。这种句式没有肯定式。而"没（有）＋V"表示动作没有完成，其相应的肯定式是"V＋了$_1$"。"了"是汉语特有的助词，也是学习者习得的难点，学习者因不清楚二者的语法条件而出现偏误。

2.1.2.7 混合

（16）妈妈，您生了我们五个孩子，到现在为止一直担心我们了，<u>一天也没有不牵挂我们了</u>。

这是一个表达双重否定的句子，有一个相对固定的格式"没有＋NP＋不＋VP"，学习者错误地用强调否定的"……也不……"替代了正确格式，同时误加了语气助词"了"，是一种混合偏误。

（17）其实，他跟<u>没有</u>说过日常生活的事情。

本句是错序和遗漏两种偏误的混合：遗漏了动作"说"的对象"我"，同时本应放在介词短语前的否定词"没有"不正确地放在了动词的前面。

2.2 韩国学习者汉语否定结构的习得顺序

2.2.1 "不"否定结构的习得顺序

我们对 7389 条含有"不"的语料进行归类，计算出各否定结构的正确使用频次、偏误频次、总频次和正确使用相对频率，并依据正确使用相对频率排序，得出"不"否定结构的习得顺序，结果如表 3 所示。我们假设，越容易的结构，正确使用相对频率越高，韩国学习者对该结构的习得就越早。表 3 数据显示，"不"否定结构各类的正确使用相对频率较高，都在 50% 以上，其中，"不＋

Pron"结构正确率最高,为100%,"'不'与动态助词'着、了、过'同现"的类型正确率最低,为55%。

表3 "不"否定结构习得顺序一览表

编号	"不"否定结构	正确使用频次	偏误频次	总频次	正确使用相对频率	习得顺序
B1	不 + V/VP	4132	452	4584	90.1%	4
B2	不 + A/AP	1405	176	1581	88.9%	5
B3	不 + 介词结构 + V/VP	35	21	56	62.5%	11
B4	可能补语否定式	276	84	360	76.7%	8
B5	V 得不 + A	12	8	20	60%	12
B6	不 + 兼语句	73	18	91	80.2%	7
B7	不 X 不 + V/VP/A	38	6	44	86.4%	6
B8	X 不 X	149	10	159	93.7%	2
B9	双重或多重否定	37	18	55	67.3%	10
B10	强调否定	69	23	92	75%	9
B11	"不"与动态助词"着、了、过"同现	71	58	129	55%	13
B12	跟/和……不一样	193	19	212	91%	3
B13	不 + Pron	6	0	6	100%	1

我们将上述13种"不"否定结构的正确使用相对频率转换为图2,发现这些否定结构可以正确使用相对频率60%和80%为界划分出三个习得区间,如表4所示。区间①结构正确使用相对频率非常高,表现为完成态的习得状态;区间②结构正确使用相对频率相对较高,表现为基本习得或接近习得状态;区间③相对频率比较低,但都在50%以上,处于半习得状态。正确使用相对频率处于同一区间的结构两两差异不大,说明这些结构处于同一习得等级,对韩国学习者来说难度相差不大;而处于不同区间的结构难易差距相对较大。正确使用相对频率越高,习得应越早,因而区间①~③是从先到后的三个习得阶段。

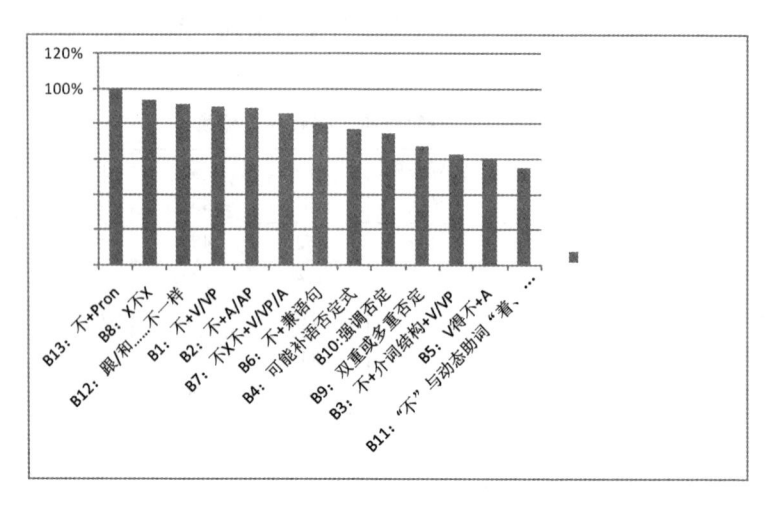

图 2 韩国学习者"不"否定结构的正确使用相对频率柱形图

表 4 "不"否定结构习得区间一览表

习得区间	"不"否定结构类型
① 80% 以上	B13、B8、B12、B1、B2、B7
② 60%－80%	B6、B4、B10、B9、B3
③ 60% 及以下	B 5、B11

2.2.2 "没（有）"否定结构的习得顺序

我们对 1458 条含有"没（有）"的语料进行归类，计算出各否定结构的正确使用频次、偏误频次、总频次和正确使用相对频率，并依据正确使用相对频率排序，得出"没（有）"否定结构的习得顺序，结果如表 5 所示。

数据显示，除了"没（有）＋兼语句"，各否定结构正确使用相对频率均较高，都在 50% 以上。其中，"没（有）＋A/AP"结构正确率最高，为 92.3%，"没（有）＋兼语句"最低，为 25%。

表 5 "没（有）"否定结构习得顺序一览表

编号	"没（有）"否定结构	正确使用频次	偏误频次	总频次	正确使用相对频率	习得顺序
M1	没（有）＋V/VP	607	161	768	79%	5
M2	没（有）＋A/AP	12	1	13	92.3%	1

编号	"没（有）"否定结构	正确使用频次	偏误频次	总频次	正确使用相对频率	习得顺序
M3	没（有）+介词结构+V/VP	55	36	91	60.4%	8
M4	没（有）+兼语句	1	3	4	25%	9
M5	特定结构：V过没（有），有没有VP等	34	11	45	75.6%	6
M6	双重或多重否定	40	10	50	80%	4
M7	强调否定	44	8	52	84.6%	2
M8	"没（有）"与动态助词"着、了、过"同现	196	122	318	81.6%	3
M9	没（有）+N/Pron+（Pron）+A/VP	31	14	45	68.9%	7

我们同样将上述9种"没（有）"否定结构的正确使用相对频率转换为图3，并将这些否定结构以正确使用相对频率60%和80%为界划分出三个习得区间，如表6所示。区间①结构正确使用相对频率非常高，表现为完成态的习得状态；区间②结构正确使用相对频率相对较高，表现为基本习得或接近习得状态；区间③相对频率很低，处于未被激活的初始态的习得状态。正确使用相对频率越高，习得应越早，因而区间①～③是从先到后的三个习得阶段。

表6 "没（有）"否定结构习得区间一览表

习得区间	"没（有）"否定结构类型
① 80%以上	M2、M7、M8、M6
② 60%–80%	M1、M5、M9、M3
③ 60%及以下	M4

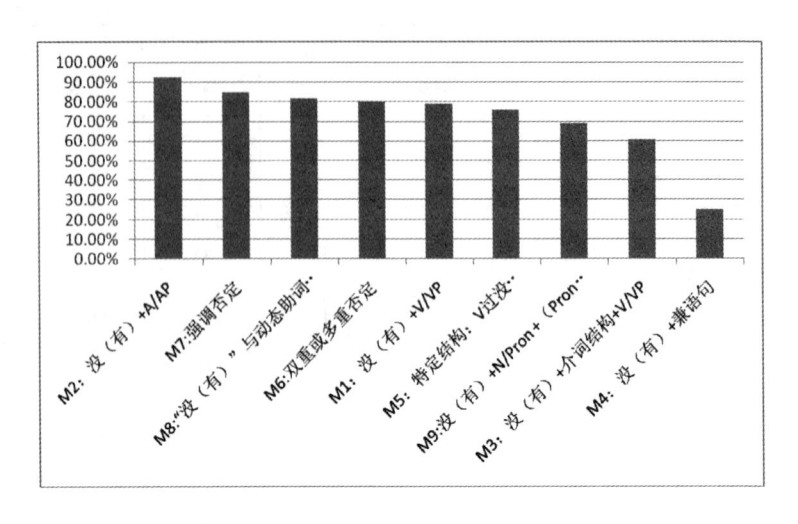

图 3　韩国学习者"没（有）"否定结构的正确使用相对频率柱形图

三　汉语否定结构习得的影响因素

3.1　母语的迁移

从前文分析可见，母语负迁移在韩国学习者习得汉语"不"和"没（有）"否定结构的偏误中占了很大的比重。汉韩句子结构上的语序差异使学习者易犯错序偏误；韩语特有的助词和词尾的变化使学习者用汉语表达时容易误加冗余成分；时制词尾的存在容易对汉语动态助词的习得产生干扰；韩语词语在汉语词语中的分化则容易引起误代偏误。

在一些汉语语言项目的习得研究中，母语负迁移常被认为是初级阶段的主要偏误来源，到了中高级阶段，目的语知识负迁移就会超越母语负迁移，成为主要的偏误来源。但本研究发现，即使在中高级阶段，汉语"不"和"没（有）"否定结构因母语负迁移产生的偏误所占的比重依然很大，这提醒我们母语迁移在第二语言习得过程中的影响不容低估。

从前文"不"和"没（有）"否定结构习得顺序考察的结果看，韩汉是否有相对应的结构以及结构间的相似度对韩国学习者否定结构的习得有很大影响。我们仅将"不"否定结构汉韩对应结构的有无及相似度总结如表7。

经对比，在13类"不"否定结构和9类"没"否定结构中，有7类结构汉韩两种语言有对应结构，这7类结构的习得相对较早；有12类两种语言间没有完全对应的形式，但有相似结构，或在韩语中只有一种表达形式而在汉语中却有两种，这样的结构对于学习者来说有一定的困难；有 3 类韩语中完全没有对应形式，学习者对这些结构形式的使用条件不够清晰，因此习得较晚。这一现象也印证了拉多于上世纪五十年代提出的对比分析假说，即两种语言结构特征相同之处产生正迁移，两种语言的差异导致负迁移，负迁移会造成第二语言习得的困难和学生的偏误。

表 7　"不"否定结构在韩语中的对应形式、相似度及主要差异一览表

习得顺序	"不"否定结构类型	韩语对应形式或相似形式	汉韩相似度及主要差异
1	B13：不 + Pron	안 그렇다	基本对应
2	B8：X 不 X		
3	B12：跟/和 …… 不一样	와(과) 같이 ~./와(과) 마찬가지로 ~.	不完全对应：韩语两种表达方式在汉语中合并为一种
4	B1：不 + V/VP	안 ~./못 ~./~지 않다./~지 못 ~	完全对应
5	B2：不 + A/AP	안 ~./못 ~./~지 않다./~지 못 ~.	完全对应
6	B7：不 X 不 + V/VP/A	~지 않을 수 없다.	完全对应
7	B6：不 + 兼语句	~게 하지 않다/도록 하지 않다.	不完全对应：语序不同，且韩语动词需要变形
8	B4：可能补语否定式	못 ~./~지 못~다./ㄹ(을) 수 없다./ㄹ(을) 수 줄 모르다.	不完全对应，韩语同一形式在汉语中分化成两种表达式
9	B10：强调否定	否定副词（그다지、도무지、전연、전혀、조금도、조처럼）~지 않다./否定副词+负向意义动词	不完全对应：汉语表达形式更多，韩语更单一，有的表达法存在语序不一致的情况
10	B9：双重或多重否定		不完全对应，且语序不同
11	B5：V 得不 + A	"게/게끔"和"~지 않게 되다/지 않게 하다"	不完全对应：汉语一种表达式在韩语中分化为两种，且语序不同
12	B3：不 + 介词结构 + V/VP	A가/이 B보다 ……지 않다（"比"字句否定）动词使动形+지 않다.（"把"字句否定式）	不完全对应，且语序不同
13	B11："不"与动态助词"着、了、过"同现		无对应形式：韩语有时制词尾

值得一提的是，从我们的研究结果看，"不"和"没（有）"否定结构的习得顺序与汉韩语言的差异度并不完全对应。如：B5 在汉语中只有一种表达式，而在韩语中分化为两种，应该比较容易习得，而 B4 韩语同一形式在汉语中分化成两种表达式，应该是最难习得的结构，可是在我们得出的习得顺序中，B5 反而习得较晚，而 B4 虽有一定难度，但并非最晚习得。这说明：学习者母语与目的语差异越大，并不意味着习得难度也一定越大，语言的差异与学习者可能遇到的困难之间的关系是一个复杂的问题，二者不是简单的正比关系。同时，我们也必须认识到，学习者所遇到的困难和所犯的偏误并不只是来自母语的干扰，而是还受其他因素的影响。

3.2 语言类型的差异

汉语和韩语分属两种不同的语言类型。韩语属于粘着语，主要依靠助词和词尾的变化来表现其语法关系，而汉语属于孤立语，主要靠语序和虚词来表现语法关系。因此二者在句子结构方面存在很大差异。表 7 显示，二者最大的差异莫过于语序和时体表达的不同，而这些差异在学习者学习与韩语不完全对应但相似的汉语结构时增大了其习得难度。

3.3 汉语否定结构复杂度和意义清晰度

汉语否定结构的复杂程度和意义清晰程度也会对"不"和"没（有）"否定结构的习得产生影响，否定结构越基本、越简单，否定意义或结构本身的意义越清晰，对学习者造成的障碍就越小，习得越早；而越是复杂，意义越是不明确的结构，就越需要学习者对结构的使用规则有足够深的认识，否则学习者就容易顾此失彼，在某个成分或多个成分上出现偏误，影响整个结构的习得。

否定作为一种语言范畴，会对各种句式和成分的习得产生影响。学习者在表达肯定意义时能够正确使用某种结构，但在否定式中由于加入了否定成分，就可能使该结构的习得难度升级。

3.4 教学的影响

我们将"不"和"没（有）"否定结构的习得等级与《汉语水平等级标准与语法等级大纲》（刘英林主编，1996）中所体现的这 22 类结构的教学等级进行了对比，除 B3、B7、M1、M3、M4、M6、M7 外，其他 15 类与教学用语法等级一致。B1、B2、B6、B8、B12、B13、M2、M8 均为较容易、较早教学、也较早为学习者习得的结构；B4、B10、B9、M5、M9 相对难一些，教学较晚，也较后为学习者习得；B5、B11 是最难、也是最后习得的结构。可见教学（可视为语言输入）因素对汉语否定结构的习得也有很大影响。

语言教学的引导、解说和操练，对语言结构的处理和教法，在一定程度上影响第二语言习得的进程，在调节语言输入时间、数量和频率，从而参与参数重设过程中起到了不可忽视的作用，适度的教学引导和解说可在一定程度上促使学习者对所要教授的语言结构做好准备，同时还可对受学习者交际需要制约的、语言结构在学习者第二语言系统中的使用频率与广度进行微调（施家炜，1998）。当然，若在教材和教学方面不能正确讲解汉语结构，也会影响语言结构的习得，学习者的一些偏误往往正是由于教学不当造成的。

四 结语

4.1 主要结论

本研究以韩语背景学习者为研究对象，采用横向研究范式，选取"HSK 动态作文语料库"中包含"不"和"没（有）"否定结构的 8847 条语料，对 13 类"不"否定结构和 9 类"没（有）"否定结构的习得情况进行定量描写和定性分析，对偏误进行归类和描写，采用正确使用相对频率法揭示否定结构的习得顺序，并在此基础上，探讨影响否定结构习得的因素，主要得出以下结论：

（1）韩国学习者在汉语"不"和"没（有）"否定结构上出现的语言偏误有 7 种类型：误代、误加、遗漏、错序、语法条件、句式杂糅和混合，其中误代偏误最多，误加和遗漏偏误次之，"不"和"没（有）"否定结构的偏误分布趋势大致相同，母语对韩国学习者否定结构的习得产生了较大的干扰。

（2）韩国学习者汉语"不"和"没（有）"否定结构的习得表现出一定的顺序。"不"否定结构的习得顺序为：B13→B8→B12→B1→B2→B7→B6→B4→B10→B9→B3→B5→B11。"没（有）"否定结构的习得顺序为：M2→M7→M8→M6→M1→M5→M9→M3→M4。

（3）影响韩国学习者"不"和"没（有）"否定结构习得的因素有：母语的迁移、语言类型的差异、汉语否定结构复杂度和意义清晰度、教学的影响。

4.2 对对韩汉语否定结构教学与教材编写的建议

（1）教学中利用汉韩对比，努力发现对应规律，避免因语言差异造成的偏误。

即使在中高级阶段，汉语"不"和"没（有）"否定结构因母语负迁移产生的偏误所占的比重依然很大，说明学习者对自己的母语和汉语之间的差异认识还不够深刻。汉韩分属两种不同语言类型，采取不同的语法手段表达否定，我们应加强汉韩对比，总结汉韩语言的异同，进而体现在教材和教学中，使韩国学习者在汉语学习过程中更有针对性地学习。在有条件的情况下（如教学对象都是韩国学习者），教学过程中可以强调汉语否定词和否定句不同于韩语的语法特点，如语序、表达时体的方法、否定词的位置等，帮助学习者克服母语的影响。在教授某结构时除了肯定式，还要进行相应否定式表达的训练，通过不断地练习熟练掌握否定表达法。

（2）编写汉语教材可针对汉韩否定结构的差异进行专项说明。

目前已有很多教材按学习者母语背景分成不同的版本，但仅仅只是将一些指示语和语法解释翻译成不同语言，内容上没有差异，还无法做到在解释部分针对学习者母语和汉语的对比，编写不同的针对不同语言背景汉语学习者的教材。从现在比较通用的教材来看，"不"和"没（有）"这一语法项目并没有得到相应的重视。"不"和"没（有）"在初级阶段教材中就已经出现，先引入带"不"的句子，然后再引入带否定副词"没（有）"的句子。然而没有任何一部教材对"不"和"没（有）"否定结构及"不"和"没（有）"的区别作系统而全面的语法解释，也没有比较明确的练习，更没有针对特定语言背景的学习者编写的基于汉外对比的语法解释与配套练习。我们认为，在教材编写时，应重视汉语否定表达法，使之与汉语肯定表达法和疑问表达法共同构成汉语表达系统，促进学习者的汉语第二语言习得。

4.3 研究局限与后续研究建议

（1）受研究语料的限制，我们只从语法层面考察了"不"和"没（有）"否定结构的习得情况，而未考察语篇中的习得情况，也没有过多涉及意义层面的考察。

（2）由于我们选取了作文语料库中的语料作为研究材料，因此只能考察书面语中"不"和"没（有）"否定结构的习得情况，后续还应收集口语语料，从而形成对汉语否定结构习得的完整认识。

（3）本章1.5部分指出，由于本研究所使用的语料库收集的是高级阶段学习者的作文语料，因此我们得出的是高级阶段韩国学习者"不"和"没（有）"否定结构的习得情况。尽管有研究证明学时等级不影响习得顺序的客观存在（施家炜1998），但在汉语否定范畴的习得中，初中级水平韩国学习者的习得顺序是否与高级水平学习者一致，还有待实证研究加以检验。

（4）本文采用的是横向规模研究的方法，尚需进一步开展纵向研究加以检验，尤其是习得顺序作为一种动态发展规律，更有赖于纵向研究方法的印证。

第二十一章 正反问句习得研究[①]

一 引言

1.1 选题缘起与价值

现代汉语的正反问句，也叫"反复问句"，指的是用"X 不 X"或者"X 没（有）X"正反并列结构表疑问的一种疑问句类型。其中，X 代表动词（包括助动词）、形容词以及由它们构成的谓词性短语。例如：

X 为动词：你喜欢不喜欢？

X 为形容词： 他伤得重不重？

X 为短语：你去上海不去上海？

正反问句是汉语疑问句系统中非常有特色的一类句式，有个案研究显示，在以汉语为第二语言的习得研究中，正反问句是疑问句系统中最后被留学生习得的句式（丁雪欢，2007）。在教学中，我们发现即使对于汉语水平达到高级的留学生，该类句式的习得也表现出一定的难度，突出表现在时常出现的一些偏误上，如："是不是你老了没有力气，还是我不对？""到了第三学期我开始犹豫是不是我个医生的料？""人和动物是不是一样的吗？"等。在正反问句习得过程中，第二语言学习者产生的偏误有哪些类型？为何会产生这些偏误？哪些结构的正反问句习得最困难？对外汉语教材编写中应如何处理？课堂教学中应如何应对？这些问题均值得研究。

正反问句是汉语、泰语、越南语等汉藏语系语言及韩语中所特有的问句类型，其跨语言分布的普遍性不及主谓倒装和句尾添加疑问助词的问句（陈妹金，1993）。了解汉语第二语言学习者，尤其是不同母语背景的学习者习得该句式的

[①] 本章依据北京语言大学 2007 级课程与教学论专业研究生李莉的硕士学位论文《基于"HSK 动态作文语料库"的留学生汉语正反问句习得研究》加工整理，编者：施家炜。

表现，对于丰富第二语言习得理论有一定的理论价值。同时，揭示正反问句习得的表现和制约因素，可依此把握其习得难点，进而为其教学重点、内部项目教学顺序的确定以及教学大纲的制定提供参考依据，具有重要的实践价值。

1.2 研究现状

正反问句是汉语疑问句系统中非常有特色的一类句式，其句法结构多样，表义功能丰富，前人关于该类句式的本体研究已经取得了丰硕的成果，研究角度涉及到其历史演变、类型学价值、疑问程度、在疑问句系统中的地位、与其他疑问句的相互关系等诸多问题。

针对第二语言学习者正反问句的习得研究相对薄弱，主要散见于对其他语法项目（尤其是疑问句系统）的探讨（施家炜，1998；蔡建丰，2003；宋芳，2006；丁雪欢，2007），直到近几年才出现了一些专门的文章（Chun – yin Doris Chen & Li – chen Portia Hong，1998）。这些研究主要涉及偏误类型、习得过程、习得顺序、选用偏向等；在研究方法上越来越多地开始采用定量统计的方法；从解释的角度看，更多地从认知的角度来解释习得过程。然而前人的研究还存在以下问题：（1）从研究对象看，母语背景单一，该领域研究的被试集中在母语背景为英语的学习者，而其他母语背景的学习者没有得到足够的重视；学习者的语言水平多局限在初中级，而对于汉语水平更高的学习者正反问句的习得研究可更深入地揭示高级水平学习者的偏误特点、习得难点及偏误化石化等规律性特征。（2）从研究焦点看，多集中在正反问句的共性上，对其下位句式之间差别的关注度不够，也缺乏对于正反问句语义和语用习得的关注；同时，现有研究对疑问句教学原则与方法的探讨亦显不够。

1.3 研究目标

本章以大规模真实自然的中介语语料及全面的背景信息为基础，采用横向研究范式，对学习者语料中正反问句的习得情况进行定量和定性分析。主要的研究目标是：

（1）考察正反问句习得过程中出现的偏误类型与分布。

（2）运用正确使用相对频率法和蕴涵量表法，揭示学习者正反问句各下位句式的习得顺序。

（3）考察正反问句各下位句式的分布、句法特征和复杂度，分析不同母语背景的学习者对问句的选择是否存在偏向，并探求其背后的影响因素。

（4）在分析正反问句的习得规律及其影响因素的基础上，提供教学建议。

1.4 语料来源与分类

语料库是自然语言处理和研究的重要工具，是学习者自然生成的语料，可信度较高。本章的第二语言学习者语料来自于北京语言大学研发的"HSK 动态作文语料库"1.1 版。需要说明的是，在对语料进行分类时，我们主要依据语料库中的学习者实际语言表现，而不完全按照传统语法框架。

分类兼顾语法、语义和语用层面。

我们根据形式标记，将语料库中检索出的所有正反问句分为三大类 13 小类，其中"不"类正反问句 7 小类，"没（有）"类正反问句 3 小类，"否"类正反问句 3 小类。具体类型与例示如下表所示：

表 1　汉语正反问句类型

大类	编号	小类	说明	例示①
"不"类正反问句	B1	Adj 不 adj		日本冷不冷呢？ 爸爸的生意好不好？
	B2	V 不 V		你明白不明白？ 你们知不知道我的希望？
	B3	助不助 + VP	基本的助动词包括"能、可以、应该、要、会、想、愿意"等	我们能不能解决"代沟"问题呢？ 他会不会参加？
	B4	是不是 + VP	"是不是"后接动词短语，作为一般疑问的标记出现	试问，当那感觉不复存在时，是不是也意味着这种结交方式应告一段落呢？ 我们是不是体会了佛教的宽容性？
	B5	一般"是不是"问句	"是"作为判断动词正反重叠	你是不是美国人？ 吸烟是不是一个好习惯？
	B6	附加问：……，是不是/对不对/好不好？		但我自己愿意来这儿，所以应该拼命地学习，是不是？ 到现在两个姐姐都结了婚，所以事实上我是我家的大姐，对不对？
	B7	正反问形式的反问句		你说这问题严重不严重？ 你开车的时候，后面汽车的人一个劲儿地按喇叭，你觉得烦不烦？

---

① 例示均为语料库中所提取的正确语料。

续表

大类	编号	小类	说明	例示
"没(有)"类正反问句	M1	一般"有没有"问句	实义动词"有"的正反重叠	家里<u>有没有</u>特别的事？ 人生有生的权利，那么<u>有没有</u>"死"的权利呢？
	M2	有没有+VP	助动词"有没有"+动词短语	你<u>有没有</u>为将来打算？ 你<u>有没有</u>亲眼｛亲自｝①看过安乐死的场面？
	M3	VP没（有）？		妈现在感冒好了<u>没有</u>？ 妈妈上次做的骨密度检查结果出来了<u>没有</u>？
"否"类正反问句	F1	是否①："是否（是）"+非VP		家庭环境<u>是否</u>重要？ 从道德上来说，安乐死<u>是否</u>正确？
	F2	是否②："是否（是）"+VP		我<u>是否</u>该同情他呢？ 你看他们<u>是否</u>该获得高收入？
	F3	能否+VP		对自己的祖国｛母国｝<u>能否</u>做这种事情？ <u>能否</u>替我解除这种困境呢？

二 汉语正反问句的习得情况

2.1 正反问句的偏误类型与分布

我们从语料库中共收集到491例正反问句，经鉴别，偏误96例，偏误率为19.6%。

我们对语料正确与否的判断依据是：本体研究的相关成果与对外汉语教学语法参考书；笔者本人语感；一位北京籍对外汉语专业研究生的语感验证。

在处理语料的过程中，凡属字层面上的问题，如错字、别字、繁体字、拼音字以及标点符号，因其不影响偏误分析，故举例时均按正确形式处理，以便阅

---

① ｛｝中表示原始语料中的错误。｛｝前面的表示修改过后的成分。下同。

读，其他方面均保持偏误语料原貌。

我们不仅考察结构上的偏误，对符合句法规则，但在具体语境中不符合语义语用要求的用例，也视为偏误。

语料所反应出的汉语学习者正反问句偏误类型共分为句内结构偏误、语义偏误、语用偏误三大类。其中，句内结构偏误包括误加、杂糅、残缺、错序等；语义偏误分为正反结构中 X 语义不当、句内语义矛盾；语用偏误则主要是正反问功能泛化和问句预设谬误。

2.1.1 句内结构偏误

2.1.1.1 误加

A. 误加疑问语气词"吗"

该类偏误共有 23 句，例如：

（1）有没有什么进展吗？

（2）两代人之间是否一定有"代沟"问题吗？

例（1）和（2）本是正反问句，却在句末误加"吗"，表现出与是非问句的混淆。这在三大类正反问句中是最普遍的偏误类型。

B. 误加疑问语气词"吧"

该类偏误共有 4 句，例如：

（3）众所周知过量使用的农药一定会身体恶影响，那么适用量的农药使用的话，会不会生产量大大提高而对身体的影响也减少了吧？

（4）是不是为我这样说的吧？

上述句子中，表示猜度的疑问语气词"吧"被误加在正反问句之后，造成了疑问标记复用的偏误。

2.1.1.2 杂糅

A. 与选择问句杂糅

该类偏误共有 3 句，例如：

（5）我很想知道他们最初相识的方式是怎么样的，是不是亲戚朋友介绍的，还是自己相爱的？

（6）人的生死是不是该由当事人来决定，还是由"社会道德"宗教来决定？

两句分别提供了两种选择，应使用选择问句，却杂糅了正反问句的疑问形式。其正确形式为：

（5'）我很想知道他们最初相识的方式是怎么样的，是不是亲戚朋友介绍的？

（6'）人的生死是不是该由当事人来决定？

B. 与其他形式的正反问句式杂糅

正反问句有两种构成形式，即："有没有＋VP"和"X＋没有/与否"，如将两种形式用于同一个句子中，就会造成正反问句下位句式之间的杂糅。该类偏误共有2句，即：

（7）家里有没有受到影响没有呢？

（8）所以我特别反对允许已经没有爱情基础的夫妻离婚，不知您是否同意与否？

其正确形式均有两种：

（7'）家里有没有受到影响呢？

（7'）家里受到影响没有呢？

（8'）……不知您是否同意？

（8'）……不知您同意与否？

2.1.1.3 残缺

A. 述语残缺

该类偏误有10句，例如：

（9）如果这样的话，女学生的学习有没有（　）很大的影响？

（10）要帮安乐死的人会不会（　）杀人犯呢？

例（9）在括号处遗漏了述语"受到"；例（10）漏掉了述语"成为"。

B. "是……的"句（一）中的"的"残缺

该类偏误有5句，例如：

（11）是不是我们这些人让老师离开他们的学生（　）呢？

（12）后来你的室友来了是不是觉得自己所做的事情是为她做（　）？

两句均为"是……的"句（一）的正反问句，强调已发生的事件中的施事或受事。应在括号处加"的"，以构成完整的"是……的"句（一）。

C. 其他残缺

指句中必有的介词或能愿动词等残缺。该类偏误有9句，例如：

（13）这精神是否（　）中国传统的"个人主义"有关？

（14）父母面对孩子的时候要考虑自己是否（　）给孩子好的影响？

例（13）缺介词"和"，例（14）遗漏能愿动词"能"。

2.1.1.4 疑问语气词误用

该类偏误有5句，例如：

（15）那么到底有没有妻子的安乐死权利哪？

该句用疑问词"哪"误代了"呢"。

2.1.1.5 错序

指构成正反疑问句的词语的正反形式位置错误。该类偏误有11句，例如：

（16）你们收到了<u>没有</u>我寄给您们的小礼品？

（17）到了第三学期我开始犹豫<u>是不是</u>我个医生的料？

例（16）将有宾语的正反问"V 过/了 O 没有"句式误用为"V 过/了没有 O"，错误地将"没有"置于宾语之前。例（17）属于一般"是不是"正反问句的偏误，将"是不是"误置于主语"我"之前。

2.1.1.6 正反结构本身偏误

该类偏误有2句。

（18）那么<u>没有没</u>死的权利呢？

（19）家里<u>有没有没</u>特别的事？

例（18）误将"有没有"误用为"没有没"，例（19）在"有没有"后误加"没"。

2.1.2 语义偏误

2.1.2.1 句内语义矛盾

指句中的正反疑问形式和某些副词、能愿动词在语义上存在冲突。该类偏误有4句，例如：

（20）亲爱的父亲母亲：现在咱们家已经<u>有没有</u>开樱花？

（21）流行歌曲是存在着不少问题，但蔑视者应该<u>能不能</u>用宽容一点儿的眼光来体会它，而痴迷者清醒一点来改善它的缺点？

例（20）中，"有没有 VP"用于询问行为是否完成或实现，与表已然的时间副词"已经"语义矛盾。例（21）中，"能不能"表祈使义，"应该"表陈述肯定义，二者语义矛盾。

2.1.2.2 正反结构中 X 语义不当

该类偏误有10句。

（22）但他们<u>可否</u>想过，那不过只有七岁大的女儿心里又有何感受呢？

（23）那，挫折是<u>能不能</u>避免的？

例（22）中，"可否"意为"可不可以"，表示有无做某事的意愿，与此处的"V 过"在动态上不相适应，因而错误；应将"可否"改为"是否"。例（23）为"是……的"句，其句式义为肯定、强调，将其中间的成分改为正反疑问形式，则二者表示的句式义存在矛盾，无法成立。"是……的"句的正反问形式应由"是"构成，即将"是……的"句本身变为正反问句，如此即无句式义的冲突；如不用"是……的"句，则可以用"能"的肯定与否定并列的形式构成正反问句。

2.1.3 语用偏误

2.1.3.1 正反问功能泛化

指以正反疑问句的形式表达反问的意图。该类偏误有6句，例如：

(24) 我在本国时，所谓公共场所已经都不可以吸烟了。所以我看到他们公共场所吸烟的时候，我敢说"这里可不可以吸烟吗？"

(25) 如果每个人都不想自己动手，人和动物是不是一样的吗？

以上两句貌似上文的"误加疑问语气词'吗'"但结合语境来看，则应是质问性质的反问句，而并非简单的疑问语气词误加或误用的偏误，因此应为："怎么可以在这里吸烟呢？""人和动物不是一样了吗？"若改为"这里可不可以吸烟呢？""人和动物是不是一样的呢？"，尽管句法结构是正确的，但语用上不能表达质疑、责问的含义，因此两句均属于正反问功能泛化。

2.1.3.2 正反问句预设谬误

指问句预设了不恰当的话语内容。此类偏误共有2句，例如：

(26) 你有情人了没有？

黄骏（1997）总结出问句预设谬误的情况，如假定不当、问域不明、预设不合特定的交际环境或交际对象等。例（26）"VP 没有"形式是询问按理应该发生的事件是否发生了，反映了问话人的主观态度。如这是一封写给特定对象的信，也许是合适的，但该句出现在题为《最理想的结交方式》的议论文中，作为议论文的头一句，用来引出之后的看法和感想，是不恰当的。此处使用疑问程度更高的是非问或"有没有＋NP"句更合适。

2.1.4 小结

以上我们从结构、语义和语用角度对正反问句的偏误进行分类，其偏误类型与分布可归纳如表2。数据显示，正反问句偏误最多的是结构偏误，共有6类，其内部偏误率最高的依次是误加、残缺和错序。同时，相对于初中级水平学习者的语言表现，语义和语用方面的偏误也随着学习者语言水平的提高、语义语用的全面发展而突显出来。语料中，语义偏误有2类，以正反结构中 X 语义不当为多；语用偏误也有2类，主要体现为正反问功能泛化。

表 2　正反问句的偏误类型与分布一览表

句内结构偏误									语义偏误		语用偏误	
误加		杂糅		正反结构本身偏误	错序	残缺			疑问语气词误用	句内语义矛盾	正反结构中X语义不当	问句预设谬误	正反问功能泛化
误加"吗"	误加"吧"	与选择问句杂糅	与其他句式杂糅			述语残缺	其他残缺	与"是…的"句有关的残缺					
23	4	3	2	2	11	10	9	5	5	4	10	2	6
27		5		2	11	24			5			
74, 77.08%									14, 14.58%		8, 8.33%	

2.2 正反问句各下位句式的习得顺序

2.2.1 用正确使用相对频率法计算习得顺序

正确使用相对频率法可解决语料分布不均,且有些句式样本容量小,无法进行等量随机抽样的问题,从而使数据具有可比性。该算法建立在如下假设上:在语料库出现的语料中,句式的正确使用频次或正确使用相对频率越高,就越容易习得,越早习得(施家炜,1998)。正确使用相对频率的计算方法是:正确使用频次/出现频次。正反问句各下位句式的正确使用相对频率和依此排出的习得顺序如下表所示。

表 3　正反问句各下位句式的正确使用相对频率与依此排出的习得顺序

类型(出现频次、偏误频次、总正确率)	编号	偏误频次	出现频次	正确使用相对频率	习得顺序(类型内部)	习得顺序(总体)
"不"类正反问句(共291句,偏误55句,总正确率81%)	B1	0	25	100%	1	1.5
	B2	2	30	93%	2	3
	B3	8	66	88%	4	5
	B4	23	64	64%	6	11
	B5	10	40	75%	5	10
	B6	6	55	89%	3	4
	B7	6	11	45%	7	13

续表

类型（出现频次、偏误频次、总正确率）	编号	偏误频次	出现频次	正确使用相对频率	习得顺序（类型内部）	习得顺序（总体）
"没（有）"类正反问句（共86句，偏误23句，总正确率73%）	M1	9	23	61%	3	12
	M2	9	42	78%	1	8
	M3	5	21	76%	2	9
"否"类正反问句（共114句，偏误18句，总正确率84%）	F1	8	39	79%	3	7
	F2	10	67	85%	2	6
	F3	0	8	100%	1	1.5

总体来看，"没有"类的习得要晚于"不"类的习得，而"否"类在中高级阶段教学尽管出现时间晚，但偏误率并不高，说明其难度并不大。在所有句式中，"adj 不 adj"结构正确率最高，而正反问句反问句正确率最低，为45%，远低于总体正确率79%，且使用频次也很少，体现出其高难度。

2.2.2 用蕴含量表法计算习得顺序

蕴含量表又称伽特曼量表，是一种在一系列二分变量中发现等级的研究方法，在应用语言学研究中应用广泛。在第二语言习得研究中，学者们常用它来证明语音、词汇和语法特征的逐渐习得，以便为语言教学提供依据。

我们对学习者汉语水平的分类依据是：依据HSK成绩分成ABCD四个水平，其中ABC是取得高级证书的水平，反映的是高等水平学习者之间的差异：A为优秀水平，C为达标水平，B居于二者之间；D级在语料中的水平标为"无"，即未取得高级证书，未达高等水平。

首先计算出正反问句13个小类在A、B、C、D四个水平等级上的正确使用相对频率，然后以0.80为标准分界，将其转换为二分变量（0, 1）。正确率≥0.80，则默认值为1，认为该句式在该水平上已习得；反之则默认值为0。结果如下：

表4 汉语正反问句各下位句式习得的蕴含量表

难 ←――――――――――――――――――――――→ 易

句式\水平	M1	B4	B7	B5	F1	B2	F2	F3	M3	M2	B3	B6	B1
A	0	1	0	1	1	0	1	1	1	1	1	0	1

续表

句式\水平	M1	B4	B7	B5	F1	B2	F2	F3	M3	M2	B3	B6	B1
B	0	0	1	1	1	0	1	1	1	1	1	1	1
C	0	0	0	0	0	1	1	1	1	1	1	1	1
D	0	0	0	0	0	1	0	1	0	0	0	1	1
正确总计	0	1	1	2	2	2	3	3	3	3	3	3	4

经计算，蕴含量表再生系数 Crep 为 0.846，说明我们有近 85% 的把握可依据学习者在该矩阵中所处的等级位置准确地预测出其语言表现；量表的可分级系数 Cscal 为 0.636，大于有效临界值 0.60，因此本矩阵中的数据是线性的、可分级的，确实蕴含有真正的等级（难易等级与水平等级）。在各个等级上能正确使用得越多的项目习得越容易，由此我们大致可得出由前到后的 5 个习得等级：B1→B6、B3、M2、M3、F3、F2→B2、F1、B5→B7、B4→M1。

2.2.3 汉语正反问句的第二语言习得顺序

将依据蕴含量表和正确使用相对频率计算出的两列习得顺序（见表5）进行 Spearman 等级相关分析，结果显示，相关系数 r = 0.742（P = .004），表明两列排序之间存在极其显著的正相关，是高度一致的。因此，我们依据两列排序的等级和排定了最终的正反问句习得顺序（见表5）。其中，B1、B6、B3 属于较容易习得的句式，而 B4、B5、B7、M1、F1 习得难度较大。

表5 依据两种方法排出的正反问句各下位句式的习得顺序

编号	习得顺序1 （正确使用相对频率法）	习得顺序2 （蕴含量表法）	等级和	最终 习得顺序
B1	1.5	1	2.5	1
B2	3	9	12	6
B3	5	4.5	9.5	4
B4	11	11.5	22.5	11
B5	10	9	19	10
B6	4	4.5	8.5	3
B7	13	11.5	24.5	12
M1	12	13	25	13
M2	8	4.5	12.5	7

续表

编号	习得顺序1（正确使用相对频率法）	习得顺序2（蕴含量表法）	等级和	最终习得顺序
M3	9	4.5	13.5	8
F1	7	9	16	9
F2	6	4.5	10.5	5
F3	1.5	4.5	6	2

2.3 学习者语料中正反问句的分布情况

2.3.1 学习者语料中常见的正反问句类型

学习者语料中正反问句各下位句式的总体分布情况如下表所示。

表6 正反问句各下位句式的总体分布

句式类型	句式B							句式M			句式F		
	B1	B2	B3	B4	B5	B6	B7	M1	M2	M3	F1	F2	F3
	Adj不adj	V不V	助不助+VP	是不是+VP	一般"是不是"	附加问	正反反复问句	一般"有没有"问句	有没有+VP	X没有？	是否+非VP	是否+VP	能否
数量	25	30	66	64	40	55	11	23	42	21	39	67	8
合计	291，59.2%							86，17.5%			114，23.2%		

数据显示：

学习者使用的正反问句较集中，"不"类句式占所有句式的59.2%。"没有"类句式使用最少，仅86例，占17.5%。

"不"类正反问句中，B3、B4、B5、B6都是使用率较高的类型，B3即助动词重叠数量最多。汉语本族语中正反问句使用率最高的即为助动词重叠式（丁雪欢，2006），这说明学习者中高级阶段对该句式的使用频率已接近母语者。紧随其后的是 B4，即"是不是 + VP"句。二语初中级阶段"是不是 VP"的使用率（5.2%）低于汉语本族语（26.2%）（丁雪欢，2006），从本研究看，中高级阶段学习者使用"是不是 + VP"的比率已增至 17%，更为接近母语者水平。

"没"类正反问句中，"有没有 VP"句式使用最多，达 42 句，明显多于"VP 没有"，且平均句长（18.8）亦高于后者（11.1）。该句式多出现在议论文中，如：

（27）你们有没有想过吃这些食品对人的健康有致命的打击？

（28）但是当您购买绿色食品的时候，有没有想过那些非洲的挨饿的孩子们？

"有没有 + VP"与具有同等表意功能的"VP 没有"或"VP 了吗"相比具有特定的优势（邝霞，2000）。"VP 没有"中的"VP"一般较短，以使语气连贯，问题集中；而"有没有 + VP"则为后面 VP 的扩展提供了较好的条件。

学习者使用"有没有 VP"句式的频率较高，可能性有三：

其一，在汉语中，"有没有"的其他句式，如"有没有 NP"，在普通话中广泛存在，同时"没有 VP"结构很早就被用于表完成体，人们易于接受把"有没有"用在动词之前。语法的类推作用造成了"有没有 VP"的扩散（邝霞，2000），而这种扩散机制可能同样作用于第二语言习得。

其二，该句式在汉语普通话中使用率正逐步上升（邝霞，2000），目的语输入频率的增加也会对学习者的语言输出产生重要影响。

其三，"VP 没有"句式在 VP 较长较复杂（尤其是带宾语）的情况下，难度较大，而"有没有 VP"疑问焦点集中，只需在陈述句式的 VP 前加"有没有"即可，难度小于前者，这可能也是造成其使用频率高的原因。

（4）"否"类正反问句中，"是否 VP"数量最多，与前述"是不是 VP"使用频率高的特征一致，事实上，前者是后者语体更为正式的表达方式。

2.3.2 学习者语料中未见或少见的正反问句类型

2.3.2.1 "X 没（有）X"句式

（29）她的病好没好？

在语料中仅出现了一例："我来的时候，妈妈腿不舒服，不知道现在好没好？"本族语中，"VP 没有"比"VP 没 VP"式更常见，地位更趋稳固，该特点在中介语中也得到体现。

2.3.2.2 "得"字补语句的正反问句式

（30）你在那里过得开不开心？

语料中只出现了一处："很多人问我：'小时候，你过得快乐不快乐？'"

2.3.2.3 "X 不/没（有）X"结构中缺少介词作 X 的句式

（31）你跟不跟我一起去？

2.3.2.4 没有出现"X不X"结构作状语的句式

（32）她常不常去？

2.3.2.5 正反问形式的反问句

正反问形式的反问句使用率较低，且正确率不高，这是因为其成句因素复杂，不仅受语境制约，还有其特殊表达式，对于正反重叠成分的选择也有特殊要求。

总体看，尽管到中高级阶段，学习者正反问句的结构和语义更复杂、规范，较之初级阶段"所用正反问句结构简单，正反重叠结构充当句法成分单纯，进行正反重叠的词语始终局限于几个简单常用词之内"（丁雪欢，2006），有了很大进步，但与母语者比较，其正反问句系统句式仍然不够丰富，对结构复杂（如涉及补语、介词、副词的使用等）、语义语用制约复杂（如涉及语体、语气意义等）的难度较大的正反问结构有回避倾向。

2.4 学习者对正反问句的使用偏向

是非问句和正反问句有很大的相似性，常可互换。它们有相同的预设，都是相应陈述句命题的正反选言：A 或者 –A，都是"单命题判断的真假疑问句"（戴耀晶，2001）。很多情况下，尤其是疑问程度较高时，正反问句的选择并非强制性，通常可用近义的是非问句表达。

初中级水平学习者"偏向选用是非问句"，该现象有两个影响因素：一是句式的句法容纳度，二是输入频率（丁雪欢，2006）。那么，中高级水平学习者是否还是偏向使用是非问句呢？我们对语料库中的分布情况进行考察，结果如下面表7。

表7 第二语言学习者对正反问句的使用偏向

问句数据 母语背景	疑问句总数	正反问句数量	正反问句比例	是非问句数量	是非问句比例
全体	9777	491	5.02%	2384	24.38%
韩语	4337	155	3.57%	986	22.73%
日语	2367	163	6.89%	463	19.56%

数据显示：①中高级水平汉语学习者是非问句的使用同样明显多于正反问句。②汉语母语者是非问句的使用亦明显多于正反问句，在电视剧《北京人在纽约》中，是非问句和正反问句分别占疑问句总数的 34.5% 和 5.5%（丁雪欢，

2006），这表明学习者的使用偏向与目的语输入频率密切相关。尽管本族语语料和学习者语料分属口语和书面语性质，但大体倾向是一致的。③值得注意的是，韩国学习者的母语虽同样具有正反问结构，但其使用是非问句的倾向却比母语中没有正反问句的日本学习者更加明显，这也印证了 Kellerman 提出的"心理语言标记"（psycholinguistic markedness）（Kellerman, 1979）。有时我们确实很难判断哪些特征相对于其他一些特征是有标记的还是无标记的，学习者很可能会根据自己对标记的判断来决定迁移什么不迁移什么（唐承贤，2003）。

三 汉语正反问句习得的影响因素

3.1 目的语规则的泛化

泛化指学习者将某一语言规则的用法扩展以致超越所能接受的范围（Selinker, 1972），目的语规则泛化是指第二语言习得过程中的泛化现象，也就是说，产生这种现象的原因来自目的语规则系统内部。目的语规则泛化的原因大致有三：一是错误的规则概括；二是规则掌握得不全；三是不了解规则适用的范围。

正反问句系统中泛化最严重的是"是不是 + VP"句式，不仅存在位置的泛化，也存在正反问功能的泛化（见前文 2.1.3 部分）。由于一般"是不是"问句和其形式上的接近，还造成了一定的句式杂糅。如：

（33）到了第三学期，我开始怀疑｛犹豫｝是不是我个做医生的料？

该句将"是不是 + VP"中"是不是"可用在句首这一规则泛化，本质上反映的是"是不是"位置的泛化。"是不是"可置于谓词性结构前，但并非适用于任何谓词结构前。"是"并非纯粹的形态标记，它同时还带有其初始词的意义（徐杰，2004）。上述例句的使用显然是将"是不是"视为纯粹的疑问焦点标记，将位置泛化，使得后边述语"是"残缺，然而此处如改为"我开始怀疑是不是我是个做医生的料"，又会犯下重复的错误。

3.2 其他结构对正反问句习得的影响

语言不是由单个项目构成的，结构与结构之间有着千丝万缕的关系。结构越基本、越简单，疑问本身的意义越清晰，对学习者造成的障碍就越小，习得越早；而结构越复杂，意义越不明确的结构，越需要学习者对结构的使用规则有足够深的认识，否则学习者就容易顾此失彼。

我们对19名在北京联合大学进行商务汉语进修的高级水平的韩国留学生进行了访谈，根据偏误分析和学习者访谈的结果，我们认为以下几类结构对正反问句的习得影响最大。

3.2.1 否定结构

有学习者在访谈中表示，其回避使用正反问句的一个原因是"不知道应该用'不'还是'没'"。而实际语料中，涉及到否定结构的正反问句偏误也有不少。如：

(34) 你知道这句日本的俗话没有？

心理动词中，"知道""关心""希望""记得"等一般不能用"没（有）"，而要用"不"来否定。该句如用是非问句则难度大大降低，只需在陈述形式后加"吗"。"没"作为一个后导入的否定副词，其标记性比"不"强，往往容易与"不"相混淆。

3.2.2 "是……的"句

语料中与"是……的"句有关的偏误有5例，主要问题是残缺。"是……的"句是汉语中较为独特的句子，标记性较强，其正反问句式也体现出较大的习得难度。

3.2.3 "有"字句

一般"有没有"问句的偏误率很高，达39%。

换个角度看，正反问句的习得难度也体现出以上各类标记的习得难度。如果在教学中能注意到各类结构之间的关系，一方面可以预防偏误的产生，一方面也可互相巩固各类标记的用法。

3.3 交际策略的影响

交际策略"作为语言使用者交际能力的一部分，是一种心理语言计划，具有潜在意识性，学习者可用来替代无法完成的某个表达计划。"（Ellis，1985）对韩国学习者的访谈结果显示出交际策略对学习者习得和使用正反问的影响。

访谈中，有12名学习者认为正反问句不难学，但使用起来不习惯："说话的时候想不起来用正反疑问句"，"用正反问句觉得像是书面语，正反问句不像是一般的对话体"，"不难，但是用的时候有点儿麻烦。"有5名学习者认为正反问句有难度："一下子想不起来该把'不'放在哪儿。""有时候会忘了怎么说。"

因此能不说则不说，一般更倾向于使用"吗"字是非问句。

交际策略的减缩策略有形式减缩（回避部分语言项目）和功能减缩（放弃或减缩交际目的）（Færch & Kasper, 1983）。韩国学习者在使用正反问句时，会采取减缩策略。我们猜测，交际策略在一定程度上阻碍了韩国学习者疑问句式的丰富度和准确度。过分成功地利用交际策略会抑制习得（Ellis, 1985）。

3.4 课堂教学的影响

3.4.1 教学顺序

初级阶段学习者在使用正反问句时误加"吗"的现象普遍存在于各种语言背景的学习者中。我们发现该现象一直持续到了高级阶段，且该类偏误仍是占比最高的偏误类型（28%），见于各类母语背景学习者的语料中，具有普遍性和顽固性。

在目前的课堂教学顺序中，学习者一般先学习句末添加"吗"的疑问标记，当之后学习"正反重叠"这种新疑问标记时，"吗"的认知度仍然很高，因此旧知识抑制了新知识的习得（丁雪欢，2006）。

3.4.2 教学大纲与教学教辅材料

我们分别考察了2种对外汉语教学大纲（《高等学校外国留学生汉语教学大纲 长期进修》，2002；《高等学校外国留学生汉语言专业教学大纲》，2002）、2套对外汉语教材（《速成汉语初级教程综合课本》和《成功之路》），以及3种对外汉语教学语法参考书（房玉清《实用汉语语法》，2008；李德津、程美珍《外国人实用汉语语法》，2008；杨德峰《对外汉语教学核心语法》，2009）。总体来看，目前对正反问句及其下位小类的本体研究已较为深入，教材编排合理，提供语境，设计练习充分，且形式多样。然而，我们也看到了一些问题。如：所取得的研究结果仍未很好地用于对外汉语教学指导，尤其是对各小类的教学指导解释不够全面和细致，没有系统区分或总结正反问句各小类的使用限制和区别，特别是形式相近的句式之间的区别，例如一般"是不是"与"是不是VP"之间、一般"有没有"与"有没有VP"之间、以及"是不是"和"是否"之间的区别；在对正反问句疑问焦点的选择上，缺乏专门设计的练习；对于课文中大部分新增的句式项目，没有体现其正反问句形式，如"得"字补语句、"是……的"句等，有的即便提出，也只是指出其完整表达式，大都没有提出其省略式，而完整表达式在母语中的实际使用频率远远低于省略式。这些问题都可能对学习者的习得产生一定影响。

四　教学对策与建议

4.1　教学难点和重点

一般来说，初、中、高三个阶段的语法教学各有侧重，初级阶段侧重在语法形式，包括各种句法结构、句型和次序；中级阶段侧重在语法意义，包括语法成分的语义关系和语义搭配；高级阶段侧重在语法形式的语用功能，包括词语句式的语用选择和应用。

从本研究所考察的正反问句偏误类型与分布情况看，结构偏误中偏误率最高的是误加疑问语气词。本研究的语料是学习者的书面作文，相对于口语，更有充分的监控时间，因此，居高不下的偏误率显示出误加疑问语气词偏误的顽固性。如何通过改进教学策略来减少该偏误的发生，值得思考。

错序类偏误，首先反映的是学习者确认疑问焦点的困难，此外，"是不是+VP"类问句位置的泛化也是造成错序的原因。

语法形式的语用功能不仅是习得的难点，也是教学的难点。首先要重视语用功能的教学，教师要加强对各类结构语用功能的讲解；此外，要设计适当的教学内容和教学环节以体现语用功能。例如，"有没有VP"式和"VP没有"式是常用的针对实现体和经历体提问的正反问句式。"有没有VP"多用于提醒、怀疑、担心的功能，且基本上倾向于肯定的态度。"VP没有"靠外在形式来实现选择语势，体现了问话者关注的焦点是对预想中的动作行为状况进行确认。

综上所述，正反问句教学的难点和重点在于：避免误加疑问语气词的顽固性偏误、确认疑问焦点、区别各下位句式的细微差别。

4.2　对教学大纲与教材编写的建议

现行对外汉语教学语法体系中的大部分内容与面向汉语母语者的语法体系大同小异，没有充分认识到外国人学习汉语的特点（朱其智、周小兵，2007）。我们在对教材和大纲的考察中也发现了这一倾向。针对正反问句，我们就对外汉语教学大纲与教材编写提出以下建议：

重视确定和提取疑问焦点的练习。

教材中例句的选择要有交际价值，注意语言的时代变化，结合各类句式在汉语中的使用率安排教学内容。

各类疑问句的教学内容要穿插在新语法点的学习中，比如"是……的"句、补语等。学到新的句式，是补充其多样的否定形式与疑问形式的好机会，一方面加强了对新句式的理解，一方面增加了正反问句式的复现率。

阐明各类句式的形式特征，并兼顾语义语用。教材练习设置要重视语境的呈现，帮助学习者区分各类疑问句式的细微差别。

4.3 对课堂教学的建议

现在的汉语第二语言课堂一般是师问生答，对疑问句的教学重视不够，课后练习也是如此，少问句多回答，疑问句的使用是学习者交际活动中的软肋。针对正反问句的习得特点，我们认为：

教师要重视问句的教学。在教学中有意识地做好前期准备，并根据学生的汉语水平，有计划地安排活动的大致进程。学生最初提问时，大都是模仿教师的提问，所以教师在提问时，要有意识地使用各类疑问句式提问，引导学生注意汉语不同的疑问结构和疑问词各自表达的意义，并主动尝试不同句式。

正反问句的教学还应该以交际为主题实现语言的形式、内容和功能的统一。正反问句是语义丰富的一类句式，应以交际情景为出发点，把语用背景情景化、具体化，教学内容应是日常生活中学习者所熟悉的、最常用到的，使学习者能在交际中成功地完成这些语言功能。

要注意各下位句式的使用区别。语言中不存在完全同义的句式（董秀芳，2004），正反问句的不同构成方式存在一些细微的差别。汉语学习者对正反问形式以及语气表达还不太熟悉，还未建立起各种正反问句与话语形式之间的联系。因此，在教学中要注意各种正反问句式的细微差别，并针对学生的具体偏误现象设计有针对性的教学步骤，使学生掌握、使用正确的言语形式，建立各种正反问句表达形式与话语形式之间相联系的语感。

针对学生对是非问句有偏好，回避正反问句的情况，首先要使学生认识到该句式和是非问句并非完全一样，使用有其特点；此外，要帮助学生有意识地扩大自己疑问句式的种类，在使用中体会不同句式的区别，最终达到句式丰富，语用贴切，接近母语者的地道水平；最后，要帮助学生树立起能正确使用该句式的自信。

五　结语

5.1　主要结论

本章依托"HSK 动态作文语料库",对 3 大类 13 小类汉语正反问句的第二语言习得情况进行了定量和定性分析。主要结论如下:

(1) 汉语学习者所用正反问句偏误率近 20%,需要引起我们的重视。正反问句习得过程中出现的偏误类型分为结构、语义和语用偏误,其中,结构偏误最多,以误加、残缺和错序为主。同时,相对于初中级水平学习者的语言表现,语义和语用方面的偏误也随着学习者语言水平的提高而突显出来。

(2) 我们运用正确使用相对频率法和蕴涵量表法,揭示出学习者正反问句各下位句式的习得顺序。总体来看,"没有"类的习得要晚于"不"类的习得,B1、B6、B3 属于较容易习得的句式,而 B4、B5、B7、M1、F1 习得难度较大。

(3) 学习者使用的正反问句较集中,"不"类句式最多,"没有"类句式使用最少。"没"类正反问句中,"有没有 VP"句式使用最多。即使是高级水平的汉语学习者,其正反问句系统句式仍不够丰富,对结构复杂、语义语用制约复杂的难度较大的正反问结构有回避倾向。

(4) 学习者对疑问句的选择存在偏向,是非问句的使用明显多于正反问句,该现象与目的语输入频率密切相关。

(5) 汉语正反问句习得的影响因素有目的语规则的泛化、其他结构的影响、交际策略、课堂教学的影响等。

5.2　研究局限与后续研究建议

(1) 由于我们选取的研究材料来源于作文语料库,因此考察的实际上是汉语第二语言学习者书面语中正反问句的习得情况,后续还需收集学习者的口语语料,从而形成一个完整的正反问句习得的研究体系。

(2) 由于 HSK 作文语料库收集的都是高级阶段的学习者作文,因此我们得出的实际上是高级阶段学习者正反问句的习得情况。尽管它能从一定程度上反映正反问句的习得特点,但若能系统地纵向考察初中高级不同语言水平的学习者汉语正反问句的习得情况,将能更全面地反映其动态发展过程。

(3) 为克服语料库中学习者回避某些句式的现象,研究者可进一步采用测试的方法来考察该语言项目的习得情况。

第二十二章 从汉语句式习得研究看句式教学面临的任务[①]

一 句式习得研究的现状

1.1 研究成果

20 世纪 80 年代前期，国外第二语言习得理论开始进入我国，学界对外国人汉语习得情况的研究随之展开并不断深入。偏误分析和母语迁移研究引起广泛关注，相关研究很多，成果也较多；习得顺序与发展过程研究也逐渐成为热点。（参施家炜，2006）三十多年来，对外汉语教学领域的习得研究涉及汉语字、词、句、篇等各个层面。其中句式习得研究一向受到学界重视，已经发表许多论著，取得了多方面的研究成果。研究主要集中于某些句式的偏误分析和习得顺序方面，例如李大忠《外国人学汉语语法偏误分析》（1996），熊文新《留学生"把"字结构的表现分析》（1996），施家炜《外国留学生 22 类现代汉语句式的习得顺序研究》（1998），陈珺、周小兵《比较句语法项目的选取和排序》（2005），黄月圆、杨素英、高立群、张旺熹、崔希亮《汉语作为第二语言"被"字句习得的考察》（2007），赵金铭等《基于中介语语料库的汉语句法研究》（2008），肖奚强等《外国学生汉语句式学习难度及分级排序研究》（2009）等。这些研究成果对汉语教学起到了积极的推动作用。

[①] 本章原载《汉语句式研究与教学专题论文集》，北京语言大学出版社 2013 年 5 月第 1 版，作者：张宝林。

1.2 存在的问题

1.2.1 句式习得研究中存在的问题

第一，考察的样本及语料规模小，结论的普遍性不强。以往的研究多为个人的分散研究，研究者考察的样本数量少，可供观察的语料数量不多，均属小规模样本的考察。导致的后果：一是观察到的现象不全面，所得结论的普遍性、稳定性不强；二是难以对外国人学习汉语的实际情况做出准确的判断，以致我们对外国人的汉语学习状况并不十分清楚。

第二，研究不够具体，不够深入。例如很多研究认为外国人对把字句采取了回避策略，但究竟是哪个阶段的学习者采取了这种策略？回避了哪些类型的把字句？怎么回避的？则没有明确的结论，甚至没有具体的说明。

第三，对偏误类型与原因的探讨过于简单，研究角度比较狭窄。自从鲁健骥先生（1999：13）提出遗漏、增添、替代、错序等四大偏误类型之后，几乎所有的偏误分析都沿用了这种分类方法。关于偏误产生的原因，大致也没超出鲁先生（1999：13-14）所介绍的母语干扰、过度泛化、文化影响、学习策略等几项。这似乎已经成了固定"套路"，使研究变成了一种对号入座的过程，失去了学术研究应有的意义。

第四，教学对策缺乏实际的参考价值。现有研究一般都是在考察偏误并分类、探讨偏误成因之后，用很少的篇幅非常笼统地提出一些意见、建议、设想或对策。这些对策之类并非言而无据，但也可以说并没有什么实际用途，因为它们并没有经过教学实践的检验，只是一些"感想式"的泛泛之论。

第五，囿于成说，缺乏对问题的进一步思考。以学界最为著名的把字句来说，早在50年代人们就感到这种句子难教，"学生总是躲着把字句说话"（赵淑华老师语）。前人如此说了，后人亦如此说，并将其发展为"回避说"。半个多世纪以来，一代代汉语教师继承了这种认识，却没有对问题做进一步的深入思考。例如：把字句究竟是不是难点？如果是，难到什么程度？把字句的习得究竟存在什么问题？各个学习阶段的学生习得把字句的情况是否相同？有何差异？我们并不清楚。

毫无疑问，继承前人的研究成果是应该的，也是必须的，但如果仅仅是简单接受，而不做进一步的思考，则对学术的进步与发展是非常不利的。

1.2.2 句式教学中存在的问题

1.2.2.1 情况不明

指学界对外国人习得汉语句式的基本情况缺乏全面、深入、确切的了解，外国人究竟习得了哪些句式？未习得哪些句式？哪些句式是难点？哪些句式不是难点？都不太清楚。例如有学者认为形容词谓语句是教学难点（吕必松，1992；刘珣，2000），也有学者认为不是（赵金铭，2006）。研究者都是对外汉语教学领域的权威学者，所谈的教学对象都是英语背景的汉语学习者，依据的都是教学经验，结论却完全相反。（张宝林，2011）如此看来，我们对外国人汉语句式的习得情况并不十分清楚。教学及教材编写中难免盲人摸象，无的放矢，教学效率自然难以提高。

1.2.2.2 解释不清

指我们在教学或教材中对一些句式偏误之因说不清楚，甚至存在错误。例如对于外国学生写的偏误句"他这样做是偏听偏信的"和"他这样做是合情合理"，教师只能凭借语感在句尾加、减"的"，批改后的句子虽然正确，但却无法说清为什么，结果教师"被学生挂在黑板上"。而且，"这个问题提出到现在也已快20年了，可至今未见有人做出回答。"（陆俭明，2000）。

1.2.2.3 导向不对

指在教学或教材中把一些不全面、不准确的认识灌输给学生，加剧了学生的偏误。例如，在把字句的教学中教师们常常强调两件事：（1）汉语中"把"字句的使用频率很高；（房玉清，1992：322）（2）外国汉语学习者很少使用"把"字句，对"把"字句采取了回避策略。而实际上，这两种认识既不符合外国人使用把字句的实际，也不符合中国人使用把字句的实际。从我们的研究结果来看，外国人和中国人对把字句的使用频率并没有质的差别。这两种认识在客观上是对外国汉语学习者在把字句学习上的过度诱导，其结果必然造成学习者对使用把字句的过度关注，进而导致把字句的泛化。

此外，一些教材对把字句具体用法的解释也存在误导，把"可用"把字句的地方讲成"必用"就是典型表现之一。（参张宝林，2010）

"外国学生总是强烈地希望教师明确告诉他们：在什么情况下一定要用'把'字句，在什么情况下一定不能用。可是，教师在'把字句问题上最为难的恰恰就是很难明确地回答这两个问题。"（李大忠，1996：132）这是教师的局限，更是语法本体研究的不足。陆俭明先生（1998）就曾指出："……现有的语法书、汉语教科书或工具书远远不能满足对外汉语语法教学的需要。"可谓切中时弊，入木三分。非常可惜的是，这种情况至今尚未得到根本性的改变。

1.2.2.4 效果不好

由于上述情况的存在，句式教学难以取得很好的效果。例如外国考生情态补语句的偏误率为 33.33%；（蔡晓燕，2011）日本考生的"连"字句偏误率更是高达 49%。（张茜，2010）

二 句式习得研究的新成果

近年来汉语句式习得研究方面的成果颇丰，本文只是摘要介绍"基于语料库的外国人汉语句式习得研究"课题的部分成果，借以说明相关的问题。

2.1 关于"把"字句

2.1.1 在"HSK 动态作文语料库"（1.0 版）的约 400 万字的作文语料中，共出现"把"字句 3682 句，其中正确句 3221 句，占"把"字句总数的 87.48%；偏误句 461 句，占"把"字句总数的 12.52%。数据表明：把字句并不像人们一向认为的那么难。

2.1.2 把字句的问题并不限于回避，而是存在 3 种类型的偏误：回避（该用而未用）、泛化（不该用而误用）、内部偏误（该用也用了但存在错误）。其中"泛化"与"回避"的偏误率相差不足一个百分点，均在 35% 上下，而以往对这种偏误认识不足，重视不够。

2.1.3 外国考生把字句的使用率为 0.092%，仅次于"是"字句、"是……的"句、"有"字句和由"不"组成的否定句，而高于其他句式。《人民日报》"把"字句的使用率在 0.0754% 到 0.0767% 之间。从使用率的角度来看，不论是外国人和外国人比，还是外国人和中国人比，外国汉语学习者使用把字句的情况都并不少。"回避说"显然根据不足。（张宝林，2010）

2.2 关于"使"字句

从"HSK 动态作文语料库"（1.0 版）中检索到兼语句的偏误句为 388 条，人工筛选出"使"字句的偏误句为 228 条。同时以词的方式检索出带"使"的句子共有 1919 条，人工逐条进行筛选，去掉"即使、使用"等不属于"使"字句的例句、去掉重复的例句、去掉出现偏误的例句，最后得出正确的"使"字句为 1324 条。全部"使"字句的总数为 1324 + 228 = 1552 条。"使"字句的偏误率为 14.69%。（梁婷婷，2009）

2.3 关于"连"字句

从"HSK 动态作文语料库"（1.1 版）中选择"全篇"，再限定国别"日本"，检索到日本学生的全部语料，共有 3211 篇。人工逐篇进行分析和筛选，在篇章语境中，综合参照语用、语义等因素，最后统计得到 186 条"连"字句。其中，正确的"连"字句为 95 条，含有偏误的"连"字句为 91 条，偏误率为 49%。（张茜，2010）

2.4 关于"是"字句

在"HSK 动态作文语料库"（1.1 版）中输入关键词"是"，按"词"搜索，共有 38875 句。因数量太多，无法逐一进行穷尽性分析，因而采取随机取样方法，每 10 句抽 1 句，共抽取 3888 句作为研究对象。

对这 3888 个带"是"的句子进行人工排查，共有"是"字句 3035 句，其中正确句 2347 句，在"是"字句总数中所占比例约为 77.33%，偏误句 688 句，在"是"字句总数中所占比例约为 22.67%。将 3035 扩大 10 倍，语料库中大致应有"是"字句约 30350 句，使用率约为 0.716%。（刘艳娇，2011）

2.5 关于"是……的"句

在"HSK 动态作文语料库"（1.1 版）中，"是……的"句的偏误句为 1291 句。在我们已考察的所有句式中，偏误句的绝对数量仅次于"是"字句和否定句。其中"是……的"句（一）的偏误句 294 句，"是……的"句（二）的偏误句为 997 句。显然，"是……的"句（二）是主要的偏误类型。（王芳，2011；苏文娟，2010）

下面以表格形式展示部分句式习得研究的相关数据。

表 1　部分句式数据表

句式	语料规模（万字）	总句数/偏误句数	使用率（%）	偏误率（%）	研究者与备注
"把"字句	400	3682/461	0.0921	12.52	张宝林，2010
"比"字句	400	2249/395	0.0562	17.56	姜桂荣，2009
"使"字句	400	1552/228	0.0388	14.69	梁婷婷，2009
"有"字句	400	1090*5/119*5	0.1363	10.92	限于韩国考生 张　颖，2009

续表

句式	语料规模（万字）	总句数/偏误句数	使用率（%）	偏误率（%）	研究者与备注
"是"字句	424	3035*10/688*10	0.7158	22.67	刘艳娇，2011
"连"字句	424	186/91	0.0044	49	限于日本考生 张茜，2010
情态补语句	424	2997/999	0.0707	33.33	蔡晓燕，2011
"不"否定句	424	7389/1024	0.1743	13.86	限于韩国考生 高亚云、施家炜，2010
"没有"否定句	424	1458/438	0.0344	30.04	限于韩国考生 高亚云、施家炜，2010

三 句式教学面临的任务

3.1 调查研究，摸清情况，保证教学的针对性

目前学界对外国人汉语句式的习得情况尚缺乏足够的了解，教学中难免无的放矢，难以提高教学的效率与水平。因此迫切需要在大规模汉语中介语语料库基础上进行广泛、深入的调查研究，摸清外国人习得汉语句式的真实情况，形成全面、准确的认识。如此才能保证教学的针对性，取得良好的教学效果。

例如根据我们的研究，过分强调"把"字句的学习难度，并不符合学生的习得实际，而且会造成误导，不利于该句式的教学。因此应适当"淡化"把字句的教学，避免向学生过度渲染把字句使用的广泛性与难度，以减少泛化偏误。

3.2 加强本体研究，保证教学的科学性

3.2.1 加强句式的用法研究

迄今为止，学界对句式的用法研究尚属薄弱，对各种句式的使用条件缺乏明确的认识。在何种情况下可以使用或必须使用何种句式，不能使用何种句式，用与不用有何差别，均不甚清楚，而这些正是教学上急需的规律性知识，对提高句

式教学的效率与水平具有极大作用。因此必须加强句式本体研究，搞清各种句式的结构、语义和语用规则，明确各种句式的确切用法，以保证教学的科学性与有效性。

例如关于把字句的必用条件必须注意以下两项前提：（1）因为"把"字句的主语表示引起变化、造成结果的人或事物，即动作变化的的引起者、责任者，所以"把"前面的主语是不可缺少的。（刘月华、潘文娱、故韡，2001：746 - 747）（2）主要话题不是（"把"的）宾语。（刘颂浩，2003）

这样看待把字句的使用问题，才能真正说清楚把字句的使用条件。把这些使用把字句的前提融入教学实际，才能使学习者真正避免泛化现象的产生。

问题是，关于把字句的必用条件还有哪些？不能使用的场合有哪些？其他句式呢？教学上迫切需要学界做出回答。

3.2.2 加强句式的对比研究

汉语的某些句式之间存在密切关系，不把这种关系讲清楚，学生在学习中就会发生混淆。例如"把"字句与"给"字句、"被"字句、兼语句、使役句、连动句等句式共同构成了汉语表达具有"系联—驱动"关系的复合命题所需要的句式系统。依据认知语言学理论，这些句式间的关系是：

	直接驱动	主观驱动	正向驱动	实驱动	驱动结果
连动句	+	-	+	+	-
兼语句	-	-	+	+	+/-
使役句	-	-	+	-	+/-
"被"字句	-	-	-	-	+
"把"字句	-	+	+	-	+
"给"字句	-	+/-	+/-	-	+

由上表可见，上述句式在动力类型、动力模式、动力结果等方面，既有相同之处，也有不同之处：连动句是直接驱动，即动源体和动作实现体同一；兼语句、使役句、"被"字句、"把"字句、"给"字句是间接驱动，即动源体和动作实现体不同一。"把"字句是主观的，即表示说话人"主观上认定甲对乙进行了处置"（沈家煊，2002）；连动句、使役句和"被"字句等是客观的，即陈述一个事实。"被"字句、"把"字句、"给"字句等强制要求一种结果性的驱动，而兼语句、使役句的驱动结果可有可无，连动句则是非结果驱动。

毫无疑问，搞清相关句式的联系与区别，可以正确使用相关句式，避免不同句式的混淆，对汉语句式教学具有极为重要的实践意义。

3.3 修订教材,保证教学的实用性

在全面、准确地掌握学生汉语习得情况的基础上,吸收句式本体研究的最新成果,以实用性为标准,修订原有教材或编写新一代汉语教材,使其符合学生的学习实际,符合汉语句式使用规则的实际,以保证教学的实用性。

3.4 改进教学,探索新的句式教学模式,提高教学效率与水平

汉语教学研究的根本目的是让学生在尽可能短的时间内达到最好的学习效果,学好汉语,掌握汉语。这就需要教师与科研人员根据学生情况的变化,改进教学,探索汉语句式教学的有效模式。目前,下列问题可能是需要考虑与研究的:

(1) 学界是怎样看待句式教学在整个教学过程中的地位的?
(2) 在教学实践中,教师是怎样进行句式教学的?
(3) 教师对句式教学的自觉程度如何?
(4) 学生对句式教学是什么态度?
(5) 学界是怎样检查和评估句式教学的实际效果的?
(6) 句式教学是否已经形成了某种教学模式?如果是的话,这种教学模式有什么特点?优点?不足?如果还未形成模式,那么原因何在?
(7) 汉语教学需要什么样的句式教学模式?
(8) 怎样建设新的汉语句式教学模式?

上述八个问题是进行汉语句式教学无法回避的,把这些问题研究清楚了,我们才能真正搞好句式教学,形成汉语句式教学的新模式,从而切实提高汉语教学的效率与水平。

参考文献

白梅丽（Marie Claude Paris）（1981）汉语普通话中的"连……也/都……",《国外语言学》第 3 期。

白　荃（2000）"不""没（有）"教学和研究上的误区——关于"不"、"没（有）"的意义和用法的讨论,《语言教学与研究》第 3 期。

北京大学中文系 1955、1957 级语言班（1982）《现代汉语虚词例释》,北京：商务印书馆。

北京大学中文系现代汉语教研室（1993）《现代汉语》,北京：商务印书馆。

北京大学中文系现代汉语教研室（2003）《现代汉语专题教程》,北京：北京大学出版社。

北京语言学院语言教学研究所（1992）《现代汉语补语研究资料》,北京：北京语言学院出版社。

蔡建丰（2003）以英语为母语者对汉语疑问句的习得研究,福建师范大学硕士学位论文。

蔡维天（2004）谈"只"与"连"的形式语义,《中国语文》第 2 期。

蔡晓燕（2011）基于"HSK 动态作文语料库"的"得"字补语句习得研究,北京语言大学硕士学位论文。

蔡永强（2002）"连…都/也……"结构的认知考察,北京语言大学硕士学位论文。

常　芳、邰　峰（2005）被字句、被动句和受事主语句之间的关系,《巢湖学院学报》第 6 期。

陈昌来（2002）,《介词与介引功能》,合肥：安徽教育出版社。

陈　晨（2005a）英语国家学生中高级汉语篇章衔接考察,《汉语学习》第 1 期。

陈　晨（2005b）英语国家学生学习汉语在篇章连贯方面的常见偏误,《四川大学学报》（哲学社会科学版）第 3 期。

陈　珺（2005）成年韩国学生汉语比较句习得考察,中山大学博士学位论文。

陈　珺（2007）韩国学生汉语"比"字句的偏误诊断,《第五届国际汉语教学学术研讨会论文集》,世界图书出版公司。

陈　珺、周小兵（2005）比较句语法项目的选取和排序,《语言教学与研究》第 2 期。

陈立民（2005）论动词重叠的语法意义,《中国语文》第 2 期。

陈　璐（2007）对韩汉语教学中"被"字句、兼语句的比较研究,山东大学硕士学位论文。

陈妹金（1993）汉语与一些汉藏系语言疑问手段类型共性,《语言研究》第 1 期。

陈　平（1987）汉语零形回指的话语分析,《中国语文》第 5 期。

陈天福（1995）论"是"字句,《河南大学学报》第 1 期。

陈庭云（2003）二语习得中回避现象浅析,《重庆工学院学报》第 5 期。

陈小颖（2007）《韩国留学生习得汉语"是"字结构的言语加工策略》，北京语言大学硕士研究生学位论文
陈　艳（2008）表存在"有"字句的语篇功能研究，吉林大学硕士学位论文。
陈　灼主编（2000）《桥梁——实用汉语中级教程》（上），北京：北京语言文化大学出版社。
程乐乐（2006）日本留学生"把"字句习得情况考察与探析，《云南师大学报》（对外汉语教学与研究版）第3期。
程美珍、李珠（1997）《汉语病句辨析九百例》，北京：华语教学出版社。
丛　琳（2001）给+NP中NP的语义范畴，《北京教育学院学报》第15卷第3期。
崔希亮（1990）试论关联形式"连……也/都……"的多重语言信息，《世界汉语教学》第3期。
崔希亮（1993）汉语"连"字句的语用分析，《中国语文》第2期。
崔希亮（2003）日朝韩学生汉语介词结构的中介语分析，《中国语言学报》第11辑。
崔希亮（2005）欧美学生汉语介词习得的特点及偏误分析，《世界汉语教学》第3期。
崔永华（1984）"连……也/都……"句式，《语言教学与研究》第4期。
戴曼纯（2012）语块学习、构式学习与补丁式外语教学，《外语界》第1期。
戴维·S.穆尔（2003）《统计学的世界》（第5版），北京：中信出版社。
戴耀晶（1997）《现代汉语时体系统研究》，杭州：浙江教育出版社。
戴耀晶（2001）汉语疑问句的预设及其语义分析，《广播电视大学学报》第2期。
丁声树等（1961）《现代汉语语法讲话》，北京：商务印书馆。
丁信善（1998）语料库语言学的发展及研究现状，《当代语言学》（试刊）第1期。
丁雪欢（2006）留学生汉语疑问句的习得研究，中山大学博士学位论文。
丁雪欢（2007）汉语作为第二语言学习者疑问句早期习得的个案研究，《语言教学与研究》第2期。
董　斌（2007）对外汉语精读教材"是"字句研究，暨南大学硕士学位论文。
董小琴（2008）外国学生"有"字句偏误分析及习得研究，南京师范大学硕士学位论文。
董秀芳（2004）现代汉语中的助动词"有没有"，《语言教学与研究》第2期。
段士平（2008）国内二语语块教学研究述评，《中国外语》第4期。
方　芳（2006）现代汉语极限性程度补语的多维考察，四川大学硕士学位论文。
范方莲（1964）试论所谓"动词重叠"，《中国语文》第4期。
范继淹（1963）动词和趋向性后置成分的结构分析，《中国语文》第2期。
范立珂（2009）副词"就"的三种句式的语义、语用分析，《长沙大学学报》第6期。
方　梅（1995）汉语对比焦点的句法表现手段，《中国语文》第4期。
范　晓（1987）介词短语"给N"的语法意义，《汉语学习》第4期。
范　晓（1992）V得句的"得"后成分，《语言学习》第6期。
范　晓（1998）《汉语的句子类型》，太原：书海出版社。
范　晓、张豫峰（2003）《语法理论纲要》，上海：上海译文出版社。
房玉清（1992）《实用汉语语法》，北京：北京语言学院出版社。
房玉清（1992）"起来"的分布和语义特征，《世界汉语教学》第1期。

房玉清（2008）《实用汉语语法》（第二次修订本），北京：北京语言大学出版社。
付云华（2008）现代汉语重动句研究，北京语言大学硕士学位论文。
盖淑华（2002）标记理论在语言习得中的作用，《四川外语学院学报》第 2 期。
高剑华（2008）论被字句教学，《齐齐哈尔大学学报》（哲学社会科学版）第 1 期。
高明凯（1948）《汉语语法论》，上海：上海开明书店。
高桥弥守彦（1987）关于"连……也/都……"格式的一些问题，《第二届国际汉语教学讨论会论文选》，北京：北京语言学院出版社。
高尚义、马永红（1999）"是"字句辨析，《榆林高等专科学校学报》第 4 期。
高顺全（2001）试论"被"字句的教学，《暨南大学华文学院学报》第 1 期。
高顺全（2005）复合趋向补语引申用法的语义解释，《汉语学习》第 1 期。
高亚云、施家炜（2010）基于 HSK 动态作文语料库的韩国留学生"不"和"没（有）"否定结构偏误分析，未发表稿。
高耀墀（1957）关于"有"的用法，《语文教学通讯》第 12 期。
龚千炎（1985）现代汉语里的受事主语句，《中国语文》第 5 期。
谷亚丽（2007）"连"字句式预设分析，《说文解字》第 12 期。
郭春贵（1996）试论"连……都……"和"连……也……"的异同，《第五届国际汉语教学讨论会论文选》。
郭春贵（2003）复合趋向补语与非处所宾语的位置问题补议，《世界汉语教学》第 3 期。
郭志良（1996）《速成汉语初级教程》综合课本，北京：北京语言文化大学出版社。
国家对外汉语教学领导小组办公室（1996）《汉语水平等级标准与语法等级大纲》，北京：高等教育出版社。
国家对外汉语教学领导小组办公室（2002）《高等学校外国留学生汉语教学大纲（长期进修）》，北京：北京语言文化大学出版社。
国家对外汉语教学领导小组办公室（2002）《高等学校外国留学生汉语言专业教学大纲》，北京：北京语言文化大学出版社。
国家对外汉语教学领导小组办公室（2002）《高等学校外国留学生汉语言专业教学大纲》（附件二），北京：北京语言大学出版社。
国家汉语国际推广领导小组办公室（2008）《国际汉语教学通用课程大纲》，北京：外语教学与研究出版社。
国家汉语水平考试委员会办公室考试中心制定（2001）《汉语水平词汇与汉字等级大纲》，北京：经济科学出版社。
韩蕾（1998）谈表比较的"连"字句，《徐州师范大学学报（哲学社会科学版）》第 1 期。
韩礼德、哈桑（2007）《英语的衔接》，北京：外语教学与研究出版社。
韩阳（2006）欧美学生被字句习得情况考察，北京语言大学硕士学位论文。
何融（1962）略论汉语动词的重叠，《中山大学学报》第 1 期。
何思成（1984）谈"是"的语法功能，《成都大学学报》第 2 期。
何元建、王玲玲（2002）论汉语使役句，《汉语学习》第 4 期。
贺阳（1994）"程度副词 + 有 + 名"试析，《汉语学习》，第 2 期。

洪　波（2001）"连"字句续貂,《语言教学与研究》第 2 期。
洪　花（2010）韩国留学生"有"字句偏误分析,东北师范大学硕士学位论文。
侯学超（1998）《现代汉语虚词词典》,北京：北京大学出版社。
胡德明（2002）"连"字成分的焦点及相关问题,《海南大学学报（人文社会科学版）》第 4 期。
胡袁园（2005）"有"字句研究,南京师范大学硕士学位论文。
胡裕树（1987）《现代汉语》（增订本第 4 版）,上海：上海教育出版社。
胡裕树主编（1962）《现代汉语》,上海：上海教育出版社。
胡裕树主编（1981）《现代汉语》（增订本）,上海：上海教育出版社。
胡裕树、范　晓（1995）《动词研究》,郑州：河南大学出版社。
黄伯荣、廖序东（2002）《现代汉语》（增订三版）,北京：高等教育出版社。
黄伯荣、廖序东（2007）《现代汉语》（增订四版）,北京：高等教育出版社。
黄宇红（2008）"对于"句的考察和研究,《科教文汇》第 5 期。
黄玉花（2005）韩国留学生的篇章偏误分析,《中央民族大学学报》（哲学社会科学版）第 5 期。
黄月圆、杨素英（2004）汉语作为第二语言的把字句习得研究,《世界汉语教学》第 1 期。
黄月圆、杨素英、高立群、张旺熹、崔希亮（2007）汉语作为第二语言"被"字句习得的考察,《世界汉语教学》第 2 期。
贾　钰（1998）"来/去"作趋向补语时动词宾语的位置,《世界汉语教学》第 1 期。
贾　钰（2011）外国人情态补语句偏误分析,肖奚强、张旺熹主编《首届汉语中介语语料库建设与应用国际学术讨论会论文选集》,北京：世界图书出版公司。
江　敏（2009）《对外汉语中的"是"字句及偏误分析——针对母语背景为俄语的留学生》,新疆大学硕士学位论文。
江　新（1999）第二语言习得的研究方法,《语言文字应用》第 2 期。
姜桂荣（2009）基于"HSK 动态作文语料库"的"比"字句习得研究,北京语言大学硕士学位论文。
金家恒（2004）是"字句法语义研究,《黄山学院学报》第 5 期。
金允经（1996）现代汉语被动句研究,复旦大学博士学位论文。
金兆梓（1922）《国文法之研究》,北京：商务印书馆。
劲　松（2004）被字句的偏误和规范,《汉语学习》第 1 期。
居　红（1992）汉语趋向动词及动趋短语的语义和语法特点,《世界汉语教学》第 4 期。
康艳红、董　明（2005）初级对外汉语教材的词汇重现率研究,《语言文字应用》第 4 期。
康玉华、来思平（1999）《汉语会话 301 句》,北京：北京语言大学出版社。
科　德（1981）《偏误分析与中介语》,牛津：牛津大学出版社。
匡腊英（2007）光杆动词被字句的补偿形式,《湖南大众传媒职业技术学院学报》第 1 期。
邝　霞（2000）"有没有"反复问句的定量研究,《汉语学习》第 3 期。
黎锦熙（1924）《新著国语文法》,商务印书馆。
李炳生（1997）"是"字句教学应注意的问题,《喀什师范学院学报》第 1 期。

李　纯（2009）从重动句的选择性与强制性看其句式形成机制，《河北北方学院学报》（社会科学版）第4期。

李大忠（1996）《外国人学汉语语法偏误分析》，北京：北京语言文化大学出版社。

李大忠（1996）"使"字兼语句偏误分析，《世界汉语教学》第1期。

李大忠（1999）偏误成因的思维心理分析，《语言教学与研究》第2期。

李德津、程美珍（2008）《外国人实用汉语语法》，北京：北京语言大学出版社。

李海燕（2006）"是……的"句的语用分析，《汉语教学学刊》第2辑，北京大学出版社。

李红梅（2004）最简探索：框架下对"被"字句结构的再探索，《现代外语》第2期。

李临定（1963）带"得"字的补语句，《中国语文》第5期。

李临定（1980）被字句，《中国语文》第6期。

李临定（1986）《现代汉语句型》，北京：商务印书馆。

李　敏（2005）论"V起来"结构中"起来"的分化，《烟台师范学院学报》第3期。

李　讷、石毓智（1997）汉语动词拷贝结构的演化过程，《国外语言学》第3期。

李　宁、王小珊（2001）"把"字句的语用功能调查，《汉语学习》第1期。

李人鉴（1964）关于动词重叠，《中国语文》第4期。

李　珊（1993）双音节动词重叠式ABAB功能初探，《语文研究》第3期。

李　珊（1994）《现代汉语被字句研究》，北京大学出版社。

李淑红（2000）留学生使用趋向补语的情况调查及分析，《民族教育研究》第4期。

李淑敏（1989）略谈判断动词"是"的主语和宾语的关系，《内蒙古电大学刊》第9期。

李炜东、胡秀梅（2006）中级汉语学生的语篇衔接偏误分析，《语言文字应用》第2期。

李晓琪（2006）《博雅汉语》，北京：北京大学出版社。

李秀林（2002）现代汉语中的"是"字句，《集宁师专学报》第3期。

李　杨主编（2002）《高等学校外国留学生汉语言专业教学大纲》，北京：北京语言大学出版社。

李　英（2004）"不/没+V"的习得情况考察，《汉语学习》第5期。

李宇明（1998）动词重叠的若干句法问题，《中国语文》第2期。

李运龙（1993）语义、结构、语境影响和制约着动词的重叠，《湖北大学学报》第2期。

梁　婷（2010）基于"HSK动态作文语料库"的留学生"对于"句习得研究，北京语言大学硕士学位论文。

梁婷婷（2009）外国汉语学习者"使"字句习得研究，北京语言大学硕士学位论文。

廖斯吉（1984）试谈关联词语"连……也/都……"的功用，《西北师范大学学报》（社会科学版）第1期。

林泰安（1993）介词"有"字三探，《殷都学刊》第4期。

林　焘（1957）现代汉语补足语里的清音现象所反映出来的语法和语义问题，《北京大学学报》第2期。

刘丹青、徐烈炯（1998）焦点与背景、话题及汉语"连"字句，《中国语文》第4期。

刘丹青（2001）汉语给予类双及物结构的类型学考察，《中国语文》第5期。

刘丹青（2003）语言类型学与汉语研究，《世界汉语教学》第4期。

刘广和（1999）说"上2、下2、起来2"，《汉语学习》，第2期。

刘宏帆（2007）"把"字句的习得研究及其教学——基于中介语语料库的研究，《第四届全国语言文字应用学术研讨会论文集》，成都：四川大学出版社。

刘红曦（2000）动词重叠的制约因素，《重庆教育学报》第2期。

刘兰民（2003）现代汉语极性程度补语初探，《北京师范大学学报》（社会科学版）第6期。

刘丽宁（2003）亚洲地区汉语学习者"是"字句习得情况调查与研究，暨南大学硕士研究生学位论文。

刘乃仲（2000）《也说"是"字句》的几点质疑——与谢永玲先生商榷，《社会科学战线》第6期。

刘　姝（2005）汉日被动句谓语动词比较——日本学生汉语"被"字句偏误兼析，《云南师范大学学报》（对外汉语教学与研究版）第3卷第5期。

刘颂浩（2003）论"把"字句运用中的回避现象及"把"字句的难点，《语言教学与研究》第2期。

刘苏乔（2002）表比较的"有"字句浅析，《语言教学与研究》第2期。

刘　珣（1997）《对外汉语教学概论》，北京：北京语言大学出版社。

刘　珣（2000）《对外汉语教育学引论》，北京：北京语言文化大学出版社，2007年再版。

刘　珣等（2005）《新实用汉语课本》，北京：北京语言大学出版社。

刘雪芹（2003）《现代汉语重动句研究》，复旦大学博士学位论文。

刘　焱（2004）"比"字句对比较项选择的语义认知基础，《上海财经大学学报》第5期。

刘艳娇（2011）基于"HSK动态作文语料库"的"是"字句习得考察，北京语言大学硕士学位论文。

刘英林主编（1996）《汉语水平等级标准与语法等级大纲》，北京：高等教育出版社。

刘月华（1983）动词重叠的表达功能及可重叠动词的范围，《中国语文》第1期。

刘月华（1998）《趋向补语通释》，北京：北京语言文化大学出版社。

刘月华、潘文娱、故　韡（1983）《实用现代汉语语法》，北京：外语教学与研究出版社。

刘月华、潘文娱、故　韡（2001）《实用现代汉语语法》（增订本），北京：商务印书馆。

柳英绿（2000）韩汉语被动句对比——韩国留学生"被"动句偏误分析，《汉语学习》第6期。

龙海平（2007）已然义"是……的"类句式的多角度考察，华中师范大学博士学位论文。

鲁健骥（1984）中介语理论与外国人学习汉语的语音偏误分析，《语言教学与研究》第3期。

鲁健骥（1992）偏误分析与对外汉语教学，《语言文字应用》第1期。

鲁健骥（1992）状态补语的语境背景及其他，《语言教学与研究》第1期。

鲁健骥（1993）中介语研究中的几个问题，《语言文字应用》第1期。

鲁健骥（1994）外国人学汉语语法偏误分析，《语言教学与研究》第1期。

鲁健骥（1999）对外汉语教学思考集，北京：北京语言文化大学出版社。

陆俭明（1986）周遍性主语及其他，《中国语文》第3期。

陆俭明（1998）对外汉语教学中经常要思考的问题——为什么？是什么？怎么样？《语言文字应用》第4期。

陆俭明（2000）"对外汉语教学"中的语法教学，《语言教学与研究》第3期。
陆俭明（2002）动词后趋向补语和宾语的位置问题，《世界汉语教学》第1期。
陆俭明（2005）对外汉语教学与本体研究的关系，《语言文字应用》第1期。
陆俭明（2006）开展面向对外汉语教学的词汇语法研究，《语言教学与研究》第2期。
栾育青（2010）基于HSK动态作文语料库的"给"字句的偏误分析和习得研究，载《汉语教学学刊》第六辑，北京：北京大学出版社。
罗青松（1999）外国人汉语学习过程中的回避策略分析，《北京大学学报（哲学社会科学版）》第6期。
罗耀华（2002）汉语"连"字句研究，华中师范大学硕士学位论文。
吕必松（1982）关于"是……的"结构的几个问题，《语言教学与研究》第4期。
吕必松（1992）《华语教学讲习》，北京：北京语言学院出版社。
吕必松（2007）《汉语和汉语作为第二语言教学》，北京大学出版社。
吕滇雯（2000）日本留学生汉语偏误分析之（一）：动词重叠，《汉语学习》第5期。
吕吉宁（2004）"有"字句的语法化考察，北京语言大学硕士学位论文。
吕叔湘（1942）《中国文法要略》，北京：商务印书馆，1951年再版。
吕叔湘（1979）《汉语语法分析问题》，北京：商务印书馆。
吕叔湘主编（1980）《现代汉语八百词》，北京：商务印书馆。
吕叔湘主编（1999）《现代汉语八百词》（增订版），北京：商务印书馆。
吕叔湘、朱德熙（1952）《语法修辞讲话》，北京：中国青年出版社。
吕文华（1985）"由"字句——兼及"被"字句，《语言教学与研究》第2期。
吕文华（1985）主语是受事的"是……的"句，《汉语学习》第5期。
吕文华（1988）"被"字宾语的有无，《第二届国际汉语教学讨论会论文选》，北京：北京语言学院出版社。
吕文华（1994）《对外汉语教学语法探索》，北京：语文出版社。
吕文华（1995）关于对外汉语教学中的补语系统，《语言教学与研究》第4期。
吕文华（2001）关于述补结构系统的思考——兼谈对外汉语教学的补语系统，《世界汉语教学》第3期。
吕文华（2010）"了"的教学三题，《世界汉语教学第》第4期。
马　超（2008）基于对外汉语教学的极限性程度补语研究，山东大学硕士学位论文。
马纯武（1981）也谈被字句的语义问题，《汉语学习》第6期。
马箭飞（2006）《汉语口语速成》，北京：北京语言文化大学出版社。
马庆株（1988）含程度补语的述补结构，《语法研究和探索（四）》，北京：北京大学出版社。
马庆株（1992）《汉语动词和动词性结构》，北京：北京语言学院出版社。
马学良、史有为（1982）说"哪儿上的"及其"的"，《语言研究》第1期。
毛修敬（1985）动词重叠的语法性质、语法意义和造句功能，《语文研究》第2期。
缪锦安（1990）《汉语的语义结构和补语形式》，上海：上海外语教育出版社。
莫红霞（2002）"被"字句中"被"字宾语有无的制约条件，《杭州师范学院学报》第2期。
倪宝元、林士明（1979）说"连"，《杭州大学学报》第3期。

聂仁发（2001）否定词"不"与"没有"的语义特征及其时间意义，《汉语学习》第 1 期。
聂志军（2008）被字被动句研究综述，《内江师范学院学报》第 11 期。
聂志平（1992）有关"得"字句的几个问题，《辽宁师范大学学报》第 3 期。
农朗诗（2007）程度补语"极"、"透"、"死"、"坏"个体研究，广西师范大学硕士学位论文。
欧　齐（1983）用助词"得"连接的补语所表达意义，《汉语学习》第 4 期。
潘海华（2006）焦点、三分结构与汉语"都"的语义解释，载《语法研究与探索（十三）》，北京：商务印书馆。
彭淑莉（2008）汉语动词带宾语"被"字句习得研究，《汉语学习》第 2 期。
彭淑莉（2009）双音节光杆动词"被"字句成活条件再考察，《语言文字应用》第 2 期。
彭淑莉（2009）留学生习得"被"字句固定格式的偏误分析，《广东工业大学学报》（社会科学版）第 2 期。
彭淑莉（2010）留学生习得"被"字句的缺失类偏误分析，《云南师范大学学报》第 3 期。
彭小川等（2004）《对外汉语教学语法释义 201 例》，北京：商务印书馆。
齐沪扬（1995）有关介词"给"的支配成分省略的问题，《上海师范大学学报》第 4 期。
齐沪扬（2005）《对外汉语教学语法》，复旦大学出版社。
钱乃荣（2000）现代汉语的反复体，《语言教学与研究》第 4 期。
钱旭菁（1997）日本留学生汉语趋向补语的习得顺序，《世界汉语教学》第 1 期。
钱旭菁（2008）汉语语块研究初探，北京大学学报（哲学社会科学版）第 5 期。
钱玉莲（2004）第二语言学习策略研究的现状与前瞻，《暨南大学华文学院学报》第 3 期。
桥本万太郎（1987）汉语被动式的区域发展，《中国语文》第 1 期。
邱　军、张　莉等（2008）《成功之路·顺利篇》，北京：北京语言大学出版社。
邱　军（2009）《成功之路》，北京：北京语言大学出版社。
屈承熹著（2006）《汉语篇章语法》，潘文国等译，北京：北京语言大学出版社。
人民教育出版社中学汉语编辑室（1956 年）《暂拟汉语教学语法系统》，北京：人民教育出版社。
任芝锳（2007）"连"字在焦点结构中的作用——谈焦点结构分析中的几个基本问题，《广播电视大学学报（哲学社会科学版）》第 3 期。
荣继华（2006）《发展汉语：初级汉语上》，北京：北京语言大学出版社。
阮周林（2000）第二语言学习中回避现象分析，《外语教学》第 21 卷第 1 期。
杉村博文（1998）论现代汉语表"难事实现"的被动句，《世界汉语教学》第 4 期。
杉村博文（2003）从日语的角度看汉语被动句的特点，《语言文字应用》第 2 期。
邵敬敏、吴　吟等（2000）核心意义、派生意义和格式意义，《汉语学报》第 5 期。
申　雪（2009）基于语料库的外国学生双宾语句偏误分析，《语文学刊》第 12 期。
沈本秋（2004）"给"字句及其英语同类句式的语义研究，《广州大学学报》（社会科学版）第 3 卷第 7 期。
沈家煊（1999）"在"字句和"给"字句，《中国语文》第 2 期。
沈家煊（2002）如何处置"处置式"？——论把字句的主观性，《中国语文》第 5 期。

沈开木（1988）"表示强调"的"连"字所涉及的形式同内容的矛盾，《语法研究与探索（四）》，北京：北京大学出版社。
施关淦（1981）"给"的词性及与此相关的某些语法现象，《语文研究》第 2 期。
施关淦（1985）关于助词"得"的几个问题，《语法研究和探索（三）》，北京：北京大学出版社。
施家炜（1998）外国留学生 22 类现代汉语句式的习得研究，《世界汉语教学》第 4 期。
施家炜（2006）国内汉语第二语言习得研究二十年，《语言教学与研究》第 1 期。
施其生（1996）论"有"字句，《语言研究》第 1 期。
石定栩（2005）汉语"被"的句法地位，《当代语言学》第 3 期。
石毓智（2005）判断词"是"构成连词的概念基础，《汉语学习》第 5 期。
石毓智、李　讷（2001）《汉语语法化的历程》，北京大学出版社。
史有为（1994）"好极了"、"好得很"之谜，《汉语学习》第 6 期。
宋玉柱（1979）论带"得"兼语式，《徐州师范学院学报》第 1 期。
宋玉柱（1980）"连"字是介词吗？《河南大学学报》（社会科学版）第 3 期。
宋玉柱（1983）论"连……也/都……"句式探析，《语言研究论丛》第 2 辑。
宋玉柱（1990）谈谈程度补语，《思维与智慧》第 2 期。
宋玉柱（1992）关于"V 起来 + VP"结构，《语文月刊》第 10 期。
宋玉柱（1996）《现代汉语语法论集》，北京语言学院出版社。
苏丹洁、陆俭明（2010）"构式——语块"句法分析法和教学法，《世界汉语教学》第 4 期。
苏文娟（2010）基于 HSK 动态作文语料库的"是……的"句（一）偏误研究，北京语言大学硕士学位论文。
孙德金（2002）《汉语语法教程》，北京：北京语言文化大学出版社。
孙德金（2002）外国留学生汉语"得"字补语句习得情况考察，《语言教学与研究》第 6 期。
孙德金（2007）《让科学成就教学——对外汉语教学研究》，北京：北京师范大学出版社。
孙德坤（1993）中介语理论与汉语习得研究，《语言文字应用》第 4 期。
孙瑞珍主编（1995）《中高级对外汉语教学等级大纲》，北京：北京大学出版社。
唐承贤（2003）第二语言习得中的母语迁移研究评述，《解放军外国语学院学报》第 5 期。
唐翠菊（2005）"是"字句宾语中"（一）个"的隐现问题，《世界汉语教学》第 2 期。
唐健雄（1994）"被"字句中的谓语动词，《河北师院学报》（社会科学版）第 1 期。
陶　琴（2007）中高级日本留学生汉语被动句的习得研究，华东师范大学硕士学位论文。
宛新政（2005）《现代汉语致使句研究》，杭州：浙江大学出版社。
王灿龙（2002）现代汉语回声拷贝结构分析，《汉语学习》第 6 期。
王初明（1999）《应用心理语言学》，长沙：湖南教育出版社。
王　芳（2011）基于"HSK 动态作文语料库"的外国学生"是……的"句（二）习得情况分析，北京语言大学硕士学位论文。
王凤敏（2005）包含"给"的四种相关句式比较研究，《河南师范大学学报》第 32 卷第 3 期。
王红旗（2010）"是"字句的话语功能，《语文研究》第 3 期。
王　还（1963）动词重叠，《中国语文》第 1 期。

王　还（1979）汉语结果补语的一些特点，《语文教学与研究》第2期。
王　还（1984）《"把"字句和"被"字句》，上海：上海教育出版社。
王　还主编（1995）《对外汉语教学语法大纲》，北京：北京语言学院出版社。
王建勤（1997）《汉语作为第二语言的习得研究》，北京：北京语言大学出版社。
王建勤（1997）"不"和"没"否定结构的习得过程，《世界汉语教学》第3期。
王建勤（1999）表差异比较的否定结构习得分化过程，《第六届国际汉语教学讨论会论文选》，北京：北京大学出版社。
王建勤主编（2006）汉语作为第二语言学习者习得过程研究评述，《北京师范大学学报》（社会科学版）第3期。
王建勤主编（2009）《第二语言习得研究》，北京：商务印书馆。
王　静（1996）从语义级差看现代汉语"被"字句的使用，《语言教学与研究》第2期。
王　珏（1986）"对于"也可以表示人与人之间的关系，《信阳师范学院学报（哲学社会种学版）》第1期。
王　力（1943）《中国现代语法》，北京：商务印书馆。
王　力（1980）《汉语史稿》，北京：中华书局。
王立非、陈香兰（2009）语言语块教学与研究在中国的进展——"首届全国语言语块教学与研究学术研讨会"综述，《外国语》第6期。
王立群（2006）"不"和"没（有）"的句法、语义、语用区别，《语言应用研究》第7期。
王茂林（2005）留学生"比"字句习得的考察，《暨南大学华文学院学报》第3期。
王茂林（2007）留学生动词重叠式使用情况浅析，《语言教学与研究》第4期。
王瑞昀（2004）普遍语法与语言习得，《江苏大学学报》第1期。
王　珊（1996）汉语中介语的分阶段特征及教学对策，《世界汉语教学》第1期。
王世凯（2010）"去"和"多"作形容词程度补语的原因——兼谈述程式结构语法意义的分野，《语文研究》第1期。
王希杰（1990）"N是N"的语义关系——从"男同志就是游泳裤"谈起，《汉语学习》第2期。
王宣予（2010）中高级阶段越南留学生汉语"得"字补语句习得研究，广西民族大学硕士学位论文。
王永德（2008）《留学生习得汉语句子发展研究》，上海：复旦大学出版社。
王宇泉（2011）基于中介语语料库的介词偏误分析，上海师范大学硕士学位论文。
王远明（2008）也说"连"字句的语用功能，《乐山师范学院学报》第2期。
王振来（2004）韩国留学生学习被动表述的偏误分析，《云南师范大学学报》（对外汉语教学与研究版）第4期。
王振来（2005）日本留学生被动表述的偏误分析，《大连民族学院学报》第1期。
韦　烨（2009）《"是"的语义类别研究》，华东师范大学硕士学位论文。
文玉兰（2005）朝鲜族中小学生被字句偏误分析，延边大学硕士论文。
吴洁敏（1984）谈谈非谓语动词"起来"，《语言教学与研究》第2期。
吴丽君（2002）《日本学生汉语习得偏误研究》，北京：中国社会科学出版社。

吴门吉、周小兵（2005）意义被动句与被字句难度习得比较，《汉语学习》第1期。
吴　平（1999）从学习策略到对外汉语写作教学，《汉语学习》第3期。
吴叔平主编（2008）《说汉语》（英文注释本·上），北京：北京语言大学出版社。
吴　松（1999）关于《也说"是"字句》一文中的两个问题，《荆州师范学院学报》第6期。
吴　颖（2010）"还是"的多义性与习得难度，《华文教学与研究》第4期。
武惠华（2005）《发展汉语：中级汉语》（下），北京：北京语言大学出版社。
萧　斧（1952）被动式杂谈，《语文学习》第3期。
萧国政、李汛（1988）试论V—V和VV的差异，《华中师范大学学报》第6期。
肖奚强（2001）外国学生照应偏误分析——偏误分析丛论之三，《汉语学习》第1期。
肖奚强等（2009）《外国学生汉语句式学习难度及分级排序研究》，北京：高等教育出版社。
肖小平（2004）越南留学生汉语比较句偏误分析及习得顺序考察，广西师范大学硕士学位论文。
谢　福（2008）外国学生"是……的"句的习得研究，上海师范大学硕士学位论文。
谢　平（2011）浅论现代汉语的程度表达，《世界汉语教学》第3期。
谢永玲（1999）也说"是"字句，《北京印刷学院学报》第2期。
谢永玲（2002）也说"连"的词性，《北京印刷学院学报》第3期。
解明静（2012）对外汉语综合课带"得"补语教学顺序研究，《第五届北京地区对外汉语教学研究生学术论坛论文集》，中国知网。
辛苑薇、侯继勇（2009）李开复：危机中不能丧失价值观，《21世纪网》7月21日。
邢福义（1979）论意会主语"使"字句，《语法问题讨论集》，武汉：湖北教育出版社。
邢福义（1991）《现代汉语》，北京：高等教育出版社。
邢福义（1997）《汉语语法学》，长春：东北师范大学出版社。
邢公畹（1994）《现代汉语教程》，天津：南开大学出版社。
邢红兵、张旺熹（2005）现代汉语语法项目的标注及统计研究，《对外汉语教学的全方位探索——对外汉语研究学术讨论会论文集》，北京：商务印书馆。
熊文新（1996）留学生"把"字结构的表现分析，《世界汉语教学》第1期。
徐春秀（2007）谈对外汉语教学中的"连"字句，《科技信息（科学教研）》第33期。
徐桂梅、牟云峰（2005）《发展汉语：中级汉语》（上），北京语言大学出版社。
徐桂梅、陈满华（2006）《发展汉语：初级汉语》（下），北京语言大学出版社。
徐　杰（2004）《普遍语法原则与汉语语法现象》，北京：北京大学出版社。
徐赳赳（2005a）现代汉语联想回指分析，《中国语文》第3期。
徐泰明（1989）"是"的多种词性和多种功能，《曲靖师专学报》第2期。
许柏龄（1988）"是"的多种功能及其发展，《社会科学家》第2期。
许绍早（1956）略论补足语，《东北人民大学人文科学学报》第2期。
许余龙（2004）《篇章回指的功能语用探索》，上海外语教育出版社。
延俊荣（2005）"给"与"V给"不对称的实证研究，《语言研究》第1期。
延俊荣、潘　文（2006）论"给予"的非典型参与者之建构，《汉语学习》第1期。
杨丹毅（2007）"对于"类介词框架及其相关研究，上海师范大学硕士学位论文。

杨德峰（2003）英语母语学习者趋向补语的习得顺序，《世界汉语教学》第2期。
杨德峰（2004）日语母语学习者趋向补语习得情况分析，《暨南大学华文学院学报》第3期。
杨德峰（2004）20世纪80年代中期以来的动趋式研究述评，《语言教学与研究》第2期。
杨德峰（2009）《对外汉语教学核心语法》，北京：北京大学出版社。
杨寄洲主编（1999）《汉语教程》，北京：北京语言大学出版社。
杨寄洲主编（1999）《对外汉语教学初级阶段教学大纲》，北京：北京语言文化大学出版社。
杨寄洲主编（1999a）《对外汉语初级阶段教学大纲》，北京：北京语言大学出版社。
杨寄洲主编（1999b）《汉语教程》（第二册下），北京：北京语言文化大学出版社。
杨寄洲（2006）《汉语教程》（修订本），北京：北京语言大学出版社。
杨晶淑（2007）《与"是"字相关的句式的研究与教学——从中韩对比与偏误分析入手》，苏州大学硕士学位论文。
杨　楠（2008）《成功之路·起步篇2》，北京语言大学出版社。
杨　平（2003）动词重叠式的基本意义，《语言教学与研究》第5期。
杨石泉（1985）结果补语与程度补语的纠葛——说补语（一），《思维与智慧》，第3期。
杨石泉（1997）"是……句"质疑，《中国语文》第6期。
杨　蔚（2001）"连"字句的话语分析，《华南理工大学学报（社会科学版）》第1期。
杨玉玲（1999）重动句和"把"字句使用考察，《世界汉语教学》第2期。
叶　川（2004）"连X都VP"与"连X也VP"表情达意语用比较，《南昌高专学报》第2期。
易平平（2008）"是……的"结构中"是""的"隐现考察，北京语言大学硕士学位论文。
易正中（1994）"有"字句研究，《天津师大学报》第3期。
游　舒（2005）现代汉语被字句研究，武汉大学博士学位论文。
于秀莲（2008）语块教学法与提高英语应用能力的实验研究，《外语界》，2008年第3期。
余文青（2000）留学生使用"把"字句的调查报告，《汉语学习》第5期。
俞士汶、段慧明、朱学锋、田中康仁（2003）大规模标注汉语语料库开发的基本经验，新加坡：《汉语语言与计算机学报》第2期。
郁　梅（2009）"有"字句偏误分析，《语文学刊》第7期。
袁博平（1995）第二语言习得研究的回顾与展望，《世界汉语教学》第4期。
袁金亮（2007）《汉英致使句对比研究》，南昌大学硕士学位论文。
袁明军（1997）与"给"字句相关的句法语义问题，载于《汉语动词和动词性结构·二版》（马庆株主编），北京：北京大学出版社。
袁毓林（2005）试析中介语中跟"没有"相关的偏误，《世界汉语教学》第2期。
袁毓林（2005a）试析中介语中跟"不"相关的偏误，《语言教学与研究》第6期。
袁毓林（2005b）试析中介语中跟"没有"相关的偏误，《世界汉语教学》第2期。
袁毓林（2006）试析"连"字句的信息结构特点，《语言科学》第2期。
袁真真（2008）被字句中"被"后宾语的隐现研究及留学生的相关习得分析，上海外国语大学硕士学位论文。
曾聪孙（2001）世界诸语言的新类型学研究，《天津师范大学学报》（社会科学版）第5期。

曾常红、李桂群（2006）"是"字句研究综述，《湖南科技学院学报》第10期。
翟英华（2003）动词重叠形式在语法意义上的差别及偏误，《牡丹江师范学院学报》第3期。
张宝林（2006）《汉语教学参考语法》，北京：北京大学出版社。
张宝林（2008）对外汉语语法知识课教学的新模式，《语言教学与研究》第3期。
张宝林（2010）"回避"与"泛化"——基于"HSK动态作文语料库"的把字句习得考察，《世界汉语教学》第2期。
张宝林（2011）外国人汉语句式习得研究的方法论思考，《华文教学与研究》第2期。
张伯江（1991）关于动趋式带宾语的几种语序，《中国语文》第3期。
张伯江（1991）动趋式里宾语位置的制约因素，《汉语学习》第6期。
张伯江（1999）现代汉语的双及物结构式，《中国语文》第3期。
张伯江、方　梅（1996）《汉语功能语法研究》，江西教育出版社。
张伯江、李珍明（2002）"是NP"和"是（一）个NP"，《世界汉语教学》第3期。
张德禄（2001）衔接力与语篇连贯的程度，《外语与外语教学》第1期。
张德禄、刘汝山（2003）《语篇连贯与衔接理论的发展及应用》，上海：上海外语教育出版社。
张峰辉、周昌乐（2008）"DJ+的是+M"的焦点和预设分析，《语言研究》第2期。
张国宪（1995）语言单位的有标记与无标记现象，《语言教学与研究》第4期。
张　舸（2008）程度副词结构作状语、谓语和补语的语义及句法差异，《"第二届中青年学者汉语教学国际学术研讨会"资料汇编》，北京：北京大学对外汉语教育学院编。
张和生（2006）《汉语可以这样教》，北京：商务印书馆。
张　辉（2008）《成功之路·进步篇2》，北京：北京语言大学出版社。
张京鱼（2001）英汉心理使役动词应用对比研究，《外语研究》第3期。
张井荣（2009）印尼学习者习得汉语"是……的"结构偏误分析，暨南大学硕士学位论文。
张　静（1979）论汉语动词的重叠形式，《郑州大学学报》第3期。
张　黎（2007）汉语"把"字句的认知类型学解释，《世界汉语教学》第3期。
张　莉（2008）《成功之路·顺利篇2》，北京：北京语言大学出版社。
张　璐（2009）"X得多"与"X得很"之异同——基于留学生的习得偏误分析和语料库统计分析，《现代语文》第2期。
张　敏（1997）从类型学和认知的语法角度看汉语重叠现象，《国外语言学》第2期。
张　潜（1999）被字句研究概述，《南京师范专科学校学报》第3期。
张　茜（2010）基于"HSK动态作文语料库"的日本学生汉语连字句习得研究，北京语言大学硕士学位论文。
张旺熹（1999）《汉语特殊句法的语义研究》，北京：北京语言文化大学出版社。
张旺熹（2005）"连"字句的序位框架及其对条件成分的映现，《汉语学习》第2期。
张旺熹（2006）《汉语句法的认知结构研究》，北京：北京大学出版社。
张先亮、郑娟曼（2006）汉语"有"字句的语体分布及语用功能，《修辞学习》第1期。
张晓涛、刘富华（2008）语境中动词重叠的考察，《学术交流》第10期。
张谊生（2000）《现代汉语副词研究》，上海：学林出版社。
张谊生（2002）"就是"的篇章衔接功能及其语法化历程，《世界汉语教学》第3期。

张谊生（2002）说"X式"——兼论汉语词汇的语法化过程，《上海师范大学学报（哲学社会科学版）》第3期。

张谊生（2003）"副+是"的历时演化和共时变异——兼论现代汉语"副+是"的表达功用和分布范围，《语言科学》第5期。

张　颖（2009）基于"HSK动态作文语料库"的韩国学习者"有"字句习得研究，北京语言大学硕士学位论文。

张豫峰（1999）"有"字句的语义分析，《中州学刊》第4期。

张豫峰（1999）"有"字句的语用研究，《河南大学学报》（社会科学版）第3期。

张豫峰（2000）"得"字句与语体的关系，《河南大学学报》第1期。

张豫峰（2002）"得"字句补语的语义指向，《山西师范大学学报》（社会科学版）第1期。

张豫峰（2006）《现代汉语句子研究》，上海：学林出版社。

张豫峰、范　晓（1995）"有"字句的后续成分，《语言教学与研究》第4期。

张志公（1953）《汉语语法常识》，上海：上海教学出版社。

张志立（1990）对"是"字句的一些思考，《昭乌达蒙族师专学报》第1期。

赵金铭（1996）对外汉语语法教学的三个阶段及其教学主旨，《世界汉语教学》第3期。

赵金铭、崔希亮等（1997）《新视角汉语语法研究》，北京：北京语言大学出版社。

赵金铭（2004）《对外汉语教学概论》，北京：商务印书馆。

赵金铭（2006）对外汉语教学到汉语国际推广、对外汉语综合课教学研究（李晓琪主编）代序，北京：商务印书馆。

赵金铭等（2008）《基于中介语料库的汉语句法研究》，北京：北京大学出版社。

赵日新（2001）形容词带程度补语结构的分析，《语言教学与研究》第6期。

赵淑华（1979）关于"是……的"句，《语言教学与研究》第1期。

赵　新（1994）动词重叠在使用中的制约因素，《语言教学与研究》第3期。

赵元任（1968）《汉语口语语法》，北京：北京商务印书馆。

郑湖静（2007）汉韩"比"字句对比分析，上海外国语大学硕士学位论文。

郑青霞（2007）越南学生否定副词"不"和"没"的习得过程考察，北京语言大学硕士学位论文。

钟　华（2006）"连"字句中"连"后NP的焦点性质探析，《现代语文》（语言研究版）第11期。

周国光（1994）试析汉语被动句的习得机制，《世界汉语教学》第1期。

周国正（2008）"是"的真正身份——论述记号——"是"的句法、语义、语用功能的综合诠释，《语文研究》第2期。

周洪波（1992）表判断"是"字句的语义类型，《安徽教育学院学报》第4期。

周岚钊（2009）基于HSK动态作文语料库的留学生双宾结构偏误研究，北京语言大学硕士学位论文。

周　芍（2007），介词"对于"的意义及用法，《现代汉语虚词探索及研究》，广州：暨南大学出社。

周少青（2009）试论"连"字句的主观性和主观化，《东南学术》第4期。

周士宏（2009）信息结构中的对比焦点和对比话题——兼论话题焦点的性质，《解放军外国语学院学报》第4期。

周小兵（1990）汉语"连"字句，《中国语文》第4期。

周小兵（2004）学习难度的测定和考察，《世界汉语教学》第1期。

周小兵等（2007）《外国人学汉语语法偏误研究》，北京：北京语言大学出版社。

周小兵、朱其智、邓小文等（2007）外国人学汉语语法偏误研究，北京：北京语言文化大学出版社。

周有斌（1992）"是"字句研究述评，《汉语学习》第6期。

朱德熙（1979）与动词"给"相关的句法问题，《现代汉语语法研究》，北京：商务印书馆。

朱德熙（1982）《语法讲义》，北京：商务印书馆。

朱德熙（1983）包含动词"给"的复杂句式，《中国语文》第3期。

朱 虹（2008）韩国学生汉语学习中的把字句、被字句偏误研究，黑龙江大学硕士论文。

朱景松（1998）动词重叠的语法意义，《中国语文》第5期。

朱其智、周小兵（2007）语法偏误类别的考察，《语言文字应用》第2期。

朱庆明（2005）《现代汉语实用语法分析》，清华大学出版社有限公司。

宗守云（2010）补语"透"语义的泛化和虚化，《汉语学习》第6期。

Alessandra Tomaselli & Bonnie D. Schwartz (1990) Analysing the acquisition stages of negation in L2 German：Support for UG in adult SLA. *Second Language Research*, Vol. 6, No. 1, 1 – 38.

Chun – yin Doris Chen & Li – chen Portia Hong (1998) UG and A – not – A Questions in L2 Chinese *Journal of National Taiwan Normal University*°：*Humanity and Social Science.*

Corder (1967) The Significance of Learner's Errors, International Review of Applied Linguistics 5.

Corder, S. P. (1974) S . P . Error Analysis. In Allen, J. & Corder, S. P (eds) *The Edinburgh Course in Applied Linguistics.* Vol 3. London：Oxford University Press

Corder, S. P. (1978) Language – learner language. In J. C. Richards (eds.) *Understanding Second and Foreign Language Learning*：*Issues and Approaches.* Newbury House, Mass.

Corder, S. P. (1981) *Error Analysis and Ingterlanguage.* Oxford：Oxford University Press.

Dagut, M. &B. Laufer. (1985) Avoidance of phrasal verbs：a case for contrastive analysis. *Studies in Second Lanuage Acquisition*, 7.

Dulay, H. , Burt, M , &S. Krashen (1982) *Language Two.* New York：Oxford University Press.

Eckman, Fred R. (1977) *Current themes in linguistics*：*Bilingualism, experimental linguistics, and language typologies.* Hemisphere Pub. Corp.

Eckman Fred (1997) Markedness and Contrastive Analysis Hypothesis, Language Learning.

Ellis, R. (1985) *Understanding second language acquisition.* Oxford：Oxford University Press.

Ellis, R. (1997) *Second Language Acquisition.* Oxford：Oxford University Press.

Ellis, R. (1999) Second Language Acquisition. 上海：上海外语教育出版社。

Faerch, C. & G. Kaspe (1983) Strategies in interlanguage Communication, Longman.

Faerch, C. & G. Kasper (1983) Strategies *in interlanguage communication.* London：Longman.

Gisela Hakansson & Sheila Dooley Collberg (1994) The preference for Modal + Neg：An L2 perspective applied to Swedish L1 children. *Second Language Research*, Vol. 10, No. 2, 95 – 124.

Giuliano°Bernini (2000) Negative items and negation strategies in nonnative Italian. *Studies in Second Language Acquisition*, 22: 399 – 440.

James, C. (1998) Errors in Language Learning and Use: Exploring Error Analysis. Harlow Essex: Longman Group Limited.

Johnson, K. (1996) *Language Teaching and Skill Learning*. Blackwell, Oxford.

Juffs, A. (1996) *Learnability and the Lexicon*: Theories & Second Language Acquisition. Amsterdam: JohnBenjamins.

Jürgen, M. Meisel (1997) The acquisition of the syntax of negation in French and German: Contrasting first and second language development. *Second Language Research*, Vol. 13, No. 3, 227 – 263.

Karin Stromswold & Kai Zimmermann (2000) Acquisition of Nein and Nicht and the VP – Internal Subject Stage in German. *Language Acquisition*, 8 (2), 101 – 127.

Kazuko Hiramatsu (2003) Children's judgments of negative questions, *Language Acquisition*, 11 (2), 99 – 126.

Kellerman, E. (1977) Towards a characterization of the strategies of transfer in second language learning. *Interlanguage Studies Bulletin*, 2.

Kellerman, E. (1979) Transfer and non – transfer: Where are we now? *Studies in Second Language Acquisition*, Vol. 2.

Kenneth, F. Drozd (2002) Negative DPs and elliptical negation in child English. *Language Acquisition*, 10 (2), 77 – 122.

Kleinmann, H. (1978). The strategy of avoidance in adult second language acquisition. In Ritchie (Ed.).

Lado, R. (1957) *Linguistics Across Cultures: Applied Linguistics for Language Teachers*. Ann Arbor: University of Michigan Press.

Matsunaga, K. (2006) "L1 – constrained motion expressions in the L2 acquisition of English". In F. Nakatsuhara, G. Sarko, C. Jaensch and N. Snape (eds.), Essex Graduate Student Papers in Language & Linguistics, 8, University of Essex, UK, 43 – 65.

Negueruela, E., Lantolf, J. P., Jordan, S. R., &Gelabert, J. (2004). The "private function" of gesture in second language speaking activity: A study of motion verbs and gesturing in English and Spanish. International Journal of Applied Linguistics, 14 (1), 113 – 147.

Nemser, W. (1971) Approximative systems of foreign language learners. *International Review of Applied Linguistics*, 9: 2. 115 – 123.

Rod Ellis (1985) Understanding Second Language Acquisition, Oxford University Press.

Sarah Rule & Emma Marsden (2006) The acquisition of functional categories in early French second language grammars: The use of finite and non – finite verbs in negative contexts. *Second Language Research*, Vol. 22, No. 2, 188 – 218.

Schachter, J. (1974) An error in error analysis. *Language Learning*, 27.

Selinker, L. (1972) Interlanguage. *International Review of Applied Linguistics*, 10, 209 – 231.
Silvia, P. Gennari & Maryellen C. MacDonald (2006) Acquisition of negation and quantification: Insights from adult production and comprehension. *Language Acquisition*, 13, 125 – 168.
Stenson, N. (1983) Induced errors, in B. W. Robinett &J. Schachter (eds), *Second Language Learning: Contrastive Analysis, Error Analysis and Related Aspects*, University of Michigan Press, Ann Arbor, MI. pp. 256 – 71.
Wong, S – L. C. (1983) Under – lexicalization& Unidiomatic Usage in the Make Causatives of Chinese Speakers: A Case for Flexibility in Interlanguage Analysis. *Language Learning & Communication*, 233 – 248.
Zobl H. (1983) Markedness and projection problem, *Language Learning*.

后 记

一

本书以"HSK 动态作文语料库"为语料来源，共计考察了 22 个句式（包括部分句类与句型）的习得情况。其中收入本书的 19 个句式是："把"字句、"被"字句、"比"字句、"有"字句、"是"字句、"是……的"句（一）、"是……的"句（二）、"使"字兼语句、"给"字句、双宾语句、"连"字句、"对于"句、动词重叠句、趋向补语句、情态补语句、程度补语句、带"得"的重动句、正反疑问句、否定句。而形容词谓语句、多项状语句、结果补语句虽然也做了考察，但感觉还不够成熟，故未收入本书。在句式习得研究的过程中，我们也探讨并总结了汉语句式习得研究的方法论问题，从句式习得的角度提出了汉语句式教学面临的任务。

作为一种习得研究，本课题遵循了学界一般的研究模式，即"分析归纳偏误现象——挖掘揭示产生偏误的原因——提出教学建议与对策"。我们认为本课题的主要研究成果，一是从语言事实出发，而不是从已有的概念出发，通过对大规模真实语料进行穷尽性分析，较为全面地考察了外国学习者对汉语句式的习得情况，发现了一些新的中介语现象，得出了一些新的认识与结论。二是对推测出的部分偏误原因进行了较为深入细致的考察，通过实证性的研究方法进行了验证。三是对教学建议进行了对比教学，尝试了初步的实验研究，虽然这种研究在本书中还只是个别的、尝试性的，但其代表了教学对策研究的方向，具有重要的示范意义。而最重要的成果，则是发现并提出了一种新的汉语习得研究范式，即：基于大规模真实语料的、定量分析与定性分析相结合的实证性研究。我们认为该研究范式提高了对汉语习得研究的认识水平，有可能在学界产生积极的影响，并大大提高汉语习得研究的水平。

研究中也存在一些不足之处，例如"HSK 动态作文语料库"收入的是外国考生参加高等汉语水平考试的作文答卷，只有中高级阶段学习者的作文语料，而没有初级阶段学习者产出的语料，因而只能作横向的静态考察，而不能进行纵向的学习过程考察；研究所得出的结论只能反映中高级阶段学习者的汉语习得情况。此外，由于研究工作有一个探索过程，后期的研究基本体现了我们对研究范式的认识，而前期的研究除语料规模大，得出的结论具有较为充分的客观性、普遍性与稳定性之外，并没有其他更为明显的突破。

研究工作每前进一步都是很不容易的，要想在前人研究的基础上得到新的认识与提高，不仅需要付出极大的艰苦努力，还需具备比较好的研究基础与研究条件。目前的"HSK动态作文语料库"相对而言规模较大，标注内容较为丰富，背景信息较为完备，可以为习得研究提供一定的便利。然而不论在规模上，还是在标注的内容与质量上，都还有很大缺陷，尚不能满足多方面的研究需求。我们期待有更大更好的语料库为研究工作提供更加充分的支持，以不断提高汉语习得研究的水平。

二

我们在研究中得到了多方面的帮助。

北京语言大学校长助理、语言科学院语言政策与标准研究所所长、时任科处处长的张维佳教授在课题申报阶段给予我们极大的鼓励与具体的指导。

北京语言大学校长助理、汉语国际教育学部主任、时任汉语水平考试中心主任的张旺熹教授慨允加盟课题组，对具体的研究工作也提出了许多指导意见。

北京语言大学人文学院郑贵友教授（时任副院长）对我们的课题申报与研究工作非常支持，非常关心，给予我们许多指导。

北京语言大学的刘雪春、施家炜、王静、贾钰、金海月、王小玲，首都经贸大学的栾育青，首都体育学院的田旭红等诸位老师慷慨接受笔者邀请，参加课题组，承担了许多具体的研究任务。

北京语言大学2006级硕士研究生姜桂荣、梁婷婷、李银京（韩国）、王倩、张颖、赵淑丽、周岚钊、高亚云，2007级硕士研究生贾丽丽、李莉、梁婷、刘畅、苏文娟、张茜，2008级硕士研究生蔡晓燕、陈思敏、刘艳娇、王芳，2009级硕士研究生嘉娜尔（哈萨克斯坦）、李桑、马驰佳、屈梅娟、孙智润（韩国）、王静、温梦、杨艳、郑云霞、周昀，2010级硕士研究生张颖、余佩玲，以及李雅、商玥、王婷婷等同学，积极参加了本课题的研究工作，承担了相应的研究任务。

福建师范大学海外教育学院讲师、北京语言大学2014级博士研究生林君峰、山东司法警官职业学院讲师田萍、山东莱州市梁郭中学一级教师吴慧芹也参加了本课题的研究工作，承担了部分章节的改写任务。

谨向上述为本课题的研究付出努力与辛勤劳动的各位领导、老师、同学表示衷心感谢！

责任编辑安玉霞女士积极促成了本书的出版，付出了许多心血。特别向她表示由衷的谢意！

张宝林

2014年12月5日

图书在版编目（CIP）数据

基于语料库的外国人汉语句式习得研究 / 张宝林等著. —北京：中国书籍出版社，2014.12
ISBN 978-7-5068-4581-6

Ⅰ. ①基… Ⅱ. ①张… Ⅲ. ①汉语－语法－对外汉语教学－教学研究 Ⅳ. ①H195.3

中国版本图书馆CIP数据核字（2014）第273706号

基于语料库的外国人汉语句式习得研究

张宝林　等著

策划编辑	安玉霞
责任编辑	安玉霞
责任印制	孙马飞　马　芝
版式设计	中尚图
出版发行	中国书籍出版社
地　　址	北京市丰台区三路居路97号（邮编：100073）
电　　话	（010）52257143（总编室）　（010）52257153（发行部）
电子邮箱	yywhbjb@126.com
经　　销	全国新华书店
印　　刷	北京潮河印刷有限公司
开　　本	710毫米×1000毫米　1/16
字　　数	490千字
印　　张	27.75
版　　次	2014年12月第1版　2016年7月第2次印刷
书　　号	ISBN 978-7-5068-4581-6
定　　价	72.00元

版权所有　翻印必究